U0730660

三联学术

唐宋之际
礼学思想的转型

冯茜 著

Classics & Civilization

生活·讀書·新知 三联书店

图书在版编目（CIP）数据

唐宋之际礼学思想的转型／冯茜著．—北京：
生活·读书·新知三联书店，2020.9 （2025.3 重印）
（古典与文明）
ISBN 978-7-108-06801-9

Ⅰ．①唐…　Ⅱ．①冯…　Ⅲ．①礼仪－研究－中国－唐宋时期
Ⅳ．①K892.9

中国版本图书馆 CIP 数据核字（2020）第 022342 号

责任编辑　钟　韵
装帧设计　薛　宇
责任校对　曹秋月　陈　明
责任印制　李思佳
出版发行　生活·讀書·新知 三联书店
（北京市东城区美术馆东街 22 号 100010）
网　　址　www.sdxjpc.com
经　　销　新华书店
印　　刷　北京建宏印刷有限公司
版　　次　2020 年 9 月北京第 1 版
2025 年 3 月北京第 2 次印刷
开　　本　880 毫米 × 1092 毫米　1/32　印张 14.75
字　　数　272 千字
印　　数　4,001—4,600 册
定　　价　59.00 元
（印装查询：01064002715；邮购查询：01084010542）

“古典与文明”丛书
总 序

甘阳 吴飞

古典学不是古董学。古典学的生命力植根于历史文明的生长中。进入21世纪以来，中国学界对古典教育与古典研究的兴趣日增并非偶然，而是中国学人走向文明自觉的表现。

西方古典学的学科建设，是在19世纪的德国才得到实现的。但任何一本写西方古典学历史的书，都不会从那个时候才开始写，而是至少从文艺复兴时候开始，甚至一直追溯到希腊化时代乃至古典希腊本身。正如维拉莫威兹所说，西方古典学的本质和意义，在于面对希腊罗马文明，为西方文明注入新的活力。中世纪后期和文艺复兴对西方古典文明的重新发现，是西方文明复兴的前奏。维吉尔之于但丁，罗马共和之于马基雅维利，亚里士多德之于博丹，修昔底德之于霍布斯，希腊科学之于近代科学，都提供了最根本的思考之源。对古代哲学、文学、历史、艺术、科学的大规模而深入的研究，为现代西方文明的思想先驱提供了丰富的资源，使他们获得了思考的动力。可以说，那个时期的古典学术，就是现代西方文明的土壤。数百年古典学术的积累，是现代西方文明的命脉所系。19 世纪的古典学科建制，只不过是这一过程的结果。随着现代研究性大学和学科规范的确立，一门规则严谨的古典学学科应运而生。但我们必须看到，西方大学古典学学科的真正基础，乃在于古典教育在中学的普及，特别是拉丁语和古希腊语曾长期为欧洲中学必修，才可能为大学古典学的高深研究源源不断地提供人才。

19 世纪古典学的发展不仅在德国而且在整个欧洲都带动了新的一轮文明思考。例如，梅因的《古代法》、巴霍芬的《母权论》、古朗士的《古代城邦》等，都是从古典文明研究出发，在哲学、文献、法学、政治学、历史学、社会学、人类学等领域带来了革命性的影响。尼采的思考也正是这一潮流的产物。20 世纪以来弗洛伊德、海德格尔、施特劳斯、福柯等人的思想，无不与他们对古典文明的再思考有关。而 20 世纪末西方的道德思考重新返回亚里士多德与古典美德伦理学，更显示古典文明始终是现代西方人思考其自身处境的源头。可以说，现代西方文明的每一次自我修正，都离不开对其古典文明的深入发掘。正是在这个意义上，古典学绝不仅仅只是象牙塔中的诸多学科之一而已。

由此，中国学界发展古典学的目的，也绝非仅仅只是为学科而学科，更不是以顶礼膜拜的幼稚心态去简单复制一个英美式的古典学科。晚近十余年来“古典学热”的深刻意义在于，中国学者正在克服以往仅从单线发展的现代性来理解西方文明的偏颇，而能日益走向考察西方文明的源头来重新思考古今中西的复杂问题，更重要的是，中国学界现在已经超越了“五四”以来全面反传统的心态惯习，正在以最大的敬意重新认识中国文明的古典源头。对中外古典的重视意味着现代中国思想界的逐渐成熟和从容，意味着中国学者已经能够从更纵深的视野思考世界文明。正因为如此，我们在高度重视西方古典学丰厚成果的同时，也要看到西方古典学的局限性和多元性。所谓局限性是指，英美大学的古典学系传统上大多只研究古希腊罗马，而其他古典文明研究例如亚述学、埃及学、波斯学、印度学、汉学，以及犹太学等，则都被排除在古典学系以外而被看作所谓东方学等等。这样的学科划分绝非天经地义，因为法国和意大利等的现代古典学就与英美有所不同。例如，著名的西方古典学重镇，韦尔南创立的法国“古代社会比较研究中心”，不仅是古希腊研究的重镇，而且广泛包括埃及学、亚述学、汉学乃至非洲学等各方面专家，在空间上大大突破古希腊罗马的范围。而意大利的古典学研究，则由于意大利历史的特殊性，往往在时间上不完全限于古希腊罗马的时段，而与中世纪及文艺复兴研究多有关联（即使在英美，由于晚近以来所谓“接受研究”成为古典学的显学，也使得古典学的研究边界越来越超出传统的古希腊罗马时期）。

从长远看，中国古典学的未来发展在空间意识上更应参考法国古典学，不仅要研究古希腊罗马，同样也应包括其他的古典文明传统，如此方能参详比较，对全人类的古典文明有更深刻的认识。而在时间意识上，由于中国自身古典学传统的源远流长，更不宜局限于某个历史时期，而应从中国古典学的固有传统出发确定其内在核心。我们应该看到，古典中国的命运与古典西方的命运截然不同。与古希腊文字和典籍在欧洲被遗忘上千年的文明中断相比较，秦火对古代典籍的摧残并未造成中国古典文明的长期中断。汉代对古代典籍的挖掘与整理，对古代文字与制度的考证和辨识，为新兴的政治社会制度灌注了古典的文明精神，堪称“中国古典学的奠基时代”。以今古文经书以及贾逵、马融、卢植、郑玄、服虔、何休、王肃等人的经注为主干，包括司马迁对古史的整理、刘向父子编辑整理的大量子学和其他文献，奠定了一个有着丰富内涵的中国古典学体系。而今古文之间的争论，不同诠释传统之间的较量，乃至学术与政治之间错综复杂的关系，都是古典学术传统的丰富性和内在张力的体现。没有这样一个古典学传统，我们就无法理解自秦汉至隋唐的辉煌文明。

从晚唐到两宋，无论政治图景、社会结构，还是文化格局，都发生了重大变化，旧有的文化和社会模式已然式微，中国社会面临新的文明危机，于是开启了新的一轮古典学重建。首先以古文运动开端，然后是大量新的经解，随后又有士大夫群体仿照古典的模式建立义田、乡约、祠堂，出现了以《周礼》为蓝本的轰轰烈烈的变法；更有众多大师努力诠释新的义理体系和修身模式，理学一脉逐渐展现出其强大的生命力，最终胜出，成为其后数百年新的文明模式。称之为“中国的第二次古典学时代”，或不为过。这次古典重建与汉代那次虽有诸多不同，但同样离不开对三代经典的重新诠释和整理，其结果是一方面确定了十三经体系，另一方面将四书立为新的经典。朱子除了为四书做章句之外，还对《周易》《诗经》《仪礼》《楚辞》等先秦文献都做出了新的诠释，开创了一个新的解释传统，并按照这种诠释编辑《家礼》，使这种新的文明理解落实到了社会生活当中。可以看到，宋明之间的文明架构，仍然是建立在对古典思想的重新诠释上。

在明末清初的大变局之后，清代开始了新的古典学重建，或可称为“中国的第三次古典学时代”：无论清初诸遗老，还是乾嘉盛时的各位大师，虽然学问做法未必相同，但都以重新理解三代为目标，以汉宋两大古典学传统的异同为入手点。在辨别真伪、考索音训、追溯典章等各方面，清代都取得了巨大的成就，不仅成为几千年传统学术的一大总结，而且可以说确立了中国古典学研究的基本规范。前代习以为常的望文生义之说，经过清人的梳理之后，已经很难再成为严肃的学术话题；对于清人判为伪书的典籍，诚然有争论的空间，但若提不出强有力的理由，就很难再被随意使用。在这些方面，清代古典学与西方 19 世纪德国古典学的工作性质有惊人的相似之处。清人对《尚书》《周易》《诗经》《三礼》《春秋》等经籍的研究，对《庄子》《墨子》《荀子》《韩非子》《春秋繁露》等书的整理，在文字学、音韵学、版本目录学等方面的成就，都是后人无法绕开的，更何况《四库全书总目提要》成为古代学术的总纲。而民国以后的古典研究，基本是清人工作的延续和发展。

我们不妨说，汉、宋两大古典学传统为中国的古典学研究提供了范例，清人的古典学成就则确立了中国古典学的基本规范。中国今日及今后的古典学研究，自当首先以自觉继承中国“三次古典学时代”的传统和成就为己任，同时汲取现代学术的成果，并与西方古典学等参照比较，以期推陈出新。这里有必要强调，任何把古典学封闭化甚至神秘化的倾向都无助于古典学的发展。古典学固然以“语文学”（philology）的训练为基础，但古典学研究的问题意识、研究路径以及研究方法等，往往并非来自古典学内部而是来自外部，晚近数十年来西方古典学早已被女性主义等各种外部来的学术思想和方法所渗透占领，仅仅是最新的例证而已。历史地看，无论中国还是西方，所谓考据与义理的张力其实是古典学的常态甚至是其内在动力。古典学研究一方面必须以扎实的语文学训练为基础，但另一方面，古典学的发展和新问题的提出总是与时代的大问题相关，总是指向更大的义理问题，指向对古典文明提出新的解释和开展。

中国今日正在走向重建古典学的第四个历史新阶段，中国的文明复兴需要对中国和世界的古典文明做出新的理解和解释。客观地说，这一轮古典学的兴起首先是由引进西方古典学带动的，刘小枫和甘阳教授主编的“经典与解释”丛书在短短十五年间（2000—2015年）出版了三百五十余种重要译著，为中国学界了解西方古典学奠定了基础，同时也为发掘中国自身的古典学传统提供了参照。但我们必须看到，自清末民初以来虽然古典学的研究仍有延续，但古典教育则因为全盘反传统的笼罩而几乎全面中断，以致今日中国的古典学基础以及整体人文学术基础都仍然相当薄弱。在西方古典学和其他古典文明研究方面，国内的积累更是薄弱，一切都只是刚刚起步而已。因此，今日推动古典学发展的当务之急，首在大力推动古典教育的发展，只有当整个社会特别是中国大学都自觉地把古典教育作为人格培养和文明复兴的基础，中国的古典学高深研究方能植根于中国文明的土壤之中生生不息茁壮成长。这套“古典与文明”丛书愿与中国的古典教育和古典研究同步成长！

2017 年 6 月 1 日于北京

目　录

序　言

乔秀岩

如果说认识即知差异的话，读书恐怕要分两种。第一种读书，即将自己的认知世界与书对照，看两者之间的差异。第二种读书，则将其他书与此书对照，观察其间的差异。第一种读书，我且叫作“自然”的读书，是我们平常默认的读书方法。我们按自己的兴趣看书，没有兴趣的不会去看。拿到书先翻翻，如果内容都是自己熟悉的，不会认真看。若有对自己新鲜的内容，看看讲得对不对、好不好，好的吸收，不好的跳过。读古书也如此，我们用自己的常识或“学识”去看古籍，丰富见识，积累组织自己对古代世界的认知，有时感到书中所述与自己已有的认知有矛盾，则要思考究竟是我理解错了还是书讲错了。我与书之间，有一种循环交流的过程，而最后的目标在于完善自己的认知世界。第二种读书，相对于第一种，可以说是“变态”的读书，我们不是为提高自己，而是有兴趣探索这部书，才用这种读书方法。将此书放在其他诸书之间进行比较，我们从第三者的角度观察异同，才有可能比较客观地评估这部书的特色。不以自己的认知世界为标准，所以也容易跟别人共同讨论研究。

用“自然”的方法读一部书，每个人的感受会不一样，甚至会产生各种错觉，有时也形成对此书的错误印象。但如果想要进一步了解书中讲的内容究竟对不对，要做考证，也能得出一个大家公认的结果，会有一种客观性。考证自然需要参照其他文献，是否也进入了“变态”的领域？我的回答是否定的，这样还不够“变态”，因为这种考证最后的关心仍然离不开自己的认知世界，尽管这一认知世界可以跟“学术界”连通。我说的“变态”读书，要忘了自我而追求此书的意义，越过此书内容而探索作者的思路。说是忘了自我，读书的主体仍然是我自己，主观性是始终不免的。但这种读书最后的关心点不在自己的认知世界，而在作者的认知世界，就在这一点上，与“自然”的读书正相反，所以才叫“变态”。我和叶纯芳在“古典与文明”丛书中的两部《读书记》想要提倡的就是这种读书方法，我们认为学术史、思想史的研究要自觉排除“自然”的读书方法，采用“变态”的读书方法。

以一部社会学经典为例，韦伯的《新教伦理与资本主义精神》，我看不妨视为一部思想史研究的名著，而且其研究方法很有特色，非常值得参考。不少人认为此书主张新教思想孕育了资本主义，而这偏偏是韦伯自己在书中明确否定的说法。这种情况正如不少人认为《菊与刀》提出“罪文化”“耻文化”的对立概念，而本尼迪克特在书中明确讲到这是人类学的常用概念，同出一辙。这些误解，只要认真看一遍，应该不会产生。但很多人看这些书，都用“自然”的态度，只想知道作者的结论，因而书中的主张被极度简单化，结果形成违背作者原意的印象。我们稍微“变态”一下，关心韦伯的研究手法，会为他突出的学霸特性感到震撼。学霸非常全面地搜集以往的相关研究，对每一种研究都做过精细的评估，然后利用这些成果组织自己的研究。论述特别重视逻辑的严密，他知道新教思想与资本主义产生之间的因果关系无论如何都无法论证，所以彻底放弃因果关系，限定自己的主张为两者之间存在“亲和性”。“亲和性”只是主观认定，不需要客观证据，别人很难说你不对。再说有名的“理念型”，他也有很细心周到的一套解释。他描述一个人物，讲他的经历以及思想和行为，说这是一个“理念型”，绝不存在完全符合这一故事的真实人物，但这一虚构的人物最能代表一群人的共同特性。他自己都说这绝不是真实的情况，别人很难批评你。既然全面吸收以往的研究，他自己重新组织的叙述又很充实有趣，而且叙述方法严谨保守，很难挑剔，学界不得不承认是最伟大的新成果。可是“亲和性”这种结论太过保守，保守到几乎等于什么也没说，所以世人不管作者自己的否定，还是认为韦伯主张了新教思想孕育了资本主义。

十多年前我偶然买到一本《乡土中国》，一口气看完，叹服费氏分析中国社会之深刻，而短小的篇幅引用十几条《论语》文句来说明中国社会的特性，让人印象尤其深刻。这是我“自然”读书的经验。最近有教学需要，重新认真看此书，而且对照《菊与刀》、米德 *And Keep Your Powder Dry*（此书似未有汉译，我看的是日译本，下文简称“米德书”）

来看，忽然意识到《乡土中国》是以西方社会学、人类学为理论基础的。例如在讨论法治与礼治、长老统治、血缘与地缘等方方面面问题，分析“乡土”社会基本特性时，《乡土中国》都要用“社会变迁的速率”来做解释。中国的传统社会“社会变迁速率”很低，所以老人受尊重，传统文化受重视。相反，现代的城市社会，“社会变迁速率”高，人与人之间的关系是地缘而不是血缘，保证这些关系的是合同与法律，这样才能发展经济。米德书讨论美国社会特性时，重点分析美国与欧洲尤其英国之间的差异，很多现象都用“社会变迁速率”来做解释。欧洲社会变化缓慢，所以很重视传统文化，美国社会变化很快，传统文化被媒体淘汰。两部书中提到的具体事例也有雷同之处。如米德讲到当婴儿生病时，英国老人都知道该怎么护理，是传统经验，与美国家庭没有老人，只能被杂志、广播的意见左右不同。费氏也讲过当他避难居于云南乡下时，小孩哭个不停，当地老太太教费氏用蓝布和咸菜擦小孩牙齿，果然奏效。很明显，费氏将米德书论欧洲与美国差异的理论挪用到乡下与城市之间的差异。于是我也有事后诸葛的发现，即费氏用“社会变迁速率”的地方讲得都十分轻巧，高明高到有些飘浮。原来因为是拿来用的理论，中间并没有自己苦心摸索的过程。这样看的时候，我已经踏入“变态”读书的世界了。

我们要从《乡土中国》中扣除社会学、人类学的理论因素，扣除干净之后，剩下的部分才是费氏自己的东西。只有这样看的时候，我才感觉自己能够更好地体会到费氏热情洋溢的精神努力，颇为其年轻朝气所感染。读过《乡土中国》的人，都会注意到全书反复以“乡土”与“现代”为相对概念。其实“乡土”当与“都市”相对，与“现代”相对的应该是“古代”。在此我们要推想在1947、1948年时，费氏那些高级知识分子都在拼命思考中国如何实现现代化。在他们的意识当中，中国落后于欧美，要说欧美是现代的话，我们在没有赶上欧美之前不能算现代了。学过人类学、社会学的费氏自然要思考，中国之所以落后，在社会、文化方面能有什么样的原因？于是反思中国社会、文化的“乡土”性，费氏一方面以无限的同情描述、分析中国的“乡土”性，另一方面又时不时地表现出中国必须走向法治化、商业化路子的思想。由于当时苏联兴起，费氏甚至对计划经济的可行性也有所考虑。在这里我们看到一个以社会改革为己任的年轻学者，天真、认真，充满理想，极具时代特色的精神面貌。

《乡土中国》写得通俗，没有提到什么洋理论，但别忘了费氏是清华的高才生，留英时在人类学大师马林诺夫斯基的指导下写过英文博士论文，稍早于《乡土中国》发表的《生育制度》中屡次引用马林诺夫斯基的理论叙述，在《乡土中国》后记中又明确讲到受米德书的直接启发，我们怎能不看那些书？看过米德书之后，我对《乡土中国》的理解完全不一样。而且这些比较和观察会有一定的客观性，所以我后来看到日本一位长年研究中国社会学的学者写过一部费孝通论（佐佐木卫《费孝通——民族自省的社会学》，2003

年），介绍《乡土中国》即以马林诺夫斯基、米德、本尼迪克特的影响为主线索。想要了解《乡土中国》这部书的意义以及费氏的思路，不得不看米德他们的书，道理很明显。又如日本也有专门研究《菊与刀》的学者，据说有一批信函可证明“菊与刀”这一书名是书稿完成后由书商建议的，作者本尼迪克特据此才加写了第一章和第十二章的相关内容，又说《菊与刀》有大量袭用 Geoffrey Gorer 的论述的部分等（福井七子 2012 年的日文文章，英文题目为 *Benedict's, Gorer's and Mears' view of Japan and Its People*）。虽然我并不喜欢这种翻垃圾堆式的“研究”，但不能否认这些信息对我们了解本尼迪克特的思考过程是不无帮助的。

费氏的情况也让我联想到郭明昆。我和叶纯芳曾经对郭明昆留下的一系列中国古代家族制研究进行过初步的“变态”读书，将十来篇论文按撰作时间重新排列，调查每一篇参考西方人类学论著的情况（请参《学术史读书记》所收《郭明昆对西方人类学理论的接受与利用》一文）。结果发现，没去过欧美的郭明昆阅读英文论著，紧跟当时西方最新的人类学理论，彻底消化，运用来分析中国古代家族制，精彩无比，令同时期留学美国人类学重镇伊利诺伊大学的冯汉骥望尘莫及。但郭明昆做完这些理论分析，就失去了对理论的兴趣，埋头扎进中国具体现象的具体分析当中去，一去不返了。费氏的情况也跟郭明昆类似。费氏学西方人类学、社会学理论，学得最透彻，但他关心的是中国的现实问题，西方理论不过是拿来用的工具，用完就扔了，费氏后来也一直跟着中国的现实走。在此我有一个无法论证却抹不去的感觉：东方文化是否偏向具体实在的思考，与西方文化爱用抽象概念思考不同，利玛窦说“中国人不会用辩证法”（《耶稣会的中国传教》第一书第五章），讲的也是这个差异？因为如此，中国社会由个人与个人之间一对一的人际关系构成，与西方人通过抽象概念组织各种社会关系不同，这岂不是《乡土中国》所谓“差序格局”“团体格局”的所以然？偏向具体实在的思考习惯是否让我们容易急着要结论，较不容易做“变态”的读书？

以往的中国古代思想史研究，往往将“思想”局限为哲学及政治思想。我看过余英时的《论戴震与章学诚》，感到无聊到很难受，因为余氏关注的就是“思想”，而我对这些提不起兴趣。我拿过张寿安的《以礼代理》，看到书中对凌廷堪的代表作《礼经释例》置之不理，知道张氏也只关心“思想”，不关心经学、礼学，竟放下未能卒读。我还见到过一些人，因为自己喜欢“内圣外王”“经世致用”那一套思想，愣说古代学者莫不秉持这种精神，不需要论证。以往学界受民国“科学”考据学观念的影响，迷信自以为是的学术标准，讨论古代的经学著作往往都要分析优缺点，哪些做得不错，又有哪些不足之类，形成经学史论文的套路。以自己的标准评判古代学术，作为“自然”的读书态度固属无妨，但不能作为学术史的研究方法。礼制研究，则多由历史学家推行，因而容易偏重政治意义的探索。以往这些学者都在用“自然”的态度进行研究，所谓“古之学者为己”，都是为了完善自己的认知世界而做的努力。我们谈论思想、经学、礼制，容易觉得这些都是客观问题，其实这些问题只能作为我们的主观认识而存在，所以这些研究都要在信仰共同学术前提的小圈子内，互比识见、境界的高低。我希望今后的学者“为人”，一来以古人自己的思考过程为研究对象，二来做客观的讨论，大家共同研究。现象世界千变万化，而人类的认知要靠单纯的概念及语言。因此，当以古人的主观为讨论对象时，我们的讨论才容易更客观。举例来言，如何理解“新教伦理”，只会言人人殊；如果讨论路德著作中的路德思路，则应该较容易达成共识。

冯茜研究中唐至北宋的礼学，从杜佑到朱熹，提出了一系列新的认识，令人刮目相看，目不暇接。对于本书讨论的著作和人物，近些年学界已经积累了不少研究成果。冯茜全面掌握这些成果，对每一种研究进行妥善的评估，进行选择性引用，颇有类似韦伯的小学霸气势。其实冯茜都亲自阅读过原始材料，建立自己的观点，别人的研究只有参考意义。冯茜对相关礼学著作进行了纯粹经学的比较分析，也重新探讨了其中的“思想”问题，又研究了制度因革背后的动力，均出自创，十分新鲜。当今学界，研究经学、“思想”、礼制分别都有一些专家，但未有人能兼通这三方面。其实唐宋人自己岂有近代“文史哲”之分类意识？冯茜对这三方面都下过功夫，提高自己的分析能力，然后忘掉“文史哲”的学术框架，探索唐宋那些人物各自不同的学术前提，追寻他们的思路，这样才获得了目前最开阔的视野，对这一时段的礼学史提出了目前最恰当的新理解。提出这么多重要的新理解，通常要么浮夸，要么焦躁，像我二十年前的博士论文，然而冯茜叙述得淡定无惧，我看是十多年来她孜孜读书，始终坚持忠实自己的结果。好样的，痛快。

2018 年 12 月 25 日

绪　论

本书意在讲述唐宋之际的礼学思想史，阐明礼学如何经由这一时段的发展，完成由汉唐向两宋礼学的转变。这是一段汉唐传统礼学思想资源何以消耗殆尽，宋人又如何在"追法三代"的信念下，为礼秩序重建思想根基的历史。既言"转型"，大要即向读者揭示历史现象背后，汉唐与两宋礼学之间的结构性变化。"礼学"作为书中的核心概念，对其意涵的理解，迄今仍是言人人殊、见仁见智的话题，因此有必要先向读者阐明"礼学"在本书中的具体含义。我们对历史的理解总是不可避免地受制于自身视域，在笔者看来，当代学者在认识传统礼学时，受两重视域的影响最为深刻：其一是清代乾嘉礼学形塑的"朴学"形象，其二是民国以降，新史学范式对传统礼学的改造。前者自戴震斥宋儒言理开始，中经凌次仲以礼易理，焦里堂、阮芸台以下，皆承其说，渐以理、礼之别为汉宋之鸿沟。[1]以"礼—理""考据—义理"为概念框架所描绘的礼学史，是将汉魏六朝与清代作为礼学发展的高峰，视宋元明为礼学之中衰，《四库全

---

〔1〕 参钱穆：《中国近三百年学术史》，九州出版社，2011年，第544页。

书总目提要》进而谓："三《礼》之学，至宋而微，至明殆绝。"[1]不过，今天人们对这些说法的熟悉和接受，最直接的渊源还是来自民国学者。梁启超论宋学云：

> 昔战国诸子诋斥儒家，大都以"穷年不能究其礼"为口实，何况在千余年异论更多之后？所以宋学兴起，把这些繁言缛语摆脱不谈，实是当然的反动。中间虽经朱子晚年刻意提倡，但他自己既没有成书，门生所做又不对，提倡只成一句空话。宋元明三朝，可以说是三《礼》学完全衰熄的时代了。[2]

此以宋元明三朝为三《礼》学完全衰熄的时代，与《总目提要》之见一脉相承。梁启超又论清代礼学源流：

> 现在且说清朝礼学复兴的渊源。自黄梨洲、顾亭林惩晚明空疏之弊，提倡读古书，读古书自然触处都感觉礼制之难懂了。他们两位虽没有关于礼学的专门著作，但亭林见张稷若治礼便赞叹不置，他的外甥徐健庵便著有《读礼通考》。梨洲大弟子万充宗、季野兄弟经学的著述，关于训诂方面的甚少，而关于礼制方

〔1〕《四库全书总目》卷二〇《经部·礼类·仪礼述注》，中华书局，1965年，第163页。

〔2〕梁启超：《中国近三百年学术史》，夏晓虹、陆胤校，商务印书馆，2011年，第227页。

面的最多，礼学盖萌芽于此时了。其后惠、戴两家，中分乾嘉学派。惠氏父子著《禘说》《明堂大道录》等书，对于某项的礼制，专门考索。戴学出江慎修，慎修著《礼书纲目》，对于礼制为通贯的研究。而东原所欲著之《七经小记》中《礼学篇》虽未成，而散篇见于文集者不少。其并时皖儒如程易畴、金檠斋、凌次仲辈，皆笃嗜名物数制之学。而绩溪、泾县两胡竹村、景庄［孟］以疏《礼》名其家，皆江、戴之遗风也。自兹以往，流风广播，作者间出，而最后则孙仲容、黄儆季称最善云。[1]

梁启超等民国学者对清代礼学的重述，对汉—宋、考据—义理这一认知模式的最终形成起了重要作用。事实上，乾嘉汉学是清代礼学的重要阵地，但并非全部图景；汉宋、礼理之学在清代既有纷争也有调和。作为新史学的奠基者之一，梁启超专以汉学论清代礼学，又专以名物制数论汉学之礼学，这一书写清代礼学方式背后的深层缘由，是为了将传统礼学引导至新史学的轨辙：

礼学的价值到底怎么样呢？几千年很琐碎很繁重的名物宫室、衣服、饮食之类，制度井田、封建、学校、军制、赋役之类，礼节冠昏丧祭之类，劳精敝神去研究他，实

〔1〕 梁启超：《中国近三百年学术史》，第227页。

在太不值了。虽然，我们试换个方向，不把他当做经学，而把他当做史学。那么，都是中国法制史、风俗史……史……史的第一期重要资料了。所以这门学问不必人人都学，自无待言；说他没有学问的价值，却大大不对。清儒的工作，最少也算替后人把所需的资料搜集在一处，而且对于各种资料相互的关系，和别择资料的方法，有许多意见足供后人参考，这便是他们不可没的功劳。我们若用新史家的眼光去整理他，可利用的地方多着哩。[1]

伴随现代史学的开展，梁启超关于经学、礼学史学化的设想在后来的学术进程中渐次完成。[2] 20世纪以降，礼学研究的主体，就主要由文献学、历史学、考古学等领域的研究所构成。[3]对身处这一脉络的当代人而言，汉—宋、礼—理、考据—义理的对举仍是耳熟能详、日所习用的认知模式，[4]

〔1〕梁启超:《中国近三百年学术史》，第232页。

〔2〕关于经学史学化更详细的讨论，参陈壁生:《经学的瓦解》，华东师范大学出版社，2014年。

〔3〕参详《二十世纪中国礼学研究论集》，陈其泰、郭伟川、周少川编，学苑出版社，1998年;《民国资料分类汇编·三礼研究》，耿素丽、胡月平编，国家图书馆出版社，2009年。

〔4〕重审这一模式的必要性，是基于它在知识与效果上的缺陷。汉唐礼经学与清代考据学在性质上的差异，已有学者做过深入阐释（参乔秀岩:《义疏学衰亡史论》，生活·读书·新知三联书店，2017年，第214—221页。华喆:《礼是郑学——汉唐间经典诠释变迁史论稿》，生活·读书·新知三联书店，2018年）。汉唐礼经学本质上非乾嘉学者所说的“汉学”，由此判分的汉宋、礼理之别缺乏事实基础，（转下页）

由此回望传统礼学，形成了我们理解礼学历史的当代视域。柯林武德言，历史学家必须在他自己的心灵中重演过去。[1]如果研究礼学不仅是为了投射某些现代观念，而是期待在我们的心灵中“重行思想”这门传统学问，思考传统礼学之于古人的意义，那么，寻求超越自身视域的努力便不再多余。

本书尝试结合历史研究与义理思辨两个层面来增进对传统礼学的理解。在义理层面，尝试提出一种看待传统礼学的方式，它界定了“礼学”一词在书中的具体含义，提供了书写礼学历史时使用的概念框架，因而也是我们论述的起点。

第一节　礼学的类型

古人释礼，多集中诠释礼的内容与功能，郑玄谓：“礼者，序尊卑之制，崇敬让之节也。”[2]《汉书·礼乐志》言圣人“象天地而制礼乐，所以通神明，立人伦，正情性，节万事者也。人性有男女之情，妒忌之别，为制婚姻之礼；有交

（接上页）相应的礼学历史叙述也难以成立。其次，钱穆先生曾将民国时期的史学与哲学纷争，称之为“汉宋之争之变相”（《新亚学报发刊词》，《新亚学报》1955 年第 1 期，第 1 页），在现代学科分际下，“汉宋之争之变相”，仍潜移默化地加深着礼学研究中的方法藩篱，有碍对传统礼学形成更整全的理解。

〔1〕柯林武德：《历史的观念》，扬·冯·德·杜森编，何兆武、张文杰、陈新译，北京大学出版社，2010 年，第 278 页。

〔2〕郑玄：《六艺论》，皮锡瑞《六艺论疏证》，《续修四库全书》影印光绪二十五年刻本，上海古籍出版社，第 171 册，第 283 页。

接长幼之序，为制乡饮之礼；有哀死思远之情，为制丧祭之礼；有尊尊敬上之心，为制朝觐之礼”。[1]宋人欧阳修亦云：“古者，宫室车舆以为居，衣裳冕弁以为服，尊爵俎豆以为器，金石丝竹以为乐，以适郊庙，以临朝廷，以事神而治民。其岁时聚会以为朝觐、聘问，欢欣交接以为射乡、食飨，合众兴事以为师田、学校，下至里闾田亩，吉凶哀乐，凡民之事，莫不一出于礼。”[2]对礼的现代诠释，大抵仍从内容与功能出发。沈文倬认为：“在古代，‘礼’字本有广狭二义：就广义说，凡政教刑法、朝章国典，统统称之为礼；就狭义说，则专指当时各级贵族（天子、诸侯、卿、大夫、士）经常举行的祀享、丧葬、朝觐、军旅、冠昏诸方面的典礼。”[3]钱玄云：“古之所谓礼，本指祭祀鬼神之事，随社会发展，礼之范围逐步扩大，由祭祀之礼而及于人伦之各种规范，再而至于有关政教之典章制度。”[4]从礼的内容、功能角度出发，古今礼学家对礼的诠释具有很强的相似性，但其礼学呈现出的面貌实则相当不同。其分别并不仅是方法上的，而根源于他们对“礼是什么”这一问题的理解存在深层差别，对此，礼学家们通常未予澄清。要真正理解不同性质的

〔1〕《汉书》卷二二《礼乐志》，中华书局点校本，1962年，第1027—1028页。

〔2〕《新唐书》卷一一《礼乐志》，中华书局点校本，1975年，第307页。

〔3〕沈文倬：《古代的“五礼”包括哪些主要内容》，《菿暗文存》，商务印书馆，2006年，第902页。

〔4〕钱玄、钱兴奇：《三礼辞典·自序》，江苏古籍出版社，1998年，第3页。

礼学，还得深入到礼学家在其方法背后预设的礼观中去。

古代礼家通常相信礼为圣人所制，认为圣人制礼奠定了礼的意义与价值基础。具体到圣人所制之礼的含义，就存在多种理解的可能性了，我们也以此为核心，来定义和区分礼学的不同形态。传统礼学家对圣人所制之“礼”的理解，大致可以区分出以下三种形式：

（一）认为圣人制礼的实质是制作法典意义上的经典。虽然圣人制礼的目的是付诸实用，但圣人制作出来的“礼”，其原初形态不是实际存在的制度，而是经典文本。制度依经而立，是具体时空的产物，经典中的圣人之义则是超越历史的存在，必须通过对经文的研究才能把握。由此观念发展出的，是以礼经为本位的礼学，其核心形态是对经典的文本研究。即便研究礼经的目的是建立制度，也必须以经典诠释作为制度原理的来源。这一观念的典型体现是以《仪礼》为孔子所定之经。虽然汉代儒生一般认为包括《仪礼》在内的“五经”为孔子所定，但自东汉郑玄以《周礼》《仪礼》的作者为周公以来，历代儒者以《仪礼》为周公所作者居多，元人敖继公就说：“《仪礼》，何代之书也？曰：周之书也。何人所作也？曰：先儒皆以为周公所作，愚亦意其或然也。”[1]清代今文学力倡《仪礼》为孔子所作，晚清经学家皮锡瑞认为：“《周礼》《仪礼》，说者以为并出周公。案以

〔1〕 敖继公：《仪礼集说序》，康熙十九年（1680）刊《通志堂经解》本，叶一。

《周礼》为周公作，固非，以《仪礼》为周公作，亦未是也。《礼》十七篇，盖孔子所定……汉以十七篇立学，尊为经，以其为孔子所定也。"[1]以《仪礼》为孔子所作，则圣人所制之"礼"，其初始形态为礼经而非实存的制度。虽然《仪礼》的大部分内容是繁琐细微的制度仪节，并且这些制度仪节很可能有其历史根源，但经典的内容就其本质并非制度实存，而是理论化、理想化、包含了圣人之义的"文"。因此，礼学研究的核心不在于考证制度之实，对经典的研究固然离不开对经文当中字词的训诂、名物的考证，但最能体现经学特质的，是文本性质的研究。所谓文本性质的研究，主要是指对经书书写的研究，比如研究经文的写作义例、结构等，皮锡瑞就指出，读《仪礼》当首重释例，并比之于《春秋》，云："《春秋》有凡例，《礼经》亦有凡例。读《春秋》而不明凡例则乱；读《礼经》而不明凡例，则苦其纷繁。"[2]字句、名物的意义规定首先取决于经书自身的语境，而非语词约定俗成的自然用法。

研究经典文本需要遵循的基本原则首先是认同经典的权威性，首要体现是对经文本身及其字面意义的尊重，极端表现则是经学解释中的"文本主义"。"文本主义"以经典文字的完整无误为前提，解经的基本层面是解释经文的字面含义，解经的目标是呈现经书的内在一致性，以求能够彻

〔1〕 皮锡瑞：《经学通论·三礼》，中华书局，1954年，第13—14页。
〔2〕 皮锡瑞：《经学通论·三礼》，第31页。

底、一贯地解释经文。历史上最经典的经学文本理论，莫过于郑玄以《周礼》为核心，融贯三《礼》建立的礼学体系。郑玄以《周》《仪》二礼并为周公制礼作乐之书。南北朝至隋唐的经师也多以《周》《仪》二礼为周公所作，《仪礼疏》云："《周礼》《仪礼》发源是一，理有终始，分为二部，并是周公摄政太平之书。"〔1〕《礼记正义》云："《礼记·明堂位》云：'周公摄政六年，制礼作乐，颁度量于天下。'但所制之礼则《周官》《仪礼》也。"〔2〕又，陆德明《经典释文》："《周》《仪》二礼，并周公所制，宜次文王。"〔3〕与以《仪礼》为孔子所作的一大差别在于，以《周》《仪》二礼为周公所作，则圣人所制之礼，不仅是经典，同时也是一套在当时实际施行过的制度。不过，在郑玄与义疏学家看来，周公制礼，首先是作经，故贾公彦于疏中每言"周公作经""圣人之文"，郑玄以《周礼》《仪礼》为周代礼制的权威记载，对周代礼制的理解，是通过对经典文本的理论研究形成的，具体就表现在他以《周礼》为核心，对其他经典文字的周纳。

总之，以圣人制礼实为作经，"礼"的本质是经典文本规范，基于这一观念发展出的，是以解释经典文本为核心形态的礼经学。在经典本位的礼学中，礼制的训诂与礼义的发

〔1〕贾公彦：《仪礼疏序》，《仪礼注疏》卷一，上海古籍出版社，1997年，第945页。

〔2〕孔颖达：《礼记正义序》，《礼记正义》，上海古籍出版社，1997年，第1224页。

〔3〕陆德明：《经典释文序录》，《经典释文》卷一，影印国家图书馆藏宋刻本，上海古籍出版社，2013年，第13页。

明都被整合为经典文本的解释理论。

（二）认为礼本质上是圣人为其时代所建立，并在历史上实际存在的制度，经典文本是这套制度的记录。基于此观念形成的，是以制度为本位的礼学。对制度本位的礼学家来说，圣人制礼的初始形态就是制度，经书作为制度的记载是派生的，即先有制度，后有经典记载，圣人制礼实有其制，经书记载却可能为后人所追记。礼之精义蕴于制度仪节而不在经书的字里行间，礼学的核心关切是本质上独立于文本的礼仪制度而非文本的书写，在方法上就体现为制度的考据。郑玄以《周》《仪》二礼为周公所作，同时也是周代实行的礼制，但其礼学的落脚点仍在经书的解释上。[1]制度作为礼学核心的一个典型体现，是清代汉学以名数仪节具有解释经文、发明礼义的本原性地位，若凌廷堪谓礼“即一器数之微，一仪节之细，莫不各有精义弥纶于其间，所谓‘物有本末，事有终始’是也。格物者，格此也”，“盖必先习其器数仪节，然后知礼之原于性，所谓致知也”。[2]凌廷堪以礼易理，因礼有器数仪节可循，且以圣人精义亦蕴于器数仪节，礼为义理之原，器数仪节又为礼之原。

在考据形态的礼学中，出于对待经书态度的不同，具体的学说性质又有所差别。对强调经书权威性的礼学家来说，《周礼》等经典是记载周代礼制的权威文献，故将制度

〔1〕 学界对这一问题的认识有一个深入的过程，参详本书《序章》第一节。

〔2〕 凌廷堪：《复礼·中》，《礼经释例》卷首，《续修四库全书》影印文选楼刊本，上海古籍出版社，2002年，第90册，第11页。

考证的文献依据有意识地限定在经典范围内，他们的礼制学说很大程度上仍由经学解释构成。以北宋礼学家李觏为例。李觏是仁宗时期力倡复兴周代礼制的礼学家，所作《平土书》《明堂定制图序》皆以复原周制为务。李觏对周制的复原，以《周礼》等经典为本，实质是对《周礼》等经典的解释。《平土书》讨论周代土地制度，凡《司马法》与《周礼》相异处，皆取《周礼》而舍《司马法》，云："文王在岐作《司马法》，及周公摄天子位，从而损益之以为《周礼》乎？今本《周礼》为定。"〔1〕《平土书》对周代地制的复原，是围绕《周礼》的解释而非广征文献史料来实现的。李觏的做法并非实证史学视角下的方法缺陷，而是由他那只有《周礼》才是周代礼制权威记载的观念所决定的。

制度本位的礼学家，看待经书的更常见倾向是将经典视作周代制度的历史载体，是周代历史遗存的组成部分之一。在这些礼学家看来，要真正复原周代礼制，除了经典之外，还有必要广泛征求其他历史文献，综合考证。宋代金石学的兴起就体现了上述观念的发展。汉唐人以经典记载为周代礼制权威，以解释经典为了解周代礼制的首要途径，故出土古器物不入汉唐人眼。但在宋人看来，古器物和经典一样，是先王礼制历史遗存的一部分，有着相似的史料价值。观念的改变赋予了金石古器不同以往的意义与地位，北宋金

〔1〕 李觏：《平土书》，《李觏集》，王国轩点校，中华书局，2011年，第192页。

石学先驱吕大临言："制度法象之所寓，圣人之精义存焉，有古今之所同然、百代所不得变者，岂刍狗、轮扁之谓哉？汉承秦火之余，上视三代如更昼夜梦觉之变，虽遗编断简，仅存二三。然世移俗革，人亡书残，不复想见先王之绪余、至人謦欬。不意数千百年后，尊彝鼎敦之器，犹出于山岩屋壁、田亩墟墓间，形制文字且非世所能知，况能知所用乎？……观其器，诵其言，形容仿佛，以追三代之遗风，如见其人矣。以意逆志，或探其制作之原，以补经传之阙亡，正诸儒之谬误，天下后世之君子，有意于古者，亦将有考焉。"[1]吕大临首先以"制度法象"为圣人精义之所存，又指出秦火之后，儒家经典仅存二三，出土古器可以起到正谬补缺的作用。不同于经典本位的礼学以经典文本的整全性为理解周代礼制的前提，制度本位的礼学以"制""事"为本，经书记载容或不可替代，却并不充分，因此礼学家在方法上并不寻求一贯地解释经文，而是广征文献，博考论证。

综上，圣人制礼的实质是作器立制，圣人精义蕴于名数法象，基于这种观念所形成的，是以制度为核心、以名物考据为基本方法的礼学。礼经的主要意义是对礼制的记录。对经典权威的认同虽有强弱之别，但礼学家的核心关切，在制度而不在经典文本的书写形式。以名物考据为解释礼经、

---

〔1〕 吕大临：《考古图自序》，《考古图》，廖莲婷整理校点，上海书店，2016年，第2页。

阐发圣人精义的门径，既形成了礼制对礼经、礼义二者的统合，也可以说是传统礼学考据与现代实证史学下的礼制研究之间的一大区别。

（三）认为礼就其原则和精神实质而言是自然、自在而非人为的，圣人制礼是对它的顺应，礼学研究的目标在于揭示圣人制礼时所依循的基本原理。在经典或制度本位的礼学中，经典文本或制度仪节之所以具有认识论上的优先性，是因这两种观念都共同认为礼是圣人“无中生有”的创制。礼义即圣人制礼之义，只能通过研究圣人实际制出的礼（礼经或礼制）才能把握。总之，站在后人的角度，在有了经典或礼制的前提下，才谈得上对礼义的理解。汉儒发明“礼义”，通常情况下都要就着具体的经典规范来阐释其中的特定原理，“循典章制度、仪文节式，以求礼意。行此仪节，即存此礼意；废此仪节，即弃此礼意”。[1]《礼器》云：“先王之立礼也，有本有文。忠信，礼之本也。义理，礼之文也。无本不立，无文不行。”郑玄注云：“言必外内具也。”[2]郑玄以“义理”为“外”，即礼文规范所体现出的分理、秩序之宜。宋代理学兴起，理学家开始将礼义推本至天理，“圣人制礼”并非“无中生有”的创生，而是对天理的顺应。圣人所制之礼，包括经典与制度，是普遍性的礼义（天理）在历史时空中的特殊呈现。礼义（天理）具有礼的本体地

〔1〕张寿安：《十八世纪礼学考证的思想活力——礼教论争与礼秩重省》，北京大学出版社，2005年，第16页。

〔2〕《礼记正义》卷二三《礼器》，第1430页。

位，是圣人制礼所遵循的道理。本体意义上的礼即天理之自然，非人力所为，故张载言："礼不必皆出于人，天地之理，自然而有，天之生物便有尊卑小大之象，人顺之而已，此所以为礼也。"[1]又言："礼非出于人，虽无人，礼固自然而有，何假于人？"[2]朱子云："礼乐者，皆天理之自然。节文也是天理自然有底，和乐也是天理自然有底。"[3]正因如此，理学家理解的"礼"比"人文"的范围更为宽广，程颐云："推本而言，礼只是一个序，乐只是一个和。只此两字，含蓄多少义理。""天下无一物无礼乐。且置两只椅子，才不正便是无序，无序便乖，乖便不和。"[4]圣人制礼的典范意义就在于，圣人能够因应其时代的民俗民情，将对天理的体认情境化。本体意义上的礼义既独立于具体的经典文本与制度仪节，天理在人为性理，人有运用自身心性体认礼义的内在能力，而不必依赖经典、礼制的学习。反之，要在真正意义上理解圣人所制之礼，或在具体处境中实践礼，都必须基于对礼义的认知，张载言："礼者，理也。欲知礼必先学穷理，礼所以行其义，知理乃能制礼，

---

〔1〕《礼记集说》卷九四引，中华再造善本影印宋刻本，国家图书馆出版社，2003年，叶七，此叶为抄补。

〔2〕《礼记集说》卷五八引，叶一。

〔3〕《朱子语类》卷八七，《朱子全书》（修订本），上海古籍出版社、安徽教育出版社，2010年，第17册，第2973页。

〔4〕《河南程氏遗书》卷一八，《二程集》，王孝鱼点校，中华书局，2004年，第225页。

然则礼出于理之后。”[1]程颐云：“今人若不先明义理，不可治经。”[2]又云：“学礼者考文，必求先王之意，得意乃可以沿革。”[3]礼义（天理）在本体和认识层面，均构成了礼经与礼制的基础。

以上区分了古人对圣人制礼的三种差异性理解，以及由之形成的三种性质和形态的礼学。需要指出的是，这三者之间并非互斥的关系，它们可能在不同层面产生交集。例如，郑玄以《周礼》为周公所作，《周礼》同时也是周代实际施行的制度，他对经典的解释和他对周代礼制的复原大致可以画等号。正因这种传统礼学家都未必刻意区分和意识到的模糊和交融，要深入刻画传统礼学及其历史变迁，尤有必要做概念上的分析。这三种礼学的规定和形态的划分，是本书所使用的概念框架，但并不构成对具体礼学学说的历史描述，而只负责对礼学思想史的整体演进赋予一个内在于礼学自身的理论解释。本书的主体部分，将通过历史研究来呈现礼学由汉唐走向两宋的历史过程，具体揭示存在于史实与现象之中的动力因素。毋庸讳言，这一历史图景将深受上述理论视域的影响，但二者之间，并非理论先行、强事实以就理论的关系。因为以上对礼学形态的理论划分本身是从历史现象的经验研究中得出的，并不具备纯粹哲学分类所要求的周延性，对历史现象的解释力是检验其好坏的首要标准。阐明

---

〔1〕《礼记集说》卷九七引，叶九。

〔2〕《河南程氏遗书》卷二上，《二程集》，第13页。

〔3〕《河南程氏遗书》卷二上，《二程集》，第23页。

了书中使用的各项概念，下面就来对唐宋之际的礼学思想史做一个概观性的介绍。

第二节　唐宋之际的礼学思想概观

从礼学类型出发，汉唐礼学曾经历数世纪的传承演进，积累了丰富的成果和变化，有若干根本性的特征贯穿其间。汉唐礼学以经书为本位，以“圣人制礼”为礼的本质规定，并且，圣人制礼的实质是制作法典意义上的经典。汉唐礼学的核心内容是以经典权威为导向的经书文本研究，至东汉郑玄，完成了融贯三《礼》、系统精微的文本解释。南北朝时期，义疏学又以郑玄礼学为根底，融合汉代章句与佛家讲经之学，进一步发展出高度发达的文本解释传统，延续到隋唐。在礼的思想层面，汉人对圣人制礼的人性论基础、礼的意义与功能的基本理解则导源于荀子礼论。荀子认为，“礼”是圣人“化性起伪”而制作的规范，“伪”即“人为”，《荀子》云：“凡礼义者，是生于圣人之伪，非故生于人之性也。”[1]又云：“天能生物，不能辨物也；地能载人，不能治人也；宇中万物、生人之属，待圣人然后分也。”[2]是以“礼”非天地自然所生，待圣人而后制。关于荀子礼学的人性论基础，存在“性恶论”与“性朴论”的争议，笔者以

〔1〕《荀子·性恶篇》，王先谦《荀子集解》卷一七，沈啸寰、王星贤点校，中华书局，1988年，第437页。

〔2〕《荀子·礼论篇》，《荀子集解》卷一三，第366页。

为唐君毅之说最惬荀子。唐君毅认为："荀子所以言性之恶，乃实唯由与人之伪相对较，或与人之虑积能习，勉于礼义之事相对较，而后反照出的。故离此性伪二者所结成之对较反照关系，而单言性，亦即无性恶之可说。""此中性伪所结成之对较反照关系，实即在人之虑积能习所依之礼义文理之理想，与此理想所欲转化之现实间之一对较反照关系。唯人愈有理想，乃愈欲转化现实，愈见现实之惰性之强，而若愈与理想成对较相对反；人遂愈本其理想，以判断此未转化之现实，为不合理想中之善，为不善而恶者。故荀子之性恶论，不能离其道德文化上之理想主义而了解。"〔1〕由于荀子唯谓圣人之礼为善，人性之本然可谓之"朴"而不可谓之善。以生之性言，圣人与凡人之性同，"凡人之性者，尧、舜之与桀、跖，其性一也；君子之与小人，其性一也"。〔2〕圣人之异于常人处，在"能化性、能起伪，伪起而生礼义"。〔3〕在荀子看来，"礼"必待圣人而后制，非出天之自然。"礼"的起源与本质是"圣人制作"的思想，为汉儒所继承，即汉人以礼法教化自圣人出的观念。与荀子相区别的是，在人性论上，汉儒同时吸收了孟子的性善思想，形成了汉唐人性论的主流理论——性三品说。圣人因其天性而能纯善无恶，中人之性兼具善质与恶质，是礼法教化的自然基础。在荀子那里，尚

〔1〕 唐君毅：《中国哲学原论·原性篇》，中国社会科学出版社，2005年，第32页。

〔2〕《荀子·性恶篇》，《荀子集解》卷一七，第441页。

〔3〕《荀子·性恶篇》，《荀子集解》卷一七，第442页。

以成圣为学礼的最终目的，[1]自汉魏以下，圣人不可学的思想逐渐成为主流，[2]礼就其功能而言，是规范中人的行为以合乎礼法之善。[3]荀子认为，圣人制礼既非使人回归天性之资朴，也不是抑制去除人的情欲，而是对自然情感的“存养”，即“礼者，养也”。[4]因此，在人伦实践层面，礼学面对的核心问题是如何实现“情文相称”。

汉唐礼学的观念基础、学术方法以及人伦实践中的核心问题，在宋代均发生了根本性的改变。汉唐礼学之所以无以为继，关键就在于经书已不再能为礼提供规范性基础。经书丧失权威的原因大致有以下几个层面：一是来自经学内部的变化。隋唐时期，对义疏学的一个基本批判，是强调经书书写的“无义例”，这直接导向了围绕具体之“事”展开的碎片化解经，从而解构了经书作为圣人作品的内在逻辑。二

---

〔1〕《荀子·礼论篇》云：“故学者固学为圣人也。”第357页。《解蔽篇》云：“故学也者，固学止之也。恶乎止之？曰：止诸至足。曷谓至足？曰：圣也。”第406—407页。

〔2〕汤用彤指出，圣人不可至、不可学是汉魏两晋流行之说，隋唐则颇流行圣人可至而不能学（顿悟乃成圣）。参详《谢灵运〈辨宗论〉书后》，《魏晋玄学论稿》，上海古籍出版社，2001年，第103—109页。并参陈弱水：《〈复性书〉思想渊源再探——汉唐心性观念史之一章》，收入《唐代文士与中国思想的转型》，广西师范大学出版社，2009年，第300—307页。

〔3〕陈苏镇指出，郑玄即认为礼“以中人为制”，受郑玄礼学影响，魏晋之世，士大夫遵行礼法蔚然成风，但“以中人为制”的礼不能满足少数自命不凡者的需要，因而也为玄学的形成和发展预留了空间。见《〈春秋〉与“汉道”——两汉政治与政治文化研究》，中华书局，2011年，第613页。

〔4〕《荀子·礼论篇》，《荀子集解》卷一三，第409页。

是以经典为规范性来源的礼，所作用的范围首先是传习经书的士族阶层，从安史之乱到五代战乱，作为阶层的士族的瓦解，使经典的规范性逐渐丧失了社会基础。此外，在佛教、道教的影响下，儒家开始倾向于认为，儒家式礼仪生活就其最终目的与效用而言是使人“成圣”，这与汉唐礼法教化的目标判然有别，也是汉唐礼学无法经由自身完成的突破。唐宋之际礼学的发展，是汉唐礼学传统在经典解释、礼法制作与人伦教化层面全面失效之后，中晚唐至北宋思想家重新为礼建立思想根基的过程。从礼学类型的视角看，中唐开始，礼的规范性基础逐渐由经典转向了制度与礼义。在国家礼法制作层面，起着支配作用的，是自中晚唐杜佑以来兴起的，以历史制度为本位的礼学。根据史观的差异，制度本位的礼学又表现为两种形态。一是以历史上的先王制度与后世礼制之间构成连续而非断裂的历史传统，国家礼典的编纂遵循“因革礼”的模式，强调对历史传统的尊重成为论证制度合理性的重要方式；二是强调三代与后世礼制之间的断裂而非连续性，国家礼制的建立应当从制度上归复三代。主张制度复古的学者，极大推动了考据方法在礼学上的发展。他们对三代之礼的研究不再墨守礼经，或单纯基于经书文本进行构拟，而是广征文献、古物，综合考证。在社会生活与人伦日常层面，北宋前期，礼如何使人成圣的问题，使得礼法教化在功能和目标上出现了迥异于汉唐时期的变化。李觏、王安石、刘敞等学者的礼论和人性论述，都与对这一问题的回答有关，他们的学说表明，基于汉唐礼学的内在调整而做出的应对并不成功。理学的出现，真正实现了儒家礼仪与成圣之学的圆融。理学家认为，礼就其本质而言不是圣人的人为制作，而是天理之自然，圣人制礼的典范性体现为对天理的顺应；其次，礼的人性论基础是人的天命之性，按照工夫论的不同，礼的意义可以是实现天命之性亦即成圣的工夫或效验。礼学在人伦实践中面对的核心问题就由“情文相称”转向了“理欲之争”。汉唐至两宋礼学的上述变化大致出现并初步完成于唐宋之际，具体的历史过程，又可以大致分疏为三个阶段：

（一）中晚唐至唐末是制度与礼义的主导地位在礼学中萌芽的时期。隋唐时期，随着义疏学学术范式在刘焯、刘炫等学者的批判下趋于瓦解，对经学方法的批判，更进一步延伸至经典文本本身，经典规范在唐代遭遇了学理和实践层面的双重危机。安史之乱后，以儒学复兴为背景，礼学思想的变化出现了并行的两个方向。一是经学上的变化，经学家赵匡等提出，将“大义”作为经文解释的前提与标准；其二是杜佑在《通典·礼典》中建立的以礼制为核心的“通礼”思路。杜佑将三《礼》经典作为三代礼制，与后世礼制之间构成了一个连续而非断裂的历史传统，并以制度沿革变迁的历史传统作为礼制实践的合理性依据。中晚唐思想家的探索，确立了宋代礼学发展的基本方向。

（二）五代至北宋仁宗庆历时期，杜佑的“通礼”思想深刻影响了这一时期的国家礼典编纂。太祖、太宗两朝直至真宗前期的礼制，基本承续了晚唐五代以来的沿革变化。

但北宋在直承五代的同时，又面临着如何以制度革新超越五代、摆脱短命王朝命运的问题。真宗后期至仁宗朝，礼制经历了从“法唐”向“法祖宗”的转变。简言之，在北宋前期的礼制变迁史中，制度的核心问题是承法何种历史传统，而儒家礼制自身的价值诉求则被相对边缘化了。其次，在经学上，注疏之学依然具有作为官学的影响力。北宋开国时，太祖直接承袭了后周的制礼成果，颁行《三礼图》，并在《大周通礼》的基础上完成《开宝通礼》，颁行天下。但是，《三礼图》所代表的注疏旧学与重沿革的制度史观念在本质上是两种不同的思路，二者的冲突表现在《三礼图》引发的礼议中。

（三）仁宗庆历时期至哲宗元祐初，是宋人在“追法三代”的旗帜下，促使制度本位与礼义本位的礼学，或者说宋代礼学基本形态真正形成的时期。北宋前期礼制当中继承何种历史传统的问题，此时转向了“回向三代”。制度上的复古主张，触发了对经典古制考证式研究的形成。李觏是庆历时期较早主张礼制复古，并提出具体学说作为复古蓝本的学者。李觏以《周礼》为周公致太平之制，是周代礼制的权威记载。但李觏礼学的立足点在制度而不在经书文本，他的《平土书》《明堂定制图》都是通过对经典文本的解释来对周代土地、明堂制度进行复原。刘敞、陆佃、陈祥道等，将对周代礼制的考证依据，扩展至经典之外的其他文献、古器物等。他们将三代礼制视作先王时期的历史制度，“回向三代”的方式是通过广泛搜集文献、古物等先王礼制的历史遗存，进行综合考证。在以实存的历史制度看待圣人制礼这一点上，刘敞、陆佃、陈祥道等人与杜佑的思想在本质上是一致的。他们的差别在于，前者都坚持古礼的典范意义，考古的目的是复古。元丰时期，神宗朝“锐意稽古”，有计划地对郊庙礼制进行“回向三代”的复古改制。陆佃作为礼文所礼官之一，对朝廷的礼制改革产生了实质影响。陈祥道积二十年之力完成的《礼书》，以名物制度为纲，广征先秦文献，综合考证，是文献、考证方法在礼学上的系统应用，精审该博，极于一时。响应制度复古并且推动礼学朝制度考证方向发展的，除了上述李觏、刘敞、陆佃、陈祥道等礼学家外，还有身为理学家的张载、吕大临。在本书中也对他们的礼说做了详细分析，对其礼学的考据特征进行了揭示。在人伦实践层面，中唐以来，在佛教、道教影响下，北宋儒家始以礼乐教化为成圣之途。理学的兴起，通过对礼的本体论、人性论基础的重塑，将儒家礼仪生活与成圣之学贯通圆融，奠立了元明以后主流礼观的基本形态。

正是经由中晚唐至宋代思想家的努力，礼学的可能性才得到了更充分的实现。礼学在宋代完成的蜕变，从不同层面为元明乃至清代的礼学与礼仪实践奠定了基础。在此之前，北宋礼学首先通过朱子完成了一次收束与重整。在“礼文”层面，朱子继承了北宋以来普遍从制度角度理解“礼文”的观念，以圣人所制之礼为三代实存的制度；朱子认可了北宋理学家对礼之“理”与“文”的区别，却更强调“理”与“文”的不可分割。在朱子的诠释中，“天理之节文”的含义既表示天理在形而下世界的具体呈现，同时也表示“天理”本体就是有所节文的。从汉唐时期以文为本的“文”“理”不分，中经张载、二程主于“理”的“文”“理”之别，再到朱子以“体用无间”来统一的“文”“理”，呈现出了思想的辩证演进。在修养工夫层面，朱子认为“克己”、穷理代表的心性修养与“复礼”代表的行为规范，既有各自的工夫论意义，本质上又是同一工夫的一体两面。在礼仪生活的践行层面，朱子和张载、吕大临、程颐一样面临了礼文规范如何制订的问题。圣人制礼的典范意义，使经典、古制构成了朱子订定礼制的重要参照；而圣人制礼的时间向度，又决定了圣人制礼之义，必须回到经典、古制自身的视域下获得理解，故朱子十分注重对经典文本与古制的考订，晚年更投身于汉唐注疏的学习和整理。朱子对北宋礼学的系统反思，构成了汉唐与宋代礼学发展的合题，也是理解礼学思想史的一大枢纽。

序 章　后义疏学时代的经典危机

南北朝义疏学上承汉代章句学传统，以解释经文、传注之义例与内在理路为核心，这一解经范式的成熟，论证和维系了经书在文本书写上的合理性及其意义体系的整全性。隋唐时期，义疏学相延的经学范式，在刘焯、刘炫等经学家的批判下趋于瓦解。二刘等经学家对义疏学的一个基本批评，是经书在书写上本“无义例”存在。这一批判的本意是矫正义疏学对义例的过度阐释，避免扭曲经文的实质含义，但他们抛却义例，从经文指向的知识与事实出发解释经文，带来了经学解释的碎片化。[1]经学范式崩坏的连锁反应、对经文本身的碎片化理解，必然导向对经书文本自身合理性的质疑与批判。于是，义疏学的衰落，在唐代进一步引发了经书的规范性在学理与实践层面的双重危机。唐人不再倾向于认为圣人制礼的实质是“作经”，如果圣人制作的“礼”不是经书，又是什么？围绕经书的观念变化，构成了我们讨论礼学汉宋之变的起点。

〔1〕 乔秀岩：《义疏学衰亡史论》第二章《二刘学术风貌》，第40—126页。

第一节　注疏的文本解释特征及其衰落

南北朝时期，三《礼》义疏学以郑玄礼学为基础，融汇汉代章句之学与佛家讲经形式，形成了高度发达的经典文本解释传统。义疏学衰于隋，历经唐、宋、元、明近十个世纪的沉寂，至清代复又为学者所重。清人于礼学推尊汉学，既以习读注疏为礼学津梁，又援其体式，制作新疏。不过，清人对注疏性质的理解，与注疏本身存在很大差距，对此，乔秀岩已在《义疏学衰亡史论》中做了深入阐述。[1]南北朝时期，士人于三《礼》均习郑学，义疏既对郑玄注经思路探赜索隐，又以郑注为前提阐释经文，与清人实事求是、追求经书本义式的经学取径有很大不同。三《礼》义疏学既是在郑玄礼学框架内的理论探索，那么把握义疏学的性质与方法，就有必要先从郑玄礼学说起。

晚清学者皮锡瑞曾指出，“郑君以《周礼》为经、《礼记》为记，其别异处皆以《周礼》为正，而《周礼》自相矛盾者仍不能弥缝”。[2]刁小龙在《郑玄礼学及其时代》一文中，通过对郑玄三《礼》经注的细致分析，具体展现了郑玄如何以《周礼》为本，统合经典异说，弥缝矛盾，构建严谨精致的经学体系。[3]进一步分析郑注与汉代实际礼制的关

---

〔1〕乔秀岩：《义疏学衰亡史论》第六章《贾疏通例》，第214—221页。

〔2〕皮锡瑞：《经学通论·三礼》，第55页。

〔3〕刁小龙：《郑玄礼学及其时代》，清华大学博士学位论文，2008年。日本学者间嶋润一致力于郑玄礼学研究，探寻郑玄何以要将（转下页）

系，池田秀三提出，郑玄礼说并非现实指向型，而是理念优先的观念产物。[1]作为观念产物的郑玄经学，其思维方式趋于复杂，理论结构往往容纳诸种要素，与许慎、何休、王肃单一化的思考方法有所不同。[2]总之，与乾嘉学者推崇郑玄的名物考证不同，郑玄解经理论化的一面反而越来越被关注并揭示。这是郑玄注三《礼》时特有的现象，还是郑玄经学中的普遍特征？将《论语》郑注与三《礼》郑注并观，乔秀岩发现郑玄无论是注解《论语》还是三《礼》，均以经文的前后语境为重，探寻经文的有机结构。[3]《郑学第一原理》提出“结构取义”是郑注三《礼》最基本的解经方法，“郑玄先确认经文上下结构以及显示经文结构的虚词，据以调整实词词义”，而“清人读经，往往走典章制度的路子，大都遵从‘有文字而后训诂，有训诂而后有义理’的方法论，认为先知词义，才知道文义，而且以讨论内容为目的”，但是“郑学为经学，并非典章制度之学，亦非依赖概率的语言学，故以经书、经文为出发点，亦以理解经书、经文为终点”。[4]华喆进一步深入刻画了郑玄经学的特质及其在汉代的特殊

（接上页）《周礼》作为理论的核心，参《鄭玄と『周礼』：周の太平國家の構想》，东京明治书院，2010 年。

〔1〕池田秀三：《鄭學の特質》，收入《兩漢における易と三禮》，东京汲古书院，2006 年，第 287—304 页。

〔2〕同上书，第 296 页。

〔3〕乔秀岩：《论郑何注〈论语〉异趣》，收入《北京读经说记》，台北万卷楼图书公司，2012 年，第 175—209 页。

〔4〕同上书，第 247—248 页。

性，并对郑玄经学在中古时期的接受做了贯通性的阐述。[1]早在唐宋时期，已有学者开始反思和批判郑玄高度语境化的解释特征，如中唐人赵匡就批评郑玄："不能寻本讨原，但随文求义。"[2]李觏称"郑玄之学，其实不能该礼之本，但随章句而解之。句东则东，句西则西，百端千绪，莫有统率"。[3]这些都是深入研究郑玄的切实体会，表明唐宋人已经能够跳出郑玄与义疏学的范式，他们对郑玄经学的一个基本批评是"无本"。何者为"本"？其内涵见仁见智，但都指向对经文实质意涵的理解。郑玄解经之所以受到"无本"的批评，是因其解经带有很强的形式性。就拿郑玄通常被认作实学的制度、名物考证为例，郑玄经注中有大量对文字、名物的训诂，其学说真正关心的并不是这些语词所指称的具体事物，而是经文之间的关系或经书的书写问题，如《礼记·王制》云：

> 命典礼考时月，定日、同、律、礼、乐、制度、衣服，正之。

郑注：

> 同，阴律也。

---

〔1〕华喆：《礼是郑学——汉唐间经典诠释变迁史论稿》。

〔2〕赵匡：《辨禘义》，《春秋集传纂例》卷二，影印文渊阁《四库全书》本，台北商务印书馆，第146册，第401页。

〔3〕《礼论·第五》，《李觏集》，第15页。

疏：

> 郑以先儒以“同”为“齐同此律”，故辨之云：“同，阴律也。”故《大师》云“执同律以听军声”，又《典同》注云：“同，阴律也。”不以阳律名管者，因其先言耳。所以先言者，以同为平声，平为发语之本，今古悉然，故先言耳。[1]

《王制》此处经文，郑玄特别拈出“同”字作注，根据孔疏提示，这是为了区别于先儒将“同”理解为“齐同”，“齐同”是符合“同”字词义与用法的常训。郑玄以“同”为“阴律”，进而导致他的句读整体地有别于先儒。若释“同”为“齐同此律”，则经文读作：“命典礼考时月定日，同律、礼、乐、制度、衣服，正之。”孔疏“先儒说”的出处，在《尚书释文》中保留了一些痕迹，《尚书》经文：“协时月正日，同律度量衡。”《释文》云：“王云：‘同，齐也。律，六律也。’马云：‘律，法也。’郑云：‘阴吕阳律也。’”[2]《尚书》“同律度量衡”之“同”，郑玄同样释作“阴律”，经文读作“协时月，正日、同、律、度、量、衡”。与先儒通常的读法不同。郑玄之所以不遵先儒常训，释“同”为“阴律”，主要是因为关联了对《周礼》的考虑，为表明《王制》经文中的“同”实即《周礼》之《大师》《典同》“同律”之

---

〔1〕《礼记正义》卷一一，第1328—1329页。

〔2〕《经典释文》卷三《尚书音义·舜典第二》，第146页。

“同”。《春官·叙官·典同》注：“同，阴律也。不以阳律名官者，因其先言耳。《书》曰：‘协时月，正日、同、律、度、量、衡。’《大师职》曰：‘执同律以听军声。’”[1]郑玄明确指出《周礼》中《典同》《大师》之“同”律，就是《尚书》所正之“同”律，《王制》此句文意、结构与《尚书》凡同，同样应作“阴律”解。郑玄没有考虑，将《礼记》《尚书》经文中的“同”释作“阴律”多么不自然，而是以《周礼》《尚书》《礼记》之间的内在关联来确定其含义。而王肃、马融等先儒都是单从经文语词的语言事实出发建立解释。又有《周礼·大司马》中关于“九畿”的记载：

> 乃以九畿之籍，施邦国之政职。方千里曰国畿，其外方五百里曰侯畿，又其外方五百里曰甸畿，又其外方五百里曰男畿，又其外方五百里曰采畿，又其外方五百里曰卫畿，又其外方五百里曰蛮畿，又其外方五百里曰夷畿，又其外方五百里曰镇畿，又其外方五百里曰蕃畿。[2]

这段经文在解释上的难点是它和《尚书·禹贡》之间的差异。《禹贡》记载：

---

〔1〕《周礼注疏》卷一七，上海古籍出版社，1997年，第754页。
〔2〕《周礼注疏》卷二九，第835页。

五百里甸服，百里赋纳总，二百里纳铚，三百里纳秸服，四百里纳粟，五百里米。五百里侯服，百里采，二百里男邦，三百里诸侯。五百里绥服，三百里揆文教，二百里奋武卫。五百里要服，三百里夷，二百里蔡。五百里荒服，三百里蛮，二百里流。[1]

计此五服，东西相距五千里，若按《大司马》的记载，从王城至蕃畿的最外围有五千里，东西相距万里，远超《禹贡》，其制如图：

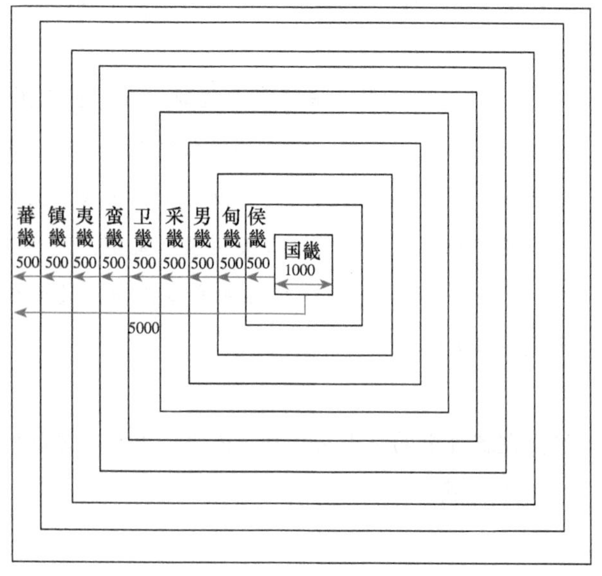

《周礼·大司马》之“九畿”

〔1〕《尚书正义》卷六，上海古籍出版社，1997年，第153页。

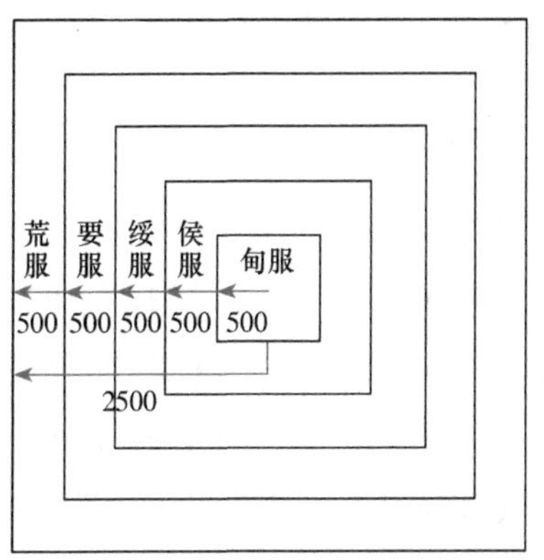

《尚书·禹贡》之“五服”

郑玄的解释认为,《禹贡》五服,服各五百里,四面相距五千里是尧时制度。至禹“奄大九州”,每服在原有基础上更扩大五百里,故四面相距万里,《禹贡》每五百里服下又言百里者、二百里者云云,就是禹所扩之地数,说见《诗·商颂·殷武》孔疏引郑玄《尚书》注:

> 荒,奄也。奄大九州四海之土,敷土既毕,广辅五服而成之,至于面各五千里,四面相距为万里。尧制五服,服各五百里,要服之内四千里曰九州,其外荒服曰四海。禹所弼五服之残数,亦每服者各五百里,故有万里之界焉。又《禹贡》云“五百里甸服”,每言五百里一服者,是尧旧服。每服之外更言三百里、二百里者,是禹所弼之残数也。尧之五服,服五百里耳,禹平水土之后,每服更以五百里辅之。是五服,

服别千里，故一面而为差至于五千也。[1]

郑玄以《大司马》所记，为周继禹“奄大九州”后之地广，并分禹之五服为九。分法见《毛诗》疏引郑《禹贡》注：“甸服比周为王畿，其弼当侯服，在千里之内；侯服为甸服，其弼当男服，在二千里之内；绥服于周为采服，其弼当卫服，在三千里之内；要服于周为蛮服，其弼当夷服，在四千里之内；荒服于周为镇服，其弼当蕃服，在五千里之内。”[2] 即下图所示：

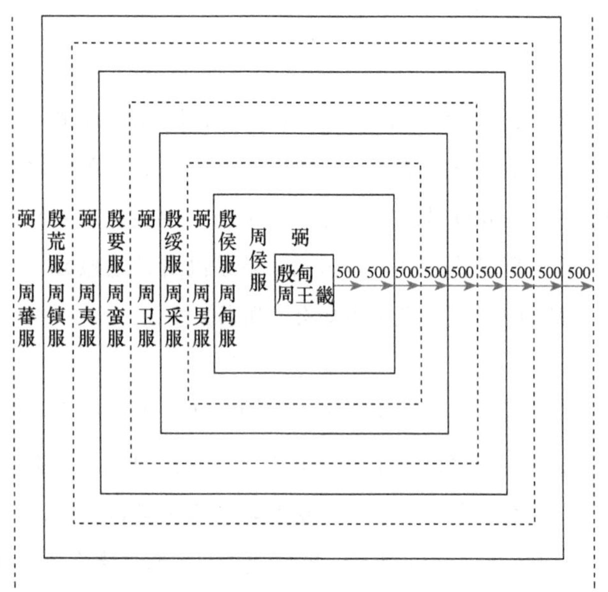

郑玄分禹之五服为九

〔1〕《毛诗正义》卷二〇，上海古籍出版社，1997 年，第 628 页。

〔2〕《毛诗正义》卷五，第 348 页。

不难看出，郑玄经说其实是在《周礼》与《尚书》之间做的一番理论周纳，与上古史实无涉。从事实合理性的角度看，郑玄的说法实在难以置信。无怪王肃质疑郑玄："土地之广，三倍于尧，而书传无称焉，则郑之创造，难可据信。"[1]司马迁、王肃均认为，《禹贡》五百里服名之后诸小数从属于五百里之服，基于事理，禹地之广应与尧时大致相当。王肃提出，《周礼》与《禹贡》的差异是由计算方法不同所致，"五千里者，直方之数，若其回邪委曲，动有倍加之较"。[2]王肃之说在文献上自然也没有过硬的依据，却是基于事实合理性的一种推测，这与郑玄构造出的文本理论在性质上存在很大不同。清代学者孙诒让曾评论郑说："将新弼旧，一服之倍，为里二千，甸服所弼，若通为王畿，是则禹之畿内，倍于殷周，揆之于理，既为疏阔；若以所弼残数分建邦国，而仍冢甸服之名，则于分服之义，自相违伐，宜王肃斥其难通也。"[3]孙诒让亦不以肃说为然："欲举《书》《礼》里数倍半之差，归之道路弧直计算之异。求之古籍，既无确证，且道路迂曲，较之鸟道虽有增多，亦断无倍加之理，其说仍不可据。窃谓自禹至周，更历三代，户口日增，疆宇渐辟，故禹之九州五服为五千里，周之九州王畿并六服为七千里，每面益地千里，差较无多，理所宜有。至于蕃国三服，地既荒

〔1〕《毛诗正义》卷二〇，第628页。

〔2〕《尚书注疏》卷五，上海古籍出版社，1997年，第143页。

〔3〕孙诒让：《周礼正义》卷五五《夏官·大司马》，王文锦、陈玉霞点校，中华书局，1987年，第2294—2295页。

远，不过因中土畿服之制，约为区别，王会所及，盖有不能尽以道里限者矣。要之《禹贡》《职方》，服数既异，不宜强为比傅，诸家之说，削趾适屦，钼铻益甚，今无取焉。”[1]王肃虽较郑玄更强调解经在事实层面的合理性，但他的问题意识和郑玄是相同的，都力图解决《禹贡》与《周礼》之间的关系问题，这是孙诒让和他们的最大不同。

对经文的概念化解释，遍布于郑注。[2]这类制度、名物“考证”，确切地说，是将经书看成理想化的作品而对文本展开的理论运思。义疏学对郑注背后的运思做了大量阐发。通过对郑玄解经思路的阐释，将郑玄的解经进一步严谨、系统化，更加剧了义疏的形式化特征。如郑玄的授田说。郑玄以王畿、乡遂、都鄙用于授田的土地要在原有基础上“三分去一”，因王城内不仅有田地，同时还有山陵、林麓、川泽、沟渎、城郭、宫室、涂巷存在，《王制》经文记载：“方百里者，为田九十亿亩，山陵、林麓、川泽、沟渎、城郭、宫室、涂巷，三分去一，其余六十亿亩。”[3]此“三分去一”结合《周礼·遂人》中“二而当一”的休耕之法，便是郑玄计算王城、乡遂、都鄙实际授田数的基本方法。郑玄在注《载师》《遂人》时，对王畿、乡遂、都鄙授田数的计算，都运用了“三分去一”结合“二而当一”的方法。《小司徒》经文“乃经土地”至“凡税敛之事”注末尾，郑玄

〔1〕 孙诒让:《周礼正义》卷五五《夏官·大司马》，第2295页。
〔2〕 参详上述诸家研究郑玄之作。
〔3〕《礼记正义》卷一三《王制》，第1347页。

又引《司马法》曰："六尺为步，步百为亩，亩百为夫，夫三为屋，屋三为井，井十为通，通为匹马，三十家，士一人，徒二人。通十为成，成百井，三百家，革车一乘，士十人，徒二十人。十成为终，终千井，三千家，革车十乘，士百人，徒二百人。十终为同，同方百里，万井，三万家，革车百乘，士千人，徒二千人。"[1]《司马法》的记载与《小司徒》差别甚大，则郑玄为何在注末引《司马法》就需要解释。贾疏据郑玄"三分去一""二而当一"的授田计算法认为，郑玄应是以《周礼》与《司马法》相一致，只不过《司马法》所记为实际的授田数，中间存在一个换算问题。比如，按照井田制，十井有九十夫田，三分去一为六十夫田，休耕之法，不易、一易、再易，通约折半，六十夫田实际只能授三十夫，也就是《司马法》所说三十家出马一匹。于是，《周礼》与《司马法》的差异就被统一了起来。但郑玄在《小司徒》此处引用《司马法》，并不一定如贾疏所推论，而可能只是为了解释经文"以任地事而令贡赋"中"赋"的具体含义。郑玄曰："赋谓出车徒给徭役也。"随即引《司马法》证出车徒给徭役之事。义疏学家时时都在想着用郑玄的理论解释郑玄，在使郑玄的解经在理论层面更加系统、严密的同时，也更拘滞穿凿。正如黄以周批评的那样："《司马法》通、成、终、同，皆以三为数，承上夫三为屋而言，据一偏之实数以例四方也。其中积实有当除以三分去一及二而

[1]《周礼注疏》卷一一《小司徒》，第712页。

当一之法，亦有不必除以二法者，数难核实，故举一偏以待三反。注疏家每处以两法相除，愈核愈凿。”[1]

义疏学以阐发郑玄的注经思路为宗旨，以郑注为前提解释经文，将郑玄的经解进一步系统化，因而在解经的理论化和形式化上较郑玄有过之而无不及。义疏学的另一特征是结合佛家讲经形式与汉代的章句学传统，发展出了一种用于分析经文结构的方法——科段。大到经文的篇章目次，小到段落文句，义疏学家都有办法分科段解释。关于义疏学的解释特性及其科段学说，乔秀岩、华喆已有深入阐释，[2]不再赘述。

从郑玄经学到义疏学，文本解释不断发展的结果，是对经典的解释只求立论形式上的精巧而不论己说是否合乎事理人情，其末流入于附会穿凿、锻炼文句，为有识之士所讥。批判义疏学、易之以新解，最具代表性的人物是隋之刘焯、刘炫。刘焯字士元，信都昌亭人。刘炫字光伯，河间景城人。二人自少定交，共受业读书，后俱为隋世大儒。史书记载：“于时旧儒多已凋亡，二刘拔萃出类，学通南北，博极今古，后生钻仰，莫之能测。所制诸经义疏，搢绅咸师宗之。”[3]孔颖达等人编修《五经正义》时，《诗》《书》《左

〔1〕黄以周：《礼书通故》卷三五，王文锦点校，中华书局，2007年，第1534页。

〔2〕详乔秀岩：《义疏学衰亡史论》第一、第三章，第1—39、127—160页。华喆：《礼是郑学——汉唐间经典诠释变迁史论稿》第四章，第274—384页。

〔3〕《隋书》卷七五《刘炫传》，中华书局点校本，1973年，第1707页。

传》均以刘炫旧疏为本，《礼记正义》虽本皇疏，但对皇疏之删改实深受二刘影响。乔秀岩分析《诗》《书》《左传》正义中的刘炫经说，结合刘炫佚著《孝经述议》的见在文字，指出“二刘学术与旧学不同之特点，可以谓之现实、合理、文献主义”。[1]义疏学多专经之士，二刘则博通今古、淹贯群籍，炫自为状：“《周礼》《礼记》《毛诗》《尚书》《公羊》《左传》《孝经》《论语》，孔、郑、王、何、服、杜等注，凡十三家，虽义有精粗，并堪讲授。《周易》《仪礼》《穀梁》，用功差少。史子文集，嘉言美事，咸诵于心。天文律历，穷核微妙。至于公私文翰，未尝假手。”[2]二刘精于天文历法、文字音韵，又尝典校群籍、参修礼律，其注经多引子史文献，以究核事理为本。二刘解经与义疏学的差异，可以从两方面观察：一是二刘解经不主一说，博采先儒异论，择善而从。《孝经述议》云：“经则自陈管见，追述孔旨；传则先本孔心，却申鄙意。前代注说，近世解讲，残缣折简，盈箱累箧。义有可取，则择善而从；语足惑人，则略纠其谬。”[3]其次，二刘否认经书本身存在写作上的“义例”，以经书为事类之集合，视义疏探索书写义例为穿凿附会之举。在二刘影响下，《礼记》孔疏刊落了皇疏众多科段，盖以经文实“无

〔1〕乔秀岩：《义疏学衰亡史论》，第73页。

〔2〕《隋书》卷七五《刘炫传》，第1720页，并云：“在朝知名之士十余人，保明炫所陈不谬。”

〔3〕刘炫：《孝经述议序》，《古文孝经孔传述议读本》，乔秀岩、叶纯芳、顾迁编译，林秀一撰，《孝经述议复原研究》，崇文书局，2016年，第334页。

义例也”。[1]换言之，二刘经学以事类为本，解构了经书内在的书写逻辑，从而使得郑学、义疏学这类寻求经书一贯性的经学解释丧失了根基。

二刘经学的出现，在当时引发了极大反响，“天下名儒后进，质疑受业，不远千里而至者，不可胜数。论者以为数百年已来，博学通儒，无能出其右者”。[2]二刘学术流行之下，义疏学的解经范式与学术标准趋于崩坏，以致孔颖达编订正义时，不得不特别标立“礼是郑学”，以为编修体例。[3]随着唐修《五经正义》之立为官学、设科取士，官定义疏成为士子进身之阶，更导致了主流经学的僵化与工具化。

第二节 唐代官方礼学的技术化

贞观中，太宗“以儒学多门，章句繁杂，诏国子祭酒孔颖达与诸儒撰定《五经》义疏”，[4]十二年（638）书成，诏名《五经正义》。[5]永徽四年（653）敕颁天下，设科取

〔1〕《礼记正义》与《毛诗正义》中屡见“无义例”之说，以摈弃先儒就经文文辞、书写差异建立义例的附会之解，参乔秀岩：《义疏学衰亡史论》第二章《二刘学术风貌》，第81—82页。

〔2〕《隋书》卷七五《刘焯传》，第1719页。

〔3〕乔秀岩：《义疏学衰亡史论》第三章《〈礼记正义〉简论》，第148—154页。

〔4〕《旧唐书》卷一八九《儒学传》，第4941页。

〔5〕《唐会要》卷七七《贡举·论经义》，上海古籍出版社，2006年，第1661页。

士。[1]《五经正义》之颁行，在统一南北经学的同时，导致官修义疏之外的义疏学著作渐被淘汰，亡佚失传。后世学者当典籍陵夷之时，欲窥汉唐经学门径，遂舍唐修注疏而莫由。义疏学虽趋没落，但随着《五经正义》定于一尊，官颁义疏又携官学之势，成为阻碍经学发展的压制性力量。除了《礼记正义》与二《礼》疏，唐代礼学已无完整的作品流传下来，下面借助史料钩沉，对唐前期的礼学风貌略加描绘。

王玄度《周礼义决》三卷，是《周礼义疏》外，唐代仅见于著录的《周礼》学著作。[2]王玄度其人，新旧《唐书》无传，事迹不详。除《周礼义决》外，玄度还有《礼记注》二十卷。[3]《册府元龟》记载，《周礼义决》大约成书于贞观年间，"王玄度为校书郎。贞观十六年十月，上其所注《尚书》《毛诗》《周易》，并《义决》三卷，与旧解尤别者一百九十余条。付学官详其可否，诸儒皆因习先师，讥其穿凿，玄度随方应答，竟不肯屈。太宗欲广见闻，并纳之秘府"。[4]玄度进书，及与诸儒之争，又见《旧唐书·崔仁师传》："时校书郎王玄度注《尚书》《毛诗》，毁孔、郑旧义，上表请废旧注，行己所注者，诏礼部集诸儒详议。玄度口辩，诸博士皆不能诘之。郎中许敬宗请付秘阁藏其书，河间王孝恭特请与孔、郑并行。仁

〔1〕《旧唐书》卷四《高宗本纪》，第71页。

〔2〕《旧唐书》卷四六《经籍志》，第1972页。《新唐书》卷五七《艺文志》，第1434页。

〔3〕《新唐书》卷五七《艺文志》，第1434页。

〔4〕《册府元龟》卷六〇六，《学校部·注释第二》，周勋初等校订，凤凰出版社，2006年，第6992页。

师以玄度穿凿不经，乃条其不合大义，驳奏请罢之。诏竟依仁师议，玄度遂废。”[1]由以上史料可知，王玄度进《诗》《书》《易》，作《周礼义决》的时间，在《五经正义》后不久。其为学不遵旧义、师法，创为新说，意欲挑战官学的权威地位。许敬宗、王孝恭，包括太宗在内，对此都抱有增广见闻、兼收并蓄的开放态度，反对玄度最激烈者，为以官学立身的博士旧儒，在其抵制下，玄度之书遂罢废不行。

贞观年间，魏征“以戴圣《礼记》编次不伦，遂为《类礼》二十卷，以类相从，削其重复，采先儒训注，择善从之，研精覃思，数年而毕”。[2]贞观十四年（640），《类礼》书成进上，“太宗览而善之，赐物一千段，录数本以赐太子及诸王，仍藏之秘府”。[3]可知《类礼》解经不守章句，改造经文，重编《礼记》，对先儒训注择善而从。魏征“以戴圣《礼记》编次不伦”，改编经文，“以类相从”，可知魏征已不若注疏将《礼记》视作融贯自洽的文本，而是将其视为“事”的零散编排，故欲以“事”的逻辑重新组织经文，可以说是二刘经学的观念延伸。魏征非经学家出身，故为学不以经学陈规自拘，纯以合理主义的态度对待经书与先儒注说。从太宗对待王玄度、魏征的态度来看，他颇有一种增广见闻、兼容并包的开放态度，至于官学则仍遵注疏。

武则天长安三年（703），王元感表上《礼记绳愆》三十

〔1〕《旧唐书》卷七四《崔仁师传》，第2620页。
〔2〕《旧唐书》卷七一《魏征传》，第2559页。
〔3〕《旧唐书》卷七一《魏征传》，第2559页。

卷，与《尚书纠谬》十卷、《春秋振滞》二十卷，及所注《孝经》《史记》草稿一同进上。[1]王元感少举明经，天授年间迁左卫率府录事，兼直弘文馆，参与修撰朝廷仪注，后转四门博士，直弘文馆。[2]元感之书，今已不传，书名“绳愆”“纠谬”“振滞”颇能透露出元感著书意在指摘经典、前儒旧说。元感虽出身明经，实为好发异论、挑战权威的异儒。史书记载，圣历初，元感曾著论称三年之丧的丧期应为三十六月，张柬之力驳其非。[3]元感进书后，同样受到章句儒生的激烈反对，史载武后“诏令弘文、崇贤两馆学士及成均博士详其可否。学士祝钦明、郭山恽、李宪等皆专守先儒章句，深讥元感掎摭旧义，元感随方应答，竟不之屈”。[4]好在朝中一些开明之士表达了对元感的支持：“凤阁舍人魏知古、司封郎中徐坚、左史刘知几、右史张思敬，雅好异闻，每为元感申理其义，连表荐之。寻下诏曰：‘王元感质性温敏，博闻强记，手不释卷，老而弥笃。掎前达之失，究先圣之旨，是谓儒宗，不可多得。可太子司议郎，兼崇贤馆学士。’魏知古尝称其所撰书曰：‘信可谓《五经》之指南也。’”[5]

开元十四年（726），元行冲《类礼义疏》书成进上。《类礼义疏》的写作缘起于开元年间，玄宗意欲将魏征所作《类

〔1〕《旧唐书》卷一八九《王元感传》，第4963页。
〔2〕《旧唐书》卷一八九《王元感传》，第4963页。
〔3〕《旧唐书》卷九一《张柬之传》，第2936页。
〔4〕《旧唐书》卷一八九《王元感传》，第4963页。
〔5〕《旧唐书》卷一八九《王元感传》，第4963页。

礼》列于学官，遂命太子宾客元行冲等人为之撰写义疏以取代《礼记》。《类礼义疏》进上后，列于学官一事因尚书左丞张说的反对而作罢。张说指出："今之《礼记》，是前汉戴德、戴圣所编录，历代传习，已向千年，著为经教，不可刊削。至魏孙炎始改旧本，以类相比，有同抄书，先儒所非，竟不行用。贞观中，魏征因孙炎所修，更加整比，兼为之注，先朝虽厚加赏赐，其书竟亦不行。今行冲等解征所注，勒成一家，然与先儒第乖，章句隔绝，若欲行用，窃恐未可。"[1]张说对传统的维护，首先是强调《礼记》的经典地位，"历代传习，已向千年，著为经教，不可刊削"，其次是维护官学代表的解释传统。在《类礼义疏》进上前不久，通事舍人王嵒曾上疏"请改撰《礼记》，削去旧文，而以今事编之"，[2]其事亦为张说所驳，奏云："《礼记》汉朝所编，遂为历代不刊之典。今去圣久远，恐难改易。今之五礼仪注，《贞观》《显庆》两度所修，前后颇有不同，其中或未折衷。望与学士等更讨论古今，删改行用。"制从之。[3]是为《开元礼》撰作之缘起。开元年间，玄宗又"附益时事，改易旧文"[4]，刊定《礼

〔1〕《旧唐书》卷一〇二《元行冲传》，第3178页。

〔2〕《旧唐书》卷二一《礼仪一》，第818页。

〔3〕同上。

〔4〕《续资治通鉴长编》(后简称《长编》)卷八五，大中祥符八年九月己未条，龙图阁待制孙奭上言："洎唐李林甫作相，乃抉擿微瑕，蔑弃先典。明皇因附益时事，改易旧文，谓之《御删定月令》，林甫等为注解，仍升其篇卷，冠于《礼记》，诚非古也。"中华书局点校本，2004年，第1950页。

记·月令》，李林甫等为之注，置于《礼记》第一篇，可见改撰《礼记》、编以今事、以今易古，实为玄宗意愿的真实反映。

唐代礼学在经学式微的整体背景下趋于衰落，著述亦乏善可陈。史志、目录不见《仪礼》学著作，《周礼》仅《周礼义决》一书而已。上述几部礼学作品反映出的共性，体现了唐代前期官方礼学之外的一些新动向，即不守章句师法、批判地看待先儒旧说乃至经书本身。也就是说，唐代礼学多少仍受二刘以来的经学学风浸染，对先儒旧说的批判态度进一步扩展到了经书本身，改易经文的主张，在玄宗时还得到了皇帝的支持。唐代经学的这一变化，可以说是宋人疑经风尚的先导。不过，经学的新思潮，由于受到官学的抑制，并未能真正发展起来。玄宗面对张说维护先儒章句的劝谏，也只得将改撰《礼记》、立《类礼》为学官的想法暂时搁置。

自官修义疏悬为功令，设科取士，与科举捆绑的经学开始沦为士子谋求出身的工具。正如开元八年（720），国子司业李元瓘上言："今明经所习，务在出身，咸以《礼记》文少，人皆竞读。《周礼》经邦之轨则，《仪礼》庄敬之楷模，《公羊》《穀梁》，历代崇习，今两监及州县，以独学无友，四经殆绝。"[1]与此同时，义疏作为官学，也更突出地显露出它技术化的一面。前述反对王元感的祝钦明、郭山恽，

〔1〕《通典》卷一五《选举三》，中华书局，1988年，第355页。

即是这样有专家之学而丧失批判精神的学者。祝钦明、郭山恽并为当世精通五经三礼，鼎鼎有名的大儒。祝钦明曾在天授年间中“英才杰出”“业奥六经”等科，拜著作郎，累迁太子率更令，兼崇文馆学士。中宗在东宫时，钦明更兼侍读，为其讲经。中宗复位后，钦明又以侍读之故，擢拜国子祭酒，后官至礼部尚书，累封鲁国公。[1]史载，韦后亲属婚，中宗与群臣宴饮禁中，“钦明自言能《八风舞》，帝许之。钦明体肥丑，据地摇头睆目，左右顾眄，帝大笑。吏部侍郎卢藏用叹曰：‘是举《五经》扫地矣！’”[2]

景龙三年（709），中宗将行南郊，祝钦明与郭山恽为迎合韦后，提出郊祀以皇后助祭，皆援据经文为说。祝钦明引《周礼·大宗伯》，“大祭祀，王后不与，则摄而荐豆笾彻”，又举《内宰》“大祭祀，后裸献则赞瑶爵亦如之”，论证王后当助天子祀天神、祭地祇。[3]事实上，这里的“大祭祀”都应理解为宗庙之祭，荐笾豆、裸献都属于宗庙祭礼中的环节。“礼，妇人无外事”，是礼学的基本观念，《白虎通》云：“妇人不出境吊者，妇人无外事，防淫佚也。”[4]又，《礼记·曲礼》“妇人之摯，椇、榛、脯、修、枣、栗”，郑注云：“妇人无外事，见以羞物也。”[5]后、夫人不

---

〔1〕《旧唐书》卷一八九《祝钦明传》，第4965页。

〔2〕《新唐书》卷一〇九《祝钦明传》，第4106页。

〔3〕《新唐书》卷一〇九《祝钦明传》，第4104页。

〔4〕《元本白虎通德论》卷十《丧服》，中华再造善本影印元大德本，国家图书馆出版社，2005年，叶七。

〔5〕《礼记正义》卷五，第1270页中。

参与祭祀天地、社稷等外神。在实际礼制中，除武后时期，历朝也都没有皇后助祭之礼。祝钦明又引《周礼·内司服》郑注："阙狄，后助王祭群小祀服。小祀尚助，况天地哉？阙狄之上，袆、褕狄，三服皆以助祭，知袆衣助大祀也。王之祭服二：曰先王衮冕，先公鷩冕。故后助祭，亦以袆衣祭先王，褕狄祭先公。不言助祭天地，举此以明彼，反三隅也。"[1]按照郑玄的理解，"袆衣"相当于王之衮冕，服以祭先王；"褕狄"相当于王之鷩冕，服以祭先公；"阙狄"相当于王之希冕，服以祭群小祀。王之祭服有六种，而后、夫人只有这三种，正是由于后、夫人不祭天地、社稷等外神，正如贾疏言："天地、山川、社稷之等，后、夫人不与，故三服而已。必知外神后、夫人不与者，案《内宰》云祭祀祼献则赞，天地无祼，言祼唯宗庙。又内宗、外宗佐后，皆云宗庙，不云外神，故知后于外神不与，是以《白虎通》云：'《周官》祭天，后、夫人不与者，以其妇人无外事。'"[2]

礼学的这些传统概念和学说，祝钦明必定相当熟悉，为了希旨韦后，不惜误用经文和郑注。他更像是一个精通"章句"这种技术的学者，适时地以其"技术"为权贵所用。宜若倪若水劾祝钦明与郭山恽"本自腐儒，素无操行"，"乱常改作，希旨病君"。[3]葛兆光曾概括8世纪初的

〔1〕《新唐书》卷一〇九《祝钦明传》，第4104—4105页。

〔2〕《周礼注疏》卷八，第691页。

〔3〕《旧唐书》卷一八九《祝钦明传》，第4970页。

知识与思想状况，尤其适用于唐代的官方经学："当主流的知识和思想逐渐失去了对当时社会问题的诊断和疗救能力，也失去了对宇宙和人生问题的解释和批判能力的时候，往往出现很奇怪的现象：它一方面被提升为笼罩一切、不容置疑的意识形态，一方面逐渐沦落为一种无须思考、失去思想的记诵知识，它只是凭借着政治权利和世俗利益，维持着它对知识层的吸引力，在一整套精致而华丽的语言技巧中，知识阶层勉强翻空出奇，维持着它的生产和再生产，就像唐玄宗自己说的那样，'问礼言诗，惟以篇章为主，浮词广说，多以嘲谑为能，遂使讲座作俳优之场，学堂成调弄之室'。"[1]自二刘学术为经学传统造成冲击以来，唐代前期礼学虽然做出了新的尝试，但主要以批判、质疑传统经说、经书文本为主，于新的方法与典范未尝有所建立。经书文本的权威与典范意义，既在学理上成为疑问，经典作为现实礼制的理论基础与规范性来源，也已经不再是天经地义的事了。

在国家礼制实践层面，自武后开始，唐代礼制进入了皇权主导下变动激烈而频繁的时期。武则天为后时，便积极在男性主导的礼制秩序中谋求女性礼仪地位、规格的提升。上元元年（674），武则天上表，请将丧服父在为母，由期改为齐衰三年。这一变化后在《开元礼》中固定下来，成为丧

〔1〕 葛兆光：《盛世的平庸——八世纪上半叶中国的知识与思想状况》，《唐研究》第5卷，北京大学出版社，1999年，第3—4页。

服制度史上的重要变化。[1]高宗即位后，有意举行封禅，武后“又密赞之”。[2]麟德二年（665），高宗车驾至泰山下，有司进奏仪注，以公卿充亚献、终献之礼，武后抗表，请以皇后为亚献，“伏望展礼之日，总率六宫内外命妇，以亲奉奠”。[3]于是高宗时期，祭地祇、梁甫，皆以皇后为亚献，诸王大妃为终献。[4]武后改礼最著者，为其主导下建立的明堂、封禅之礼。明堂礼制是高宗生前长期筹划而未竟之事，高宗时期的明堂之所以最终搁置，很大程度上是因明堂本身制度不明，历代礼说纷繁，朝廷礼议莫衷一是。“则天武后一开始就没有受到儒家礼制的束缚，而是根据自己的想法来实现明堂的建设”，[5]故能摒弃异议，有所建立，武后言：

> 比者鸿儒礼官，所执各异，咸以为明堂者，置之三里之外，七里之内，在国阳明之地。今既俯迩宫掖，恐黩灵祇，诚乃布政之居，未为宗祀之所。朕乃为丙巳之地，去宫室遥远，每月所居，因时享祭，常备文物，动有烦劳，在于朕怀，殊非所谓。今故裁基紫掖，

〔1〕《大唐开元礼》卷一三二《凶礼·五服制度》齐衰三年章正服“子为母”条下注云：“旧礼父卒为母周，今改与父服同。”影印东京大学东洋文化研究所大木文库藏光绪十二年（1886）洪氏公善堂刊本，民族出版社，2000年，第621页。

〔2〕《旧唐书》卷二三《礼仪三》，第884页。

〔3〕《旧唐书》卷二三《礼仪三》，第887页。

〔4〕《旧唐书》卷二三《礼仪三》，第887页。

〔5〕金子修一：《古代中国与皇帝祭祀》第八章《则天武后时期明堂的政治作用》，复旦大学出版社，2017年，第193页。

辟宇彤闱，经始肇兴，成之匪日。但敬事天地，神明之德乃彰；尊祀祖宗，严恭之志方展。若使惟云布政，负扆临人，则茅宇土阶，取适而已，岂必劳百姓之力，制九筵而御哉！诚以获执苹蘩，虔奉宗庙故也。时既沿革，莫或相遵，自我作古，用适于事。[1]

武后对传统明堂礼制的变革体现在：一、于乾元殿旧址建明堂，以便行礼；二、明堂亲享皆合祭天地，实际被赋予了南郊的地位与意义。作为武周立国的象征性建筑，明堂还是融汇三教的宗教场所。[2]

明堂礼是武后时期礼制改革的一个缩影，武后“大大扩展和更改了传统礼仪的范围和方向”。[3]金子修一、吴丽娱的研究都显示，武后时期的礼制改革通常带有明确的政治目的。[4]武后任用韦叔夏、郭山恽、祝钦明等儒臣为御用礼官，撰定仪注，利用儒学缘饰己意。换言之，武后需要且善

〔1〕《旧唐书》卷二二《礼仪二》，第863—864页。

〔2〕参见金子修一：《古代中国与皇帝祭祀》第八章《则天武后时期明堂的政治作用》，第190、199页。史载载初元年（689）二月，武后“御明堂，大开三教。内史邢文伟讲《孝经》，命侍臣及僧、道士等以次论议，日昃乃罢”。见《旧唐书》卷二二《礼仪二》，第864页。又于证圣元年（695）正月作无遮会于明堂，见《资治通鉴》卷二〇五，中华书局，2011年，第6614页。

〔3〕吴丽娱：《礼与中国古代社会·隋唐五代宋元卷·隋唐五代章》，中国社会科学出版社，2016年，第68页。

〔4〕参金子修一：《古代中国与皇帝祭祀》第八章《则天武后时期明堂的政治作用》，第190—214页。吴丽娱：《礼与中国古代社会·隋唐五代宋元卷·隋唐五代章》，第56—68页。

于利用包括儒学在内的政治资源，在这样的结合关系中，武后并未刻意表露出对儒学传统的轻视，或在其政治目的之外变更礼制。但到了玄宗朝，玄宗对礼制的变革，不仅从外在仪文，更从内在精神层面，展现了对儒家经典礼制及其传统的否定。

第三节　玄宗朝礼文之变

玄宗即位后，对武则天以来的礼仪秩序有所重塑。玄宗重建秩序的方式，不是简单回归旧传统与旧秩序，而是建立新的大唐典制。玄宗以《唐六典》代替《周礼》，采纳张说的建议，放弃直接改撰《礼记》，而以《贞观》《显庆》二礼为基础删改行用，是为《开元礼》撰作缘起。玄宗之所以听从张说建议，没有将《类礼》列为学官，可能是因为他心目中的理想做法，并不仅仅是改编经文，而是创作一部能够真正代表大唐的典礼。历代仪注都具有一定的因袭性，《贞观礼》能够很快完成，同样得益于对隋代仪注的因袭。《开元礼》虽有《贞观》《显庆》二礼的铺垫，编撰起来却颇费周折。盖因《开元礼》并不是一部在《贞观》《显庆》二礼基础上简单修订而成的仪注，而是和《唐六典》一样，意在成为取代三《礼》的“新经典”。〔1〕《开元礼》初由张说领衔，

〔1〕吴丽娱：《营造盛世——〈大唐开元礼〉的撰作缘起》，《中国史研究》2005年第3期，第73—94页。

“令学士右散骑常侍徐坚及左拾遗李锐、太常博士施敬本等检撰，历年不就”。[1]张说卒后，萧嵩知院事，荐用王仲丘参与修礼，才终于在开元二十年（732）进上，前后费时六年完成，与《唐六典》的情形十分类似。《开元礼》并不单纯是对《贞观礼》《显庆礼》的折中修订，更是配合玄宗追摹经典的撰作。[2]这样一部经典，既要具有经典的形式，又需要体现出唐代特色。因此，《开元礼》内容的来源十分驳杂，既有仪注、礼令，又糅合了经典的内容与形式；既不完全反映唐代的制度实际，也不能直接作为朝廷仪注来使用。《开元礼》并非普通的朝廷仪注，其地位与性质相当于唐代的礼经。与经典相仿，《开元礼》的典范意义主要体现在观念层面，并不具备与律令同等实质的规范效力。

礼典的编纂、礼制的建立虽与作为学术和思想的礼学处在不同层面，但从《开元礼》中仍可窥见盛唐制礼思想之一斑。也正因《开元礼》首先是反映唐代意识形态的作品，而不完全是一部制度之书，从思想层面对它的分析就显得尤有必要。以郊祀为例。众所周知，汉唐之间，郊祀在学理层面最重要的问题是郑玄、王肃礼说之争。《开元礼》的编纂官王仲丘延续《显庆礼》比较接近王肃礼说的规定，将冬至、正月祈谷、孟夏雩祀、季秋明堂统一为祭祀昊天上帝，并对冬至祀昊天上帝时的神位做了如下安排：

---

〔1〕《旧唐书》卷二一《礼仪一》，第818页。

〔2〕吴丽娱：《营造盛世——〈大唐开元礼〉的撰作缘起》，第73—94页。

冬至祀昊天上帝于圜丘坛上，以高祖神尧皇帝配，座在坛上，坛之第一等祀东方青帝灵威仰、南方赤帝赤熛怒、中央黄帝含枢纽、西方白帝白招拒、北方黑帝叶光纪及大明、夜明等七座。坛第二等祀天皇大帝、北辰、北斗、天一、太一、紫微五帝座，并差在行位前，余内官诸座及五星十二辰、河汉都四十九座齐列，俱在第二等十二陛间。[1]

据此神位图，圜丘冬至祀昊天上帝，神位置于坛第一等，同时又在坛第二等摆放东方青帝灵威仰、南方赤帝赤熛怒、中央黄帝含枢纽、西方白帝白招拒、北方黑帝叶光纪、天皇大帝、北辰等实际源自郑玄学说的神祇，礼官并不从事任何学理层面的讨论，而是用机械的方式，将郑王礼说和《贞观》《显庆》二礼糅合到一起，王仲丘释曰：

郑康成云："昊天上帝即钩陈中天皇大帝也。"谨按：天皇大帝亦名曜魄宝，自是星中之尊者，岂是天乎？今于圜丘之上祀昊天上帝，又于坛第二等祀天皇大帝，则尊卑等列，确然殊矣。[2]

所谓"于圜丘之上祀昊天上帝，又于坛第二等祀天皇大帝，则尊卑等列，确然殊矣"，不过是以这种制度安排调和不同

〔1〕《大唐开元礼》卷一，第13页。
〔2〕《大唐开元礼》卷一，第13页。

礼典、礼说而已，礼义上毫无道理可言。又如，《开元礼》既以正月上辛祈谷祀昊天上帝于圜丘，又祀五方帝于坛之第一等，王仲丘释曰：

> 上帝之号元属昊天，而郑康成云："天之五帝，递王四时，王者之兴，必感其一，因其所感，别祭尊之。故夏正之月祭其所生之帝于南郊，以其祖配之。故周祭灵威仰以后稷配之，因以祈谷。"据所说，祀感生帝之意本非祈谷，先儒此说，事恐难凭。今祈谷之礼，请准礼修之。且感生帝之祀，行之自久。《记》曰："有其举之，莫敢废也。"请于祈谷之坛，遍祭五方帝。夫五方帝者，五行之精。五行者，九谷之宗也。今请二礼并行，六神咸祀。[1]

圜丘祈谷在祀昊天上帝的同时，还祭祀包括感生帝在内的五帝，王仲丘表面上时或反驳郑玄，但仅云"先儒此说，事恐难凭"，便不再从学理上深入探讨，而以"感生帝之祀，行之自久"，"有其举之，莫敢废也"，"今请二礼并行，六神咸祀"，轻易化解了郑王在礼学上的尖锐对立。《开元礼》延续《显庆礼》，孟夏雩祀昊天上帝于圜丘，王仲丘又曲解郑玄以成己意："郑康成云雩于上帝也，夫上帝者，天之别号，

---

〔1〕《大唐开元礼》卷一，第 14 页。

元属昊天，祀于圜丘，尊天位也。”[1]郑玄雩祀之“上帝”是指五精帝而非昊天上帝，王仲丘又云：“雩祀五帝行之自久，《记》曰‘有其举之，莫敢废也’，请二礼并行，以成《月令》大雩帝之义也。”[2]所谓“二礼并行”，也就是将五帝置于神坛的第二等祭祀。要之，《开元礼》以简单粗放的方式就轻易打发了历史上的“郑王之争”。一方面体现了义疏学的僵化，另一方面，说明基于经典的礼学原理讨论在礼制实践中已经开始变得无足轻重了。

《开元礼》起初并没有为唐代礼制带来规范和稳定。就在《开元礼》撰作与颁行的前后，诸多重要的礼制变革，在玄宗的主导下付诸实施。玄宗基于王权与个人理念对传统礼制进行的一系列改造，与他创制“新经典”的内在精神本质上是相通的。开元十年（722），玄宗下诏建立九庙，同时取消了宗庙制度中亲尽祧迁的基本原则，复祧庙为正庙：

> 朕闻王者乘时以设教，因事以制礼，沿革以从宜为本，取舍以适会为先……朕以为立爱自亲始，教人睦也；立敬自长始，教人顺也。是知朕率于礼，缘于情，或教以道存，或礼从时变，将因宜以创制，岂沿古而限今。况恩以降杀而疏，庙以迁毁而废，虽式瞻古训，礼则不违，而永言孝思，情所未足。享尝则止，

〔1〕《大唐开元礼》卷一，第14页。
〔2〕《大唐开元礼》卷一，第14页。

岂爱崇而礼备；有祷而祭，非德盛而流永。其祧室宜列为正室，使亲而不尽，远而不祧，庙以貌存，宗犹尊立。俾四时式荐，不间于毁主；百代靡迁，匪惟于始庙。所谓变以合礼，动而得中，严配之典克崇，肃雍之美兹在。[1]

取消庙制的迁毁原则是对宗庙制度做出的重大改变。玄宗在制书中表达的理由主要有两点：首先，玄宗认为，“礼”产生于“王者乘时以设教，因事以制礼”，礼制变化的标准是“沿革以从宜为本，取舍以适会为先”。也就是说，“礼”本时王之制，这正是玄宗改易经典、附益时事，创制“新经典”的精神内核。其次，玄宗对情礼关系的讨论，其实是在单向地强调“情”的重要性，以情感否定礼文。玄宗委婉表达了对古礼的批评：“庙以迁毁而废，虽式瞻古训，礼则不违，而永言孝思，情所未足。享尝则止，岂爱崇而礼备；有祷而祭，非德盛而流永。”基于以上两点，玄宗合理化了他对礼文和礼制的更革，“礼由王者因时而制”“以情统礼”的基本精神，贯穿在他的礼制改革中。而这两点取消了儒家经典礼制中，以礼为圣人所制、情文并重的核心思想。

再比如玄宗改订丧服。开元二十一年（733），玄宗下诏扩大和提高外亲服制。舅母从无服变为缌麻；堂姨、舅自古无服，亦服袒免，既然堂姨、舅有服，则过去无服的外曾祖

〔1〕《旧唐书》卷二五《礼仪五》，第953页。

父母、外伯叔祖父母皆应为之制服。[1]玄宗手敕侍臣云：

> 朕以为亲姨、舅既服小功，则舅母于舅有三年之服，服是受我而厚，以服制情，则舅母之服，不得全降于舅也，宜服缌麻。堂姨、舅古今未制服，朕思敦睦九族，引而亲之，宜服袒免。又郑玄注《礼记》云“同爨缌”，若比堂姨舅于同爨，亲则厚矣。又《丧服传》云“外亲之服皆缌”，是亦不隔于堂姨舅也。若以所服不得过本，而须为外曾祖父母及外伯叔祖父母制服，亦何伤乎？**是皆亲亲敦本之意**，卿等更熟详之。[2]

面对臣僚异见，玄宗又手制答曰：

> 从服有六，此其一也。降杀之制，礼无明文。**此皆自身率亲，用为制服。所有存抑，尽是推恩。朕情有未安，故令详议，非欲苟求变古，以示不同。**卿等以为“外族之亲，礼无压降，报服之制，所引甚疏”。且姨舅者，属从之至近也，以亲言之，则亦姑伯之匹敌也。岂有所引者疏，而降所亲者服？又妇，从夫者也。夫之姨舅，夫既有服，从夫而服，由是睦亲。实欲令不肖者企及，贤者俯就。[3]

---

〔1〕《旧唐书》卷二七《礼仪志》，第1035页。
〔2〕《旧唐书》卷二七《礼仪志》，第1035页。
〔3〕同上书，第1035—1036页。

古代丧服礼制，既以“亲亲”“尊尊”为制服原则，又主于父族，故厚于本族而疏远外亲。玄宗论丧服，则以日常亲情为丧服制度的唯一依据，可以说是对儒家丧服礼制根基的动摇。玄宗又别出心裁，改以四时孟月皆合祭天地，天宝五年（746）诏曰：

> 皇王之典，聿修于百代；郊祭之义，允属于三灵。**圣人既因时以制宜，王者亦缘情以革礼。**且尊莫大于天地，礼莫崇于祖宗，严配昭升，岂宜异数。今蒸尝之献，既著于恒式；南北之郊，未展于时享。自今以后，每载四时孟月，先择吉日，祭昊天上帝，其皇地祇合祭，以次日祭九宫坛。皆令宰臣行礼。奠祭务崇蠲洁，称朕意焉。[1]

四时皆合祭天地，看似重祭崇祀，礼数则渎，云“尊莫大于天地，祭莫大于祖宗，严配昭升，岂宜异数”，实为不伦不类之礼。又令太庙增牙盘食，同年诏：

> 祭神如在，传诸古训，以多为贵，著自礼经。**膟膋之仪，盖昔贤之尚质；甘旨之品，亦孝子之尽诚。既切因心，方资变礼。**其以后享太庙，宜料外每室加常

〔1〕《通典》卷四三，第1198页。

食一牙盘。仍令所司，务尽丰洁。[1]

在郊祀、禘祫礼制上，玄宗同样做了重大变动。如天宝年间形成的“太清宫—太庙—南郊”亲祭模式，影响一直持续至宋代。玄宗又尊奉老子为圣祖玄元皇帝，天宝八年（749）规定，每至禘祫之时，一并在太清宫前序列昭穆。[2]

玄宗改制的理由透露了他对待礼制的一贯主张。玄宗以礼为时王之制，以情统礼，任情改礼，否定了经典古礼所具有的规范效力。玄宗的礼制改革，既与武后时期有类似之处，如祀礼对神仙道教的引入，[3]又有以下不同：其一，玄宗的改制具有更强的任意性。武后对礼制的变更，通常以特定的政治目的为导向，玄宗则多有为改制而改制的举动，如孟月时享皆郊祭天地、太庙增牙盘食等。其二，玄宗在思想、文化上，以更加强势的姿态凌驾于经典和传统的权威之上，因此比武后更少依赖儒臣的缘饰与帮衬，每躬自为自身行为的合理性辩护。玄宗在礼上的基本主张是单纯突出“情”的地位，以此来批判并更革传统儒家礼制之“文”，亦即经典规范与制度传统。这就使得玄宗在礼制上的革新，比武后时的有着更深刻的精神文化意涵。正如乔秀岩所言：

〔1〕《通典》卷四七，第1317页。

〔2〕《旧唐书》卷九《玄宗本纪》，第223页。

〔3〕吴丽娱指出：“高宗和武则天因封禅已开道教神仙祭祀之先河，而玄宗时代更扩而广之，许多祭祀仪式在实行中已经超出了儒家礼仪的轨范。”见《礼与中国古代社会·隋唐五代宋元卷》，第82页。

“玄宗对传统文化带来了铺天盖地的大变化，他蔑视学术，只有‘古为今用’的想法。他看《尚书》不太顺，就让卫包改古文为今文。他见《礼记》杂乱无序，想要换为魏征的《类礼》，遭到张说阻止而另成《开元礼》。就结果来看，玄宗作《唐六典》以取代《周礼》，《开元礼》以取代《仪礼》。至于《礼记》，后又改写实用的《月令》，列为第一篇。于是《三礼》全废。”[1]

玄宗以降，经典文本的规范性在学理与实践层面遭遇的双重危机，构成了中唐至宋代礼学发展的历史背景。

---

〔1〕乔秀岩：《孝经述议复原研究·编后记》，《孝经述议复原研究》，第527—528页。

第一章　礼义、历史传统与中晚唐礼学

安史之乱后的唐王朝，面临着制度与秩序的重建。在礼制层面的重建上，经历了建中、贞元初的回归《开元礼》，到贞元后、元和中则更多吸收变礼、纳入新制。[1]在陈寅恪看来，唐后期具有中国历史分水岭的重要意义。[2]这也就意味着中晚唐人的秩序重建之中，包含了某种结构性的改变。中晚唐的礼制发展是否遵循陈寅恪的假说，在具体礼制的研究之上，还有必要对礼制变化做总体性的理解。中国古代的礼制纷繁复杂，包罗万象，总体性的把握需要将礼制作为融合了观念与仪节的“礼”来理解才可能实现。本书《绪论》曾指出，中国古代的“礼”由观念和制作构成，“制作”又可以区别出礼经文本与礼仪制度两个层面。本章考察中唐人的经学解释与礼典编纂，在这两个方面，中唐人的著作都为宋以后礼的发展开创了先例。进而，我们将讨论中唐人的创见中所蕴含的观念变化。

---

〔1〕吴丽娱：《皇帝“私”礼与国家公制：“开元后礼”的分期及流变》，《中国社会科学》2014 年第 4 期，第 160—174 页。

〔2〕陈寅恪：《论韩愈》，《金明馆丛稿初编》，生活 · 读书 · 新知三联书店，2015 年，第 332 页。

如前所论，唐以来礼学与礼制面临的最大困境可以概括为“经典危机”。经典权威在学理与实践层面的消解，使“礼”逐渐丧失了它的理论基础与规范性来源。因此，在中唐人的思考中，如何重建“礼”的基础与“经典”的重新理解相关。在经学层面，赵匡等经学家提出，以“经义”而非字面的经书文本书写作为解释标准，进而将“礼”建立在更具普遍意义的儒家伦理精神之上；在礼典编纂层面，杜佑的一个重要工作是将三《礼》作为三代礼制的历史记载，在三代与后世礼制之间建立起连续的历史脉络，以“通礼”传统来为礼制重建提供依据。礼经与礼制史的融合是杜佑与六朝礼制沿革最重要的区别。于是，中晚唐的礼学分别从“礼义”与“礼制历史传统”两个方向改变了汉唐时期“经典本位”的礼学形态，以“经典”为核心的礼观也随之发生了根本性的改变。

第一节　赵匡“禘论”及其经学

汉唐礼学的危机肇端于经学的衰落，中晚唐礼学的新变亦始于经学。李肇《唐国史补》曾述中唐经学云：

> 大历已后，专学者有蔡广成《周易》，强象《论语》，啖助、赵匡、陆质《春秋》，施士丐《毛诗》，刁彝、仲子陵、韦彤、裴茝讲《礼》，章廷珪、薛伯高、

徐润并通经。[1]

其中，以啖助、赵匡、陆淳为核心的“新《春秋》学”影响尤大。“新《春秋》学”主张以《春秋》“经义”为宗旨，取舍会通三传。在此之前，三传对《春秋》的解释，拥有各自不同的经文文本和解释传统，形成三传的专门之学。“新《春秋》学”派并不承认三传具有同等的合理性，而是认为只能以经文“大义”作为唯一标准，三传对经文的解释必须在这样一个共通的标准之下取舍权衡。新《春秋》学所发展出的，是具有普遍意义的经学思想。赵匡提出的禘论，虽为其《春秋》学之一例，但以“大义”为导向建立礼说的基本理路已经具于其中。赵匡禘论为宋人广泛接受，与之同时，宋人也接受了赵匡学说的前提及其思考礼学与礼制问题的基本方式。

1. 赵匡其人

赵匡是中晚唐著名学者，尤以《春秋》学闻名。遗憾的是，有关赵匡生平的史料较少，正史无传，生卒年不详。最详实的记载，见于陆淳《春秋集传纂例·修传终始记》：

> 夫子天水人也，自十八代祖璜汉末避地于河东，因世居焉。祖灵诞，文辞宏逸，早年进士登科，官至

---

〔1〕 李肇：《唐国史补》卷下，上海古籍出版社，1979 年，第 54 页。

> 太府少卿。父庭珍，以操履贞白，政事殊异，官至历阳太守。夫子名匡，字伯循，暨淮南节度使、御史大夫颍川陈公之领宣歙也，始召用，累随镇迁拜，时为殿中侍御史、淮南节度判官。[1]

据陆淳介绍，赵匡字伯循，天水人。永泰二年（766），陈少游拜宣州刺史、宣歙池都团练观察使，[2]赵匡约在此后不久入陈少游幕，“累随镇迁拜”。大历八年（773），陈少游迁扬州大都督府长史、淮南节度观察使，赵匡应在此时迁至殿中侍御史、淮南节度判官，后又为洋州刺史。[3]大历五年（770），赵匡于幕府任上结识同样深于《春秋》的啖助。陆淳《修传始终记》载：“赵夫子时宦于宣歙之使府，因往还浙中，途过丹阳，乃诣室而访之，深话经意，事多响合，期反驾之日当更讨论。”[4]同年，啖助去世，赵匡也于是年冬随陈少游迁镇浙东。[5]陆淳痛感师学之不彰，遂与啖助之子啖异将啖助之遗著躬自缮写，往诣赵匡。赵匡对啖书加以增损，自述曰：“啖先生集三传之善以说《春秋》，其所未尽则申己意，条例明畅，真通贤之为也。惜其经之大

〔1〕陆淳：《修传始终记》，《春秋集传纂例》卷一，国家图书馆藏明刻本，叶一五。

〔2〕《旧唐书》卷一二六《陈少游传》，第3564页。

〔3〕《新唐书》卷二〇〇《啖助传》，第5706页。

〔4〕陆淳：《修传始终记》，《春秋集传纂例》卷一，叶一五。

〔5〕同上，又《旧唐书》卷一二六《陈少游传》云：“大历五年，改越州刺史，兼御史大夫、浙东观察使。”第3564页。

意或未标显，传之取舍或有过差，盖纂述仅毕，未及详省耳。予因寻绎之次，心所不安者，随而疏之。”[1]陆淳又加纂会，大历十年（775）而书成，是为《春秋集传纂例》。[2]啖助、赵匡、陆淳三人之间的关系，史料记载存在分歧。吕温《代国子陆博士进〈集注春秋〉表》云陆淳“以故润州丹阳县主簿臣啖助为严师，以故洋州刺史臣赵匡为益友”。[3]柳宗元《唐故给事中皇太子侍读陆文通先生墓表》云陆淳“与其师友天水啖助、洎赵匡”[4]，《旧唐书》云陆淳：“少师事赵匡，匡师啖助。”[5]《新唐书》云：“助门人赵匡、陆质，其高第也。”[6]以上记载之外，前引陆淳《修传始终记》对三人交往的记述，应是最可信据的史料。据《修传始终记》所记啖助、赵匡相识相交的经历可知，啖、赵二人虽有朋友之谊，并无师承关系，新旧《唐书》云赵匡师从啖助之说最为失真。陆淳自言：“幼承严训，务令访学，遂得请益二门，参闻圣典也。”可见，陆淳将啖助、赵匡均视作自己

〔1〕赵匡：《春秋阐微纂类义统自述》，《全唐文》卷三五五，上海古籍出版社，1990年，第1596页。

〔2〕陆淳《修传始终记》：“淳痛师学之不彰，乃与先生之子异，躬自缮写，共载以诣赵夫子，夫子因损益焉。淳随而纂会之，至大历乙卯岁而书成。”《春秋集传纂例》卷一，叶一五。

〔3〕《吕衡州集》卷四，《粤雅堂丛书》本，卷四，叶六。

〔4〕《柳河东集》卷九《唐故给事中皇太子侍读陆文通先生墓表》，上海人民出版社，1974年，第132页。

〔5〕《旧唐书》卷一八九《陆质传》，第4977页。

〔6〕《新唐书》卷二〇〇《啖助传》，第5706页。

的老师。[1]因此，三人的关系应当是啖、赵为友，陆淳则兼师啖、赵。

由赵匡经历可知，他在幕府历练了至少十年，丰富的仕宦经历显示了赵匡的政治才具和实干经验，他并非通常意义上的“专业”经学家或章句儒生，故被时人目为“异儒”。[2]赵匡对当时科举导向下以学习注疏为内容的经学教育多有不满和批判，在著名的《举选议》中，赵匡云：“疏以释经，盖筌蹄耳，明经读书勤苦已甚，既口问义，又诵疏文，徒竭其精华，习不急之业。而其当代礼法，无不面墙，及临民决事，取办胥吏之口而已。所谓所习非所用，所用非所习者也。”[3]在赵匡看来，明经以记诵义疏为考试内容，导致的是士子们学非所用，用非所学，于“当代礼法，无不面墙”。他主张将明经的考试内容改为“问经义”与“时务”，“取其心中了悟，解释分明”，不须记诵疏文。[4]也就是考察士子对经义的领悟和对时务的应对能力。赵匡又提出《春

〔1〕《四库全书总目提要》云：“案《吕温集》有代淳《进书表》称，‘以啖助为严师，赵匡为益友’。又淳自作《修传始终记》，称助为啖先生，称匡为赵子，余文或称为赵氏。《重修集传义》又云‘淳秉笔执简，侍于啖先生左右，十有一年，而不及匡’。又柳宗元作《淳墓表》亦称助、匡为淳师友。当时叙述，显然明白。刘昫以下诸家，并传闻之误也。”中华书局，1965年，第213页。今按，四库本《春秋集传纂例》之《修传始终记》脱漏甚多，国家图书馆藏明刻《纂例》之《修传始终记》皆称赵匡为“夫子”，《总目》之说不确。

〔2〕《旧唐书》卷一八九《陆质传》，第4977页。

〔3〕赵匡：《举选议》，《全唐文》卷三五五，第1593页。

〔4〕赵匡：《举人条例》，《全唐文》卷三五五，第1594页。

秋》中举的标准："学《春秋》者能断大事。有兼习三传，参其异同，商榷比拟，得其长者，谓之《春秋》举。"[1]这与赵匡自身的《春秋》学思想若合符契。可见赵匡提出以"大义"为标准的解释原则，是经学方法的转变，更是为了重新恢复经学在现实问题上的应对能力。

2. 赵匡禘说翦论

赵匡的禘说详见《春秋集传纂例·辨禘义》一文，此文是历史上除郑、王之外最具影响力的禘论。在赵匡之前，禘说以郑玄理论为基础，郑玄之后，历来关于禘祭的礼议虽然很多，但都很难从根本上跳出郑玄理论的藩篱。经典之中并没有禘祭的详细记载，贾公彦是以言"周衰礼废，无文可明"[2]，直至郑玄"据纬文、推鲁礼，牵合传记，文致《春秋》所书以为佐证"[3]，禘祫之制方粗有可说。汉以降，历代举行禘祫，也不得不以郑玄学说为基本参照。郑玄也因此成为赵匡构建自身理论时，所要回应的首要目标。赵匡对郑玄的批判，并不仅限于禘祫论的具体内容，而是从根本上反对郑玄的解经方法和思维方式，他所带来的，是礼经学方法的重要变革。

---

〔1〕赵匡：《举人条例》，《全唐文》卷三五五，第1594页。

〔2〕《周礼注疏》卷一八，第759页上。

〔3〕吴承仕：《郑氏禘祫义》，《国学论衡》1934年第4期，上册第22页，收入耿素丽、胡月平编《民国期刊资料分类汇编·三礼研究》第3册，国家图书馆出版社，2009年，第1793页。

在进入赵匡禘说之前，有必要对郑玄理论做一个基本介绍。有关郑玄禘祫学说的复原，清代学者孙诒让、皮锡瑞通过资料整理打下了基础。皮锡瑞《鲁礼禘祫义疏证》，辑理郑玄佚书《鲁礼禘祫义》（又称《鲁礼禘祫志》《禘祫志》），逐条为之疏释。[1]民国学者吴承仕《郑氏禘祫义》，撮举其要，简明精审，颇得郑说之大旨。[2]对郑玄禘祫学说的理论构造最清楚详尽的讨论，见马清源《构造禘祫——论郑玄之推论依据及特点》。[3]该文对郑玄推论禘祫疏数的过程做了细致分析，指出“郑玄对禘祫理论的构建，兼据《公羊》之义例、《左传》之事实、《周礼》学之理论，尤其是《公羊》学背景对郑玄的深刻影响不容忽视”。[4]为集中比较赵匡与郑玄，这里主要讨论有关禘祭名义的问题。在郑注中，“禘”有以下四种含义：

（1）“禘”为圜丘祭天。如《礼记·祭法》：“有虞氏禘黄帝而郊喾，祖颛顼而宗尧；夏后氏亦禘黄帝而郊鲧，祖颛顼而宗禹；殷人禘喾而郊冥，祖契而宗汤；周人禘喾而郊稷，祖文王而宗武王。”郑注云：“禘、郊、祖、宗，谓祭祀以配食也。此禘谓祭昊天于圜丘也，祭上帝于南郊曰郊，祭五帝、五神于明堂曰祖宗。”[5]

---

〔1〕皮锡瑞：《鲁礼禘祫义疏证》，《师伏堂丛书》光绪己亥（1899）刊本。

〔2〕吴承仕：《郑氏禘祫义》，《国学论衡》1934 年第 4 期，上册。

〔3〕马清源：《构造禘祫——论郑玄之推论依据及特点》，《原道》2016 年第 1 期，第 186—200 页。

〔4〕同上文，第 186 页。

〔5〕《礼记正义》卷四六，第 1587 页。

（2）“禘”为南郊感生帝。如《礼记·大传》：“礼不王不禘，王者禘其祖之所自出，以其祖配之。”郑注：“凡大祭曰禘。自，由也。大祭其先祖所由生，谓郊祀天也。王者之先祖皆感大微五帝之精以生。苍则灵威仰，赤则赤熛怒，黄则含枢纽，白则白招拒，黑则汁光纪，皆用正岁之正月郊祭之，盖特尊焉。《孝经》曰‘郊祀后稷以配天’，配灵威仰也；‘宗祀文王于明堂以配上帝’，泛配五帝也。”〔1〕

又《礼记·丧服小记》：“王者禘其祖之所自出，以其祖配之。”郑注：“禘，大祭也。始祖感天神灵而生，祭天则以祖配之。”〔2〕

又《礼记·丧服小记》：“礼，不王不禘。”郑注：“禘谓祭天。”〔3〕

又《诗·商颂·长发》序：“长发，大禘也。”郑注：“大禘，郊祭天也。《礼记》曰‘王者禘其祖之所自出，以其祖配之’是谓也。”〔4〕

（3）“禘”为夏殷宗庙时祭。如《礼记·王制》：“天子诸侯宗庙之祭，春曰礿，夏曰禘，秋曰尝，冬曰烝。”郑注：“此盖夏殷之祭名，周则改之。春曰祠，夏曰礿，以禘为殷祭。《诗·小雅》曰‘礿祠烝尝，于公先王’，此周四时祭宗庙之名。”

---

〔1〕《礼记正义》卷三四，第1506页。
〔2〕《礼记正义》卷三二，第1495页。
〔3〕《礼记正义》卷三二，第1496页。
〔4〕《毛诗正义》卷二〇，第625页。

又“天子犆礿，祫禘，祫尝，祫烝。”郑注：“周改夏祭曰礿，以禘为殷祭也”。[1]

（4）“禘”为周代宗庙殷祭。如上引《礼记·王制》郑注。

又《诗·周颂·雍》序：“禘大祖也。”郑注云：“禘，大祭也，大于四时而小于祫。大祖谓文王。”[2]

又《礼记·明堂位》：“成王以周公为有勋劳于天下，是以封周公于曲阜，地方七百里，革车千乘。命鲁公世世祀周公以天子之礼乐。是以鲁君孟春乘大路，载弧韣，旂十有二旒，日月之章，祀帝于郊，配以后稷，天子之礼也。季夏六月，以禘礼祀周公于大庙。”郑注云：“帝谓苍帝灵威仰也。昊天上帝，鲁不祭。”“禘，大祭也。周公曰大庙，鲁公曰世室，群公称宫。”[3]

第4条即为“禘祫”之禘，郑玄论宗庙禘祫之祭，据孙诒让的整理，补说如下：

（1）禘大于四时而小于祫。

《诗·周颂·雍》“禘太祖也”，郑笺：“禘，大祭也。大于四时而小于祫。”

（2）禘以孟夏，祫以孟秋。

《王制疏》引《禘祫志》：“《王制》记先王之法，祫为大祭，祫于秋、于夏、于冬，周公制礼，祭不欲数。”

---

〔1〕《礼记正义》卷一二，第1335—1336页。

〔2〕《毛诗正义》卷一九，第595页。

〔3〕《礼记正义》卷三一，第1488—1489页。

又《閟宫疏》引《禘祫志》："周改先王夏祭之名为礿，故禘以夏。先王祫于三时，周人一焉，则宜以秋。"

《宋书·礼志》载朱膺之议，引郑云："禘以孟夏，祫以孟秋。"

（3）禘、祫、四时祭之异。

《王制疏》云："郑祫禘及四时祭所以异者，此祫谓祭于始祖之庙，毁庙之主及未毁庙之主，皆在始祖庙中。始祖之主于西方，东面；始祖之子为昭，北方南面；始祖之孙为穆，南方北面。自此以下皆然，从西为上。禘则太王王季以上迁主，祭于后稷之庙，其坐位乃与祫相似。其文武以下迁祖，若穆之迁主，祭于文王之庙，文王东面，穆主皆北面，无昭主；若昭之迁主，祭于武王之庙，武王东面，其昭主皆南面，无穆主。又祭亲庙四。其四时之祭，惟后稷、文、武及亲四庙也。"[1]

寻绎郑玄四种禘义的形成思路，首先，禘祭为宗庙大祭，《毛诗》《礼记》《春秋》皆有明文可据，自无疑义；而《大传》《丧服小记》"礼不王不禘，王者禘其祖之所自出，以其祖配之"，禘祀对象为"祖之所自出"，又以祖配，与宗庙禘祭太祖不同，自当区别为两种祭祀。复据郑玄感生理论"王者之先祖皆感大微五帝之精以生"，"祖之所自出"即所感之帝。因此，郑玄以《大传》《丧服小记》之禘皆为郊祀祭感帝，是祭天而非宗庙享祭。而在《礼记·祭法》中，经

〔1〕 孙诒让：《周礼正义》卷三三，第1339页。

文“有虞氏禘黄帝而郊喾”，禘、郊同时出现，且禘在郊上，因此郑玄又将禘解释为圜丘祭天。至于《王制》宗庙四时祭，春礿、夏禘、秋尝、冬烝，由于禘祭为周代宗庙殷祭，因此郑玄便以《王制》为夏殷之制。在郑玄看来，周礼中的圜丘、郊祀、宗庙殷祭皆可称为“禘”，因此禘除了作为宗庙禘祭的专有名词外，又可泛称祭天地宗庙之大祭。故《周礼·春官·大司乐》所涉“圜丘”“方丘”“宗庙”祭祀，郑玄云：“此三者皆禘，大祭也。”〔1〕

郑玄对“禘”的理解达四种之多，是因郑玄对经文记载“禘”的不同情况做了细致区分，视行文和上下语境，给出相应的解释。郑玄对禘义的理解高度地语境化，赵匡批判这种做法“不相寻本讨原，但随文求义”〔2〕，“即文为说，不能远观大指”。〔3〕何谓赵匡所说的“本原”与“大旨”？郑玄解释禘义虽有四种之多，但仍有其共通性，即以禘为周代“大祭”，这可以视作郑玄综合不同经文得出的、有关禘义的一般性理解。不过，即使在这一层面，郑玄对禘义的诠释，也与赵匡所说的“大义”存在根本不同。赵匡对禘义的诠释，以《礼记·大传》和《丧服小记》中的几节经文为核心，见《辨禘义》文云：

《礼记·大传》云：“礼不王不禘明诸侯不得有也。

〔1〕《周礼注疏》卷二二，第790页。
〔2〕赵匡：《辨禘义》，《春秋集传纂例》卷二，叶一五。
〔3〕赵匡：《辨禘义》，《春秋集传纂例》卷二，叶一四。

王者禘其祖之所自出所出谓所系之帝。以其祖配之。诸侯及其太庙诸侯存五庙，唯太庙百世不迁。及者，言远祀之所及也。不言禘者，不王不禘，无所疑也。不言祫者，四时皆祭，故不言祫也。大夫有大事，省于其君，干祫及其高祖。”有省谓有功德见省记者也。干者，逆上之意也，言逆上及高祖也。予据此事，体势相连，皆说宗庙之祀，不得谓之祭天已上注意并赵子义，非郑玄旧释，下《祭法》亦然也。《礼记·丧服小记》曰：“王者禘其祖之所自出。”又下云：“礼，不王不禘”，正与《大传》同，则诸侯不得行禘礼明矣。[1]

赵匡提出，“禘”是天子所独有的祭祀始祖所出之帝的宗庙大祭，所谓“禘”者，“帝王立始祖之庙，犹谓未尽其追远尊先之义，故又推寻始祖所出之帝而追祀之，以其祖配之者，谓于始祖庙祭之，而便以始祖配祭也”。[2]赵匡上承王肃之说，以经文所言之禘皆为宗庙之祭，无祭天之禘。[3]又以禘的核心礼义在于《礼记·大传》与《丧服小记》中反复出现的“礼不王不禘”。“不王不禘”作为禘的核心要旨，根源于赵匡“尊王室，正陵僭，举三纲，提五常”的《春秋》学思想。陆淳《春秋集传纂例·赵子损益义》记：“问

〔1〕 赵匡：《辨禘义》，《春秋集传纂例》卷二，叶一一。

〔2〕 赵匡：《辨禘义》，《春秋集传纂例》卷二，叶一二。

〔3〕 见《礼记·郊特牲》正义引《圣证论》王肃难郑玄，《礼记正义》卷二六，第1452页。

者曰：'然则《春秋》救世之宗旨安在？'"赵匡答云："在尊王室，正陵僭，举三纲，提五常，彰善瘅恶，不失纤芥，如斯而已。"[1]赵匡对"禘"的辨析是在解释《春秋》的过程中衍生出来的。在他看来，成王为了追宠周公而赐予重祭，得于周公庙中祭祀文王，是《春秋》所记鲁之禘礼。"又曰：礼不王不禘，鲁何为之？周公故也。周之王也，文王兴之，武王成之，周公康治之。是以鲁得郊焉，所以崇周公也。曰崇之宜乎？非宜也。国之所以树者，法制也；法制所以限尊卑，诸侯而行天子之礼，非周公之意也，其用乎庄，又僭也。"[2]自闵公起，禘礼开始僭行于庄公等庙，《春秋》讥之，这就体现了《春秋》"尊王室，正陵僭，举三纲，提五常"的救世宗旨。赵匡以《大传》《小记》"礼不王不禘"作为诠释禘礼的核心经文，是因由此能够开掘出禘礼君臣尊卑的伦理意涵，也就是赵匡所谓禘的"本原""大旨"。

以禘为天子独有的宗庙大祭，与《王制》的记载相矛盾。《王制》云："天子犆礿、祫禘、祫尝、祫烝。诸侯礿则不禘，禘则不尝，尝则不烝，烝则不礿。诸侯礿犆，禘一犆一祫，尝祫烝祫。"[3]这里的禘是天子、诸侯所共有的一类宗庙时祭。郑玄以禘为宗庙时祭的情况为夏殷礼，至周则改为宗庙殷祭。郑玄对夏殷礼与周礼的区别，是郑注中化解经文

〔1〕陆淳：《赵氏损益义第五》，《春秋集传纂例》卷一，叶七。
〔2〕陆淳：《春秋集传纂例》卷二，叶九至一〇。
〔3〕《礼记正义》卷一二，第1336页。

矛盾的常见策略。赵匡对经文的解释是原则性的，从前述对“禘”的界定出发，直接否认了《王制》经文的可信性，他诉诸的理由是：“《礼记》诸篇，或孔门之后末流弟子所撰，或是汉初诸儒私撰之以求购金汉初以金购遗书，故儒者私撰礼篇鬻之。”[1] 历史的流传过程造成了经典文本的复杂性，至于哪些内容可信，必须依靠掌握更根本的“大义”以权衡取舍，正如袁晶靖所论，赵匡解经“不拘泥于文字经传，而是根据自己的见解，先立意再解经，有不合于已说者，不惜指其为伪经”。[2] 赵匡继承了唐代以来对先儒经说，乃至经传文字的批判精神；从另一方面来说，如果二刘以来的经学是以破为立，那么赵匡则真正为建立新的解经范式提出了基本原则，并做出了初步尝试。

这一解经范式的核心是将经典解释的标准，包括“礼”的基础，从经典文本本身转向独立于经典的“大义”。在礼的实践层面，真正具有实践意义的，不再是经典、古制的规范性，而是对礼义或“道”的践行。在经学上深受新《春秋》学影响的柳宗元，曾有感于主持蜡祭的经历，于《蜡说》提出，礼教的根本在于明道，而非“名数”，“夫圣人之为心也，必有道而已矣”，“不明斯之道，而存乎古之数，其名则存，而教之实则隐”。“苟明乎教之道，虽

〔1〕 赵匡：《辨禘义》，《春秋集传纂例》卷二，叶一三。
〔2〕 袁晶靖：《宋代礼学中禘祭的内涵与变迁》，收入叶纯芳、乔秀岩编《朱熹礼学基本问题研究》，中华书局，2015年，第469页。

去古之数可矣。反是，则诞漫之说胜，而名实之事丧”。[1]赵匡等中晚唐思想家所开启的，不仅是以“大义”作为解释原则的经学范式的提出，更有探寻礼仪生活方式的重新奠基。

第二节　杜佑《通典》与“通礼”传统

中晚唐时期，啖、赵等经学家在思想界与现实政治中的影响，并非主流。[2]在实际的礼法制作层面，真正对国家礼制实践形成实质影响的，是杜佑在《通典·礼典》中，基于礼制历史传统所发展出的“通礼”思想。

杜佑撰《通典》，以“教化之本在乎足衣食”，“行教化在乎设职官，设职官在乎审官才，审官才在乎精选举”，“职官设然后兴礼乐焉”[3]，故次序以《食货》《选举》《职官》为先，而以《礼》次之。但在《通典》二百卷的篇幅中，《礼典》不仅独占百卷之巨，对理解杜佑思想亦有特殊意义。王文锦指出，杜佑于“篇中遇有需要进一步解释或申明己见的地方，特标出‘说曰’‘议曰’‘评曰’。《通典》卷四二有这样一条注：‘凡义有经典文字其理深奥者，则于其后说之以发明，皆云“说曰”；凡义有先儒各执其理，并

---

〔1〕《柳河东集》卷一六《蜡说》，上海古籍出版社，2008年，第296—297页。

〔2〕参陈弱水：《柳宗元与唐代思想变迁》，郭英剑、徐承向译，江苏教育出版社，2010年，第56页。

〔3〕《通典》卷一，第1页。

有通据而未明者，则议之，皆云“议曰”；凡先儒各执其义，所引据理有优劣者，则评之，皆曰“评曰”。他皆同此。’这条注是条凡例，作者明确规定和揭示了自己全书发表言论的不同情况。这些序、说、议、评，都是探讨杜佑思想的重要资料”。[1]《通典》卷四二即《礼典》第二，因杜佑的“序、说、议、评”大部分集中于《礼典》，故特于《礼典》开篇发凡起例。相较于其他部分，杜佑在《礼典》与礼制上的确更多地表露了他的思想。在史学史上，《通典》的一大意义体现为史学编纂上的体式创新，结合《礼典》中的“序、说、议、评”，《礼典》的编纂体式将能显露出更丰富的思想意蕴。

《通典·礼典》以“吉、嘉、宾、军、凶”五礼为纲，以具体礼制为细目，纂述了上自唐虞，下至唐代的礼制沿革。在杜佑笔下，三代经典被视作三代礼制的历史记录，与后世的礼制发展形成了连续的历史传统。杜佑对传统礼经学的重新理解，是将基于经典文本的礼经学研究一并纳入礼制传统中。现代学者在礼经传统与礼制传统之间做出的划分，可以为我们理解杜佑思想的意义提供帮助。在一些学者看来，礼经传统与礼制传统，在汉代已分两途。洪业较早发明此说，其说据《史记·儒林传》云：“细玩《儒林传》文，礼学盖有三途。一曰，有汉朝廷之仪节，此叔孙通参杂古礼与秦仪之论著也。一曰，鲁人颂貌威仪之礼容，此徐氏父子

[1]《通典·点校前言》，第3页。

门徒之所以为礼官大夫者也。一曰，在孔子时已不具，迨秦火而益残之《礼经》，此高堂生之所能言，徐襄之所不能通，徐延之所颇能而未善之《士礼》也。”[1]洪业之后的学者一般将朝廷仪节与容礼之学归为一类，与传经之礼学并立。[2]沈文倬进一步对二者进行了严格界分：

> 第一，汉仪根据秦仪增删，既与齐、鲁所传古礼没有因袭关系，就不应该把叔孙通当作传《礼》的学者，评述《五经》礼学的传授，绝不容许对他有任何的牵扯。第二，汉代实行的礼仪是排除古礼的，《礼经》只单纯供经学传授者研习，因此对某些既传授《礼经》又参加汉仪修订的学者，应该严肃对待，要依据具体情况，弄清楚究竟是《礼经》学者还是汉仪学者。[3]

沈文倬认为，汉承秦制，与古礼之间存在根本断裂，“从制度上看两者是对立的”，[4]因此，《礼经》的研习与朝廷礼仪

---

〔1〕洪业：《仪礼引得序》，初载1932年《仪礼引得》，收入《洪业论学集》，中华书局，1981年，第41页。

〔2〕钱穆：《两汉博士家法考》，《两汉经学今古文平议》，商务印书馆，2001年，第209页。陈梦家：《武威汉简·叙论》，《武威汉简》，中华书局，2005年，第13页。又参张涛：《论汉代礼学两种趋势的分别与融合》，《江西社会科学》2015年第3期，第133页。

〔3〕沈文倬：《从汉初今文经的形成说到两汉今文〈礼〉的传授》，《宗周礼乐文明考论》（增补本），浙江大学出版社，2006年，第255页。

〔4〕同上书，第248页。

的制作也就形成了两个不同传统，彼此不容混淆。自洪业至沈文倬以来，“前辈学者的汉代礼学二分说，为理解汉代礼学发展建立起了一个可行的分析框架”。[1]其中存在的问题，张涛在其研究中做了反思。他指出，首先，秦代礼制与古礼之间并不是完全对立的，其间也存在因袭关系。其次，叔孙通本为儒生，系统研习过儒家经典，在制作汉仪的过程中是融入了礼经学的。反过来看，传经为业的礼家也并未完全脱离礼制建设，他们与叔孙通的所作所为并无本质区别。张涛进而指出：“汉代礼学这种学术性与实用性两种趋向既有分别又有融合的特征，是由礼学特质所预先决定了的。”[2]

汉代礼学中两种趋势既分别又融合的特征，通过后世的礼学与礼制发展得到了更清晰的呈现。从分别的角度看，两者各自形成了礼经学与礼制实践、礼典编纂两个相对独立的传统，遵循不同的传承逻辑。礼经学重家学、重文本，礼制与礼典编纂则重实际、重沿革。礼经作为现实礼制的理论来源，与实际礼制之间存在千丝万缕的联系，但这种联系主要是理念性的，反映为理念与现实制度之间复杂的互动关系，正因如此，以深厚的历史传统为基础的北魏、北齐以及南朝礼制才会如陈寅恪所论，成为隋唐制度的主要来源。礼经学与现实礼制之间的张力与互动，在唐代逐渐变得岌岌可

〔1〕 张涛：《论汉代礼学两种趋势的分别与融合》，第138页。

〔2〕 同上文，第137页。

危。一方面是礼经学的专门化与技术化替代了思想的活力，导致明经习疏，却“于当代礼法，无不面墙”，无法应对现实礼制问题；另一方面，玄宗时期，《开元礼》的编纂不仅没有成功地建立礼制典范，礼制传统反因玄宗的改制濒于失范。

杜佑在《通典·礼典》中所达成的，是将礼经学与礼制传统重新熔铸在一起，为当代礼制奠立秩序。只不过，杜佑对礼经与礼制传统的融合，是以礼制为本位，对礼经学做了历史化的改造。首先，杜佑认为三代礼制与后世礼制之间是连续而非断裂的。《礼典》分“沿革篇”（卷四一至卷一〇五）和“《开元礼纂类》（卷一〇六至卷一四〇）”两部分，《开元礼纂类》以抄撮《开元礼》而成，“沿革篇”按照“吉、嘉、宾、军、凶”五礼的结构形式纂述历代典礼沿革。“五礼”出自《周礼·大宗伯》，后世礼典编纂以“五礼”为纲的形式，最早可以追溯至西晋时的礼典撰作。[1]这是朝廷礼制受儒家礼学影响的体现，从而形成了一个相对独立的典礼体系延续下来。杜佑继承了礼典的传统，但并不认为“五礼”是后世制礼者借助经典中的礼学概念发展出来的典礼编纂方式，而是上古的历史实然：

> 伏羲以俪皮为礼，作瑟以为乐，可为**嘉礼**；神农

〔1〕《晋书》卷一九《礼志上》载挚虞“臣典校故太尉顗所撰《五礼》”云云，中华书局，1974年，第581页。

> 播种，始诸饮食，致敬鬼神，蜡为田祭，可为**吉礼**；黄帝与蚩尤战于涿鹿，可为**军礼**；九牧倡教，可为**宾礼**；《易》称古者葬于中野，可为**凶礼**。又，“修贽类帝”则**吉礼**也，“厘降嫔虞”则**嘉礼**也，“群后四朝”则**宾礼**也，“征于有苗”则**军礼**也，“遏密八音”则**凶礼**也。故自伏羲以来，五礼始彰。尧舜之时，五礼咸备，而直云“典朕三礼”者，据事天事地与人为三耳。[1]

在杜佑看来，后世以“五礼”为纲的典礼体系，并非西晋时的创作，而是三代始然，因此，以“五礼”为纲来纂述历代礼制，也就顺理成章地应从“三代”写起。杜佑将三《礼》视作三代礼制的历史记录，对三代礼制的叙述，基本的来源就是三《礼》，并以后世礼典与礼制的框架重新编排了三《礼》。对三《礼》按照礼制的分类编排，取消了经典在书写形式上的特殊意义，凸显了事实上独立于经典文本的制度。经师的经注，同样被视作对三代礼制而非礼经文本的探索。以杜佑对禘祫礼制的梳理为例。杜佑首先从虞、夏、商、周写起，其基本依据是经典和郑玄礼说。《通典》卷四九《祫禘》：

> **虞夏**先王崩，新王元年二年丧毕而祫。三年春特礿，夏特禘，秋特尝，冬特烝。四年春特礿，夏祫禘，秋祫尝，冬祫烝。每间岁皆然，以终其代。高堂隆云：

〔1〕《通典》卷四一《礼序》，第1119页。

"丧以奇年毕则祫亦常在奇年，偶年毕则祫亦常在偶年。"〔1〕

按：《王制》"天子诸侯宗庙之祭，春曰礿，夏曰禘，秋曰尝，冬曰烝。……天子犆礿，祫禘，祫尝，祫烝"，郑玄以此为夏殷宗庙时祭，以《小雅》"礿祠烝尝，于公先王"为周宗庙时祭，又以"禘"为周宗庙殷祭。〔2〕郑玄复以《礼纬》"三年一祫，五年一禘"为百王通义。杜佑"间岁而祫"之说可能来自高堂隆。高堂隆亦为郑学，然其说已与郑玄不同。

殷先王崩，新王二年丧毕而祫。三年春特禘，夏特礿，秋特尝，冬特烝。四年春特禘，夏祫礿，秋祫尝，冬祫烝。间岁奇偶如虞夏。按殷改虞夏春礿曰禘，又改禘为礿。按《郊特牲》"春禘秋尝"，则殷祭。〔3〕

按：此亦本之高堂隆，大旨基于郑说而略有不同。郑玄以夏殷同制，而杜佑更区别夏殷。《祭义》《郊特牲》均有"春禘秋尝"之说，郑玄皆以为夏殷之礼，而破经文之"禘"为"礿"。〔4〕杜佑则以夏、殷区别之。

---

〔1〕《通典》卷四九《祫禘上》，第1372页。

〔2〕《礼记正义》卷一二，第1335—1336页。

〔3〕《通典》卷四九《祫禘上》，第1372页。

〔4〕《郊特牲》云："故春禘而秋尝。"郑注云："'禘'当为'礿'字之误也，《王制》曰'春礿夏禘'。"（第1446页）《祭义》云："是故君子合诸天道，春禘秋尝。"郑注云："春禘者，夏殷礼也。"（第1592页）郑玄《郊特牲》破"禘"为"礿"，而不注明夏殷礼，《祭义》注明夏殷礼而不破字，当为互见之体。

周制，天子诸侯三年丧毕，禫祭之后，乃祫于太祖，来年春禘于群庙。祫，毁庙未毁庙皆合升于太祖。禘则不及亲庙，但文武以下毁主依昭穆于文武庙中祭之，王季以上于后稷庙祭之。知先祫后禘者，约《春秋》鲁僖公、宣公、定公皆八年而禘，以再殷祭推之。尔后五年再殷祭，一禘一祫，所以丧必有此禘祫者，为后再殷之祭本也。丧毕之祫，祫之本；明年之禘，禘之本也。从此后各自数，每至三年，则各为之，故得五年再殷祭。因以法五岁再闰，天道大成也。禘以夏，祫以秋。《诗·閟宫》传云"诸侯夏禘则不礿，秋祫则不尝，唯天子兼之"是也。崔灵恩云："禘以夏者，以审谛昭穆，序列尊卑，夏时阳在上，阴在下，尊卑有序，故大次第而祭之，故禘者谛也，第也。祫以秋者，以合聚群主，其礼最大，必秋时万物成熟，大合而祭之，故祫者合也。"〔1〕

按：此周制即用郑玄禘祫礼说。杜佑述三代禘祫礼制皆以郑玄学说为本，但与义疏学专尚郑学的意义不同。禘祫礼制，经无详载，唯郑玄援据《礼纬》，推排《春秋》，解释经文最为系统，禘祫之制粗有可言。因此，无论是杜佑纂述三代禘祫礼制，还是后世在建立禘祫制度，客观上都只能以郑玄礼说为基础。至于杜佑如何看待先儒经说，后文进一步讨论。杜佑叙毕周代禘祫，从"将祫祭，前期十日之前夕"以下，写法即参照后世仪注的方式重述经文、经注：

〔1〕《通典》卷四九，第1373—1374页。

将祫祭，前期十日之前夕，肆师告具，太宰、太宗、太史帅执事而卜日，既卜，司隶隶仆修除粪洒其庙。将祭前夕，于太庙南门之外展牲，庖人告牷。太宰眡涤濯祭器。掌次于庙门外之东，设主人及公卿以下次幕，其尸次兼设幄。《掌次》云："凡祭祀，张其旅幕，张尸次。"郑玄云："旅，众也。公卿以下即位所祭祀之门外，以待事，为之张大幕。尸则有幄。"郑司农云："尸次，尸所居，更衣帐。"次百司所供之物，皆至庙门外。司徒奉牛牲，司马奉羊牲，司空奉豕牲，每庙各一牢。按《公羊传》："周公白牡，鲁公骍刚，群公不毛。"是各牲也。[1]

经杜佑缀合，不同出处的祫祭相关经文被编织成为仪节完整、严谨的周代仪注。循此方式，《礼典》以"吉、嘉、宾、军、凶"五礼为纲，将三《礼》经典纳入到了后世典礼仪注的传统中，经书被"仪注"化、历史化了。在杜佑看来，经学研究与朝仪纂订并不是两个相异的传统。沈文倬认为，周与秦汉礼制之间的断裂，是汉代经学与仪制之学分途的根源所在，"汉代实行的礼仪是排除古礼的，《礼经》只单纯供经学传授者研习"。[2]汉代经学的发展一方面佐证了沈文倬的判断，经学以经书文本研究为核心，形成了明显区别于仪制研究的学术传统。另一方面，随着西汉中期以来儒学对现实

〔1〕《通典》卷四九，第1373页。

〔2〕沈文倬：《从汉初今文经的形成说到两汉今文〈礼〉的传授》，《宗周礼乐文明考论》（增补本），第255页。

礼制影响力的增强，礼学与礼制之间亦存在互动与交融。在杜佑看来，秦礼与周礼之间并非排斥、对立的关系：

> 然则《周礼》为体，《仪礼》为履。周衰，诸侯僭忒，自孔子时已不能具。秦平天下，收其仪礼，归之咸阳，但采其尊君抑臣，以为时用。[1]

秦礼亦继承周礼而来。因此，杜佑并不将朝仪研究和礼经研究视为相异的两个传统，而是自始至终将对二者的叙述交织为一体，由此，杜佑不仅将三《礼》经典纳入了仪注传统中，同时也将礼的经学研究整合进了朝仪纂修史，《礼典·礼序》云：

> 汉兴，天下草创，未遑制立，群臣饮醉争功，高帝患之。叔孙通草绵蕝之仪，救击柱之弊，帝悦，叹曰："吾于今日知为天子之贵也。"以通为奉常，遂定仪法，未尽备而通终。高堂生传《礼》十七篇，而徐生善为颂。孝文帝时，徐生以颂礼官至大夫，而萧奋亦以习礼至淮阳太守。孝武始开献书之路，时有李氏得《周官》五篇，缺《冬官》一篇，河间献王千金购之，不能得，遂取《考工记》以补其缺，奏之。至王莽时，刘歆始置博士，行于代。杜子春受业于歆，能

〔1〕《通典》卷四一，第1120页。

> 通其读，后汉永平初，郑众、贾逵皆往受业。其后马融作《周官传》，郑玄为注。初，献王又得仲尼弟子及后学所记百四十一篇，至刘向考校经籍，才获百三十篇，向因第而叙之。而又得《明堂阴阳记》二十二篇，《孔子三朝记》七篇，《王氏史记》二十篇，《乐记》二十三篇，总二百二篇。戴德删其烦重，合而记之，为八十五篇，谓之《大戴记》；而戴圣又删大戴之书，为四十七篇，谓之《小戴记》。马融亦传小戴之学，又定《月令》《明堂位》，合四十九篇。郑玄受业于融，复为之注。今《周官》六篇，《古经》十七篇，《小戴记》四十九篇，凡三种，唯郑玄注立于学官，余并散落。魏以王粲、卫觊集创朝仪，而鱼豢、王沈、陈寿、孙盛虽缀时礼，不足相变。[1]

沈文倬提出，在叙述汉代礼学史时，应严格区分经学家与汉仪学者；而在杜佑看来，经学家和朝仪学者之间实无区别：

> 按秦荡灭遗文，自汉兴以来，收而存之，朝有典制可酌而求者：汉有叔孙通、高堂生、徐生、贾谊、河间献王、董仲舒、萧奋、孟卿、后苍、闻人通汉、夏侯敬、刘向、戴德、戴圣、庆普、刘歆。后汉有曹充、曹褒、郑兴、郑众、贾逵、许慎、杜子春、马融、

〔1〕《通典》卷四一，第1120—1121页。

郑玄、卫宏、何休、卢植、蔡邕……皇唐有孔颖达、褚亮、虞世南、陆德明、令狐德棻、朱子奢、颜师古、房玄龄、魏征、许敬宗、杨师道、贾公彦……或历代传习，或因时制作，粗举其名氏，列于此注焉。[1]

高堂生、后苍、戴德、戴圣、郑众、贾逵、马融、郑玄、孔颖达、贾公彦等经学家，与叔孙通、徐生、卫宏、虞世南、房玄龄、魏征、许敬宗等朝仪制作者，通常被区分成两个非常不同的脉络。杜佑对经学传统与礼制传统的统合，并非无的放矢，而是以礼制传统为本，将经学研究视同于礼制研究。杜佑之所以会将这两个群体混而不别，是因在他看来，郑玄、孔颖达、贾公彦所从事的同样是礼制研究，或者说，礼经研究有价值的部分体现在礼制研究上。杜佑自言“不好章句之学”，如贾逵、郑玄等经注，孔颖达、贾公彦等义疏自是典型的章句之学，只不过杜佑将这些经注义疏直接化作对周代礼制的探索，运用在了对周代礼制的复原当中。至此，杜佑对郑玄等前代经师与经学的理解已与义疏学产生了本质区别。在杜佑笔下，经学、礼学已经没有了家法或解经逻辑的内容，被转化、发扬的是对于史事、制度的探究。杜佑面对经典与经学的思路与二刘以制、事为本的解经方式类似，可以说是始自经学内部的变化。当杜佑化经典为仪注之时，潜在地将经典置于了历史的相对位置之上，而三代礼制

〔1〕《通典》卷四一，第1122—1123页。

的历史相对性，是杜佑礼制思想当中不容忽视的倾向，其议当世婚礼纳征不当用玄纁俪皮云：

> 上古人食禽兽之肉，而衣其皮毛，周氏尚文去质，玄衣纁裳，犹用皮为韠，所以制婚礼纳征，用玄纁俪皮，充当时之所服耳。秦汉以降，衣服制度与三代殊，乃不合更以玄纁及皮为礼物也。又有用虎皮豹皮者，王彪之云"取威猛有斑彩"，尤臆说也。彪之当时有学知礼者。且妇人主中馈，妇道本柔顺，乃云取其威猛，何乃谬误。人之常情，非今是古，不详古今之异制，礼数之从宜。今时俗用五色，信颇谓得礼之变也。或曰："近代所以尚循玄纁俪皮之制，男女配合，教化大伦，示存古仪，务重其礼，安可舍弃，有类去羊。"答曰："玄纁及皮，当时之要。详观三代制度，或沿或革不同，皆贵适时，并无虚事。岂今百王之末，毕循往古之仪？如三代制，天子诸侯至庶人，祭则立尸，秦汉则废。又天下列国，唯事征伐，志存于射，建侯择士，皆主于斯。秦汉以降，改制郡县，战争既息，射艺自轻，唯祀与戎，国之大事，今并岂要复旧制乎！其朝宗觐遇，行朝享礼毕，诸侯皆右肉袒于庙门之东，乃入门右，北面立、告听事，今岂须行此礼乎！宾礼甚重，两楹间有反爵之坫，筑土为之，今会客岂须置坫乎！又并安能复古道邪！略举数事，其余可知也。何必纳征犹重无用之物！徒称古礼，是乖从宜之旨。《易》曰：'随时之义

大矣哉！’先圣之言，不可诬也。”[1]

杜佑云“三代制度，或沿或革不同，皆贵适时，并无虚事”，他也不认为三代以下礼乐为虚事，而是一个礼随时变的问题。杜佑对秦制并不抱有特别的贬抑态度，古今异制、礼教从宜，关键在于“随时”。礼制的因革变化及其历史传统，也就构成了礼制合理性的重要来源，或许这就是杜佑以“沿革”来定义《礼典》的原因所在。当然，杜佑并不认为历史传统是礼制合理性的唯一来源，礼经学的原理性讨论在《通典》中得到了大量保留，事实上，魏晋以来大量既涉及经学理论又涉及礼制实践的礼议、礼论，正是倚赖《通典》才得以流传后世的。

《礼典》表现出的思想特征并非偶然。杜佑自幼不喜章句之学，未尝出入于经学传统之中，他关心治术，长于典章制度。在杜佑的思想里，经典纯粹是历史性的制度之书。是“三代之礼”到后世礼制之间所形成的连续的历史传统，构成了现实礼制的合理依据，而非经典原理。自汉代以来，基于前朝礼制的因袭损益已成为多数朝代礼制的重要特征，但从理念上将历史传统本身作为礼制合理性的来源，不能不说是从中唐开始出现的变化。杜佑的经学观，与二刘以降的经学转变是一致的，他的“通礼”在深层次上有着经学的变化作为根底。杜佑以降，以记载礼制历史沿革为基本内容的

---

〔1〕《通典》卷五八，第1652—1653页。

"通礼"模式逐渐代替《开元礼》式的建制型、拟制经典的礼典编纂，成为国家礼典的主流模式。而以"历史"为内核的礼学思想，也开始成为国家礼法制作中具有支配意义的重要观念。

第三节　中晚唐礼书编纂中的礼学

阎步克曾以中唐为界，对中国古代国家礼制表现出的整体性格，做过一个大致划分，他指出："进入汉朝，儒生士人高调呼吁'复礼'，由此中国制度史上出现了一个'古礼复兴运动'，它延绵了十几个世纪，波及王朝制度的众多方面，如礼制、法制、官制、学制等。新莽与北周的周礼改制，都是这个运动所导致的重大事件。唐后期到宋，这个运动开始降温。"〔1〕"约中唐以后，君臣对'古礼'的热情渐趋低落；除了必要的礼典，依'周礼'对王朝制度做大幅度改弦更张的事情，越来越罕见了。"〔2〕"古礼复兴运动"的降温，与中唐以来强调礼制历史沿革的制礼思想在国家礼制层面的影响不无关联。杜佑以来，基于历史沿革的礼思想，如何具体影响到制礼实践，需要在深入观察中晚唐时期的礼制变化与礼书编纂之后才能具体回答。由于中晚唐时期的官私礼书绝大部分已经亡佚，下面就以完整存世的《大唐郊祀录》为

〔1〕阎步克：《服周之冕——〈周礼〉六冕礼制的兴衰变异》，中华书局，2009年，第13页。

〔2〕同上书，第29页。

中心展开讨论。

1.《大唐郊祀录》性质释疑

《大唐郊祀录》是唐后期的一部重要礼书，贞元九年（793）由太常礼院修撰王泾进上，[1]对于了解《开元礼》后至贞元年间的祀礼变迁，此书具有很高的史料价值。王泾其人，正史无传，生卒年亦不详。关于《郊祀录》的内容特征与性质，周中孚在《郑堂读书记》中提出“是书大都抄撮《开元礼》所载郊祀诸礼而损益之”，[2]姜伯勤订正此说，认为“《大唐郊祀录》不能视为一部抄撮之作，而应该是反映了唐德宗时整备礼制的历史情状的重要文献”。[3]张文昌对《郊祀录》一书的修撰背景、内容特点与性质做了详细分析，[4]他也主张《郊祀录》是“具有当代性意义的礼典，其性质并非是《开元礼》的抄录书”。[5]同时指出，《郊祀录》是德宗时期的官修礼典，可能是贞元九年德宗亲祭郊庙之仪

〔1〕《新唐书》卷一一《礼乐志》，第309页。

〔2〕周中孚：《郑堂读书记》卷二九，《宋元明清书目题跋丛刊》缩印商务印书馆《国学基本丛书》本，中华书局，2006年，第142页。

〔3〕姜伯勤：《唐贞元、元和间礼的变迁——兼论唐礼的变迁与敦煌元和书仪文书》，《敦煌艺术宗教与礼乐文明》，中国社会科学出版社，1996年，第448页。

〔4〕张文昌：《制礼以教天下——唐宋礼书与国家社会》，第二章第二节《〈大唐郊祀录〉：以变礼为特色之礼典》，台湾大学出版中心，2012年，第59—92页。

〔5〕张文昌：《制礼以教天下——唐宋礼书与国家社会》，第91页。

注。[1]《郊祀录》是否是德宗时期的官修礼典，这一问题值得进一步讨论。

张文昌推测，《郊祀录》的修撰“应该是以贞元六年柳冕等人所编纂之‘郊祀仪注’，以及贞元前期群臣对国家祭祀仪节的讨论为基础，再进一步增补而撰成”。[2]柳冕等人编纂郊祀仪注的背景，是德宗即位以来“重慎祀典，每事依礼”[3]，贞元六年（790）亲行郊享，即命礼官柳冕等修撰郊祀仪注，以备顾问。张文昌认为，“贞元六年‘郊祀仪注’与《大唐郊祀录》间之关系相当密切，甚至可将《郊祀录》理解成太常礼官在贞元年间多次参与郊庙礼仪所累积的成就。同时，《郊祀录》的完成，也可能是作为贞元九年德宗亲祭郊庙之仪注”。[4]因柳冕等修撰的郊祀仪注今已不存，故从二者的关系角度说明《郊祀录》也是官修礼书或亲郊仪注的说法，目前只能止于推测。再者，《郊祀录》在内容上并不限于皇帝“亲郊”的范围，而是全面涵盖了大、中、小不同层面的祀礼，作为亲祭之仪注撰写的可能性不大。仪注作为指导礼仪实施的蓝本，要求呈现出仪节的具体程式和细节，这一点可以从保留在《通典》中的《大唐元陵仪注》片段得到佐证。正如吴丽娱指出的，“仪注”和“礼”在概念上有所不同。《开元礼》作为“礼”，负责提供礼的精神形

〔1〕张文昌：《制礼以教天下——唐宋礼书与国家社会》，第77页。

〔2〕张文昌：《制礼以教天下——唐宋礼书与国家社会》，第76页。

〔3〕《旧唐书》卷一四九《柳冕传》，第4032页。

〔4〕张文昌：《制礼以教天下——唐宋礼书与国家社会》，第77页。

态和整体架构；“仪注”却是具备实践性和操作性的仪式。[1]《郊祀录》在体例和写法上，显然更接近《开元礼》而非仪注。《郊祀录》的编排框架依据《开元礼》中的《序例》和《吉礼》建立，分为《凡例》《祀礼》《祭礼》《享礼》四部分。《凡例》中的条目多取自《开元礼·序例》，《祀礼》《祭礼》《享礼》的划分则准确反映了《开元礼·吉礼》编排的内在思路。较之《开元礼》的完备，《郊祀录》掇取了部分重要或有变化的制度作为条目，因此周中孚才会误认为《郊祀录》是“抄撮”《开元礼》而成。总之，《郊祀录》不太可能是由贞元六年的郊祀仪注增补而成，它并不是一部仪注类文献，而是礼制规范性质的文本。因此，厘清《郊祀录》是官修还是私撰，是否具有官方定礼的规范效力，对于认知《郊祀录》的性质就显得尤为必要。

《郊祀录》的内容及其修撰的相关事实表明，它是一部私撰礼书而非官修礼典。《郊祀录》修撰的缘起及其定位，王泾的上表云：

> 微臣谬参绵蕝，久历岁时，每仰丝纶，辄书故实。谨集历代郊庙享祀之要，及圣朝因革沿袭之由，伦比其文，各标篇目，裁为《大唐郊祀录》十卷。其中义有异同，皆随文注释，神位升降，并写而为图。祝史

〔1〕吴丽娱：《终极之典：中古丧葬制度研究》，中华书局，2012年，第57页。

陈告之词，工歌大雅之什，亦俱编于此。谨诣光顺门，随表封进，伏望颁诸东观，庶有补于将来。上表陛下教敬之源，下申微臣蚁术之望，无任屏营恳款之至。[1]

由表文可知，《郊祀录》的撰写是缘于王泾个人，并非禀命之作。王泾表称撰作《郊祀录》的初衷是期望“颁诸东观，庶有补于将来”，也就是作为将来制礼的文献参考，备顾问而已，与官修礼典仪注颁诸有司不同。进一步而言，史料中亦未有诏命修撰或颁行《郊祀录》的相关记载。而依据《郊祀录》进上后实际的规范效力来判断的话，《郊祀录》的体例是内容由正文条目与注文两部分组成，先列礼制正文，再以注文阐释礼义、梳理历代礼制沿革。其中，“正文”从内容上可分为两类，一类因仍现行礼制，一类则体现了王泾对现行礼制的裁断与修订。例如，《凡例·牲牢》云：

凡养牲则有副焉，至省牲之时，鸣犊免之，取副以充之。

王泾注：

皇唐礼令，无免牲之文及用副之义，盖有司相传，

〔1〕 王泾：《大唐郊祀录》卷一，影印《适园丛书》本，民族出版社，2000年，第728页。

行之久矣。臣谨稽汉仪四时祭宗庙，用牲十八牢，皆有副倅，即明汉之已有副牲，是防其缺填耳。《楚语》云，天子诸侯宗庙之事，少自射其牛，但射之，不手杀也。司马刲羊，司士击豕，使之鸣，声若不和则不堪祭也。且古有卜牲，不吉则免帝牛，抜用稷牛。自魏晋以来，人君有冒暗之防，无复牵牲亲杀之事，又无听音之员，但使有司省其肥腯耳。若鸣者则为非吉而免之，是古免牲之遗义者也。[1]

此条谓养牲除正牲外，当备以副牲。由王泾注可知，唐代的郊祀礼令中并无此制，这是王泾据经典古制自行增设的条目。又《凡例·牲牢》：

凡祀昊天上帝皆用苍犊一，配帝亦苍犊一；五帝各依方色犊一；大明用青犊一，夜明用白犊一；九宫贵神各依神坐方色，用犊一；皇地祇用黄犊一，配位亦黄犊一；神州用黝犊一，配帝亦黝犊一。

王泾注：

皇唐《开元礼》依《周官》也。天宝六载正月诏减用犊之数。肃宗上元中改天地用一太牢。大历六年

〔1〕王泾：《大唐郊祀录》卷一，第733页。

十一月三日，诏五方、上帝、九宫大祀各用犊一，其余中祀等用猪、羊各一，于是配帝从祀，悉无犊矣。至今以为恒式。[1]

王泾注文表明，自大历六年（771）以降至《郊祀录》撰写时，令式皆以配帝从祀无犊，《郊祀录》对从祀配帝用牲的规定，则是王泾据《开元礼》做出的修正。也就是说，《郊祀录》并非简单依据贞元六年的郊祀仪注增补而成，而包含了王泾对现行礼制的裁断与订正，由这一类条目的施行状况才能够说明《郊祀录》实际的规范效力。《凡例·斋戒》云：

凡诸散斋有大功已上丧，致斋有周亲已上丧，并听奔赴。若缌麻已上者，不得行宗庙之祭。

王泾注：

梁天监十年七月论郊庙致斋与举哀相遇，舍人朱异议，若未入散斋，为群臣举哀，不宜亲奉；若已入散斋者有大功亲，入致斋内有期亲，皆停亲奉。圣唐因之，缌麻已上丧不行宗庙之祭者，以明吉事凶人不干也。祭天地之神不禁者，不敢以卑废尊也。贞元六

〔1〕王泾：《大唐郊祀录》卷一，第732页。

年正月七日，吏部奏请既葬公除之后，得许权改吉服以从宗庙之祭，此又一时之制，非旧典也。[1]

此条是对群臣有丧事在身时是否与祭的规定。《开元礼》载："凡散斋有大功以上丧，致斋有周以上丧，并听赴。即居缌麻以上丧者，不得预宗庙之事。"[2]据王泾记，贞元六年，由吏部奏请，群臣既葬公除、权改吉服即可与宗庙之祭。王泾对此不以为然，谓"此又一时之制，非旧典也"。因此，《郊祀录》的正文条目并未延续贞元六年以来的制度变化，而是改从唐代旧制。史料表明，晚唐至宋初实际沿袭的是贞元六年的制度，宋仁宗天圣五年（1027），太常礼院奏："今本院看详，律称'如有缌麻已上丧遣充掌事者，笞五十'。此唐初所定。吏部起请，皆援引典故。奉诏，百官有私丧公除者，听赴宗庙之祭。后虽王泾著《郊祀录》称是一时之事，非旧典也。又别无诏敕改更，是以历代止依贞元诏命施行。"[3]可知《郊祀录》的这一修订，未曾实际施行过。又《凡例·卜择日》云：

凡祭祀卜日，每季皆太卜令季前四十五日卜筮于太庙南门之外。中祀已上卜，太常卿莅之。小祀已下

〔1〕王泾：《大唐郊祀录》卷一，第730页。
〔2〕《大唐开元礼》卷三《序例·斋戒》，第32页。
〔3〕《宋史》卷一二五《礼志》，中华书局点校本，1985年，第2924页。

筮，太卜令莅之。[1]

《郊祀录》凡大、中、小祀，祭前皆由太卜令卜日于太庙南门之外，仪节基本同于《开元礼》。史料记载，唐代南郊自玄宗天宝时起，已不卜日，《旧唐书·礼仪志》云：

元和十五年十二月，将有事于南郊。穆宗问礼官："南郊卜日否？"礼院奏："伏准礼令，祠祭皆卜。自天宝已后，凡欲郊祀，必先朝太清宫，次日飨太庙，又次日祀南郊。相循至今，并不卜日。"从之。[2]

自玄宗建立太清宫—太庙—南郊亲祭模式后，祠祭卜日虽著在礼令，但不卜已成实际礼仪中的惯例。《郊祀录》本《开元礼》立"卜择日"条，但并未影响现行礼制。又《凡例·燎瘗》云：

凡告宗庙及释奠之币帛，皆同地祇，瘗于壬地。祝版燔于斋坊。

王泾注：

〔1〕王泾：《大唐郊祀录》卷一《凡例·卜择日》，第728页。

〔2〕《旧唐书》卷二一《礼仪一》，第845页。

> 皇唐郊庙享祀，悉用祝版。惟朝拜陵寝用玉册焉。天宝以后，亲祀郊庙亦多用玉册。贞元二年亲有事于郊庙，太常博士陆淳上疏请准《周礼》，祝版祭讫燔之，可其议。至六年亲祀，复改用祝策。祭讫燔瘗如祝版之仪。有司摄事，各依旧制也。[1]

柳冕等定贞元六年南郊亲祀仪注，用玉册而非祝版，王泾撰《郊祀录》乃依天宝以前旧制。《太常因革礼》载《开宝通礼》制“皇帝亲祀用竹册”，此因开宝三年（970）有司上言：“旧礼祀天地祝文皆用方版，天宝以后用玉册金字。代宗广德中，礼仪使杜鸿渐奏以为虚崇侈丽，请今后用墨书祝版，代宗令用竹简墨书，从古礼也。自后因革不定。今乞皇帝亲祀皆用竹册，摄事用祝版。诏可。”[2]可知《郊祀录》改订亲祭用祝版，但亲祭实际仍以竹册或玉册为主。

综上所述，《郊祀录》是由王泾个人撰写，希冀藏诸东观以备参考的一部私撰礼书，既未经诏修或颁诸有司，亦不具实际的规范效力。如姜伯勤所论，《大唐郊祀录》并非《开元礼》的抄撮之作。但《郊祀录》对礼制的整备更多体现了王泾的个人裁断，并不具备官方订礼的性质，因此不能直接作为贞元时期的礼制规范，在理解和利用《郊祀录》的正文条目时，需首先辨明其性质和制度来源。另一方面，《郊祀

〔1〕 王泾：《大唐郊祀录》卷二，第744页。

〔2〕 欧阳修等：《太常因革礼》卷一一《总例·祝词》，《丛书集成初编》本，上海商务印书馆，1936年，第57页。

录》虽然不是官方制定的礼典，却颇能反映王泾这位长年职守太常的礼官如何对当时的礼制进行整饬。包括《郊祀录》在内的中晚唐礼书与《开元礼》共同影响、塑造了后世礼典编纂的基本形态，通过分析王泾订礼的倾向与思路，有助于从深层次理解后《开元礼》时代礼书编纂的思想基础。

2. 王泾的制礼逻辑

为了能够以符合王泾本意的方式呈现出《郊祀录》的制礼思路，下面从王泾对《郊祀录》编纂宗旨的自述出发，结合《郊祀录》的具体内容进行互证阐释。王泾对《郊祀录》编纂宗旨，可见其上表自述：

> 臣闻礼有至诚，非玉帛无以见乎外；乐有志节，非钟磬无以达其中。故自五帝殊时，三王异礼，莫不因之沿革，观损益焉。伏惟皇帝陛下承天景命，列圣重光。法唐尧无为而化，致大禹黻冕之美。明德超于千古，至诚通于百灵，玉帛牲悬，大备前典。微臣谬参绵蕝，久历岁时。每仰丝纶，辄书故实。谨集历代郊庙享祀之要，及圣朝因革沿袭之由，伦比其文，各标篇目，裁为《大唐郊祀录》十卷。其中义有异同，皆随文注释，神位升降，并写而为图。祝史陈告之词，工歌大雅之什，亦俱编于此。[1]

---

〔1〕 王泾：《大唐郊祀录》卷一，第728页。

王泾在表文中对礼制沿革损益的强调，已有学者留意。张文昌指出："王泾认为有助于未来施政教化的'礼典'形式，不是如同《开元礼》般，以标举当代仪文作为'一代礼法'之轨式，而是强调以'沿革'，也就是通晓先朝与当代礼仪之因袭损益，来作为《郊祀录》的特色。"[1] 在体例上，《郊祀录》于正文条目之下，皆以大量篇幅注出该条礼制的渊源与历史沿革，与《开元礼》单纯制定礼制规范的做法存在很大不同。不过，单从这一点理解《郊祀录》的特征尚不充分。王泾对礼制历史沿革的梳理与他对礼制的裁定之间如何实质地关联在一起，还需要结合《郊祀录》中的礼制条目具体分析。可以明确确定为王泾改订德宗朝现行礼制的条目，表列如次：

	出处	内容	来源
1	凡例·斋戒	凡诸散斋有大功已上丧，致斋有周亲已上丧，并听奔赴。若缌麻已上者，不得行宗庙之祭。[2]	从《开元礼》
2	凡例·牲牢	昊天上帝、五方帝、大明、夜明、九宫贵神、皇地祇、神州，及配帝皆用犊。[3]	从《开元礼》
3	凡例·牲牢	凡宗庙、社稷、帝社、先蚕、先代帝王、五岳四镇、四海四渎、文宣王、武成王、诸太子庙，并用太牢。[4]	从《开元礼》

〔1〕 张文昌：《制礼以教天下——唐宋礼书与国家社会》，第79页。

〔2〕 王泾：《大唐郊祀录》卷一，第730页。

〔3〕 王泾：《大唐郊祀录》卷一，第731页。

〔4〕 王泾：《大唐郊祀录》卷一，第732页。

续表

	出处	内容	来源
4	凡例·牲牢	凡蜡祭百神、大明座用青牲一，夜明座用白牲一，其神农、伊耆、星辰以下每方各用少牢。[1]	从《开元礼》
5	凡例·牲牢	养牲则有副焉，至省牲之时，鸣犊免之，取副以充之。[2]	从古礼
6	凡例·奠献	亲行祀事皆以太尉为亚献，光禄卿为终献。[3]	从《开元礼》
7	凡例·奠献	凡皇太子释奠文宣王庙，则皇太子为初献，祭酒为亚献、兼行扫除，司业为终献。[4]	从《开元礼》
8	凡例·燎瘗	亲祀用祝版。[5]	从《开元礼》
9	凡例·乘舆服	皇帝祀天神地祇则服大裘冕。[6]	从《开元礼》
10	凡例·皇后服	皇后助祭则服袆衣，其首饰花十二树，小花如大花之数，并两博鬓。[7]	从《开元礼》
11	祀礼一·冬至祀昊天上帝	坛之第二等祀天皇大帝、天一、太一、紫微、五帝。[8]	从《开元礼》
12	祀礼四·祀灵星	立秋后辰日祀灵星于国城东南。[9]	从《开元礼》

〔1〕王泾:《大唐郊祀录》卷一，第732页。
〔2〕王泾:《大唐郊祀录》卷一，第733页。
〔3〕王泾:《大唐郊祀录》卷二，第741—742页。
〔4〕王泾:《大唐郊祀录》卷二，第743页。
〔5〕王泾:《大唐郊祀录》卷二，第744页。
〔6〕王泾:《大唐郊祀录》卷三，第746页。
〔7〕王泾:《大唐郊祀录》卷三，第750页。
〔8〕王泾:《大唐郊祀录》卷四，第757页。
〔9〕王泾:《大唐郊祀录》卷七，第778页。

续表

	出处	内容	来源
13	祀礼四·祀司中司命司人司禄	立冬后亥日于国城西北。[1]	从《开元礼》

不难看出，王泾在对贞元时期的礼制有所更订时，绝大多数情况下都选择遵从《开元礼》。在可以明确为王泾改订的条目中，仅有表中第5《凡例·牲牢》条为王泾据古礼增设。王泾订礼一准《开元礼》的做法并不令人意外，正如吴丽娱指出的，兴复《开元礼》是建中至贞元初期唐代国家礼制的基本特征，“辉煌的儒家典制是国家强盛之象征，故回归《开元礼》亦成为时代的总体目标”。[2]《开元礼》在中晚唐的礼制重建中，承载了双重价值诉求：一是借由儒家礼制来彰显王朝礼制的正统性，二是李唐王朝礼制自身的典范意义。在此背景下，王泾强调礼制的因袭沿革，并详述各条礼制的渊源与历史变迁，同样具有双重意味：一是构建唐代礼制与儒家古礼之间的渊源关系，表现其儒家典礼的一面；二是通过礼制历代的沿革变化，突出王朝在制礼中的主体地位以及唐代礼制变于古礼的正当性，用王泾的话说，即“五帝殊时，三王异礼，莫不因之沿革，观损益焉”。

---

〔1〕 王泾：《大唐郊祀录》卷七，第778页。

〔2〕 吴丽娱：《皇帝“私”礼与国家公制：“开元后礼”的分期及流变》，第162页。

《开元礼》以儒家典制为基础，其内容亦多因循儒家礼经。但正如前章所论，在《开元礼》诞生的时代背景下，制作出能够取代儒家礼典的唐代典礼，而非崇奉儒礼，才是《开元礼》最核心的意义所在。儒学传统的意义在《开元礼》及其时代，比之中晚唐礼制有着很大不同。安史之乱后，随着儒家思想的复兴与儒臣在礼制中的参与，儒学原理在中晚唐礼制中的规范效力逐渐增强。成书于贞元年间的《郊祀录》，其内在精神已迥异于开元、天宝礼制。对王泾而言，梳理礼制历史沿革的一大功能和意义，是历史地建立唐代礼制与儒家古礼之间的渊源关系，凸显唐代礼制作为儒家礼制的一面。因此，在《郊祀录》中，王泾对大多数礼制历史沿革的叙述皆先溯至经典记载，以经文、注疏解释礼义，每每刻意强调唐代礼制与儒家经典古礼之间的渊源关系和一致性，如：

> 《郊祀录·凡例·辨神位》：臣泾案《周礼·肆师职》大祀用玉帛，用牲牷；次祀用牲币而已；小祀用牲也。郑玄云大祀天地、宗庙，次祀日月星辰，小祀司中以下。今辨大、中、小三等之祀，皆类《周官》之文也。[1]

> 《郊祀录·凡例·牲牢》：皇唐《开元礼》依《周

---

〔1〕 王泾：《大唐郊祀录》卷一，第728页。

官》也。[1]

《郊祀录·凡例·牲牢》：臣泾案汉高帝令御史立灵星祠，牲以一牛，今用羊一，依《周礼》也。[2]

《郊祀录·凡例·牲牢》：臣泾案《月令疏》云天子軷用犬，诸侯用羊。《诗·大雅》云“取羝以軷”，谓取羝羊之体以祭神。皇唐之制，采《诗》义也。[3]

《郊祀录·凡例·奏雅乐》：案此皆周制也。雷鼓八面，灵鼓六面，路鼓四面，每面一人，左执鼗而右击之以迎神也。[4]

《郊祀录·凡例·乘舆服》：十二章者，法天地之数。圣朝之制，法舜服也。[5]

《郊祀录·凡例·乘舆服》：案《礼》有虞氏服韍，夏后氏山，殷火，周龙章。《白虎通》云：以韍蔽裳，前上阔一尺，象天数也；下阔二尺，象地数也。长三

---

〔1〕王泾：《大唐郊祀录》卷一，第732页。
〔2〕王泾：《大唐郊祀录》卷一，第732页。
〔3〕王泾：《大唐郊祀录》卷一，第733页。
〔4〕王泾：《大唐郊祀录》卷二，第741页。
〔5〕王泾：《大唐郊祀录》卷三，第748—749页。

尺，象三才。皇唐之制，加龙、山、火三章者，以备三氏三法也。[1]

《郊祀录·凡例·群官服》：案古之制，公以衮冕九旒为首，侯伯以鷩冕七旒为首，下达于士，皆有制旒之差，今并以品言之，是降差之制与古不同，亦大同而小异也。[2]

《郊祀录·凡例·执珪笏》：案《礼记》云："诸侯舒前诎后，直让于天子也。大夫前诎后诎，无所不让也。"郑玄云："诎之义，大夫奉君命出入，上有天子，下有己君，又杀其下而圆也。"圣朝制令，亦古义参之也。[3]

《郊祀录·明堂祀昊天上帝》：皇唐典制依《周礼》，以五室为准。[4]

《郊祀录·荐享太庙·乐章》：皇朝典制，乘殷周之盛仪，革陈隋之弊俗，其所歌之章皆述祖宗之徽烈，咏功德之所由兴。臣考寻先典，未有如斯之盛也。[5]

---

〔1〕王泾：《大唐郊祀录》卷三，第749页。
〔2〕王泾：《大唐郊祀录》卷三，第753页。
〔3〕王泾：《大唐郊祀录》卷三，第754页。
〔4〕王泾：《大唐郊祀录》卷五，第765页。
〔5〕王泾：《大唐郊祀录》卷九，第794页。

王泾上表言："伏惟皇帝陛下承天景命，列圣重光。法唐尧无为而化，致大禹黻冕之美。明德超于千古，至诚通于百灵，玉帛牲悬，大备前典。"《旧唐书》又载王泾言："圣唐德厚流广，远法殷、周。"[1]无一不体现王泾对唐代礼制崇儒法古的定位。从而也就可以解释王泾会在个别礼制上以古礼改订现行礼制，如上表所列《凡例·牲牢》条。又如，永泰二年（766），由礼仪使杜鸿渐等建议，代宗朝始本儒家经典礼制中的"受命"礼义，以景帝为太祖，郊祀天地皆以景帝配享，王泾于《郊祀录》评云："考寻古典，实为得礼之正。"[2]但是，这类复古的制度修订，在《郊祀录》以及中晚唐的礼制实践中并非常例，属于个别现象而非整体特征。中晚唐时期，在儒臣和儒学影响下的国家礼制，并未出现总体性的制度复古，建中至贞元年间，国家礼制的基调仍是对《开元礼》的落实与回归。[3]这一现象之所以形成，一个重要原因就在于王泾等中晚唐人对王朝制礼的主体性与礼制当代性的强调。正如王泾表云："五帝殊时，三王异礼，莫不因之沿革，观损益焉。"《郊祀录》梳理历代礼制沿革的另一层含义和功能，就是通过彰显历代王朝在制礼中的主体性，以及礼制自身的时代特征，从而解释唐代礼制变于古礼的正当性。在王泾看来，"王者不相袭礼"同样构成了礼制的正

〔1〕《旧唐书》卷二五《礼仪五》，第956页。

〔2〕王泾：《大唐郊祀录》卷四，第757页。

〔3〕吴丽娱：《皇帝"私"礼与国家公制："开元后礼"的分期及流变》，第165—169页。

当性来源：

《郊祀录·凡例·牲牢》：三卜吉而用之，不吉则免之，今但养之而无卜，是礼不相袭之义也。[1]

《郊祀录·凡例·奏雅乐》：案历代乐舞之名各异，是不相沿也。[2]

《郊祀录·凡例·乘舆服》：案古者衣画裳绣，法阴阳之义，衣数则奇，裳数则偶。今圣朝制令，上八下四，皆以偶而言。又王服自衮冕以下皆织成为之，是王者相变革也。[3]

《郊祀录·祭礼·祭大社大稷》：谨案《大唐开元礼》仲春仲秋上戊祭大社，以后土氏配。臣泾案《月令》仲春之月择元日命人社。《援神契》云仲秋获米报祭社稷。此用二仲之文言也。近春分秋分前后戊祭也。晋徐乾议引《礼记》社稷祭土日用甲，用日之始也，非戊午社于新邑，周公之意不同。臣以详诸《祭义》，戊己是土之本位，用戊祭社，岂不可哉？况又王者不相袭耳。[4]

---

〔1〕王泾：《大唐郊祀录》卷一，第733页。

〔2〕王泾：《大唐郊祀录》卷二，第739页。

〔3〕王泾：《大唐郊祀录》卷三，第749页。

〔4〕王泾：《大唐郊祀录》卷八，第785页。

王泾在基于儒家礼制原理的基础上，强调制礼的主体是历代帝王，从而将儒家价值与《开元礼》所代表的唐代皇权统合了起来。在王泾看来，儒家礼制的实质就是从三代古礼到当代礼制不断演变的历史传统，而非某一理想化的礼制。阎步克指出，“古礼复兴”的思想前提在于“儒生的‘礼’乃是特指，特指古代与经书说的那个样子”[1]，并且“经书编者（孔子或周公）是洞察未来的‘圣人’，经典著作中蕴藏着现实难题的答案”[2]。从唐后期至宋，“古礼复兴运动”的降温，一个值得重视的因素是礼思想的转变，“古礼复兴”的思想前提已不复存在。在王泾等中晚唐时的制礼者看来，制礼的主体是历代帝王，而非特定的“圣人”；而儒家礼制并非经书中具有永恒性的理想制度，其本身系由一个不断沿革变迁的历史传统所构成。正是具有儒家立场的礼官在思想上的上述转变，使得儒生内部逐渐失去了复古的动机。虽然对帝王作为制礼主体的强调、“古礼复兴运动”的降温与中唐以后皇权的加强不无关联，但制礼观念的变化更不容忽视，神宗、徽宗时期的礼制复古就是例证。神宗以降，儒家在文化和政治上“回向三代”的号召，否定了基于“三代”与后世礼制连续性的历史叙事，直接引发了士大夫对礼制复古的推动。

王泾之作《郊祀录》，是因为现行礼制在回归《开元

〔1〕 阎步克：《服周之冕——〈周礼〉六冕礼制的兴衰变异》，第17页。
〔2〕 同上文，第20页。

礼》、接续古礼传统上做得不够，故依准《开元礼》来批判和订正现行礼制，但这还不是《郊祀录》整备礼制的全部事实。《郊祀录》中还存在相当数量的内容，是王泾对《开元礼》后至贞元年间变礼的继承。这一现象，同样需要从“因革损益”的制礼思想中获得解答。强调礼制变迁及其当代性的“因革损益”犹如一把双刃剑，在解释《开元礼》变于古礼的正当性的同时，又为容纳吸收新的礼制变迁提供了思想基础。换言之，王泾的制礼思想在为《开元礼》的回归予以理论支撑的同时，本身即包含了突破、改变《开元礼》的逻辑后果，令其不得不接受新的礼制变化。“因革损益”思想的核心有二：一是对王朝作为礼制主体的强调，二是对礼制历史传统和当代性的强调，这又与中晚唐时期礼制的修订方式相辅相成。据吴丽娱研究，贞元中后期至宪宗元和时代的礼制修订，不是礼书、法令同时修撰，而是完全以制敕来规范礼。礼制格敕经过不断“删定”，与《开元礼》的距离不是愈来愈近，而是愈来愈远。[1]因此，《郊祀录》之后，元和时期的礼书编纂，便更自然地转向了变礼与制敕的集录。元和十一年（816），由太常修撰韦公肃撰成的《礼阁新仪》，集录开元以后至元和十年的礼制变革。[2]太常博士王彦威，

〔1〕吴丽娱：《皇帝“私”礼与国家公制：“开元后礼”的分期及流变》，第174页。

〔2〕《新唐书》卷一一《礼乐志》，第309页。陈振孙：《直斋书录解题》卷六《礼注类》，徐小蛮、顾美华点校，上海古籍出版社，1987年，第183页。

又集录开元二十一年（733）以后至元和十三年（818）间的五礼裁制敕格，名曰《元和曲台新礼》，并目录勒成三十卷，于元和十三年八月进上。[1]王彦威上《曲台新礼》云："法通沿革，礼有废兴，或后敕已更裁成，或当寺别禀诏命，贵从权变，以就便宜。"[2]接续贞元、元和以来对《开元礼》的变革，穆宗长庆以至五代时的礼制演进，一直在对《开元礼》的理论崇拜与实际背离这两条看似矛盾的思路交织下展开。[3]

归结起来，"因革损益"本身并不能提供真正明确的制礼准则，何者采《开元礼》，何者因袭当代变礼，何者复依古礼，均取决于王泾等制礼者的主观裁断和取舍，三者在《郊祀录》中以不无随机的方式撮合在一起。中唐以降，基于礼制历史沿革的思想既深刻影响了国家礼典的编纂形式与礼制性格，也为其中的困境埋下了根源。

〔1〕《唐会要》卷三七，第783—784页。

〔2〕《唐会要》卷三七，第783页。

〔3〕吴丽娱：《皇帝"私"礼与国家公制："开元后礼"的分期及流变》，第162页。

第二章　历史传统中的儒学困局

北宋前期礼制变迁中的制礼思想

由于著述的匮乏，五代宋初一直是礼学史上难以开垦的荒地。虽然中晚唐以来的礼学发展无法在学术思想层面获得连续的呈现，五代末至宋初不断恢复的礼法制作，却为我们理解这一时期更一般的制礼观念留下了史实。从太祖至仁宗朝，北宋前期的礼制发展，经历了由太祖、太宗、真宗前期直承晚唐五代，到真宗中后期“法唐”，再到仁宗“法祖宗”的沿革变迁，其实质是从不同的历史传统中寻找建立礼制的合理依据。换言之，宋初的礼制虽从制度上走出了晚唐五代，但在更深的观念层面始终以中唐杜佑以来的“通礼”思想为基底，其困境也根源于此。神宗时期，一些士大夫提出的“回向三代”与礼制复古，可以说是对“通礼”思路的批判和超越，正是在这一过程中，宋人发展出了能够真正称之为宋学的礼学。

第一节　太祖、太宗、真宗朝前期对晚唐五代礼学与礼制的继承

宋初礼制渊源所承，在宋人的叙述中每有“因唐

制”“循唐故”之语。有关“宋承唐制”说，楼劲曾撰文深入讨论。他指出，宋初礼制在建制伊始其实是直承五代的，“宋承唐制”作为宋人的一种“说法”，是其正统观念的反映。[1]另一方面，“宋初以来确有循用或归复唐代典制（包括《开元礼》在内）的一面”，对宋人之说做一个修正，那么，“准确意义上的‘宋承唐制’，严格说应是‘宋初循用了五代相沿革的唐制’”。[2]“宋承唐制”说成立的背后，是宋人对“五代”在唐宋之间递嬗作用的刻意忽略，并以观念化的“唐代”替代了实际处于不断变化中的唐制。因此，从史实角度分析唐宋礼制之间的渊源关系，便需考虑唐代礼制本身的变化及其阶段性。吴丽娱曾对唐代礼制史做过一个划分，认为“《大唐开元礼》和‘开元后礼’或许也可以作为一个分期的界限”。[3]广义上的“开元后礼”从《开元礼》撰成的开元二十年（732）起始，向下可以延伸至晚唐五代。[4]邓小南从政治史和政治制度史的角度提出，“中晚唐、五代乃至北宋初期（太祖、太宗朝至真宗朝前期）应该属于同一研究单元”。[5]这一判断同样适用于晚唐宋初的礼制史。

---

〔1〕 楼劲：《宋初礼制沿革及其与唐制的关系——兼论“宋承唐制”说之兴》，《中国史研究》2008年第2期，第57—76页。

〔2〕 同上文，第65页。

〔3〕 吴丽娱：《皇帝“私”礼与国家公制：“开元后礼”的分期及流变》，第160—181页。

〔4〕 同上文，第161页。

〔5〕 邓小南：《祖宗之法——北宋前期政治述略》，生活·读书·新知三联书店，2006年，第5页。

宋初礼制直承晚唐五代的史实，楼劲已有较详细的梳理，无须赘述。[1]下面就围绕宋初最重要的两部礼书，剖析这一时期蕴藏于国家礼制背后的礼思想。

太祖、太宗两朝是北宋开国立业、创法立制的奠基时期，这一时期形成的很多法度和精神被奉为“祖宗之法”而得到子孙后世的景仰和尊崇。[2]在礼乐制作方面，太祖时期留给后世的两个最重要的遗产，一是颁行于建隆时期的《三礼图》，二是开宝年间编纂的《开宝礼》，两者都直接继承了后周显德时期制礼作乐的成果。《三礼图》是后周国子博士聂崇义为朝廷郊庙礼器制作而纂订的一部礼图，《开宝礼》则以翰林学士兼判太常寺窦俨等人撰集的《大周通礼》为直接基础，但它们在礼学思想上，其实属于两个不同传统。《三礼图》所从属的乃是注疏一系的旧经学脉络，主张的是依经立制；而《大周通礼》所承续的，则是杜佑以来的“通礼”思想，表现的是礼制的历史传统与沿革。北宋前期，传统的注疏旧学依旧享有官学地位，但宋初的礼制实态则表明，在朝廷礼法制作中更具主导性的是杜佑以来对制度传统及其沿革的强调。

1.《三礼图》与注疏旧学

（1）《三礼图》的撰写与构成

《三礼图》的撰写缘起于后周显德年间的制礼作乐，为

---

〔1〕 楼劲：《宋初礼制沿革及其与唐制的关系——兼论“宋承唐制”说之兴》，第57—76页。

〔2〕 参详邓小南：《祖宗之法——北宋前期政治述略》。

了给朝廷制作郊庙礼器提供摹本。显德三年（956）诏书命："有司更造祭器、祭玉等，命国子博士聂崇义讨论制度，为之图。"[1]聂崇义，河南洛阳人，生卒年不详，明经出身，史言其"少举三《礼》，善礼学，通经旨。汉乾祐中，累官至国子《礼记》博士"[2]，参与监本经书校刻，后周显德中累迁至国子司业兼太常博士。由其出身仕履可知，聂崇义属于较为传统的章句之儒。《三礼图》初成于显德四年（957），加上后续修订，最后完成已在入宋以后。建隆二年（961）五月，聂崇义进上《三礼图》，太祖"诏加褒赏"，命群儒参议，然后颁行。[3]这部《三礼图》是保留至今，时代最早、最完整的一部礼图，说是宋初礼学最重要的成就亦不为过。

聂崇义作《三礼图》并非无所依凭，而是有旧图作为依据。可惜的是，《三礼图》之前的这些礼图，现在都已亡佚不存，礼图最早在什么时候出现，也已无从考证。因此，《三礼图》是了解宋以前礼图情况的基本文献。聂崇义《三礼图目录》云："旧图十卷，形制阙陋，文字省略，名数法式上下差违，既无所从，难以取象，盖久传俗，不知所自也。"[4]十卷"旧图"应是聂崇义主要参照的礼图。除这本旧

〔1〕《资治通鉴》卷二九三，第9696页。

〔2〕《宋史》卷四三一《聂崇义传》，第12793页。

〔3〕《长编》卷二，建隆二年五月乙丑条，第44—45页。

〔4〕聂崇义：《三礼图》卷二〇，叶一，宋淳熙二年（1175）镇江府学刻本。传世《三礼图》的版本有淳熙二年镇江府学刻本、蒙古定宗二年《析城郑氏家塾重校三礼图》，两本同出一源。清代通志堂本（转下页）

图外，《三礼图》中明确提到的，还有阮谌图、张镒图、梁正图与郑图四种。其中，阮谌图、张镒图、梁正图，《隋志》及两《唐书》皆有著录，唯独“郑图”所指不明，故在此对“郑图”的情况略作讨论。聂崇义的新图进上后，吏部尚书张昭上书驳奏其失，《宋史·聂崇义传》载张昭奏：“《四部书目》内有《三礼图》十二卷，是隋开皇中敕礼官修撰，其图第一、第二题云‘梁氏’，第十后题云‘郑氏’，又称不知梁氏、郑氏名位所出。今书府有《三礼图》，亦题‘梁氏、郑氏’，不言名位。”[1]据张昭言，宋初书府所藏《三礼图》应当就是《四部书目》所著录的《三礼图》十二卷，为隋开皇中敕礼官修撰。题名“郑氏”的后三卷，很可能就是聂图中的“郑图”所指。窦俨《三礼图序》言聂崇义“博采三礼旧图，凡得六本”，后周时，窦俨曾与聂崇义共同参与《大周通礼》的编写，无论是对书府文献还是聂崇义的修书情况都不陌生，所言当得其实。将这十二卷开皇礼图区别为“梁氏图”“郑氏图”，加上十卷旧图、阮谌图、张镒图与梁正图，正好六本。这部包含“梁氏图”“郑氏图”的十二卷礼图，亦见《历代名画记》著录，云其“十二卷，隋文帝开皇

（接上页）以镇江府学刻本为基础，参用郑氏本校订而成。关于聂氏《三礼图》的版本研究，参乔秀岩、叶纯芳：《聂崇义〈三礼图〉版本印象——纪念多一种蒙古时期山西刻本的发现》，《版本目录学研究》第5辑，北京大学出版社，2014年，第485—500页。本书引用《三礼图》文字，以镇江府学刻本为据（中华再造善本影印，国家图书馆出版社，2006年），参蒙古本、通志堂本、四库本，若有校改则出注。

〔1〕《宋史》卷四三一《聂崇义传》，第12795页。

二十年敕有司撰，左武候执旗侍官夏侯朗画”。[1]也就是新旧《唐志》所著录的夏侯伏朗撰《三礼图》十二卷。[2]聂崇义当日所参考的礼图，大致不超出《隋志》及两《唐书》著录的礼图范围，反映了宋初礼图文献的基本情况。

（2）《三礼图》对旧图的整理及其特色

聂崇义整理旧图、绘制新图的思路非常明确，就是要画出一部真正合乎经典的礼图，经书的含义有赖解释，聂崇义的解释标准就是注疏。聂崇义所参照的旧礼图性质复杂，虽然这些旧图已经亡佚不存，无法详细了解其内容，但通过聂崇义的转述以及相关史料记载可知，这些礼图并不单纯是据某种礼说画成的。《魏书·礼志》记载太学博士王延业言：“阮谌礼图并载秦汉以来舆服。”[3]梁正题《三礼图》言阮谌礼图“多不按礼文而引汉事，与郑君之文违错”。[4]由聂图更可知，不仅阮谌图如此，“不按礼文”的情况也广泛存在于梁正、张镒等礼图中，聂崇义对旧图的整理，就是要将这些不合经典礼文的内容调整得合于礼经、注疏。例如《三礼图》对“缁布冠”的讨论：

---

〔1〕张彦远：《历代名画记》卷三，《丛书集成初编》本，中华书局，1985年，第150页。

〔2〕《旧唐书》卷四六《经籍志》，第1975页。《新唐书》卷五七《艺文志》，第1433页。

〔3〕《魏书》卷一八四，中华书局点校本，1974年，第2814页。

〔4〕《宋史》卷四三一《聂崇义传》，第12795页。

旧图云："始冠缁布，今武士冠则其遗象也。大小之制未闻。"梁正又云："师说不同。今传疏二冠之象，又下有'进贤'，皆云'古之缁布冠之遗象'。"其张镒重修，亦云："《旧图》有此三象，其本状及制之大小未闻。"此皆不本经义，务在相沿，疾速就事，今别图于左，庶典法不坠。[1]

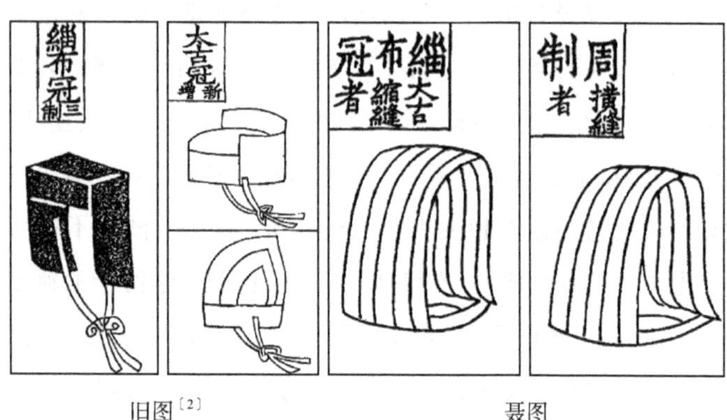

旧图[2]　　　　聂图

据图可知，聂崇义所绘缁布冠与旧图形制大异。缁布冠，旧图有三象，这三种形制，很可能是根据某一时期实际行用的武士冠或进贤冠画成。后来的制图者没有见过"缁布冠"的实物，典籍对它的大小、形制也没有详细记载，故以因袭旧图为便。聂崇义批评这种做法"不本经义，务在

〔1〕《三礼图》卷三《冠冕图》，叶二。

〔2〕按：旧图三幅与聂图两幅，标注有误。其中，标注"缁布冠三制"应对应旧图三幅，"太古冠新增"实即"缁布冠太古缩缝者"。镇江府学本、蒙古本均误，疑两本之底本已误。图片来自再造善本影印宋镇江府学刻本《三礼图》，下同。

相沿”。经典关于“缁布冠”最直接的记载见于《仪礼·士冠礼》：“始冠缁布之冠也。大古冠布，齐则缁之。”郑注云：“重古始冠，冠其齐冠。白布冠，今之丧冠是也。”[1]是白布冠为周之丧冠。郑玄又于《郊特牲》注云：“三代改制，齐冠不复用也。以白布冠质，以为丧冠也。”[2]太古白布冠为始冠之吉冠，至周为丧冠。又《礼记·檀弓》云：“古者冠缩缝，今也衡缝。故丧冠之反吉，非古也。”郑注云：“缩，从也。今礼制衡读为横，今冠横缝，以其辟积多。解时人之惑。丧冠缩缝，古冠耳。”[3]即是说上古之时，冠无论吉凶均缩缝，至周丧冠缩缝，与吉冠横缝有别，形成“丧冠反吉”之制。可见，经典记载以及礼学讨论的核心问题在于“缁布冠”之“横缝”与“缩缝”，这不只是简单的形制问题，也涉及礼学中丧事反吉的礼例。缁布冠的“缩缝”与“横缝”，也就成了聂图所要表现的核心内容，而这在旧图中完全无法得到体现，故聂崇义云：“详此文义，法式显然。梁正言大小之制未闻，一何固也。张镒弃古今之顺说，斯焉舍诸，今依经疏，述而图之。”[4]又有聂崇义讨论旧图之“委貌”：

委貌，一名玄冠。故《士冠礼》云：“主人玄冠朝

---

〔1〕《仪礼注疏》卷三，第958页。
〔2〕《礼记正义》卷二六，第1455页。
〔3〕《礼记正义》卷七，第1282页。
〔4〕《三礼图》卷三《冠冕图》，叶二。

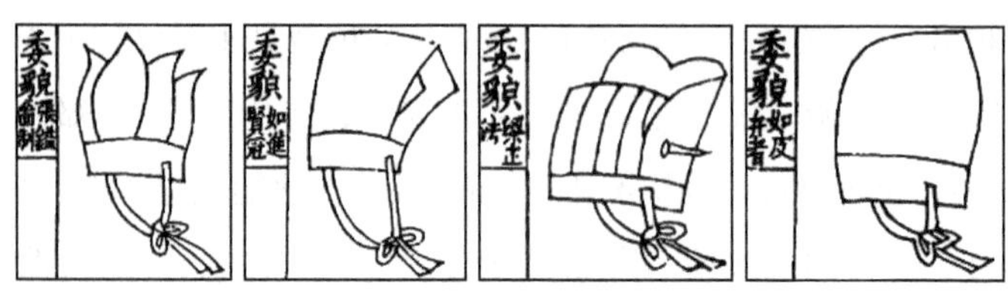

礼图中的委貌

服。”注云：“玄冠，委貌也。”《旧图》云：“委貌，进贤冠其遗象也。”《汉志》云委貌与皮弁冠同制。

案张镒图：“诸侯朝服之玄冠、士之玄端之玄冠，诸侯之冠弁，此三冠与周天子委貌形制相同，则与进贤之遗象、皮弁之同制者，远相异也。”其梁正因阮氏之本而图委貌，与前三法形制又殊。臣崇义详此委貌之四状，盖后代变乱法度，随时造作，古今之制或见乎文，张氏仅得之矣。今并图之于右，冀来哲所择。〔1〕

《旧图》言进贤冠为委貌遗象之说，又见《古今注》：“文官冠进贤冠，古委貌冠之遗象也。”〔2〕《汉志》又云“委貌”与皮弁冠同制，故旧图有用进贤冠、皮弁来表现委貌者。张镒对二者的批评着眼于经文对“委貌”的记述。玄冠系诸侯以下视朝之服，天子以为田猎之服，故张镒云“与进贤之遗象、皮弁之同制者，远相异也”。张镒虽据经文辨析委貌名

〔1〕《三礼图》卷三《冠冕图》，叶四。

〔2〕 崔豹：《古今注》，《四部丛刊三编》影印宋刊本，上海商务印书馆，1936年，卷上，第8页。

实，但他所绘的新图似乎也没有什么经典依据。这主要是由于经典之中，并没有关于“委貌”形制的具体描述。聂崇义虽批评旧图“变乱法度，随时造作”，以张镒据经为是，终究也只能是定其学理之是非，编次旧图而已。

礼图中的璋瓒

又如璋瓒，《三礼图》云：“阮氏、梁正图内三璋之勺及祼圭，所说节略，多不依经，故后人图画皆失形制，其圭勺之状有如书箙者，有如羹魁两边有柄者，其三璋之勺则并无形状，惟画勺鼻为獐犬之首，其柄则为雏尾，皆不盈寸，二三纷缪，难以尽言。”[1]在聂崇义看来，旧图对璋瓒的图画不依经文，且漫无法度。聂崇义绘制的龙首，其实是依据郑注“鼻，勺流也，凡流皆为龙口也”。[2]再如鸡彝、鸟彝等六彝：

> 按《旧图》云于六彝之间唯鸡、鸟、虎、蜼四彝，皆云刻木为之。其图乃尽画鸡、凤、虎、蜼四物之形，各于背上负尊，皆立一圆器之上。其器三足，漆赤中，如火炉状。虽言容受之数，并不说所盛之物。今见祭器中有如图内形状，仍于鸡、凤腹下别作铁脚，距立

〔1〕《三礼图》卷一二《匏爵图》，叶三。
〔2〕《周礼注疏》卷四一，第923页。

礼图中的鸡彝

在方板为别。如其然，则斝彝、黄彝二器之上又何特画禾稼眼目以饰尊乎？形制二三，皆非典实。又按《周礼·司尊彝》云：“春祠夏禴，祼用鸡彝、鸟彝”，后郑云：“谓刻而画之为鸡、凤凰之形，着于尊上。”考文审象，法制甚明。[1]

据聂崇义所述，旧图所谓鸡彝、鸟彝、虎彝等，是在鸡、鸟、虎等兽形上负一尊，整体立一圆器之上。当时朝廷所用祭器与此类似，不过是将圆器变为了方板。在聂崇义看来，这些形制“皆非典实”，而所谓“典实”，实以郑说为准。

总之，聂崇义据经文、注疏修正旧图，在《三礼图》中比比皆是。旧图性质复杂，其图像并不单纯源于经典，其中不少是出自某一时期实际使用的器物。这一方面受制于经典对礼器形制的语焉不详，一方面由于礼图本身具备一定的实用功能。聂崇义奉命为朝廷郊庙礼乐作图，也是出于实用，然而他对新图的设想，却使这部礼图成了一部旨在反映经注疏的礼学之图，它的学理价值大大超过了实用功能。窦仪曾评论聂图：“聂崇义研求师说，耽味礼经，较于旧图，良有新意。”[2]聂崇义自谓：“凡所集注，皆周公正经，仲尼

---

〔1〕《三礼图》卷一四《尊彝图》，叶一。

〔2〕《宋史》卷四三一《聂崇义传》，第12794页。

所定，康成所注，傍依疏义。事有未运则引汉法以况之，或图有未周，则于目录内详证以补其阙。”[1]无不体现了聂崇义作图的宗旨所在。显德四年春制作祭玉、祭器，“敕下国子监并太常寺集礼官、学官议定制造”，其时，参与讨论的尹拙等据《三礼义宗》《江都集礼》为说，崇义驳云：

> 今此琮璧等皆宗经解义，顾注为图……其崔灵恩著《三礼义宗》，及取义不宗三《礼》，既非前范，颇误后人。又《江都集》《白虎通》说璧琮之状，并违周制，皆无依据，难以适从。
>
> 今定此器玉并依礼图、《尔雅》、三《礼》经注、孔贾疏义、毛传郑笺，不敢杂取他文，曲从外义，苟违正典，斯谬良多……况《三礼义宗》，崔氏一时之学，《江都集》隋季亡国之文，《周礼》是周公摄政致太平之书，将二文而混圣典，非末学之所敢详也。[2]

《三礼义宗》《江都集礼》均是唐宋时期在礼学、礼制上颇有影响的著作，但它们的礼说不一定拘泥郑注，尤其《江都集礼》，作为南朝礼制之书，与经典有所不同，并不意外。既事关朝廷郊庙礼器制作，则《三礼义宗》《江都集礼》等书不宜置之不论。但这些都被聂崇义自觉摈除，纯据“礼图、

〔1〕《三礼图》卷二〇，叶一。
〔2〕《三礼图》卷二〇，叶六。

《尔雅》、三《礼》经注、孔贾疏义、毛传郑笺，不敢杂取他文，曲从外义，苟违正典，斯谬良多”。聂崇义在礼议中展现出的制礼宗旨，处处体现在他的礼图中。例如，关于苍璧的尺寸，聂崇义云：

> 案《玉人》云“璧好三寸”，贾释云“古人造璧应圜，圜径九寸”。其注又引《尔雅》云“肉倍好谓之璧”，郭璞云：“肉，边也。好，孔也。”然则两边肉各三寸，与此三寸之好共九寸也。阮、郑二图皆云“苍璧九寸，厚寸”，是据此而言也。又《玉人》“璧好三寸”之下云璧九寸，诸侯以享天子，以此而言是有九寸之璧也。案崔灵恩《三礼义宗》云：“昊天及五精之帝，圭璧皆长尺二寸。”今检《周礼》《尔雅》皆九寸长，长尺二寸之璧，[1]未知崔氏据何文以为说。[2]

《周礼·玉人》“四圭尺有二寸以祀天”，崔灵恩可能据此认为祀昊天及五精之帝的圭、璧皆长尺二寸。在聂崇义看来，璧好的尺寸，《周礼》经有明文，故据《周礼》、《尔雅》、郑注、贾疏以及阮郑二图推定璧圜九寸。

又，罍的材质与容受，《三礼图》载张镒引阮氏图云：“瓦为之，受五斗，赤云气，画山文，大中身兑，平底有

---

〔1〕“九寸长”，镇江府学刻本、蒙古本无，今据文意，从通志堂本、四库本补。

〔2〕《三礼图》卷一一《祭玉图》，叶二。

盖。”[1]聂图所画之罍完全符合张镒引阮氏图所记载的文字内容，可以推测这一图形是直接从张镒图中继承而来。然而，在此“罍”的定性上，聂崇义与张镒存在争议，聂云：

礼图中的罍

> 张镒指此“瓦罍”为诸臣所酢之罍，误之甚矣。此瓦罍正谓祭社稷之太罍也……案《周礼》六尊之下，唯言皆有罍，并无山罍、瓦罍之名。又不知张镒等各何依据，指此山、瓦二罍以为诸臣所酢者也。[2]

所谓“诸臣所酢”，是指《周礼》宗庙祭祀用罍，聂崇义认为祭宗庙之罍与祭社稷之罍，在材质和大小上均有不同，张镒误将两者混为一谈，崇义云：

> 案《周礼》六尊之下，唯言皆有罍，并无山罍、瓦罍之名。又不知张镒等各何依据，指此山、瓦二罍以为诸臣所酢者也。况此六罍厕在六尊之间以盛三酒，比于六尊，设之稍远。案《礼记》以少为贵，则近者小而远者大，则此罍不得容五斗也。又《尔雅·释

[1]《三礼图》卷一四《尊彝图》，叶六。
[2]《三礼图》卷一四《尊彝图》，叶六。

器》云："彝，卣罍器也。"郭璞云："皆盛酒尊。"又曰"小罍谓之坎"，注云："罍形似壶，大者一斛。"又曰："卣，中尊也。"此欲见彝为上尊，罍为下尊也。然则六彝为上，受三斗，六尊为中，受五斗，六罍为下，受一斛，是其差也。案《诗·周南风》："我姑酌彼金罍。"孔疏毛传指此诸臣所酢之罍而受一石者也。又引《礼图》依制度刻木为之。又郑注《司尊彝》云："罍，刻而画之，为山云之形。"既言刻画，则用木矣。又引《韩诗说》："士用梓，无饰。"言其木体，则士以上同用梓而加饰耳。又毛以金罍大一石，《礼图》亦云大一斛，毛说诸臣之所酢与《周礼》同，天子用黄金为饰。今据孔贾疏义、毛郑传注，此罍用木不用瓦，受一石非五斗，明矣。[1]

据《周礼》《尔雅》，聂崇义认为宗庙所用之罍的容量为一斛，与瓦罍容受五斗不同。聂崇义从郑注"刻而画之，为山云之形"出发，援引孔疏毛传，认为宗庙祭祀所用之罍的材质是木而与"瓦罍"用瓦不同。聂崇义依据经典，对不同场合、不同性质的罍严格区分，唯其如此，礼器才能真正寓托礼义，而不仅仅是器用而已。并且，聂崇义是以"孔贾疏义、毛郑传注"为立说的基本前提的。

"登"，《三礼图》云：

---

〔1〕《三礼图》卷一四《尊彝图》，叶六。

梁正、阮氏图云：“登盛湇，以瓦为之，受斗二升[1]，口径尺二寸，足径尺八寸，高二尺四寸，小身有盖似豆状。”所记制度，并非礼文。类之于豆则形制全大，比之丰、坫，又高下相殊，既非正经，不可依据。

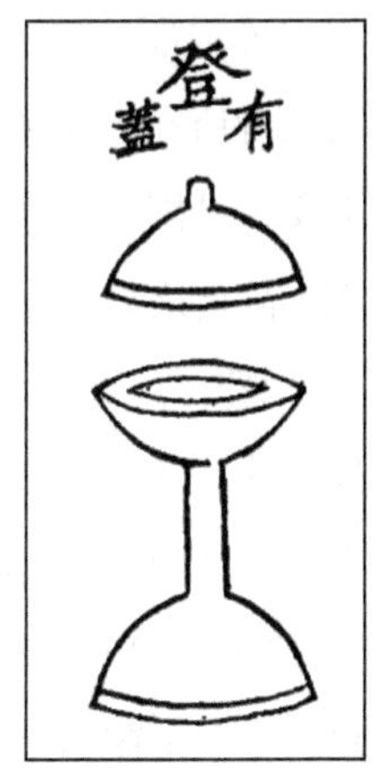

礼图中的登

臣崇义案：《尔雅》云：“木豆谓之豆，竹豆谓之笾，瓦豆谓之登。”《大雅·生民篇》曰：“于豆于登。”毛传云：“木曰豆，瓦曰登。”其在《周礼》旊人为瓦豆而实四升、高一尺，空径尺二寸，厚半寸。又《生民传》云：“豆荐葅醢，登盛大羹。”以其盛湇，故有盖也。然则，瓦木竹之三豆，随材造作殊名，其制大小无异。况此图以三《礼》为目，梁阮二氏自题，又何舍此正经，别资他说，贵从典故，岂好是非？今依《周礼·旊人》制度为定。[2]

此段论“登”之尺寸。聂崇义认为旧图形制，较“豆”而言，制式过大，但礼经对“登”的形制并无明确记载。要依据《周礼·旊人》经注对“豆”的记载得到“登”的形制，

〔1〕“斗”，镇江府学刻本作“十”，今从蒙古本、通志堂本、四库本作“斗”。
〔2〕《三礼图》卷一三《鼎俎图》，叶七。

依据《尔雅》、毛传推定“豆”“登”同制，就成了解决问题的关键所在。在《三礼图》中，有关礼器的尺寸，但凡经有明文，聂图均依从经传注疏，若经传注疏付之阙如则征之旧图，除此之外，很少再以其他文献作为依据。

综上，虽然《三礼图》是因应朝廷郊庙礼器而作的制度之书，但聂崇义“宗经解义，顾注为图”的做法，使它在事实上成了一部试图反映经注疏的礼学之图。陈澧云：“郑贾作注作疏时，皆必先绘图。今读注疏，触处皆见其踪迹。”〔1〕可谓臆测。《新定三礼图》才应当是第一部真正以注疏学说为标准的礼图，在礼学史上具有重要意义。

（3）义疏学在礼图中的表现

《三礼图》以注疏学说作为绘图依据，与表现礼器实物的考古图性质有别。金石学、考古学的作图依据是实物，以实物为标准，讲求著录的逼真准确，因此对图样纹饰、大小尺寸以及材质铭文等记录得十分详细。《三礼图》主要以“文字”为绘图依据，陈芳妹言：“《三礼图》虽也图绘器物，但依据经文绘图，根据语言文字，依作者的‘臆断’，翻译成视觉语言；或依经文的‘传’或‘注’或‘疏’，辗转翻译成图绘。”〔2〕聂崇义将文字“翻译”成图的主要方法，用他的话来

〔1〕陈澧：《东塾读书记》，《清经解续编》卷九五二，上海书店，1988年，第383页。

〔2〕陈芳妹：《宋古器物学的兴起与仿宋古铜器》，《台湾大学美术史研究集刊》2001年第10期，第49页。

说即“假名全画其物”“取类半刻其形”。所谓“假名全画其物”，是指根据器名，在器物上完整画出反映名、义的图像；“取类半刻其形”，则是指在器物上雕刻出器名所指称的事物，以此来比拟器物的形状。这两点都直接根源于郑注、义疏中的器物研究传统，其本质是形名关系的语言、文本研究。

“假名全画其物”“取类半刻其形”出自聂崇义对“玉爵”的注解：

礼图中的玉爵

> 今取《律历志》嘉量之说，原康成解繶爵。又言图此爵形，近得其实。而况前代垂范，观象以制器服，义非一揆。或假名全画其物，或取类半刻其形。则鸡鸟已下六彝，袆褕青素二质，是全画其物，著于服器者也。玉爵、柄尺之类，龙勺、蒲勺之伦，是半刻其形，饰于器皿，以类取呼者也。以此而言，牺象二尊，自然画饰，至于夏之九鼎，铸以象物，取其名义，亦斯类也。[1]

崇义引《汉书·律历志》及郑注，意在说明玉爵口足皆圆，

〔1〕《三礼图》卷一四《尊彝图》，叶五。

且口足间有饰。这些信息对于画图来说实在有限，郑云“口足之间有篆饰”，其饰为何？据崇义解释，“玉爵、柄尺之类，龙勺、蒲勺之伦，是半刻其形，饰于器皿，以类取呼者也”。换言之，其器形蕴藏于器名之内。如据“爵”“雀”在读音上的近似，可将口足之间篆饰定为雀形。类似的，如龙勺，“师儒相传，皆以刻勺头为龙头状。又按阮氏图，说蒲勺头如凫头，即知龙勺头亦如龙头明矣”。[1]

聂图画鸡彝，于器上画鸡为饰，画虎彝则器上画虎为饰，这是“假名全画其物”的具体运用，六彝、祎褕青素、牺尊、象尊均属这一类型。对“彝”“尊”的器形来说，最重要的是器名与画饰所蕴藏的象征意义。根据这两条原则，聂崇义得以将许多缺少形制记载、难以表现的器物摹绘为图。这并非完全出自崇义创造，而是有注疏传统为根源的。《三礼图》“牛鼎”云：

> 足如牛，每足上以牛首饰之，羊豕二鼎亦如之，此所谓“周之礼，饰器各以其类”之义也。[2]

“洗”下云：

> 郑注《少牢礼》云：“周之礼，饰器各以其类。”

---

〔1〕《三礼图》卷一四《尊彝图》，叶三。
〔2〕《三礼图》卷一三《鼎俎图》，叶二。

今既用木为洗，以金饰口缘，朱中，其外油，画水纹菱花及鱼以饰之，是其类也。[1]

是其作图原理本于郑注。又《仪礼·少牢》："敦皆南首，主妇兴，入于房。"郑注："敦有首者，尊者器饰也，饰盖象龟。周之礼，饰器各以其类，龟有上下甲。"贾疏云："知有此义者，以其经曰敦南首，明象龟虫兽之形，故云。首知象龟者，以其盖形龟象故也。云周之礼饰器各以其类者，案《周礼·梓人》云'外骨内骨''以脰鸣者''以胸鸣者'之类，郑云刻画祭器，博庶物也。"[2]郑玄据"周之礼，饰器各以其类"，以敦象龟，故用"龟"形作为装饰，"饰器各以其类，龟有上下甲"，实不免给人留下牵强附会、求之过深的印象。注的理解方式，为义疏学家所接受，更在他们的进一步论证和阐发之下，具有了"以博庶物"的深意。类似的，《礼记·礼器》云："管仲镂簋，朱纮，山节藻棁，君子以为滥矣。"孔疏云："大夫刻为龟耳者，按《少牢》敦皆南首，郑注云'敦有首者，尊者器饰也，饰盖象龟。周之礼，饰器各以其类，龟有上下甲'也。龟簋声相近，故知为龟形也。"[3]经师据"簋"与"龟"音近，认为"簋"以龟形作为装饰，此处如"爵"与"雀"、"蒲"与"凫"、"牺"与"沙"一样，均是经师训诂，通过语言研究在形、名、义

[1]《三礼图》卷一三《鼎俎图》，叶四。
[2]《仪礼注疏》卷四八，第1201页。
[3]《礼记正义》卷二三，第1434页。

之间建立联系，有别于金石学意义上的器物研究。李零云："《三礼图》，最初也是宋代器物学的基础，其来源是东汉礼学，特别是三《礼》郑玄注。这种图解虽然也包含着一定的器物学知识，即东汉时期的器物学知识，但它是因名图器，仅据礼文揣测，并无实际根据，所绘图像，与真实器物差距很大，也是从书本到书本。后来的金石图录，和它有根本区别，就在于它们是因器定名，从器形和自名入手，在此基础上重新制定分类标准。只有在缺乏自名的情况下，它才沿用《三礼图》的概念，或斟酌器形，试拟器名。两者的不同非常明显。"〔1〕

金石学在器物研究上的一大突破，是采用"自名"原则建立器物类型体系。按照器物"自名"来定名的礼器，首先必须以实物为"名"之"实"。相较之下，依据经典文本的礼学，礼器器名背后不一定有实际器物与之对应，尤其是当圣人所制出的"礼"被理解为经典文本的情况下，作为实物的礼器也是从经典派生出的，这样，经典文本就在器物研究中具有了优先地位。金石学、考古学和礼学所建立的器物体系，其实质差别在于，前者试图恢复一套客观存在的实物体系，而后者则是依据经典文献，经过经典阐释建立起来的概念体系。在实物体系下，器名最重要的是找到准确对应的"实体"，而在礼学中，尤其是在唐以前的礼学传统中，首要

〔1〕 李零：《铄古铸今：考古发现和复古艺术》，生活·读书·新知三联书店，2007年，第68页。又参陈芳妹：《宋古器物学的兴起与宋仿古铜器》，第49—50页。

的是器物在整个礼学中的概念存在，以及这种概念所具有的“礼义”。故《三礼图目录》云：“冠冕衣服见吉凶之象焉，宫室车旗见古今之制焉，弓矢射侯见尊卑之别焉，钟鼓管磬见法度之均焉，祭器祭玉见大小之数焉，圭璧缫藉见君臣之序焉，丧葬饰具见上下之纪焉。”[1]研究礼器所要展现的“吉凶之象”“古今之制”“尊卑之别”“法度之均”“大小之数”“君臣之序”，才是礼学意义上的器物研究所追求的精义所在。

下面具体说明聂图如何研究祭器“大小之数”，并在其中赋予礼义。《三礼图》“罍尊、概尊、散尊”：

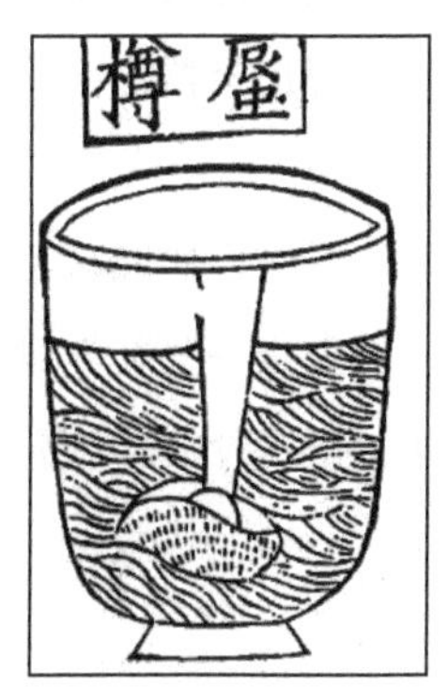

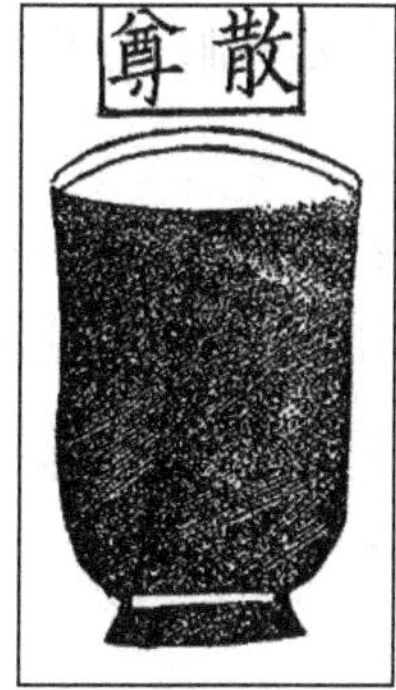

> 阮氏并不图载，此三尊名饰虽殊，以义例皆容五斗，漆赤中者。臣崇义案：《周礼·鬯人》云：“庙用修，凡山川四方用蜃，凡埋事用概，凡疈事用散。”后郑云：“卣、蜃、概、散皆漆尊。画为蜃形。蚌曰含

〔1〕《三礼图》卷二〇《目录》，叶一。

> 浆，尊之象也。卣，中尊也，谓献象之属。”然概、中尊皆容五斗，其蜃、概、散等又列于中尊之下，与卣同曰漆尊，故知皆受五斗。[1]

聂崇义引《周礼·鬯人》四方、埋事、疈事祭祀等级相同，故所用礼器规格也应相当。再据郑注蜃、概、散与卣同为漆尊，卣为中尊，容受五斗，因此“此三尊名饰虽殊，以义例皆容五斗”。换言之，三尊的容受，是基于三者适用的祭祀以及经文在行文上的“义例”而产生的。反之，它们又以各自容受之大小标志了祭祀等级。诸如此类的观念成为器物“大小之数”背后的礼义基础，与考古学客观记录器形性质有别。

由于义疏学自身旨趣在于经书的文本、语言研究，而非实物考证，《三礼图》图像所表现的，首先是一些礼学概念。因此，《三礼图》才会刻意讨论图像的先后次序问题，如童子服的位置安排：

> 梁正修阮、郑等图，以童子之服系冕弁之末，不连缁布、皮弁等服。张镒图以童子服连缁布冠下，尽殷冔夏收，以通天、远游已下为不出三《礼》经义，别编于下卷。今按《士冠礼》云“将冠者采衣紒”，其将冠者即童子二十者也。将行冠礼，始加缁布，次加

〔1〕《三礼图》卷一二《匏爵图》，叶一。

皮弁，次加爵弁。若本其行事，叙将冠之服列于缁布之上，于理为当，今依而次之，仍升童子之服为卷首，下梁之古冠，庶得两从，知礼之自也。[1]

聂崇义以童子服为将冠者之服，因此编排在缁布冠前，与行礼顺序一致。又如“匴”，旧图次在爵弁下，聂崇义根据“匴”在《仪礼》经文中出现的顺序，“依经次于箪后”。有时，为了表现礼义的需要，《三礼图》还会出现重复的器服，例如，“皮弁”在卷一《冕服图》中已经出现，其含义，聂崇义据郑注理解为天子视朝之服，也是士助祭所服。在《冠冕图》中再次画“皮弁”时，聂崇义又特别说明：“此解《士冠礼》三加、次加皮弁，是以重出，他皆类此。”[2]“凡于图中重见者，以其本旨不同也。”可见聂崇义作图，尤其注重器物的礼学意义。

汉唐礼学不重金石古器物的运用和考证，这其中固然有历史条件的限制，但更根本的原因，还在于出土器物无法参与到以经典文本为核心构建的意义体系中。由此看来，《三礼图》依然是对汉唐礼学传统的延续。同样，金石学在宋代兴起的关键因素是宋人对金石古器物的“兴味”。蔡绦云：“殆魏晋六朝隋唐，亦数数言获古鼎器。梁刘之遴好古爱奇，在荆州聚古器数十百种，又献古器四种于东宫，皆

〔1〕《三礼图》卷三《冠冕图》，叶一。
〔2〕《三礼图》卷三《冠冕图》，叶三。

金错字，然在上者初不大以为事，独国朝来浸乃珍重。”[1]王国维亦云：“汉唐元明时人之于古器物，绝不能有宋人之兴味……故虽谓金石学为有宋一代之学，无不可也。”[2]经学、礼学在宋代的变化，如何促使金石古器成为宋人礼学图景当中不可或缺的组成部分，后文还将继续讨论。

（4）《三礼图》与宋初礼议

显德三年（956），后周世宗下诏改定郊庙器玉，复兴礼乐，是为《三礼图》的撰作背景。如上所论，《三礼图》是一部以注疏为学说标准的礼学图，但它的成书是用于指导朝廷的礼器制作。聂崇义以礼经学说裁定旧图、整顿现行礼器制度，经说与礼制实践传统之间的距离，导致了针对《三礼图》的礼议。其中反映的不仅是具体礼说的差异，更是制礼思路的分歧。礼图进上后，便有礼官提出异议：

> 时礼官博士准诏议祭器、祭玉制度，国子祭酒尹拙引崔灵恩《三礼义宗》云：“苍璧，所以礼天，其长十有二寸，盖法天之十二时。”又引《江都集》《白虎通》诸书所说，云璧皆外圆内方。又云，黄琮所以礼地，其长十寸，以法地之数。其琮外方内圆，八角而

---

〔1〕 蔡绦：《铁围山丛谈》卷四，冯惠民、沈锡麟点校，中华书局，1983年，第79页。

〔2〕 王国维：《王国维遗书·静庵文集续编·宋代之金石学》，上海古籍书店，1983年，第5册，第74页。

有好。……时太常卿田敏已下以崇义援引《周礼》正文为是，乃从之。[1]

尹拙引据的《三礼义宗》《江都集礼》，都是中古时期在礼制上影响很大的书，也是礼官制礼时的重要参考，但这些都被唯注疏是从的聂崇义束之高阁了。在田敏等人的支持下，朝廷最终采纳了聂崇义的做法。田敏是五代时参与《九经》校定的著名人物，后唐时"以详明典礼兼太常博士"，曾建议"依《春秋》每岁藏冰荐宗庙，颁公卿，如古礼"[2]，是一个满腹学究气的人物。《宋史·田敏传》评价田敏："敏虽笃于经学，亦好为穿凿，所校《九经》，颇以独见自任，如改《尚书·盘庚》'若网在纲'为'若纲在纲'，重言'纲'字。又《尔雅》'椴，木槿'注曰'日及'，改为'白及'。如此之类甚众，世颇非之。"[3]可见，田敏和聂崇义一样，都是典型的章句之儒。

后周朝开始的兴礼之举，未因改朝换代而中断，其成果被宋太祖所继承。建隆二年（961），聂崇义将最终修订完成的礼图进上，旋又引起吏部尚书张昭的强烈反对：

臣等以灵恩所撰之书，聿稽古训，祭玉以十二为数者，盖天有十二次，地有十二辰，日有十二时，封

[1]《资治通鉴》卷二九三，第9696页。

[2]《宋史》卷四三一《田敏传》，第12818页。

[3]《宋史》卷四三一《田敏传》，第12819—12820页。

山之玉牒十二寸，圜丘之笾豆十二列，天子以镇圭外守，宗后以大琮内守，皆长尺有二寸。又祼圭尺二寸，王者以祀宗庙。若人君亲行之郊祭，登坛酌献，服大裘，搢大圭，行稽奠，而手秉尺二之圭，神献九寸之璧，不及礼宗庙祼圭之数，父天母地，情亦奚安？则灵恩议论，理未为失，所以自《义宗》之出，历梁、陈、隋、唐垂四百年，言礼者引为师法，今《五礼精义》《开元礼》《郊祀录》皆引《义宗》为标准。近代晋、汉两朝，仍依旧制。周显德中田敏等妄作穿凿，辄有更改。自唐贞观之后凡三次大修五礼，并因隋朝典故，或节奏繁简之间稍有厘革，亦无改祭玉之说。伏望依《白虎通》、《义宗》、唐礼之制，以为定式。[1]

张昭强调《三礼义宗》自南北朝隋唐五代以来，在历代礼制实践中的巨大影响。他指责田敏和包括聂崇义在内的学者，专据经典，不尊重制度传统的行为，乃“妄作穿凿，辄有更改”。张昭论“釜”“镬”，亦言：

尹拙依旧图画釜，聂崇义去釜画镬。臣等参详旧图，皆有釜无镬。按《易·说卦》云“坤为釜”，《诗》云“惟锜及釜”，又云“溉之釜鬵”，《春秋传》云“锜釜之器”，《礼记》云“燔黍捭豚”，解云“古未有甑

〔1〕《宋史》卷四三一《聂崇义传》，第12796—12797页。

釜，所以燔捭而祭”。即釜之为用，其来尚矣，故入于《礼图》。[1]

今检聂图，有釜而无镬，可能正是因张昭的反对而做了修改。但是，聂图之“釜”，并不是张昭所说的烹煮之器意义上的“釜”，而是《周礼》中作为量器的“鬴”，三《礼》中并未有以“釜”作为烹煮之礼器者。聂图云：“旧图‘釜’在毕、洗之间，都不言所设之由，又无尺寸之法。但云釜制度受三斛，或云五斛。既图之失处，而容受不定，未详据何制度，有三五或说。今据经传明文、贾郑义注，庶遵往式，有补将来。”[2]这与张昭强调“釜之为用，其来尚矣”，在立足点上完全不同。《宋史·张昭传》云昭：“未冠，遍读九经，尽通其义，处侪类中，缓步阔视，以为马、郑不己若也。后至赞皇，遇程生者，专史学，以为专究经旨，不通今古，率多拘滞，繁而寡要；若极谈王霸，经纬治乱，非史不可。”[3]张昭少通经学，后遇程生而精史学，“能驰骋上下数千百年事”[4]，仕历后唐、晋、汉、周，娴熟朝仪国典，“自唐、晋至宋，专笔削典章之任”。[5]张昭与窦仪并为五代至宋初订立朝廷礼制的重要人物。从史料所载张昭议定的礼制

〔1〕《宋史》卷四三一《聂崇义传》，第12797页。
〔2〕《三礼图》卷一三，叶一。
〔3〕《宋史》卷二六三《张昭传》，第9085—9086页。
〔4〕《宋史》卷二六三《张昭传》，第9086页。
〔5〕《宋史》卷二六三《张昭传》，第9091页。

看来，据制度传统立论，是张昭议礼的一贯主张。如后唐、晋、汉，为掩夷狄出身，每欲追尊宗庙始祖以示正统。后唐庄宗立七庙，以唐懿宗为始祖。[1]后晋之世亦尝议立始祖庙，张昭即据前代宗庙例无追崇始祖之制为驳："臣读十四代史书，见二千年故事，观诸家宗庙，都无始祖之称。唯殷周二代以稷契为太祖。《礼记》曰：'天子七庙，三昭、三穆，与太祖之庙而七。'郑玄注云：'此周制也。七者，太祖后稷及文王、武王与四亲庙。'又曰：'殷人六庙，契及成汤与二昭、二穆也。夏后氏立五庙，不立太祖，唯禹与二昭、二穆而已。'据《王制》郑玄所释，即殷周以契、稷为太祖，夏后氏无太祖，亦无追谥之庙。自殷周以来，时更十代，皆于亲庙之中，以有功者为太祖，无追崇始祖之例……"详论历代宗庙无始祖之制。[2]建隆元年（960），有司请立宗庙，张昭等上奏："谨按尧、舜及禹皆立五庙，盖二昭二穆与其始祖也。有商建国，改立六庙，盖昭穆之外，祀契与汤也。周立七庙，盖亲庙之外，祀太祖及文王、武王也。汉初立庙，悉不如礼。魏、晋始复七庙之制，江左相承不改，然七庙之中，犹虚太祖之室。隋文但立高、曾、祖、祢四庙而已。唐因隋制，立四亲庙，梁氏而下，不易其法，稽古之道，斯为折衷。伏请追尊高、曾四代谥号，崇建庙室。"[3]建隆四年（963）南郊，有司议以"自古帝王皆以始祖配昊天上帝"，

〔1〕《五代会要》卷二《庙仪》，上海古籍出版社，1978年，第29—30页。
〔2〕《五代会要》卷二《庙仪》，第32页。
〔3〕《长编》卷一，建隆元年正月己巳条，第8页。

请以僖祖配享。[1]张昭据历代立国之初，例皆以皇考配天，提出当奉宣祖而非僖祖配："隋、唐以前，虽追立四庙，或六、七庙，而无遍加帝号之文。梁、陈南郊祀天皇，配以皇考。北齐圜丘祀昊天，以神武升配。隋祀昊天于圜丘，以皇考配。唐贞观初以高祖配圜丘。梁太祖郊天，以皇考烈祖配。恭惟宣祖积累勋伐，肇基王业，伏请奉以配享。"[2]可以说，礼的制度传统而非经典原理构成了张昭议礼的核心甚至唯一理据，与聂崇义的专本经说恰好构成了两个极端。据制度传统建立礼制的观念和做法，在汉唐时期就是影响、塑造实际礼制的重要力量。中唐以来制礼思想变化的核心在于，将制度的因袭沿革不仅作为事实加以继承，更作为辩护礼制合理性的原则性存在，这一变化直接反映在国家礼制的规范性文本——礼典的编纂体式上。

2. 礼典编纂中的"通礼"思想

后周朝开始的礼乐制作，被宋太祖直接继承了下来。《宋史·礼志》云："宋太祖兴兵间，受周禅，收揽权纲，一以法度振起故弊。即位之明年，因太常博士聂崇义上《重集三礼图》，诏太子詹事尹拙集儒学之士详定之。"[3]以为郊庙礼器的制作提供摹本。《开宝通礼》是太祖朝在礼制上留给宋世的另一项重要遗产，而《开宝通礼》的编纂很可能是继

---

〔1〕《太常因革礼》卷七，第 38 页。
〔2〕《长编》卷四，乾德元年十一月甲子条，第 109 页。
〔3〕《宋史》卷九八《礼志一》，第 2421 页。

述《大周通礼》而成。

有关《开宝通礼》的撰写时间和撰作过程，史料的记载存在分歧。[1]《续资治通鉴长编》记载开宝四年（971）六月丙子“诏御史中丞刘温叟、中书舍人李昉等重定《开元礼》，以国朝沿革制度附属之”。[2]附注：“是日丙子，初命修书，而《实录》《本纪》遂言以书来上，恐误也。六年，书乃成。”《开宝通礼》的撰成时间，《长编》系之于开宝六年四月辛丑：“翰林学士卢多逊等上所修《开宝通礼》二百卷，《义纂》一百卷，并付有司施行。”[3]至于《实录》《本纪》有关修撰《开宝通礼》的记载，传世史料最详细的记述来自《玉海》，《玉海》卷六九《礼仪》载：“开宝四年五月，命中丞刘温叟、中书舍人李昉、知制诰卢多逊、扈蒙、詹事杨昭俭、补缺贾黄中、司勋郎和岘、中舍陈鄂以本朝沿革制度，损益《开元礼》为之。刘温叟卒，又以知制诰张澹参其事。其年六月丙子，书成上之，凡二百卷，目录三卷，号曰《开宝通礼》，藏于书府。《长编》云四年六月丙子，初命修书，六年乃成。《实录》《本纪》恐误。六年四月十八日辛丑翰林学士卢多逊又上新修《开宝通礼义纂》百卷。《长编》云《通礼》二百卷亦四月辛丑与《义纂》同上。诏付礼院。”[4]又，《翰苑

---

〔1〕参详楼劲《关于〈开宝通礼〉若干问题的考察》，《中国社会科学院历史研究所学刊（第四集）》，商务印书馆，2007年，第411—437页。

〔2〕《长编》卷一二，开宝四年六月丙子条，第266页。

〔3〕《长编》卷一四，开宝六年四月辛丑条，第299页。

〔4〕《玉海》卷六九《礼仪·礼制》“开宝通礼、义纂”，中日合璧本《玉海》，京都中文出版社，1986年，第1359页。

新书》“开宝通礼”下引《会要》云：“开宝四年五月，命刘温叟、李昉、卢多逊等以《开元礼》重加损益，书成上之。凡二百卷，号《开宝通礼》，诏藏于书府。”[1]可知，《实录》《本纪》所见《开宝通礼》的始修时间在开宝四年五月，书成进于同年六月，六年四月又有《开宝通礼义纂》进上。如何理解《长编》与《实录》《本纪》的差异，楼劲认为，《开宝通礼》的始修时间当从《实录》《本纪》，在开宝四年五月，六月书成进上后，又有诏据《开元礼义纂》修订《开宝通礼义纂》，《义纂》于六年完成后，与《开宝通礼》一并诏付施行。[2]在现有史料中，《长编》对《开宝通礼》始修和进呈时间的记载是相当特殊的，李焘并没有给出其记载的具体出处，而其他史料基本都采信《实录》《本纪》。[3]李焘以《实录》《本纪》“恐误”的说法也透露出他并没有过硬的文献依据。因此，更稳妥的做法还是依从《实录》《本纪》。楼劲还推测，《长编》将《开宝通礼》的

〔1〕《翰苑新书·后集》卷一四，影印文渊阁《四库全书》本，台北商务印书馆，1986年，第949册，第590页。

〔2〕楼劲：《关于〈开宝通礼〉若干问题的考察》，第412—420页。

〔3〕曾巩《隆平集》卷一《馆阁》云：“《开宝通义》二百卷，开宝四年学士李昉进。”《隆平集校证》卷一，王瑞来校证，中华书局，2012年，第32页。《直斋书录解题》载：“开宝四年五月，命温叟及李昉、卢多逊、扈蒙、杨昭俭、贾黄中、和岘、陈谔以《开元礼》重加损益，以成此书。”第183页。陈均《九朝编年备要》卷二，开宝六年四月“行《开宝通礼》。初，御史中丞刘温叟等上《开宝通礼》二百卷。至是，翰林学士卢多逊等上《开宝通礼义纂》一百卷，诏付有司施行，改乡贡《开元礼》为《开宝通礼》，并以新书试问”。影印文渊阁《四库全书》本，第328册，第61页。

始修时间系于开宝四年六月，这可能是《开宝通礼》撰成进上后、旋又始诏修《开宝通礼义纂》的时间，《义纂》于开宝六年撰成，与《开宝通礼》一并付诸施行。李焘之所以怀疑《实录》《本纪》的记载，主要可能是因为从五月始修至六月修成，一月告毕，未免太过仓促。楼劲通过分析《开宝通礼》佚文，发现《开宝通礼》并不仅仅是比《开元礼》多出五十卷而已，在体例、内容上也有不少调整，一月成事确实过于仓促，种种迹象表明，《开宝通礼》很可能有后周编修的《大周通礼》作为基础。

无论是太祖诏修《开宝通礼》，还是在宋人一般的观念当中，《开宝通礼》都是以《开元礼》为蓝本的。然而，正如楼劲所论，《大周通礼》很可能才是《开宝通礼》最直接的凭借。《开宝通礼》同样以"通礼"为名，是一个非常重要的信息。显德年间修撰的《大周通礼》之所以名为"通礼"，而不是依仿《开元礼》命名为《显德礼》，是因为这部礼书的体例与《开元礼》并不相同，"通礼"一名是其体例和性质的反映。《玉海》载显德五年（958）十一月，敕窦俨集《通礼》，窦俨因是上言：

> 礼者，太一之纪，品物之宗。自五帝之后，三代以来，损益因革，咸有宪章。越在唐室，程轨量、昭采物，则有《开元礼》在；纪先后、明得失，则有《通典》在。录一代之事，包五礼之仪，比类相从，讨寻不紊，则有《会要》在。三者，经国之大典也。梁

朝之后，戎祀朝会多于市廛草定仪注，前代矛盾率多秕粺，请依《唐会要》门类，上自五帝迄于圣朝，悉命编次，《开元礼》《通典》之书包综于内，名曰《大周通礼》，俾礼院掌之。[1]

按窦俨设想，《大周通礼》在体例上应该包括自上古至五代礼制的因革损益，并非仅是一代之典，故以“通礼”称之，其内容包综《开元礼》、《通典》与《唐会要》。《通典·礼典》本身即有“通礼”性质，记述各项礼制自上古至唐开元以前的沿革变化，这部分内容想必可以为《大周通礼》直接采用。《开元礼》《唐会要》应该被《大周通礼》的编纂者视作有唐一代的典制。作为“大周通礼”，这部礼典必定又对晚唐五代以下的礼制沿革有所记述。宋初在编修《开宝通礼》时，“以国朝沿革制度附属之”，于是只需要添入宋初以来的礼制变化即可，故成书之速，一月告竣。《大周通礼》《开宝通礼》之所以同称“通礼”，就在于它们本质上都是与《通典》类似的“通礼”，而非《开元礼》式的一代典礼，它们在理念上赓续的也是《通典》对于礼制沿革历程与历史传统的建立。窦俨云：“自五帝之后，三代以来，损益因革，咸有宪章。”窦俨与张昭为同侪，从后周至宋初职掌朝廷礼乐。和杜佑类似，窦俨也将五帝三代与后世的因革损益视作一个连续而非断裂的历史传统，这样

〔1〕《玉海》卷六九《礼仪》“周通礼”，第1359页。

一个制度传统而非经典原理构成了礼制的规范性来源。前文尝论，建隆年间，作为官方礼图颁行的《三礼图》代表了传统注疏礼学对郊庙礼器的系统整理。注疏经学虽享有官学地位，但无论是就影响范围而言还是宋初礼制实态所见[1]，《开宝通礼》背后的理念才真正代表了支配实践礼制的主导思想。

第二节　法唐与儒学潜流：真宗朝中后期的祭祀礼制

宋初礼制在大体继承晚唐五代的同时，虽有不少调整，但并不存在制礼原则上的“革故”。邓小南指出，真宗朝朝政可以区分为两个阶段：“咸平（998—1003）、景德（1004—1007）约十年间，真宗君臣以‘恪守祖宗基业’为怀，比较谨慎小心，基本上沿袭着太祖、太宗朝的统治方式。”[2]而在大中祥符（1008—1016）以后，围绕真宗“崇祀事”之举，礼乐制度进入了一个急剧变化的时期，这些变化围绕真宗时期的天书符瑞、东封西祀等一系列活动展开。大中祥符年间，真宗轰轰烈烈的天书符瑞、东封西祀因何而起，学界存在不同解释。较通行的解释认为，澶渊之盟后，宋辽君主互称皇帝，违反了古来“天无二日”的

〔1〕参详楼劲：《宋初礼制沿革及其与唐制的关系——兼论“宋承唐制”说之兴》，第57—76页。

〔2〕邓小南：《祖宗之法——北宋前期政治述略》，第282页。

理想秩序，真宗为缓解冲击，消除城下之盟带来的耻辱，遂以天书封禅来证明自身“天子”身份的合法性。另一种思路将大中祥符年间的封禅放置在宋初以来的政治文化中进行理解，认为真宗实际延续了太宗以来对太平之世的追求，景德年间，西、北问题相继得以解决，国家和平，封禅实是“太平”已致的自我宣称。〔1〕这两种解释都揭示了礼制与真宗朝政治之间的密切关联。以往的礼制研究思路大多本于政治的脉络，以“目的—手段”的模式阐释礼制的意涵；本书的意旨在于探寻礼制背后的制礼观念与原则，及其呈现出的历史脉络，鉴于礼制与真宗朝政治的紧密关联，我们将以真宗后期的制礼原则为主体，解读其中可能蕴含的政治意义。

影响真宗朝祭礼最重要的两大传统，一是玄宗朝礼制代表的唐制，其次是儒学。〔2〕对真宗来说，这两者之间又有一个基本的秩序关系，取法唐制，尤其玄宗开元礼制居于更

〔1〕张维玲：《宋太宗、真宗朝的致太平以封禅》，《台湾清华大学学报》新43卷第3期，第481—524页。

〔2〕也有研究指出真宗自身的道教信仰在天书封禅活动中的重要影响，见杜乐《宋真宗朝中后期“神圣运动”研究——以“天书”和玉皇、圣祖崇拜为中心》，北京大学硕士学位论文，2011年。真宗的个人信仰的确是不可忽视的重要因素，这里关注的重点仍在真宗公开宣称的、公共范围内的文化传统。杜乐同时指出了真宗在崇道活动上对玄宗的模仿。孙克宽亦指出真宗崇奉道教是以玄宗为范本，见《宋元道教之发展》，台湾东海大学，1965年，原文未见，参见张维玲《经典诠释与权力竞逐：北宋前期“太平”的形塑与解构（960—1063）》，台湾大学历史系博士学位论文，2015年。张维玲就真宗朝礼仪活动对玄宗的模仿做了细致的梳理和诠释。

实质的主导地位。在真宗看来，唐代制度是儒家礼制的最高体现，真宗云：

> 儒术污隆，其应实大，国家崇替，何莫由斯。故秦衰则经籍道息，汉盛则学校兴行。其后命历迭改，而风教一揆。有唐文物最盛，朱梁而下，王风寖微。太祖、太宗丕变弊俗，崇尚斯文。朕获绍先业，谨尊圣训，礼乐交举，儒术化成，实二后垂裕之所致也。为君之难，由乎听受；臣之不易，在乎忠直。其或君以宽大接下，臣以诚明奉上，君臣之心，皆归于正。直道而行，至公相遇，此天下之达理，先王之成宪，犹指诸掌，孰谓难哉？[1]

以上文字作于真宗始仿玄宗展开圣祖崇拜之时。此时真宗因东封西祀、圣祖崇拜而被部分朝臣质疑，真宗随即写下《崇儒术论》《为君难为臣不易论》以示群臣。[2]按照真宗的逻辑，儒术崇替与国家兴衰互为因果，“秦衰则经籍道息，汉盛则学校兴行”，“有唐文物最盛”，大唐盛世也是儒术最兴盛之时。如前所论，玄宗本人十分漠视儒学，儒学在玄宗朝礼制中实无地位。但在真宗的王道逻辑下，效法玄宗就等于崇儒。历经太祖、太宗两朝，尤其是太宗以来对儒术的推

---

〔1〕《长编》卷七九，大中祥符五年十月辛酉条，第 1798—1799 页。
〔2〕《长编》卷七九，大中祥符五年十月辛酉条，第 1798 页。

崇，真宗“获绍先业，谨尊圣训”，崇儒已拥有祖宗圣训般的“政治正确”。真宗更是在太宗安排下接受了系统的经典教育，尝言于臣下：“朕在东宫讲《尚书》凡七遍，《论语》《孝经》亦皆数四。今宗室诸王所习，惟在经籍，昨奏讲《尚书》第五卷，此甚可喜也。”〔1〕又云：“诸王暇日，莫若读书缀文。尝有请读史者，朕谕以学古莫若读五经，皆圣人之言也。”〔2〕

真宗的崇儒很难说是虚伪之举。儒家树立自身作为实现太平的统治方式，并积极参与政治，由此才内化了王道和儒学的价值之争。于是，在真宗亦步亦趋地模仿玄宗实施封禅的过程中，始终有儒臣参与其中，因为汉儒已将具有方术色彩的封禅仪式主动纳入了自家思想体系内，与儒家太平之世的理想交织在一起。《白虎通》云：“王者易姓而起，必升封泰山何？教告之义也。始受命之时，改制应天，天下太平，功成封禅，以告太平也。”〔3〕在随后的历史发展中，儒家思想不仅规定了封禅的观念意义，更逐步从具体仪式上主导了封禅。光武封禅，已初备儒学意涵，但具体仪式仍以参考汉武故事为主。〔4〕光武之后，封禅历代不行。开皇年间，隋文帝欲行封禅，命牛弘、辛彦之、许善心等创定仪注。〔5〕开

---

〔1〕《长编》卷七二，大中祥符二年九月乙亥条，第1635页。

〔2〕《长编》卷七七，大中祥符五年五月癸酉条，第1764页。

〔3〕《元本白虎通德论》卷五《封禅》，叶一。

〔4〕《后汉书》卷九七《祭祀志》云：“上许梁松等奏，乃求元丰时封禅故事，议封禅所施用。”中华书局点校本，1965年，第3164页。

〔5〕《旧唐书》卷二三《礼仪志》，第881页。

皇十五年（595），文帝在泰山下“为坛设祭，如南郊之礼，竟不升山而还”。[1]史料记载唐高宗、武后、玄宗封禅的细节透露，唐代的封禅仪式多有与南郊类似处[2]，应当是沿袭了隋代的仪式基础。从隋代牛弘等人创立封禅仪注开始，封禅在具体仪式上儒家化的程度已经非常重了。玄宗在封禅上的突破在于，彻底革除了封禅当中皇帝祝祷神仙的私人色彩，使之完全政治化了。玄宗与礼官、学士讨论封禅之仪，问玉牒之文：“前代帝王，何故秘之？”贺知章对曰：“玉牒本是通于神明之意。前代帝王，所求各异，或祷年算，或思神仙，其事微密，是故莫知之。”玄宗曰：“朕今此行，皆为苍生祈福，更无秘请。宜将玉牒出示百僚，使知朕意。”[3]于是，“尽管礼仪本身仍具有浓厚的宗教意味，然而这一切其实都已笼罩在宣扬帝王天命并其功德的政治目的之下”。[4]大中祥符元年（1008），真宗命王旦、赵安仁等人撰写玉牒、玉册文，谕之云：“其文当首叙上天降鉴符瑞原委，次述为民祈福之意。”[5]正是承袭了玄宗封禅的实质意涵。

上述历史渊源，使儒家传统和玄宗仪制同时构成了真宗封禅的观念和制度基础。因此，真宗关联儒学与玄宗礼制的逻辑才显得格外雄辩。然而，儒学与玄宗仪制毕竟不同，真

---

〔1〕《旧唐书》卷二三《礼仪志》，第 881 页。

〔2〕《旧唐书》卷二三《礼仪志》，第 881—904 页。

〔3〕《旧唐书》卷二三《礼仪志》，第 898—899 页。

〔4〕刘静贞：《北宋前期皇帝和他们的权利》，台北稻乡出版社，1996 年，第 129 页。

〔5〕《长编》卷六九，大中祥符元年五月丙寅条，第 1543—1544 页。

宗对玄宗仪制的崇奉，很容易架空儒学。即便这种秩序关系在一些看似无关紧要的细节上都有所反映。例如封禅是否存在用茅酹酒的仪节。孙奭认为封禅不用酹酒，宗庙祭享之所以有酹酒，是因庙祭有灌郁鬯之礼，酹酒象征祖先之灵饮之。封禅祭告昊天上帝，自然不需酹酒，“学者不达此旨，又以流俗浇酹之仪，遂谓诸祠祭皆当束茅缩酒，甚为失所”。〔1〕龙图阁待制陈彭年提出，天地、宗庙之祭均有酹酒之礼，依据是《周礼·甸师》经文“祭祀共萧茅”，郑兴注：“萧字或为茜，茜读为缩。束茅立之，祭前沃酒其上，酒渗下去，若神饮之，故谓之缩。”又，《左传》：“包茅不入，王祭不供，无以缩酒。”杜预注云：“束茅而灌之以酒为缩酒。”陈彭年云：“以祭言之，则通于天地、宗庙明矣。”〔2〕陈彭年偷换概念，问题的实质就在于经文之“祭”究竟是何种性质的祭祀，这就需要从实质的层面把握“缩酒”的意义，而陈彭年的解释不免流于玩弄文辞。陈彭年继云：“封禅之礼，前史不备，开元之制，最为详悉。”更举《玄宗实录》《唐会要》并云：“其时抚州三脊茅生，上封者言齐桓公将欲封禅，管夷吾云江、淮间三脊茅用以缩酒，乃可封禅。宰臣奏云臣等博访贡茅，沅江最胜，已牒岳州取讫。今称抚州有茅，望令且进六束，与沅江相比用之。”〔3〕可见，玄宗封禅有茅缩酒，其实是采战国故事，与陈彭年引用的儒家经典本不相干。有理由认为，陈

〔1〕《长编》卷七〇，大中祥符元年九月庚辰条，第1565页。
〔2〕《长编》卷七〇，大中祥符元年九月庚辰条，第1564—1565页。
〔3〕《长编》卷七〇，大中祥符元年九月庚辰条，第1565页。

彭年真正的意图是迎合真宗取法玄宗开元故事，这也正符合陈彭年一直以来所扮演的投机角色。

孙奭这样的儒臣不得不参与到真宗的封禅活动中，儒学原理又始终处于非常弱势的地位，而真宗则在效法玄宗及其道教信仰上越走越远。继东封西祀后，大中祥符五年（1012），真宗又导演了一场圣祖天尊降临的戏码，从此尊奉圣祖玄朗为赵之始祖，这是模仿玄宗尊老子为圣祖玄元皇帝、李氏之始祖。玄宗将对老子的崇拜纳入到国家祭仪当中，在天宝以后形成太清宫—太庙—南郊郊祀模式，这一点同样被真宗所仿效。大中祥符九年（1016），供奉圣祖的景灵宫建成，[1]此后，天禧三年（1019）的郊祀便采用了景灵宫—太庙—南郊的形式。[2]孙奭对真宗的劝谏即着眼于对玄宗的否定：

> 陛下封泰山、祀汾阴，躬谒陵寝，今又将祠太清宫。外议籍籍，以谓陛下事事慕效唐明皇，岂以明皇为令德之主耶？甚不然也！明皇祸败之迹，有足为深戒者，非独臣能知之，近臣不言者，此怀奸以事陛下也。明皇之无道，亦无敢言者，及奔至马嵬，军士已诛杨国忠，请矫诏之罪，乃始谕以识理不明，寄任失所。当时虽有罪己之言，觉悟已晚，何所及也。臣愿陛下早自觉悟，抑损虚华，斥远邪佞，罢兴土木，不袭危乱之迹，无为

〔1〕《长编》卷八七，大中祥符九年五月丙辰条，第1990页。
〔2〕《长编》卷九四，天禧三年十一月己巳条，第2171页。

明皇不及之悔。此天下之幸，社稷之福也。[1]

真宗答曰：

封泰山，祀汾阴，上陵，祀老子，非始于明皇。《开元礼》今世所循用，不可以天宝之乱举谓为非也。秦为无道甚矣，今官名、诏令、郡县，犹袭秦旧，岂以人而废言乎？[2]

孙奭的劝谏与真宗的回答印证了真宗对玄宗礼制的有意追仿。正如前文对玄宗礼制的剖析，玄宗礼制体现出的基本精神是帝王对礼制的权柄，使礼制成为自身意志与情感的表达。真宗就其秉性来说，本无玄宗之自信专恣，崇儒亦远过玄宗，但在取法玄宗、导演符瑞的过程中，真宗却因对“神道设教”话语权的掌控，极大地跨越了君权的制约。于是，尽管真宗制礼作乐始终不曾脱掉儒学的外衣，内里对君主意志乃至个人信仰的伸张却丝毫不亚于玄宗。与君权扩张相应而起的，是对权力约束机制的谋求。大中祥符年间，真宗改革旧制、逸出常轨的行为，引发了朝中大臣将“祖宗之法”作为施政原则的强调。[3]而对一些儒学士大夫来说，仅仅是约束君权并不充分，更进一步还要将政治与制度施设置于儒家的框束内。

---

〔1〕《长编》卷八一，大中祥符六年十月甲戌条，第1850页。

〔2〕《长编》卷八一，大中祥符六年十月甲戌条，第1850—1851页。

〔3〕邓小南：《祖宗之法——北宋前期政治述略》，第327—329页。

宋儒批判玄宗，消解真宗所借力的汉唐传统，借助中唐以来的思想资源，围绕“三代”重塑儒学。真宗后期礼制的意义就在于，它充分显示，经过玄宗时期的破坏与改造，汉唐礼制传统已在很大程度上丧失了它作为儒家礼制的机能。“祖宗之法”与“回向三代”正在崛起成为北宋礼制新的方向。

第三节　仁宗朝礼制中的儒学与“祖宗之法”

真宗去世后，乾兴元年（1022）九月，在王曾、吕夷简的建议下，刘太后以“殊尤之瑞，专属先帝，不可留于人间”[1]，为如何看待真宗朝政与今后的发展定下了基调。“追求乃至倚重‘殊尤之瑞’的做法，此时被限定为‘专属先帝’而事实上受到摒弃，王曾、吕夷简等人所代表的士大夫们理性治国的要求得到了伸张。”[2]天圣元年（1023），真宗时期负责操办大礼的礼仪院[3]废罢，恢复了太常礼院执掌典礼的功能，以知礼院、翰林学士晏殊，龙图阁直学士冯元判太常礼院。[4]其中，龙图阁学士冯元是孙奭的学生，“与孙奭俱名大儒”[5]。仁宗即位后，冯元与孙奭一同担任经筵侍

〔1〕《长编》卷九九，乾兴元年九月己卯条，第 2297 页。

〔2〕 邓小南：《祖宗之法——北宋前期政治述略》，第 326 页。

〔3〕 礼仪院设立于大中祥符六年八月，初为详定所，置于大中祥符元年，见《长编》卷八一，大中祥符六年八月庚午条，第 1845 页。

〔4〕《长编》卷一〇〇，天圣元年四月辛丑条，第 2320 页。

〔5〕《长编》卷一二〇，景祐四年五月壬寅条，第 2831 页。

讲，负责仁宗的经典教育。[1]孙奭自真宗时起即判太常礼院，由是“凡议典礼，多出二人”[2]，这意味着朝廷礼制的发展方向从此在很大程度上归儒学之臣职掌。仁宗时期的礼制既更多受到儒学影响，总体上又表现得相对稳健。宋初以来，基于礼制历史沿革的务实精神，通过部分掌礼儒臣再次得以体现。如孙奭对北宋丧服制度的修订，天圣五年（1027），孙奭上言改定丧服制度，云：

> 伏见礼院及刑法司、外州，各报守一本丧服制度，编附入《假宁令》者，颠倒服纪，鄙俚言词，外祖卑于舅姨，大功加于嫂叔，其余谬妄，难可遽言。臣于《开宝正礼》录出五服年月，并见行丧服制度，编附《假宁令》，伏乞详择，雕印颁行。又礼文作齐衰期，唐避明皇讳改周，圣朝不可仍避。伏请改周为期，用合经礼。[3]

孙奭修订的《五服制度》进上之后，又经刘筠注释、简化，使之更通俗易晓，最后作为《五服年月敕》颁行天下。[4]这

---

〔1〕《长编》卷九九，乾兴元年十一月辛巳条，第 2303 页。

〔2〕《长编》卷一二〇，景祐四年五月壬寅条，第 2831 页。

〔3〕《宋会要辑稿·礼三六之一四》，中华书局，1957 年，第 1315 页。

〔4〕《长编》记刘筠等上言：“奭所上五服制度，皆应礼，然其义简奥，世俗不能尽通，今解之以就平易。言两相为服，无所降杀，旧皆言报者，具载所为服之人。其言周者，本避唐讳，今复为期。又节取假宁令附五服敕后，以便有司。而丧服亲疏隆杀之纪，始有定制。”《长编》卷一〇五，天圣五年十月乙酉条，第 2453—2454 页。

是北宋首次也是唯一一次对丧服制度所做的整体性修订，虽然此后丧服制度的个别条目又有新的变化和调整，但《五服年月敕》可以说是北宋关于丧服最标准的制度规定。孙奭自言其修订工作是以《开宝礼》中的五服年月为基础，参照现行礼制进行修订。《五服年月敕》今已亡佚，它的成果基本被吸收进了两年后颁行的《天圣令》，因此可以通过《天圣令》来了解它的内容，并大体推见一些孙奭修订时的情况。下面特别观察几条史料所见唐以来变化较为明显的丧服：

	晚唐五代	宋初	《天圣令》[1]	《开元礼》	《仪礼》
嫂叔相为服	大功	大功	小功	小功	无服
为舅	大功	大功	小功	小功	缌麻
为姨	大功	大功	小功	小功	小功
为舅母	缌麻	缌麻	无服	无服	无服
为夫之舅、姨	缌麻	缌麻	缌麻	缌麻	无服
为夫之父	斩衰三年	斩衰三年	斩衰三年	期	期
为夫之母	齐衰三年	齐衰三年	齐衰三年	期	期
为妻之父母	小功	小功	缌麻	缌麻	缌麻
为婿	小功	小功	缌麻	缌麻	缌麻
父在为母	齐衰三年	齐衰三年	齐衰三年	齐衰三年	期
为嫡子妇	期	期	期	期	大功
为曾祖	齐衰五月	齐衰五月	齐衰五月	齐衰五月	齐衰三月

〔1〕参《天一阁藏明钞本〈天圣令〉校证》，中华书局，2006年，第426—428页。

上表可见，除了“妇为舅姑三年”以外，孙奭的《五服年月》基本是按照《开元礼》来对宋初丧服制度进行调整的。参照前文对《开宝礼》内容的分析，有理由认为，孙奭“于开宝正礼录出五服年月”，而《开宝礼》的五服应是大体取自《开元礼》，同时吸纳了开元以后至宋初的部分变化。刘筠称赞孙奭五服制度“别无误错，皆合经礼”，其实孙奭并不是回到了《仪礼》，而是大体本《开元礼》，并对“妇为舅姑三年”这类在宋初已成定论的变化做了吸纳。“妇为舅姑三年”在宋代法律中的确立，始于乾德三年（965）。讨论起于秘书监判大理寺尹拙等进言，希望将敕所颁行“妇为舅姑三年”改为期服：“后唐刘岳《书仪》，称妇为舅姑服三年，与礼律不同。然亦准敕行用，请别裁定之。”[1]在《仪礼·丧服》与《开元礼》中，妇为舅姑均服期。尹拙之言显示，至少从后唐以来，就以敕的形式将妇为舅姑服改为了三年，敕则本刘岳《书仪》。中唐以后，直接修纂皇帝制敕的做法，逐渐成为法典编纂的主要形式，法典化的格后敕，相对于令、式而言，具有实质的法律效力。作为实用性的民间俗本《书仪》，刘岳《书仪》更多地体现了民间礼俗。后唐的法律规定，其实质是法律对习俗的顺应。魏仁浦等即从现实人情的角度出发反驳尹拙：

谨按《礼·内则》云“妇事舅姑，如事父母”，即

〔1〕《长编》卷六，乾德三年十一月戊子条，第160页。

舅姑与父母一也。古礼有期年之说，虽于义可稽，《书仪》著三年之文，实在理为当。盖五服制度，前代增益已多。只如嫂叔无服，唐太宗令服小功；曾祖父母旧服三月，增为五月；嫡子妇大功，增为期；众子妇小功，增为大功。父在为母服周，高宗增为三年。妇人为夫之姨舅无服，明皇令从夫而服，又增姨舅同服缌麻及堂姨舅服袒免。迄今遵行，遂为典制。何况三年之内，几筵尚存，岂可夫衣衰粗，妇袭纨绮？夫妇齐体，哀乐不同，求之人情，实伤至治。况妇人为夫有三年之服，于舅姑而止服周，是尊夫而卑舅姑也。且昭宪皇太后丧，孝明皇后亲行三年之服，可以为万代法矣。[1]

魏仁浦指出了丧服礼法中普遍存在的事实，即前代以来的增损变化经过长期行用，已经形成了有别于古礼古义的新的现实基础，所谓“五服制度，前代增益已多”“迄今遵行，遂为典制”。乾德三年的这场讨论，以魏仁浦等人的胜出告终，“妇为舅姑三年”在法律上的地位从此确立。晚唐五代，是丧服制度深受习俗影响而急剧变化的时期，诸如“嫂叔相为服大功”“为姨、舅大功”等服制在宋初只是单纯地沿袭下来，并未像“妇为舅姑三年”那样经过讨论、确认，《五服年月敕》可以说是北宋对丧服制度的首次系统性规范整理。

〔1〕《长编》卷六，乾德三年十一月戊子条，第160—161页。

《开宝礼》是太祖朝留下的“典礼”，代表了南北朝至宋初这样一个漫长的历史过程中逐渐积淀下来、成为“典制”的变化。孙奭以《开宝礼》而不是礼经作为真正的起点，凸显了祖宗典礼的地位。

仁宗时期，太常礼院做得最多的工作，是编定本朝的礼文故事与诏敕仪注，并梳理本朝礼制的制度沿革。[1]景祐四年（1037），同知礼院吴育言：

> 旧藏礼文故事，类例不一。请择儒臣与本院官，约古今制度参定，为一代之法。[2]

诏从之。礼院及儒臣所编《太常新礼》与《庆历祀仪》于庆历四年（1044）由参知政事贾昌朝领衔进上。关于《太常新礼》，《直斋书录解题》著录：“凡《通礼》所存，悉仍其旧。裒其异者，列之为一百二十篇。”[3]“可见《太常新礼》主要的功用，是在记录《开宝通礼》后的变礼。”[4]张文昌据《太常因革礼》引述《太常新礼》所载敕文指出，《太常新礼》的内容，应该是按年来编排诏敕，其性质乃是记录编礼的“仪注集”。至于《庆历祀仪》，其编纂体例与《太常新礼》

〔1〕张文昌对宋代国家礼典的编纂做了较详细的梳理，参《制礼以教天下——唐宋礼书与国家社会》，第133—198页。

〔2〕《长编》卷一二〇，景祐四年三月戊戌条，第2825页。

〔3〕陈振孙：《直斋书录解题》卷六，第184页。

〔4〕张文昌：《制礼以教天下——唐宋礼书与国家社会》，第172页。

应大体类似。[1]仁宗时期流传下来，最为人所熟知的礼典是《太常因革礼》。顾名思义，它的编纂目的和体例，同样是为了保存礼文故事，记录制度的沿革变迁。[2]仁宗朝的礼典编纂，已发展为对礼文故事与诏敕仪文的整理汇编，可以说是中晚唐、宋初以来礼典编纂方式的逻辑演进，与从《郊祀录》到《曲台新礼》的变化何其类似。仁宗前期，"祖宗之法"作为施政原则[3]所形成的整体政治氛围和政策导向，更使本朝形成的礼制传统具有了新的权威地位，这在郊庙、明堂等大礼中皆有所体现。

在郊祀礼上，前文曾提到，从真宗天禧年间开始，南郊即仿玄宗天宝之制，采用景灵宫—太庙—南郊合祭天地的模式，这一模式在仁宗朝延续下来。天圣五年（1027），礼仪使刘筠曾提出取消景灵宫朝享而未获采纳。[4]自天圣二年（1024）至景祐五年（1038），五次郊祀均相因不改。景祐五年（1038）南郊前，当贾昌朝再次提出景灵宫"有违经典"，希望将景灵宫排除出郊祀时，已经变得非常困难了。贾昌朝进言："其景灵宫朝谒，盖沿唐世太清宫故事，有违经典，因可改革，欲望将来朝庙前未行此礼，俟郊祀礼毕，驾幸诸寺观日前，诣景灵宫谢成，如下元朝谒之仪。所冀

〔1〕张文昌：《制礼以教天下——唐宋礼书与国家社会》，第172页。
〔2〕张文昌：《制礼以教天下——唐宋礼书与国家社会》，第182—186页。
〔3〕邓小南：《祖宗之法——北宋前期政治述略》，第340页。
〔4〕《太常因革礼》卷三一《吉礼三》，第197—198页。

尊祖事天，礼简诚至。”[1]诏礼仪使与太常礼院详定闻奏。礼仪使等言：“真宗崇奉灵祖，营建宫观，每行郊祭，必亲荐享。自陛下纂绍以来，率遵典宪，五经郊籍，并修此礼……欲望且依旧例。”诏可。[2]“景灵宫”源自道教，贾昌朝固可疑其“有违经典”。但“景灵宫”自真宗以来供奉祖宗御容，已是宗庙之外发展起来的供奉祖先、表达孝思的重要形式。仁宗时的景灵宫虽然褪去了“圣祖”崇拜的意味，却保留了类似“祖庙”的地位。在礼仪使看来，景灵宫作为“尊祖之地”[3]，郊前朝享已为当朝“典宪”，“纂绍以来，率遵典宪，五经郊籍，并修此礼”。朝享景灵宫已不可简单视作因袭唐代的不经之制，而已凝固成为宋朝自身的典制。仁宗时期，虽然儒学对礼制的影响有所增强，但对本朝礼制传统的维护与因循已经崛起，成为更居主导地位的原则。

又如明堂礼在仁宗时的恢复和建立。皇祐二年（1050）值南郊之岁，是年冬至正值晦日，故宋庠建议用季秋大享明堂代替南郊。[4]仁宗采纳，于是久废不讲的明堂礼开始付诸讨论。礼官们的思路无非是参照经典、儒家学说与历代礼制，如宋祁所上《明堂通议》即：“上薄三代，旁搜汉、唐，礼之过者折之，说之缪者正之，以合开宝一王之典。”[5]又比

〔1〕《太常因革礼》卷三二《吉礼四》，第205页。
〔2〕《太常因革礼》卷三二《吉礼四》，第205页。
〔3〕《太常因革礼》卷三二《吉礼四》，第205页。
〔4〕《长编》卷一六八，皇祐二年二月癸酉条，第4034页。
〔5〕《长编》卷一六八，皇祐二年三月丙辰条，第4036页。

如礼院讨论明堂室数，云："按《周礼》'夏后氏世室'，郑康成云：'堂上有五室，象五行。木室于东北，火室于东南，金室于西南，水室于西北，土室于中央。'崔灵恩亦如之。今请如崔、郑之说，设五室于大庆殿。"[1]但是，礼官大臣都没有从根本上理解仁宗本意，仁宗并非想要恢复祖宗所不行的明堂礼，而是晦日不宜南郊，故采纳宋庠建议，换一种方式举行南郊，因此，在仁宗的观念里，明堂礼必须遵照祖宗南郊的模式进行，故有手诏云：

> 明堂之礼，前代并用郑康成、王肃两家义说，兼祭昊天上帝，已为变礼。祖宗以来，三岁一亲郊，即遍祭天地，而百神靡不从祀。故太祖雩祀、太宗真宗祈谷二礼本无地祇位，当时皆合祭天地，祖宗并配而百神从祀。今祀明堂，正当亲郊之期，而礼官所定，止祭昊天五帝，不及地祇，配坐不及祖宗，未合三朝之制。况比年水旱、地震，稼穑不登，移郊为大享，盖亦为民祈福，宜合祭皇地祇，奉太祖、太宗、真宗并配，而五帝、神州亦亲献，日月河海诸神悉如圜丘从祀。[2]

仁宗又对文彦博言道："礼非天降地出，缘人情尔。礼官习

[1]《长编》卷一六八，皇祐二年四月丁巳条，第4037页。
[2]《长编》卷一六八，皇祐二年四月乙丑条，第4037—4038页。

拘儒之旧传，舍三朝之成法，非朕所以昭孝息民也。”[1]在明堂配祭问题上，郑玄以明堂祭祀五天帝，王肃则以明堂祭昊天上帝、五人帝，至《开元礼》明堂祀昊天上帝，以五帝、五方帝、五官从祀，礼官很可能是用《开宝礼》，从而和《开元礼》一样只祭昊天上帝。仁宗云：“祖宗以来，三岁一亲郊，即遍祭天地，而百神靡不从祀……礼官所定，止祭昊天五帝，不及地祇，配坐不及祖宗，未合三朝之制。”明堂与郊祀本是两种不同礼制，但在仁宗眼里，此时所举明堂实即祖宗南郊，故不满礼官设计的明堂礼改变了祖宗以来三年大祭的基本模式。因此，仁宗意志下的皇祐年明堂礼，并不是要恢复“明堂”这一历代久废不讲的礼制，而是用以维系祖宗郊祀之法的特殊形式。

从太祖、太宗、真宗前期的直承晚唐五代，到真宗中后期的“法唐”，再到仁宗时期的“祖宗之法”，北宋前期礼制变迁的核心问题是继承何种历史传统，在这一过程中，儒家礼制自身的价值被相对化和边缘化了。自仁宗庆历时始，文化和政治领域逐渐兴起的“回向三代”开始成为儒家在历史传统的框架内构建自身主体性的方式。“回向三代”强调三代礼制在价值上的绝对性，及其与后世礼制之间的断裂而非连续性，从而彻底打破了中唐以来基于“通礼”思想的礼制沿革模式，在“古礼复兴运动”降温的历史时期，孕育出了新的古礼复兴。

〔1〕《长编》卷一六八，皇祐二年四月乙丑条，第4038页。

第三章 追法三代

礼制复古与考证方法在礼学中的兴起

庆历时期，“回向三代”作为政治与文化主张，开始在士大夫中间兴起。[1]早在成长为政治改革潮流之前，“回向三代”就已是中唐以来儒家思想复兴进程中逐渐清晰起来的方向了。作为儒家文化的制度性存在，朝向三代的礼乐复古开始在思想、学术层面萌芽。较之汉唐间的礼制复古，北宋学者的“复古”有着极为不同的逻辑。再次借用阎步克的研究，汉唐时期，“古礼复兴”的思想前提在于“儒生的‘礼’乃是特指，特指古代与经书说的那个样子”[2]，“经书编者（孔子或周公）是洞察未来的‘圣人’，经典著作中蕴藏着现实难题的答案”。[3]尽管实践中的礼制不必是对经典记载的亦步亦趋，形形色色的政治、历史、学术思想诉求通过经典诠释获得伸张，但经典文本作为理论与规范性来源的地位是稳固的。北宋学者所要恢复的“古礼”，是早已消逝了的三

---

〔1〕 参详余英时：《朱熹的历史世界》第一章《回向“三代”——宋代政治文化的开端》，生活·读书·新知三联书店，2011年，第184—197页。

〔2〕 阎步克：《服周之冕——〈周礼〉六冕礼制的兴衰变异》，第17页。

〔3〕 同上书，第20页。

代实存的礼制。经典提供的不是指导现实的理论规范或完满的理想型，而是制度的遗存。礼学的目标是通过包括经典在内的古代文献、古器物等，考证复原古制，以为复古之蓝本。本章将通过几位北宋重要礼学家及其学说，勾勒出“追法三代”的理想下，古礼考证在北宋形成、发展的大致脉络。

第一节　依经复古：李觏对汉唐注疏的继承与调整

李觏（1009—1059），字泰伯，北宋建昌军南城人，因曾倡立并讲学于盱江书院，世称“盱江先生”。李觏是宋初力主排佛尊韩的江南大儒，世称“南方士流，皆宗师之”[1]，“东南士人，推以为冠”[2]，“江南儒士，共所师法”[3]。陈舜俞《明教大师行业记》对李觏在庆历时的学术地位有如下记载：“当是时，天下之士，学为古文，慕韩退之排佛而尊孔子。东南有章表民、黄聱隅、李泰伯，尤为雄杰，学者宗之。”[4]李觏虽在宋初地位显赫，但其思想在很长一段时间里并不为人所重。胡适因读契嵩文集而注意李觏，特为表彰，称：“李觏是北宋的一个大思想家。他的大胆，他的见识，

---

〔1〕《盱江外集》卷一《札子四首》，《李觏集》，第493页。

〔2〕《盱江外集》卷一《告词二首》，《李觏集》，第492页。

〔3〕《盱江外集》卷一《荐章四首・余侍郎一首》，《李觏集》，第497页。

〔4〕陈舜俞：《明教大师行业记》，《都官集》卷八，影印文渊阁《四库全书》本，台北商务印书馆，1986年，第1096册，第500页。

他的条理，在北宋的学者之中，几乎没有一个对手！”[1]胡适之后，学界对李觏的关注和研究开始增多。[2]李觏“学通五经，尤长于礼”[3]，其为说特重礼学，论者自不容忽视。不过，目前对李觏礼学的研究，还缺少立足传统礼经学内在脉络的分析，已有论述大多集中于《礼论》的哲学阐发，而李觏异常珍重的礼篇如《〈周礼〉致太平论》《平土书》《明堂定制图序》一直鲜有楬櫫。《礼论》是李觏对其礼学思想的系统阐述，《〈周礼〉致太平论》、《平土书》与《明堂定制图序》则属于李觏的礼经学作品。《平土书》与《明堂定制图序》为李觏生平所重，尝谓《平土书》“经析其微，注择其善，极数明用，会异于同，刳正备具，无越此书矣”，“明明后，如欲举周公之制，观是书，按是图以令之，其如取诸掌乎”？[4]又论《明堂定制图序》：“取诸书，略无偏弃，异同之论，庶可息焉。古先之模，或在于是。”[5]门人陈次公言

---

〔1〕胡适：《记李觏的学说》，《胡适文存二集》卷一，《民国丛书》第一编，上海书店，1989年，第43页。

〔2〕主要论著有姜国柱：《李觏思想研究》，中国社会科学出版社，1984年；《李觏评传》，南京大学出版社，1996年。谢善元：《李觏之生平及思想》，中华书局，1988年。罗伽禄：《北宋名儒李觏》，江西人民出版社，2010年。张春贵：《李觏政治思想研究——儒家功利学派在宋代的发展》，光明日报出版社，2012年。金霞：《依礼求利——李觏经世思想研究》，人民出版社，2013年。鲁学军：《通经明道、康国济民——李觏思想研究》，复旦大学出版社，2013年。更详细的研究综述，参详张春贵书的综述部分，第7—20页。

〔3〕《建昌府重修李泰伯先生墓记》，《李觏集》，第517页。

〔4〕《直讲李先生文集》卷一九《平土书》，《李觏集》，第222页。

〔5〕《直讲李先生文集》卷一五《明堂定制图序》，《李觏集》，第135页。

李觏："临终无他言，独执次公手以《明堂制图》为托，又以为《三礼论》未成为恨。"[1]本章先本《〈周礼〉致太平论》《平土书》《明堂定制图序》讨论李觏的礼经学，下章再详细分析他的《礼论》。

1.《〈周礼〉致太平论》

李觏崇信《周礼》，以《周礼》为周公致太平之迹的记载，言"觏窃观《六典》之文，其用心至悉，如天焉有象者在，如地焉有形者载。非古聪明睿智，谁能及此？其曰周公致太平者，信矣"。[2]《〈周礼〉致太平论》作于庆历三年（1043）[3]，全篇以"论"为主，依《周礼》经文阐释治国之道，分《内治》《国用》《军卫》《刑禁》《官人》《教道》，共五十一篇，每篇首列《周礼》经文，先录注疏之说以解经，后议论。李觏对《周礼》经文的解释一本注疏，自言："世之儒者，以异于注疏为学，以奇其词句为文，而觏此书于注疏则不异，何足谓之学？于词句则不奇，何足谓之文？"[4]李觏对《周礼》致太平之道的议论、引申，均本注疏经解展开。《〈周礼〉致太平论》显示了李觏对《周礼》的尊崇，在经文的字面解释上较忠实地继承了注疏。

---

〔1〕《盱江外集》卷三《门人陈次公撰先生墓志铭·序》，《李觏集》，第513页。

〔2〕《〈周礼〉致太平论·序》，《李觏集》，第70页。

〔3〕魏峙：《直讲李先生年谱》，《李觏集》，第526页。

〔4〕《寄〈周礼致太平论〉上诸公启》，《李觏集》，第290页。

2.《平土书》

较之《〈周礼〉致太平论》,《平土书》更能展现李觏个人的经学风格。《平土书》是李觏基于《周礼》对周代土地制度的复原。李觏认为，圣人之法以土地为先，但“夏、商以前，其传太简，备而明者，莫如周制”。[1]周公之制，载于《周礼》，故《平土书》的主体建立在对《周礼》经文的解释上。李觏并没有抛弃郑玄建立的解释基础，而是“注择其善”，但他从现实制度的角度出发，对郑玄学说当中以文为本的理论性解释做了大幅调整。

《平土书》第五节，李觏否定了郑玄以王城内乡遂、都鄙土地皆“三分去一”的说法。郑玄的相关学说，已在《序章》部分做过介绍。李觏认为《王制》“三分去一”之说有悖于现实情理，故不取之，其云：

> 觏谓《王制》之云抑未为得，康成取之良误矣。夫山川之广狭，自非目见，不可以臆度者也。地势或数百里平易无山川者，或联属有之。城郭、涂巷之类，又不得知其多少。载使山川之广，城郭、涂巷之多，则三分地或不止占一分也；山川之狭，城郭、涂巷之少，则三分地或不能占一分矣。以是而云三分去一，

〔1〕《直讲李先生文集》卷一九《平土书》,《李觏集》，第191页。

未知何从得之也。[1]

李觏认为，现实中的城郭、山川分布复杂，不能一律用“三分去一”来限定。李觏不认为《礼记》是圣人所作，对《礼记》也不像对《周礼》那样尊信。[2]至于《司马法》和《周礼》的差异，李觏的态度明确，舍《司马法》而取《周礼》。在李觏看来，只有《周礼》才是周制，不必在《司马法》和《周礼》之间求得一致。郑玄学说意在解决《周礼》、《礼记》与《司马法》之间的关系问题，而李觏关注的核心是如何从《周礼》复原曾经现实存在过的周制。他从实际制度的角度提出了一个授田的计算原则：

> 今觏所计，秖除王城及五沟、五涂有成数可见者裁去之，自余悉以平地例为田，其中所有山川城郭等占废，今执事者自依所占丈尺裁去之。定法之始，不宜豫言也。且经所谓方十里为成，方百里为同，亦皆以平地例制之耳，未尝言有外物占其间也。推此以往，

〔1〕《直讲李先生文集》卷一九《平土书》，《李觏集》，第195页。

〔2〕李觏对《礼记》多有诟病，如云：“《月令》之书，盖本于战国之时吕氏门人所作，至唐增修之，未足以观圣人之旨也。”《礼论》第五，《李觏集》，第15页。又评《曲礼》“礼不下庶人”，谓之“述《曲礼》者之妄也”。《礼论》第六，《李觏集》，第20页。又《读〈儒行〉》云：“考一篇之内，虽时与圣人合，而称说多过，其施于父子兄弟夫妇，若家，若国，若天下，粹美之道则无见矣。”《直讲李先生文集》卷二九《读儒行》，《李觏集》，第344页。

他可知矣。[1]

李觏指出，城郭山川等在现实中分布复杂，为立法者所不能预见，故“定法之始，不宜豫言也”。经典法制是排除了城郭山川等的标准情况，因此，在计算授田数时，只需要裁除经文中有明确规定的王城、沟、涂就可以了。这一原则进一步引申出李觏在整个地制理论上与郑玄的差别。

由于不相信“三分去一”，不考虑山川、林麓等不可预知的因素，而只计算经文明确记载的“遂、沟、洫、浍”和“径、畛、涂、道、路”等实际占用的土地大小，这便要求计算出“遂、沟、洫、浍”等的具体尺寸。“遂、沟、洫、浍、径、畛、涂、道、路”的含义，《周礼·遂人》云：“凡治野，夫间有遂，遂上有径，十夫有沟，沟上有畛，百夫有洫，洫上有涂，千夫有浍，浍上有道，万夫有川，川上有路，以达于畿。”[2]郑玄根据《匠人》经文解释了“遂”的广狭以及“遂、沟、洫、浍”间的广狭关系，云：“遂广深各二尺，沟倍之，洫倍沟，浍广二寻，深二仞。”[3]由于《匠人》没有“川”的相关记载，故郑玄亦未解释“川”之广狭。李觏根据沟倍遂、洫倍沟的原理，推论“川”广四寻、深四仞。归根结底，郑玄只需解释《遂人》与《匠人》“遂、沟、洫、浍”间的内在关联即可，而作为制度研究，李觏必须详

〔1〕《直讲李先生文集》卷一九《平土书》，《李觏集》，第195页。
〔2〕《周礼注疏》卷一五《遂人》，第740—741页。
〔3〕《周礼注疏》卷一五《遂人》，第741页。

细讨论具体形制。“径、畛、涂、道、路”也是同样的问题，郑注云：“径、畛、涂、道皆所以通车徒于国都也。径容牛马，畛容大车，涂容乘车一轨，道容二轨，路容三轨，都之野涂与环涂同可也。”[1]郑玄以《遂人》“路”即都野涂，与都环涂同三轨，道、涂分别又差降为二轨、一轨，同样根据《匠人》经文。“径”和“畛”的广狭，郑玄认为“径容牛马，畛容大车”，至于形制几何，则未有明文。李觏认为：

> 涂容乘车一轨，广八尺也。然则畛四尺，径二尺明矣。郑云：径容牛马，畛容大车，涂容大车一轨广八尺，然皆无文可据，以意言之耳。既以涂依洫广，道依浍广，则径、畛自可依遂、沟二尺、四尺也。[2]

李觏既知郑玄之说无明文可据，却又不得不采郑说。郑玄的推论适可而止，只需阐明文本之间的关系即可，李觏却必须在郑玄的基础上进一步推论径、畛的具体尺寸，这都是由他自身的解释思路决定的。“遂、沟、洫、浍、径、畛、涂、道、路”的具体尺寸，奠定了李觏计算和设计田土的制度基础。

根据《周礼》中的《载师》《大司徒》《遂人》之经、注，王国的土地，按其性质可分为王城、乡遂、都鄙三部分。核心为王城，王城外围一百里为六乡之地，此一百里

〔1〕《周礼注疏》卷一五《遂人》，第741页。
〔2〕《直讲李先生文集》卷一九《平土书》，《李觏集》，第195—196页。

又以五十里为界，分为近郊、远郊。自六乡外一百里为六遂。自六遂外一百里为稍地，是天子大夫之家邑所在。自稍地外一百里为县地，是卿之采地小都所在。自县地外一百里为畺地，为公之采地大都所在。复据《遂人》与《小司徒》，六乡、六遂与县、稍、畺所施行的是不同的土地制度。县、稍、畺为井田制，乡遂为万夫制。“万夫制”出自《遂人》：“凡治野，夫间有遂，遂上有径，十夫有沟，沟上有畛，百夫有洫，洫上有涂，千夫有浍，浍上有道，万夫有川，川上有路，以达于畿。”〔1〕一夫之田方一百步，万夫方一万步，换算成里制便是三十三又三分之一里，是故郑云：“万夫者，方三十三里少半里。”又云：“以南亩图之，则遂纵沟横，洫纵浍横，九浍而川周其外焉。”〔2〕兹将郑说图绘如次：

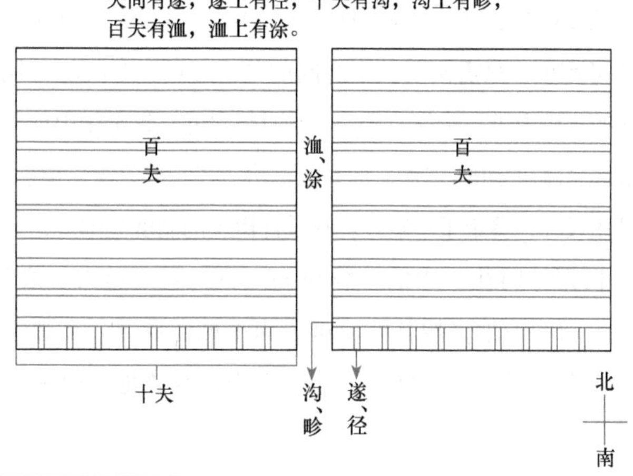

〔1〕《周礼注疏》卷一五《遂人》，第740—741页。
〔2〕《周礼注疏》卷一五《遂人》，第741页。

显然，郑玄所计万夫之地方三十三又三分之一里，并未将河流与道路的占地囊括在内。换言之，郑玄对一夫、千夫、万夫这类概念，是在“计量单位”的意义上使用，“一夫、千夫、万夫”之间是换算关系，而非实际的土地安排，这一点不为李觏所理解，因李觏始终以河流、道路的实际占地为念：

> 此五沟、五涂所占不寡，而康成之注，止以万夫为方三十三里少半里，一甸为方八里，旁加一里为一成，绝不言沟涂所占。若以沟、渎、涂、巷已在三分去一之数，则此五沟、五涂者，本经纬于田间，固不别在一处。苟田在于此而沟在于彼，则云已在三分去一之数可也。今田与沟混在一处，则万夫不得止方三十三里少半里，一甸不止方八里也。若以沟涂不别出，秖就减夫田为之，则名为授田百亩，而又以沟涂占之，非所以损上益下之义也。且遂径至小，而川路至大，临遂径者则所减甚少，临川路者则所减甚多，名曰平土，其实不平至矣。是岂圣人之意乎？今觏悉计出之见于后……〔1〕

李觏心目中的“万夫”之地，并非土地计量单位，一夫、

〔1〕《直讲李先生文集》卷一九《平土书》，《李觏集》，第196页。

千夫、万夫之间也不只是计量单位的换算，而是依据经文，综合考虑河流、道路之后的实际土地大小，这也就是李觏必须先推算出遂、沟、洫、浍、径、畛、涂、道、路具体尺寸的原因所在。以下是据李觏的计算绘制出的示意图：

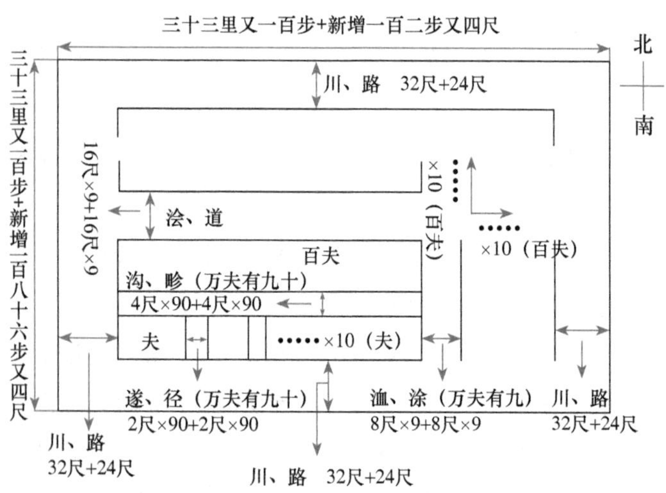

如图所示，东西增加的宽度为遂（二尺）、径（二尺）、洫（八尺）、涂（八尺）、川（三十二尺）、路（二十四尺）的宽度，每万夫有九十遂、径，九洫、涂，二川、路，一步六尺，共增加土地一百二步又四尺。

南北增加的宽度为沟（四尺）、畛（四尺）、浍（十六尺）、道（十六尺）、川（三十二尺）、路（二十四尺），每万夫有九十沟、畛，九浍、道，二川、路，共增加土地一百八十六步又四尺。[1]

下面是授田数的计算。郑玄计算实际授田数，是依据文献上的“三分去一”以及休耕进行折算。据《载师》注，郑玄的计算首先区分远郊内外。远郊之内，共三十六万夫地，三分去一，余二十四万夫以为田地相授。远郊六乡之内，共七万五千家，休耕折算法，一家受二夫之地，七万五千家实际共授十五万夫地。余九万夫地，即《载师》经文中的场圃、宅田、士田、贾田等。远郊之外的算法略有区别。郑玄认为，远郊之外的城郭、宫室较少，街巷较窄，每去掉三分之一要再加六分之一，也就是十八分之十三的折算率。远郊以外，共八百六十四万夫土地，其中十八分之十三可用于授田，休耕折算，六家授十三夫地，实际授田数为二百八十八万夫地。其中六遂七万五千家，六家授十三夫地，共授十六万二千五百夫地。

在李觏看来，万夫之地不是计量单位，实际授田数也非数字的计算问题，而是对空间的实际安排。故与郑玄抽象的数字计算不同，李觏在考虑实际授田数时，始终与具体空间相结合[2]：

〔1〕《直讲李先生文集》卷一九《平土书》，《李觏集》，第196—197页。
〔2〕同上书，第197—201页。

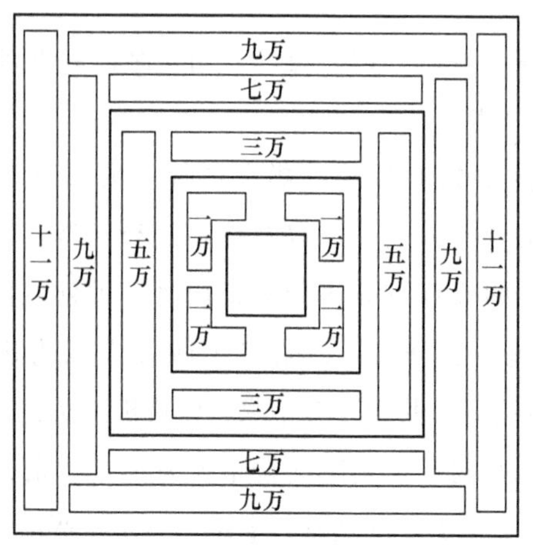

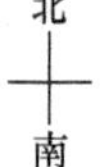

图中数字实际是李觏根据自己算出的万夫大小所做的合理估算，一、三、五、七、九等差数字的使用，应是刻意而为。如此估算下来，结合乡遂土地总数，便可进一步计算出授田之外剩余的土地数。[1]

以上是乡遂万夫之制。都鄙实行井田制，《小司徒》云："乃经土地而井牧其田野，九夫为井，四井为邑，四邑为丘，四丘为甸，四甸为县，四县为都，以任地事而令贡赋，凡税敛之事。"[2]《匠人》又有文："九夫为井，井间广四尺、深四尺，谓之沟。方十里为成，成间广八尺、深八尺，谓之洫，方百里为同，同间广二寻、深二仞，谓之浍。"[3]从

〔1〕《直讲李先生文集》卷一九《平土书》，《李觏集》，第200—201页。
〔2〕《周礼注疏》卷一一《小司徒》，第711页。
〔3〕《周礼注疏》卷四一《匠人》，第931页。

字面来看，《小司徒》与《匠人》显有不同。郑玄认为，《小司徒》之“甸”与《匠人》之“成”的关系是，一井方一里，一甸方八里，旁加一里为一成。同样，四都方八十里，旁加十里得方百里，为一同。“甸”“县”“都”是税收的计算单位，“成”“同”是土地的计量单位。[1] 图绘郑说如次：

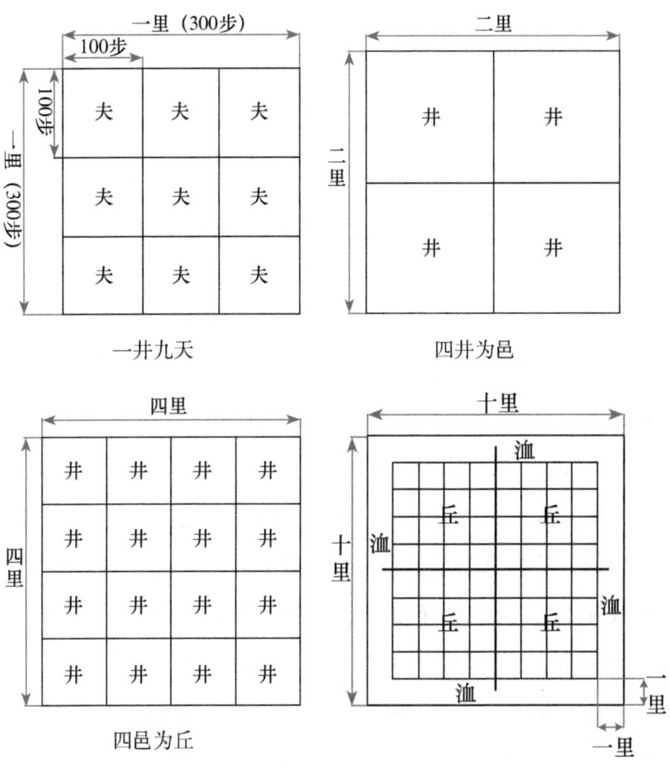

一井九天

四井为邑

四邑为丘

四丘为甸，旁加一里，为十里之成。积百井，九百夫。

〔1〕《周礼注疏》卷四一《匠人》，第931页。

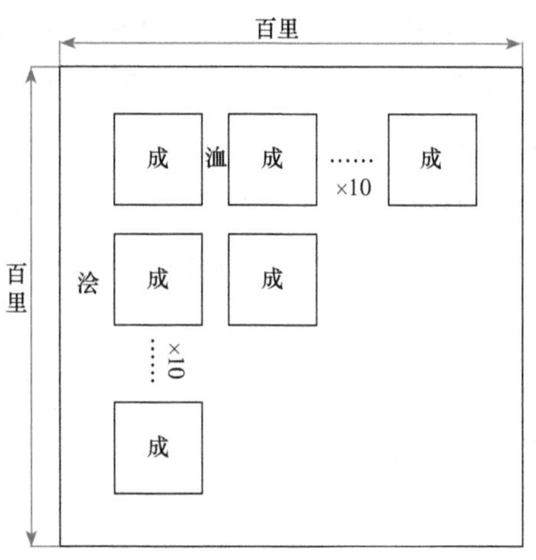

方百里为一同，积万井，九万夫。

郑玄对“井、邑、丘、甸、成、同”的使用，同样是作为计量单位，讨论它们之间的换算关系。李觏的做法，依旧试图对制度实景进行复原。（李觏说参见右图）

如前所述，郑玄认为，方八里之甸四周扩大一里，是为十里之成，而甸方八里则根据“四井为邑，四邑为丘，四丘为甸”的换算关系得到，甸和成的关系首先也建立在数字的八和十上。如果出税的单位是甸，那么扩大的土地为何？疏的解释是，“旁加一里者，使治沟洫，不出税”，也就是说，这一里地用来容纳沟洫。然而，我们知道遂、径、沟、畛等是分布在夫、井之间而非一甸四周的。无论疏说是否正确理解了郑玄，都充分说明郑玄实际只考虑了甸和成在数字上的大小关系，绝未在一个真实的空间里对制度进行合理构想。

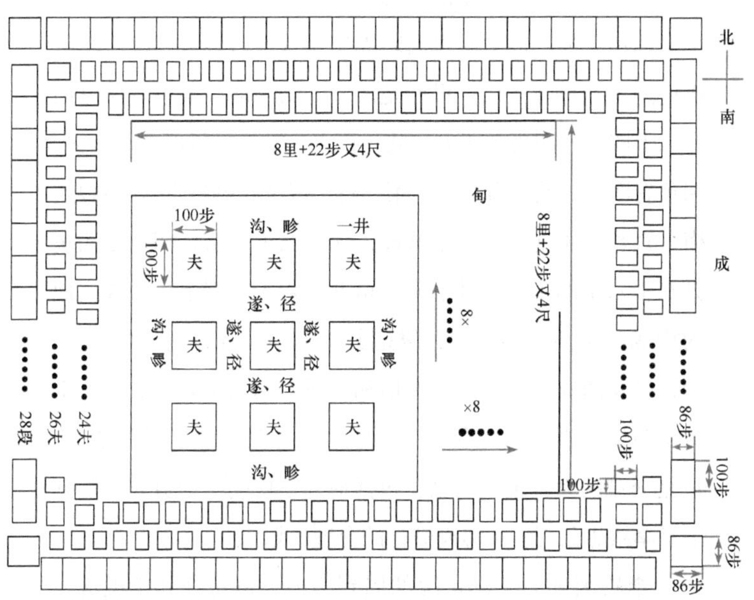

北
南
8里+22步又4尺
甸
100步
沟、畛
一井
100步
夫
遂、径
8×
8里+22步又4尺
成
沟、畛
遂、径
28段
26夫
24夫
×8
86步
100步
100步
86步
86步

与郑玄相比，李觏表现得如同土地规划师一般。首先，在考虑道路与河流的情况下，计算出一甸实际需要占用方八里二十二步又四尺的土地，一成的土地大小，经文明确记作“十里”，剩下的问题就是说明甸和成之间的土地如何安排。李觏做了一个比较复杂的设计。成方十里，甸方八里二十二步又四尺，甸、成之间每面间隔二百八十八步有四尺。李觏将这圈土地分作三层，里面是两层一夫之地，最里一层每面有二十四夫，四角有四夫，共一百夫。第二层每面二十六夫，四角有四夫，共一百八夫。第三行不成夫，排列方八十六步、横一百步的土地，共二十八段，地计八十六亩，四角是四块方八十六步的土地，计七十三亩九十六步。综上，一成之地的构成，包括一甸之田，纵横其中的遂、径、沟、畛、洫、涂，以及四周的二百八夫土地和不成夫的九千九百二十七亩八十四步土地。这里的“二十四”“二十六”“二十八”之数，只是李觏的大致推算而已，包括甸外三层的土地分布，实际上是李觏想象现实情境而进行的合理规划。[1]

李觏因其对实际情况的周到考虑，每每令其学说流于琐碎，有的已超出《周礼》文本的范围。尽管如此，李觏的地制理论始终以《周礼》为根基，解释基础也直接承自注疏。所不同者，李觏并不能接受文本研究中过多的形式因素，他对郑玄的经学特点有着相当真切的体认：

〔1〕《直讲李先生文集》卷一九《平土书》，《李觏集》，第 201—204 页。

> 郑氏之学，其实不能该礼之本，但随章句而解之，句东则东，句西则西，百端千绪，莫有统率。[1]

李觏眼中，《周礼》即周制，解释《周礼》和复原周制是同一过程的一体两面。因此，经文解释不能与现实制度的合理性相悖。上述特征也体现在李觏《明堂定制图序》对明堂制度的讨论中。李觏指出，明堂之制是古圣人之礼，对明堂的讨论必须依托经典，“《周礼》《大戴礼》《礼记》皆圣人贤人之所作述，不宜辄有乖异”。[2]其次，既然三者皆出圣人，则制度不容有异，因此必须将三书所载制度相同者作为解释文本的首要前提，而不是从文本记载的差异出发对制度做出差异化的解释，如前辈学者所为。李觏言，“三家所指，制度果同，但立言质略，意义弗显”[3]，“繇汉讫唐，老师大儒各执一经，相为矛盾”，皆因“训传之士，泥文太过，遂成派分。故尝挟而正之，决而通之，不以文害辞，不以辞害意。三家之说，坦然大同。堂室之度，靡所回惑。的的然如见成王、周公享帝视朔，朝诸侯于其上”。[4]李觏在两处批判郑玄以及前代“老师大儒”，实质都是在批判文本本位的“以文害辞”“以辞害意”，以及内在于各经的文本解释传统而形成的家法、师法之异。李觏所理解的“礼”，首先是圣

〔1〕《直讲李先生文集》卷二《礼论》第五，《李觏集》，第 15 页。
〔2〕《直讲李先生文集》卷二七《上聂学士书》，《李觏集》，第 301 页。
〔3〕 同上。
〔4〕 同上。

人制作且实际存在的制度，而不是蕴于经书的理想型。制度是“一”，对经、记文字歧异的解释必须在这一制度性前提下展开。毋庸置疑，经书在李觏复原礼制时所享有的权威地位，他的礼制复原实现为经学解释，在继承汉唐解释传统的基础上，弱化了文本解释所具有的形式因素。李觏的礼学首先反映了制度本位的礼学考证为经学解释带来的变化。

3.《明堂定制图序》

《明堂定制图序》作于景祐三年（1036），为李觏讨论明堂制度之文。原作有图有序，今图已不存，仅余《序》一篇。《明堂定制图序》为李觏生平所重，觏“临终无他言，独执次公手以《明堂制图》为托”。〔1〕与地制理论类似，李觏的明堂论首先以对经书权威的认可为基础，谓《周礼·考工记》《大戴礼·盛德记》《礼记·月令》“三书者，皆圣贤之所作述，学者之所传习。而一事殊制，乖远如此，注释之家，亦各未为精当”。〔2〕李觏的方法是以《月令》为本，整合《周礼》与《大戴礼》，“《月令》之文最为明著，辄亦取以为本而通之《周》《戴》”〔3〕，“《周礼》言基而不及室，《大戴》言室而不及庙，稽之《月令》则备矣”。〔4〕可知李觏的制度论实为经典的解释理论。李觏的理论与郑玄

---

〔1〕《盱江外集》卷三《门人陈次公撰先生墓志铭·序》，《李觏集》，第513页。
〔2〕《直讲李先生文集》卷一五《明堂定制图序》，《李觏集》，第127页。
〔3〕《直讲李先生文集》卷一五《明堂定制图序》，《李觏集》，第130页。
〔4〕《直讲李先生文集》卷一五《明堂定制图序》，《李觏集》，第131页。

大异，但并非全然抛弃郑玄，他对郑玄的不满仍是从现实制度的合理性出发。盖郑玄解经要为实现经书文本的圆融无滞，于制度是否可行，不甚着意，李觏以其制之难行难郑玄：

> 《月令》十三位，郑康成注“青阳左个”则曰“太寝东堂北偏”。孔颖达《正义》以为，云东堂者，则知听朔皆堂，不于五角之室中。且夫谓之庙与个者，当须各是一位，岂同在一堂，靡所限隔，而可称为庙与个也？盖康成既执明堂为五室，若于此十三位又为限隔，则是室数颇多，与己意相违，故曲饰其辞，以为三位同在一堂，贵不害五室之文耳。此说固不可用也。[1]

按郑玄据《周礼》，以明堂为五室，以土室居中，木室于东北，火室于东南，金室于西南，水室于西北。[2]太室东南西北，郑玄《月令》注则以为青阳太庙、明堂太庙、总章太庙、玄堂太庙。天子正月居青阳左个，二月居青阳太庙，三月居青阳左个，“青阳左、右个”的位置，若以为青阳太庙之左右，则势必与木室、火室相迭，郑注解释不明，但云“东堂北偏”，并不明言“个”是否为独立的庙室及其位置所在。若“个”为独立之庙室，则势必破坏郑玄明堂五室之说，只好模糊其辞。郑玄又以《周礼·考工记》“东西

〔1〕《直讲李先生文集》卷一五《明堂定制图序》，《李觏集》，第128页。
〔2〕《周礼注疏》卷四一《匠人》，第927页。

九筵，南北七筵”为明堂堂室之广狭，李觏认为此制过于狭窄不可行：

> 若堂室共在九筵、七筵之内，则虽如郑氏五室之制，从东至西亦须三室。已据六筵之地外，东堂止有一筵半，西堂止有一筵半，每筵深一丈三尺五寸，从南至北又三室，据六筵之地外，南北之堂各才半筵，深四尺五寸，狭隘甚矣，况室数更多，岂可容哉？[1]

李觏认为，“东西九筵，南北七筵”只为堂之广狭，而不为室之广狭，“盖《记》者上言堂之修广，次述室之丈尺，本非一贯而谈也”，[2]“《考工记》是言堂基修广，非谓立室之数。‘东西九筵，南北七筵’，是言堂上，非谓室中。东西之堂各深四筵半，南北之堂各深三筵半”。[3]

李觏明堂论的背景是前述皇祐二年（1050）仁宗欲复明堂礼一事。余英时指出，与同时代人的三代观念相比，李觏提倡的“回向三代”显示了两个与众不同的特色。一是以《周礼》为“三代”文化的最后结晶，通过对《周礼》的研究提出了详细的改革方案，如《〈周礼〉致太平论》。二是，李觏不仅有“托古改制”的具体计划，还积极向当世有影响力的士大夫推荐自己的各种论著，希望获得施行的机会，富

〔1〕《直讲李先生文集》卷一五《明堂定制图序》，《李觏集》，第130页。

〔2〕同上。

〔3〕同上。

于用世精神。[1]李觏学说的实践指向、用世精神，使他能从现实制度的合理性出发，批判地看待注疏解经中带有形式特征的文本解释。李觏以经典重构制度的礼学，与杜佑以来将礼与礼经视作周代历史实存的观念，具有相同的思想内核。所不同的是，杜佑是从三代与后世礼制之间的连续性视角来看待礼制发展，历史传统和时代性构成了影响杜佑礼制观念的两个基本因素。而在李觏看来，三代礼制与后世礼制之间是断裂而非延续的，李觏并不承认汉唐的地位，他在《礼论》写道：

> 或曰：议者以三代之后，汉、唐为盛，如之何可比隆于古昔也？
>
> 曰：汉、唐其卑矣！高帝起于陇亩，草创天下，法制未修。文、景继立，龊龊守成，公卿多武人，而黄老刑名之学炽于其间。贾生之徒，称先圣，诵仁义，眊焉而不知所从也。武帝聪明特达，攘袂而作，聘贤良，尊文学，改正朔，易制度，有志于先王矣。然而黩兵好胜，竭天下之财，以事四夷，延方士，筑宫馆，以求神仙，用不经之言，以东封泰山，禅梁父。光武忧勤民事，而不务大体，专求俗吏之课。不师经籍，而听用图谶之书，以疑天下耳目。唐高祖凡庸之材，乘运而起。太宗有非常之度，而残杀长嫡，

〔1〕 余英时：《朱熹的历史世界》，第193—194页。

以取其位，不能纯用先王之制而因循驳杂，浮屠乱法而不知禁，进士坏文而不知革，易置储贰，依违不决。明皇亲见祸乱，心思矫正，而兴起老子、庄周之说，以害教化，宠任武功，注意兵食，銮舆展狩，出入不时，进用女色，间以谗贼，以紊经纪。自此数君，其余盖不足数矣。[1]

李觏批评汉代文帝、景帝用黄老刑名，武帝求神仙，光武听用图谶，唐太宗因循驳杂、不禁浮屠，玄宗兴起道家。作为儒家价值体系的制度承载，礼制的复古，也即否定汉唐的历史积累，回归更为纯粹的儒家礼制。自西汉独尊儒术以来，历代礼制虽以儒家礼制为核心，但实际的制度，在经典和儒学原理之外，又受多重因素的影响，特别是在位帝王的需求与偏好，使得现实中的国家礼制往往杂糅了民间宗教、佛教、道教等多重因素。一些具有现实主义精神的礼学家，并不会简单从儒家经典或原理出发对礼制的王道、历史传统加以否定，而是想办法将其纳入自身的统绪中，寻找王朝制度与儒学原理的平衡点，或对王朝礼制做出儒学化的阐释和改造。历史上的郊祀、宗庙、封禅等重大礼仪，都是在这样一个历史过程中发展演变的，对王朝制度和儒家礼学来说，这无疑是一个双向影响的过程。历史演进中形成的制度传统，反过来也影响和塑造了儒家礼学，沿革思想主导下的礼制

〔1〕《直讲李先生文集》卷二《礼论》第七，《李觏集》，第22—23页。

赓续愈久，礼学原理在实践中的妥协和变形也就愈益严重。“回向三代”的制度复古，在历史传统的框架内重新捍卫了儒家礼制在价值上的绝对性。

李觏的礼学有着强烈的实践指向与用世精神，他的问题意识不在经书，而是如何由经书复原周代礼制。因此，李觏十分注重经学解释在经验事实层面的合理性，并对注疏解经中带有形式特性的文本解释进行了批判和改进。与宋代流行的经学思潮不同，李觏对汉唐注疏以继承为主，对经书记载周代礼制的权威性亦抱有极大尊重。李觏对周代制度的推考，具体实现为经典解释，他的制度之学根本上仍不脱经学理论的范畴。李觏的礼学，反映了制度本位的礼学考证在经典解释层面带来的变化，是汉唐礼经学向制度本位的礼学考据转变中的过渡形态。

第二节　刘敞的礼经学及其意义

经学史家普遍将庆历视作宋代经学史上的重要转折[1]，这一观点可以回溯至宋人，吴曾《能改斋漫录》记载：

---

〔1〕皮锡瑞《经学历史》云：“经学自汉至宋初未尝大变，至庆历始一大变也。”中华书局，2008 年，第 220—221 页。马宗霍、马巨《经学通论》云：“宋初诸儒治经，大都谨守前人之说，罕有逾越唐人《五经正义》之樊篱者。降至庆历（1041—1048），则诸儒渐思立异。”中华书局，2011 年，第 291 页。

《国史》云："庆历以前，学者尚文辞，多守章句注疏之学。至刘原父为《七经小传》，始异诸儒之说。王荆公修经义，盖本于原父云。"[1]

晁公武《郡斋读书志·七经小传》云：

元祐史官谓："庆历前学者尚文辞，多守章句注疏之学，至敞始异诸儒之说，后王安石修经义，盖本于敞。"[2]

又，王应麟《困学纪闻》言：

自汉儒至于庆历间，谈经者守训故而不凿。《七经小传》出而稍尚新奇矣，至三经义行，视汉儒之学若土梗。[3]

吴曾、晁公武所载当同出《神宗实录》或《神宗正史》，"元祐史官"之说后又为王应麟，及至晚清近代以来的经学史论者不断因袭。冯晓庭对宋人陈说做了详细检讨，认为宋初经学不可能完全守旧，新的经学方法必然已经存在，

---

〔1〕 吴曾：《能改斋漫录》卷二，上海古籍出版社，1979 年，第 28 页。

〔2〕 晁公武：《郡斋读书志》卷四，上海古籍出版社，1990 年，第 143 页。

〔3〕 王应麟：《困学纪闻》卷八《经说》，栾保群、田松青、吕宗力校点，上海古籍出版社，2008 年，第 1094 页。

庆历经学转折的背后，应该有一个历史的积累过程，所著《宋初经学发展述论》一书，详细讨论了宋初至庆历约八十年时间里，新旧经学并立的状况。[1]庆历时期的经学转折并非一蹴而就，但这并不构成对转折的存在及其意义的否定。《宋初经学发展述论》讨论的"古文家"或"僧人隐逸"，于时人看来并非通常意义上的经学家，且影响范围有限；聂崇义、刑昺等官方学者，则较多以守旧示人。正因如此，庆历时期，刘敞、欧阳修等人的出现，才会给人以特别的震撼。元祐史官去庆历不远，于风气之变应深有体会，史官的记载正是对这一经验的客观书写，只是"始异"诸儒之说的措辞易生误解罢了。可以说，庆历是宋代经学与礼学的真正转折。

在元祐史官看来，刘敞《七经小传》的出现是庆历经学之变的重要标志，它直接影响了后来王安石《三经新义》的撰写，改变了官方的经学标准。据欧阳修言，《七经小传》在当时"盛行于学者"[2]，一时风气为之丕变，与中晚唐宋初以来大部分经学新说的影响范围判若云泥。

刘敞（1019—1068），字原父，号公是，临江新喻（今江西新余）人，庆历六年（1046）进士及第。刘敞在北宋以博学著称，欧阳修谓其："自六经、百氏、古今传记，下至

〔1〕冯晓庭：《宋初经学发展述论》，台北万卷楼图书公司，2001年。

〔2〕欧阳修：《居士集》卷三五《集贤院学士刘公墓志铭》，《欧阳修诗文集校笺》，上海古籍出版社，2009年，第930页。

天文、地理、卜医、数术、浮图、老庄之说，无所不通。”[1]刘敞亦是宋代金石学先驱，赵明诚《金石录》言“收藏古物，实始于原父。”[2]刘敞长于经学，尤其善治《春秋》，著《春秋传》《春秋权衡》《春秋说例》《春秋文权》《春秋意林》五书。与古文家、僧人隐逸之经学不同，在宋人眼中，刘敞是真正意义上的经学家。

《七经小传》的“七经”指《尚书》《毛诗》《周礼》《仪礼》《礼记》《论语》《公羊》（一条，附《左传》一条、《国语》一条）。《公羊小传》的情况较为特殊。陈振孙推测是因《春秋》已有单行著作，《直斋书录解题》云：“惟《春秋》既有成，《书》、《诗》、三《礼》、《论语》见之《小传》，又《公羊》《左氏》《国语》三则附焉，故曰‘七经’。”[3]《七经小传》撰成的具体时间，史无明文。从前述元祐史官叙述《七经小传》与庆历经学间关系来看，《七经小传》的撰成大致可以推断在庆历年间，为刘敞早期作品。朱子在《答张元德》中说：“《七经》向见其初成之本，后未得也。计此亦是刘公少时作，不然，则亦以其多而不能精故耶？其间《诗》说尤草草也。”[4]朱子虽感《七经小传》

---

〔1〕 欧阳修：《集贤院学士刘公墓志铭》，《欧阳修诗文集校笺》，第928—929页。

〔2〕 赵明诚：《金石录》卷十二《古器物铭第十五·谷口铜甬铭》，中华再造善本影印宋淳熙龙舒郡斋刻本，国家图书馆出版社，2002年。

〔3〕 陈振孙：《直斋书录解题》卷三，第82页。

〔4〕 朱熹：《答张元德》“细来读书”，《晦庵先生朱文公文集》卷六二，《朱子全书》（修订本）第23册，第2982页。

不甚精致，仍加意推重，谓“刘氏《七经小传》有《仪礼》等说，不可不看”[1]，并将《七经小传》作为研习相关经书的必要参考。[2]《七经小传》中的《三礼小传》是北宋时期标志礼经学转向的重要著作。

在解经体式上，《三礼小传》不似注疏逐句、随文解释经文，而是以条目形式，抽取个别经文条目发明新义。刘敞并没有依章句或科段式地将经文视作有机整体。刘敞曾作《士相见义》《公食大夫义》《投壶义》以补经记之阙亡，朱子编纂《仪礼经传通解》，即取《士相见义》附《士相见礼》，《公食大夫义》附《公食大夫礼》。刘敞又论经记之驳杂，云：

> 今之礼，非醇经也。周道衰，孔子没，圣人之徒合百说而杂编之，至汉而始备。其间多六国秦汉之制，离文断句，统一不明。[3]

刘敞论经典的文本来源及其历史生成，与现代史学的某些观

---

〔1〕朱熹：《答潘恭叔》“敬之一字”，《晦庵先生朱文公集》卷五〇，《朱子全书》（修订本）第22册，第2315页。

〔2〕朱熹《学校贡举私议》云：“《周礼》则刘敞、王安石、杨时，《仪礼》则刘敞，二戴《礼记》则刘敞、程颐、张载、吕大临，《春秋》则啖助、赵匡、陆淳、孙明复、刘敞、程颐、胡安国，《大学》《论语》《中庸》《孟子》则又皆有《集解》等书，而苏轼、王雱、吴棫、胡寅等说亦可采。”《晦庵朱文公文集》卷六九，《朱子全书》（修订本）第23册，第3360页。

〔3〕刘敞：《公是集》卷四六《杂著·疑礼》，《丛书集成初编》本，上海商务印书馆，1936年，第555页。

点颇有类似之处，所不同者，刘敞的判断并没有多少客观化的论证作为根据，而是基于理解经典的基本信念。刘敞认为，经典所记载的制度或事实，不能与理性对其合理性的判断相悖，刘敞论“礼非淳经”云：

> 惟《曾子问》一篇最详而又不信。其问曰：君葬而世子生，则如之何？对曰：三月而告于祢。吾疑非仲尼之言也。古者诸侯将薨，无世子则命贵公子，先为之定也。命之定，则后无篡夺之忧，虽愚人亦知其必然，又恶有既殡而待世子生乎？既殡而待且不可，况既葬而待乎？既葬而待，是或旷年。《春秋》诸侯逾年无君，最其重也，况旷年乎？……吾以是观之，今之礼，非醇经审矣。[1]

刘敞所关注的，是为经典所记载的制度或事实，其存在与合理性本质上独立于文本记载。既然现实流传的经典本身是“离文断句，统一不明”的，合理的解释方式就不应像章句、义疏学那样固着于经文文句，寻绎文本的内在结构或行文脉络，而是具体分析经文所指向的事实与制度本身。《三礼小传》每条解释一条经文所述之事或所言之制，其解经体式的外在变化反映了解释性质由“随文解经”向“随事解经”的转变，对经文指向的事实与制度的考证性解释替代了注疏对

〔1〕 刘敞：《公是集》卷四六《杂著·疑礼》，第555—556页。

经书文本问题的理论研究。

前文曾介绍郑玄对《周礼·大司马》“九畿”的解释，并阐明郑玄如何通过周纳经文以使《大司马》与《禹贡》间的矛盾得到合理解释。郑玄学说的本质是在经文间建立的形式理论，是否符合周代实情尚置勿论，单从事实层面看，已难以服人，王肃斥言“郑之创造，难可据信”。在《周礼小传》中，刘敞解经的出发点就是提供一个合乎事理的解释。

《周礼·大司马》：“乃以九畿之籍，施邦国之政职。方千里曰国畿，其外方五百里曰侯畿，又其外方五百里曰甸畿，又其外方五百里曰男畿，又其外方五百里曰采畿，又其外方五百里曰卫畿，又其外方五百里曰蛮畿，又其外方五百里曰夷畿，又其外方五百里曰镇畿，又其外方五百里曰蕃畿。”[1]《小传》云：

> 《大司马》以九畿之籍施邦国之政职。九畿相距万里，过禹迹多矣。又《周书》称“侯、甸、男、采、卫”而止，则蛮、夷、镇、蕃者，未取之乎？疑本但云：“又其外五百里曰蛮圻谓直王畿之南者，五百里曰夷圻直王畿之东者，五百里曰镇圻直王畿之北者，五百里曰蕃圻直王畿之西者”，此九畿相距为七千里，近合事理，通于《禹贡》而约于《周书》矣。所以分蛮夷之名者，在南方曰蛮，在东方曰夷狄，或谓之镇戎，或谓

[1]《周礼注疏》卷二九，第835页。

之蕃与？疑写《周礼》者习言“又其外”，故遂误增之耳。说者以谓不然。胡不试以天下地形正之？洛邑为中，其东出者不三千里至海矣。其南出者，至朱崖交趾五千余里耳，是乃古所谓日下北户者矣。越裳九译，不甚此矣，周公所辞也，岂大司马能施政职哉？又此以人步为里，而里以投足为计步九畿之法，考以日景而算于土圭，比之人步，迂直悬矣。大约三分去二，则五千里之折，必万五千里乃能足矣。[1]

刘敞之说，若直观地加以表示，即如下图：

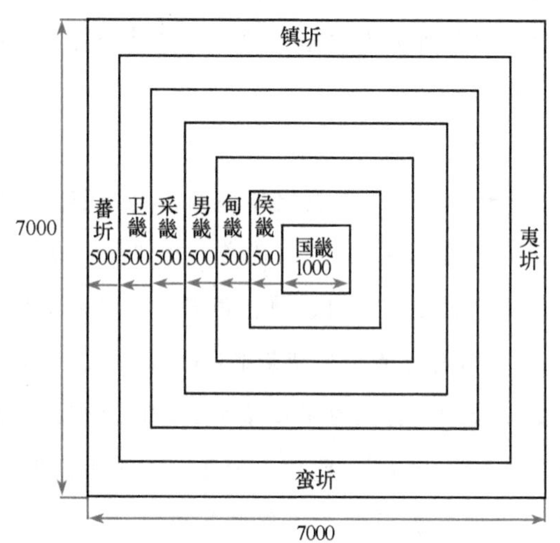

〔1〕 刘敞：《七经小传》卷中《周礼》，缩印《续古逸丛书》影宋刊本，江苏古籍出版社，2001 年，第 278—279 页。

刘敞说与郑玄的一个重要区别在于《周书》的引入，依据《周书》的说法对《周礼》经文做调整。我们知道，在郑玄的经学体系里，文献自身按其权威性差异存在一定的等级秩序。其中《周礼》居于核心，《周书》之类的文献较为边缘，作为解释原则，绝无以《周书》改动《周礼》的情况。简言之，郑玄的解释始终以《周礼》等经典为核心。在刘敞的观念里，并没有文献的价值秩序和性质差异，经典在刘敞看来也是在历史过程中形成的。刘敞发现《周书》"侯、甸、男、采、卫"与《禹贡》"甸、侯、绥、要、荒"在范围上大致能够相合，由此设想《大司马》多出来的"蛮、夷、镇、蕃"，其实是分布于四面的，如此则"九畿相距为七千里，近合事理，通于《禹贡》而约于《周书》矣"。[1]刘敞进而怀疑《大司马》自"蛮畿"以下的"又其外"三字是因《周礼》的抄写者写顺了手而误衍。刘敞以《大司马》多出的"蛮、夷、镇、蕃"分布于四面，是对《周礼》经文的曲解和改易，他的问题意识在于文献中的"九畿"作为合理制度应该是怎样的。虽然敞说是否符合周代实存制度依旧是未定之论，但其经说在性质上已转向基于合理性的制度构拟。又有《仪礼小传》对《乡射礼》侯制的讨论，《乡射礼》经文及郑注如次：

> 乡侯上个五寻，上个，谓最上幅也。八尺曰寻，上幅用布四丈。中十尺。方者也，用布五丈，今官布幅广二尺二寸，旁削

〔1〕 刘敞：《七经小传》卷中《周礼》，第278页。

一寸。《考工记》曰“梓人为侯，广与崇方”，谓中也。侯道五十弓，弓二寸，以为侯中。言侯中所取数也。量侯道以狸步而云弓者，侯之所取数，宜于躬器也。正二寸，骹中之博也。今文改弓为肱也。倍中以为躬，躬，身也，谓中之上下幅也。用布各二丈。倍躬以为左右舌。谓上个也。居两旁谓之个，左右出谓之舌。下舌半上舌。半者，半其出于射者也，用布三丈。所以半上舌者，侯，人之形类也。上个象臂，下个象足。中人张臂八尺，张足六尺，五八四十，五六三十，以此为衰也。凡乡侯用布十六丈，数起侯道五十弓以计。道七十弓之侯，用布二十五丈二尺。道九十弓之侯，用布三十六丈。[1]

郑说如图：

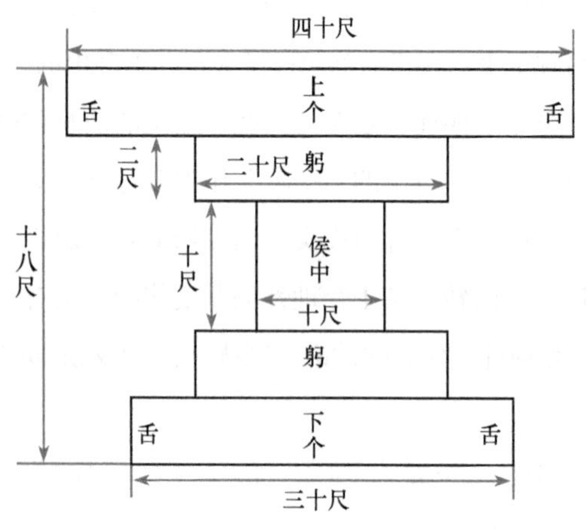

郑玄侯（五十弓之侯）

〔1〕《仪礼注疏》卷一三，第1011—1012页。

刘敞认为，郑玄说的不合理处在于，郑玄侯制在制式上过于高大，难于卷舒。以五十弓之侯高一丈八尺（约6米）计算，七十弓之侯高二丈二尺（约7.3米），九十弓之侯则高达二丈六尺（约8.6米），加上射侯本身离地面的距离，制式过于高大。刘敞并不接受这一违背事理的经说，在《仪礼小传》中，他提出：

> 《乡射礼》曰："乡侯上个五寻，中十尺。"上个者，最上幅也。中者，最中幅也。又曰："侯道五十弓，弓二寸，以为侯中。"此说中幅所以用十尺者，取之侯道者也。又曰："倍中以为躬，倍躬以为左右舌。"此说躬与舌各一幅也。又曰："下舌半上舌。"此说上下皆躬舌也。侯中一幅，上二幅，下二幅，幅各阔二尺，则与侯中方矣。《梓人职》所谓广与崇方者也。先量侯道，乃制侯中，既制侯中，乃定躬、舌，既定躬、舌，乃因侯中之广而求其崇，必方其足。凡五十弓之侯，其中十尺，其布五幅，躬、舌各一幅也。七十弓之侯，其中丈四尺，其布七幅，躬各二幅，舌各一幅也。九十弓之侯，其中丈八尺，其布九幅，躬与舌各二幅也。其崇，则中十尺，崇亦十尺矣。中丈四尺，崇亦丈四尺矣。中丈八尺，崇亦丈八尺矣。谓之中者，正以其居中也。中者，对上之言也，有上有中则有下矣。九十弓之侯，布九幅，以五为中。七十弓之侯，布七幅，以四为中。五十弓之侯，

布五幅，以三为中矣。[1]

刘敞侯制如图：

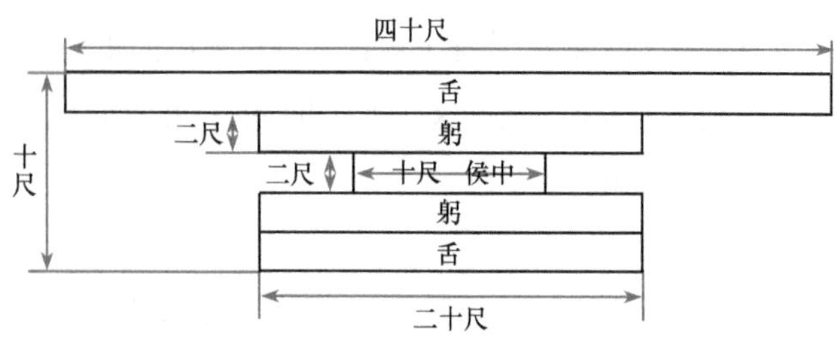

刘敞侯（五十弓之侯）

刘敞侯（七十弓之侯）

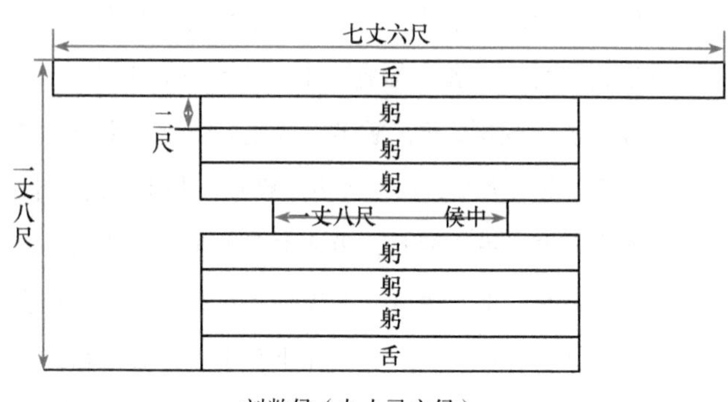

刘敞侯（九十弓之侯）

〔1〕 刘敞：《七经小传》卷中《仪礼》，第 280—281 页。

据刘敞解释，五十弓之侯高十尺，七十弓之侯高一丈四尺，九十弓之侯高一丈八尺。侯制的宽幅，经文记载较为明确，故刘敞侯制在宽幅上与郑制大致相当，但在高度上比郑制降低了近一半，相对合乎刘敞心目中合理的侯制范围。那么，刘敞与郑玄学说分别是如何形成的？

侯的高度由侯中宽度来确定，侯中的宽度由侯道决定，经云："侯道五十弓，弓二寸以为侯中。"郑玄同时认为，《考工记》"梓人为侯，广与崇方"指的就是侯中的高与宽同，由此可以确定侯中的高度，再加上上下躬、舌的幅数，就可以得到侯的高度。郑玄侯之所以高大，首先就在于他的侯中很高。刘敞调整了郑玄对《梓人职》的解释，认为《梓人职》所谓"广与崇方者也"，是指"侯中之广"与"侯之崇"相当，因此侯中的宽度乃是整个侯而非侯中的高度。刘敞对《梓人职》经文的解释不若郑玄准确，却有其巧妙之处。布幅二尺固定，侯中一幅，上二幅、下二幅，共十尺，正好是五十弓侯的高度。七十弓侯、九十弓侯也可以通过增加躬的数量，恰好凑足一丈四尺、一丈九尺，也就形成了刘敞所说的"侯中之广"与"侯之崇"相当，这样一个高度也比郑说在制度上更为合理。

再有双方对射侯距离地面高度的讨论。《大射》："遂命量人、巾车张三侯。大侯之崇见鹄于参，参见鹄于干，干不及地武，不系左下纲。设乏西十北十，凡乏用革。"

郑注："及，至也。武，迹也。中人之足长尺二寸，以

豻侯计之，糁侯去地一丈五寸少半寸，大侯去地二丈二尺五寸少半寸。”〔1〕

郑注如图：

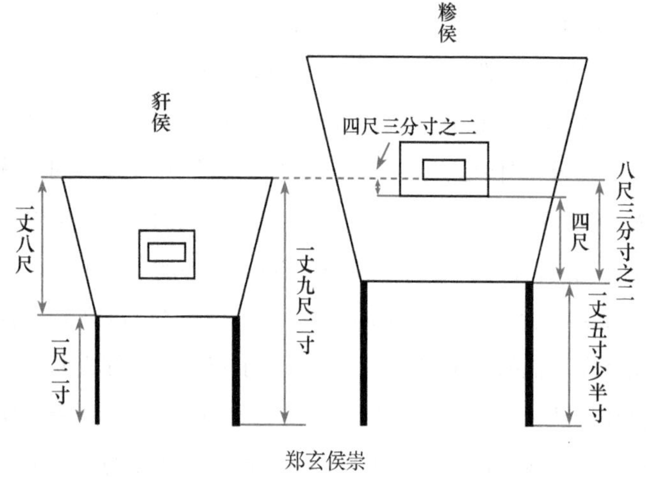

郑玄侯崇

刘敞认为，郑注的一大缺陷，在于郑玄的算法只有在三侯处于同一平面时才能成立，完全没有考虑三侯的前后间隔带来的透视问题，昧于实情，刘敞云：

> 至其设之，又令参侯去地一丈五寸少半寸，计其上纲则三丈二尺五寸少半寸也。大侯去地二丈二尺五寸少半寸，计其上纲则四丈八尺五寸少半寸也，此之难信，不俟言矣。郑意以谓不若是则大侯之鹄不见于参，参不见于干，然虽如郑说，求之大侯之鹄，终不

〔1〕《仪礼注疏》卷一六，第1028页。

能见于参，参亦终不能见于干也。胡不尝试以勾股求之。人去干五十步，干去参二十步，干高一丈九尺二寸，令人目高七尺，从干望参，计参侯之鹄去地二丈四尺五分寸之四，乃能见之。今郑所说参侯之鹄去地一丈九尺二寸，高则高矣，欲使鹄才见，不足二寸；如使鹄尽见，不足四尺八寸五分寸之四。从参视大侯亦然。然则非也。[1]

刘敞用勾股算法指正郑说之不可信。郑玄没有在一个实际的空间中思考这一问题，同情地理解郑玄，则推算参侯、大侯距离地面高下之究竟，并不是郑玄关注的重点，关键在于解释“大侯之崇见鹄于参，参见鹄于干”这句经文的含义即可。刘敞关注的是经文指向的实际制度为何。对刘敞来说，制度、事实的现实合理性是客观标准，无论是对经文的解释，还是经文本身，都不能与之相悖。如上文刘敞对《大司马》经文的质疑和调整，类似的情形在《三礼小传》中并非孤例。《士冠礼》记文“醮于客位”，刘敞认为当作“醴于客位”，嫡子之冠有醴无醮，唯庶子有醮，醴重而醮轻，以此作为嫡庶之别。《仪礼小传》云：

《士冠礼》：“若不醴，则醮用酒。”醴谓三加毕，以醴酒饮冠者于客位者也。不醴而醮，谓庶子矣。醴

〔1〕 刘敞：《七经小传》卷中《仪礼》，第281页。

重醮轻。《曾子问》:“除丧不改冠乎?”孔子曰天子赐诸侯服,有冠醮,无冠醴。醴为重也。又《昏礼》嫡妇醴之,庶妇醮之。丈夫之冠犹妇人之嫁,则醮用酒者,必庶子也。下文曰“庶子冠于房外,南面,遂醮焉”是矣。又曰“孤子醴于阼”,知凡嫡子皆醴也。郑注云:“若不醴谓国有旧俗可行,圣人用焉。”又注“醮于客位”云“夏殷礼也”,皆非也。夏殷有天下千余岁,冠礼行之久矣。设以醮为礼者,溥天之下皆醮也,周公何以改之?然则,“醮于客位”当曰“醴于客位”,嫡子冠于阼,醴于客位,以变为敬也。庶子冠与醮相因,不于阼亦不于客位,居房外南面,略庶子也。醮礼繁,醴礼简,以简为贵也。醮三举,醴一辞,以少为贵也。醮用酒,醴用醴,以质为贵也。醮有折俎,醴脯醢而已,不尚味也。酒在房外,醴在房中,以变为敬也,此皆圣人分别嫡庶,异其仪也。[1]

根据郑玄对经文的理解,《士冠礼》在记述完周代嫡子三加一醴后,紧接“若不醴,则醮用酒”,乃指夏殷嫡子冠礼。《记》云:“嫡子冠于阼,以著代也。醮于客位,加有成也。”“醮于客位”所言亦指夏殷嫡子之礼。郑玄的解释相对于经文文本来说,是非常语境化的,无论是经文还是记文,上文都是在讨论嫡子的情况,故以异代嫡子之礼作解。以异

〔1〕 刘敞:《七经小传》卷中《仪礼》,第280页。

代之礼来解释经文记载上的矛盾、差异，是郑玄常用的解释方法，相较真正的夏殷礼，毋宁说是郑玄解释理论中的“夏殷礼”。刘敞提出，“醴”重“醮”轻，分别对应嫡、庶之礼，体现的是嫡庶之别，又证以婚礼中即存在嫡子妇醴之、庶子妇醮之的制度，谓“丈夫之冠犹妇人之嫁，则醮用酒者，必庶子也”。刘敞的解释是从普遍的事理出发而非语境化的，无法如郑说那样贴合经文。按照刘敞的解释，从“若不醴”以下，突然从嫡子礼转到庶子礼，不免突兀；《记》文“醮于客位”，刘敞径自断为“醴于客位”之误，他的解经具有很强的对经文进行考订的倾向，又有《礼记小传》：

> 《曲礼》曰：“疑事毋质，直而勿有。若夫坐如尸、立如齐。”“若夫”，说者以为“若丈夫”，此僻而不辞。予按，曾子曰：“孝子惟巧变，故父母安之。若夫坐如尸，立如齐，弗信不言，言必齐色，此成人之善者也，未得为人子之道也。”此两“若夫”之文同，疑《曲礼》本取曾子之言而误留“若夫”。不然，则当云“若夫坐如尸，立如齐，弗信不言，言必齐色，此成人之善者也”，而全脱一简，失弗信以下一十五字。[1]

《曲礼》“若夫坐如尸，立如齐”，郑玄读“若夫”句，注云：“言若欲为丈夫也。《春秋传》曰：‘是谓我非夫。’”郑

[1] 刘敞：《七经小传》卷中《仪礼》，第 282 页。

玄之所以如此解释，是因按通行做法，将“若夫”解释为虚词，那么“若夫坐如尸、立如齐”明显是一个不完整的句子，看不出和上下文间的联系，因此郑玄要作实词解。这一解释，正如刘敞所批评，“僻而不辞”。刘敞的做法是，首先明确语词的正常语法性质，再探索不合理的经文文本如何形成。在刘敞看来，语词的用法自然客观、不容违背，经书文本则可能在流传过程中产生各种意想不到的变异，《礼记小传》云：

> 《丧服小记》曰“礼不王不禘”，此一句当在前文“王者禘其祖之所自出”之上，脱误在后尔。又曰“庶子王亦如之”，注云庶子祭天立庙，非也。此一句当承后文“慈母与妾母不世祭也”之下，脱误在前耳。又曰“而立四庙”，云“天子立四庙”，亦非也，此一句上有脱简耳，文当曰：“诸侯及其太祖而立四庙。”[1]

在《丧服小记》中，“礼不王不禘”一句上下文所记皆为丧服制度，此句厕在其间，显得不伦不类。刘敞认为：“此一句当在前文‘王者禘其祖之所自出’之上，脱误在后尔。”下句“庶子王亦如之”的调整，是因刘敞认为庶子王不当祭天立庙如王，故不当承接在“礼不王不禘”句下。“而立四庙”一句，郑注云：“天子立四庙。”刘敞认为“四庙”为诸

---

〔1〕 刘敞：《七经小传》卷中《仪礼》，第283页。

侯之制，天子当立七庙而非四庙，故又补足经文曰："文当曰：'诸侯及其太祖而立四庙。'"刘敞以"事"为核心，看到的是经文的杂乱无章、排比不伦，而义疏学家则以圣人对经文的书写为前提，用科段的方法将其解释为结构完整、逻辑严谨的意义整体。[1]

《七经小传》加上"《春秋》五书"，刘敞可谓学贯六经。就如同郑玄遍注六经的意义一般，对群经的通贯理解，意味着一种新范式的形成，只有出现了这样的学者和学问，经学才算真正走到了历史的拐点，这或许就是庆历经学见重于两宋，而刘敞又见重于庆历的原因所在。我们不难通过《三礼小传》体会刘敞解释三《礼》在方法上的一致性。他的问题意识不在经书文本，而是经文指向的制度与事实。相应的，他的解释标准不是文本解释的妥帖完满，而是现实制度的合理性，他的解经因此存在大量以制度考证订正经书文本的内容。以事实为核心，经书亦是先王历史遗存的一部分，在《先秦古器记》中，刘敞言：

> 三王之事，万不存一。《诗》《书》所记，圣王所立，有可长太息者矣，独器也乎哉！兑之戈，和之弓，离磬崇鼎，三代传以为宝，非赖其用也，亦云上古而已矣。孔子曰"多见而识之，知之次也"，众不可概，

〔1〕参见华喆对皇侃《礼记子本疏义》残卷中《丧服小记》科段的分析，《礼是郑学——汉唐间经典诠释变迁史论稿》，第344—348页。

安知天下无能尽辨之者哉？……**礼家明其制度**，小学正其文字，谱牒次其世谥，乃为能尽之。[1]

史载刘敞"尝得先秦彝鼎数十，铭识奇奥，皆案而读之，因以考知三代制度，尤珍惜之"[2]，刘敞的学问以"博"著称，是北宋金石学、古器物学先驱性的人物。金石学、古器物学在北宋的兴起，古器物的大量出土固然是不可或缺的物质条件，却并非决定因素。前文曾引蔡絛语云："殆魏晋六朝隋唐，亦数数言获古鼎器。梁刘之遴好古爱奇，在荆州聚古器数十百种，又献古器四种于东宫，皆金错字，然在上者初不大以为事，独国朝来浸乃珍重。"汉唐时期，也曾出土过不少金石古器，但至少在经学领域，在以经典文本解释为主导的经学形态下，金石古器的地位隐而不彰。正是北宋经学范式的转型，使得金石古器被主流的学术体系赋予了意义，金石学才有可能获得真正的发展。刘敞的经学考证，与他的金石学、古器物学相辅而成。

第三节　考见三代：新学与礼学考证方法的发展

熙宁、元丰是北宋政治制度变化的重要时期，礼乐之制亦莫能外。以王安石为核心的新学是参与熙丰礼制改革的重

〔1〕 刘敞：《公是集》卷三六《先秦古器记》，第437页。
〔2〕《宋史》卷三一九《刘敞传》，第10386页。

要力量。在朱子等一些学者看来，新法之过首先是王安石学术之不是。朱子尝论："王荆公遇神宗，可谓千载一时，惜乎渠学术不是，后来直坏到恁地。"[1]又云："安石以其学术之误败国殄民至于如此。"[2]另一方面，朱子等宋代学者对于新学学者（尤其是陆佃和陈祥道）在礼学上的成就却评价尤高，超越了党派门户之见。《语类》记朱子评陆佃云："荆公门人陆农师自是煞能考礼。"[3]又评陆佃与陈祥道云："礼书，如陆农师《礼象》、陈用之《礼书》亦该博，陈底似胜陆底。后世礼乐全不足录。"[4]《四库全书总目提要》云陈振孙称陈祥道《礼书》"论辨精博，间以绘画，唐代诸儒之论，近世聂崇义之图，或正其失，或补其阙。晁公武元祐党家，李廌苏门宾客，皆与王氏之学异趣。公武则称其书甚精博，廌亦称其礼学通博，一时少及，则是书固甚为当时所重，不以安石之故废之矣。"[5]宋人对新学礼学成就的高度评价，表明新学礼学对于理解宋代礼学而言具有超越政治立场的重要意义。

新学学者在熙丰礼制的参与中表现出的思想倾向，可以区分为熙宁和元丰两个不同阶段。熙宁时期的礼制，主要

---

〔1〕《朱子语类》卷一三〇《本朝四·自熙宁至靖康用人》，《朱子全书》（修订本）第18册，第4034页。

〔2〕朱熹：《读两陈谏议遗墨》，《晦庵先生朱文公文集》卷七〇，《朱子全书》（修订本）第23册，第3384页。

〔3〕《朱子语类》卷八七《小戴礼》"乡饮酒"，《朱子全书》（修订本）第17册，第2990页。

〔4〕同上书，第2942页。

〔5〕《四库全书总目提要》卷二二《经部·礼类四》，第179页。

由王安石主导。王安石新法虽在政治上以“回向三代”为号召，但在礼制问题上态度审慎实用，并未对礼制做出整体改革。王安石罢相后，元丰时期，郊庙祭祀发生了明显的“复古”转向，具体工作由元丰元年（1078）成立的详定郊庙礼文所承担。陆佃于元丰二年进入礼文所，他和礼文所其他礼官在礼学学术上的差异，是形成元丰时期礼制论争的重要原因。一般礼文所礼官的礼学仍以汉唐注疏传统礼说为基础，而新学的礼学则是宋代开始形成并流行的，以名物、制度为核心的礼学，立说每异注疏。熙丰时期的陈祥道位卑言轻，潜心著述，并没有实际参与到礼制的讨论中，但他的礼学与陆佃性质相通，且在精深和广博上超越了陆佃，达到了很高的水准。新学的礼学成就，对后世的礼学发展影响深远。

1. 王安石与熙宁礼制

熙宁时期，在新法的推动下，宋朝在官制、财政、军事等诸多层面经历了深刻的变化。礼制虽有争议颇多的“始祖庙议”，但并未出现整体性的改革与变化。王安石对待礼制的态度务实审慎，使得熙宁时期的礼制修订富于权变精神。以下分析熙宁时期王安石参与的两项重要礼议，重在观察王安石在礼议中的角色与态度，及其塑造下的熙宁礼制的特征。

（1）丧服“嫡孙承重”

孙奭修订的《五服年月敕》颁行后，一直是北宋丧服最标准的制度规定，随后有限的修订中，最重要的一条更动，是熙宁八年（1075）对嫡孙为祖斩衰三年条的改订。嫡孙为祖斩衰三年，是指嫡子死的情况下，宗庙之重由嫡孙来继承，要为祖服斩衰三年。熙宁八年规定，嫡子死后由众子承重，嫡孙只有在没有伯叔父的情况下才能继承祖重，为祖服斩衰三年，从法律上肯定了伯叔父在礼制地位上要先于嫡孙。这就意味着丧服礼法上的嫡庶之别只在同辈中体现出来，而在代际之间则以尊长优先。这是丧服礼法上的重要变化，这一变化并不是突然出现的，而是经过了一个漫长的历史过程。史料显示，从宋初开始，嫡孙在有诸父的情况下，越过诸父承祖之重的情况已是稀罕之事。嘉祐七年（1062），时任建康军签书节度判官事的刘辉（字之道），请求解官为死去的祖母服承重之服，杨杰在刘之道的墓志铭中写道："有国以来，嫡孙有诸叔而承重者，自之道始也。"[1]然而，刘之道为祖母承重的意愿实现得并不顺利，杨杰在墓志铭中做了详细记述：

> 七年，夫人卒。之道号慕尽哀，以嫡孙自陈乞解官承重服。时府尹龙图王公贽，重惜其去而固留之。之道固不从，公即遣使者谓之道曰："按著令，凡嫡孙为祖父母承重者，盖其嫡子无同母弟以承其重者也。

[1] 杨杰：《故刘之道状元墓志铭》，《无为集》卷一三，影印文渊阁《四库全书》本，台北商务印书馆，1986年，第1099册，第754页。

> 今君虽于祖父为嫡孙而闻先君有同母二弟已自服丧，奈何遽以解官而承重服乎？”使者及门，之道方伏庐哀号，徐扶杖而起，谓使曰：“辉闻支子不祭，祭必告于宗子，所以重正嫡而尊祖考也。后虽未能尽蹈典礼，而丧事敢不勉乎？况国朝封爵令文，诸王公侯伯子男皆子孙承嫡者传袭，若无嫡子及有罪疾则立嫡孙，无嫡孙则立次嫡子之同母弟，且贵贱虽殊，正嫡之义则一也。岂有处贵者之后则封爵先于嫡孙，在凶丧之际则重服止诸叔父耶？为我重谢龙图公，毋固留也。”公以其事奏朝廷，朝廷下礼官议，以为然，乃听其去。有国以来，嫡孙有诸叔而承重者，自之道始也。[1]

由杨杰的记述可知，刘辉的祖母去世时，他的两位叔父还在，作为嫡孙，刘辉希望为祖母服承重之服。而王贽派去的使者引令文云：“凡嫡孙为祖父母承重者，盖其嫡子无同母弟以承其重者也。”使者所谓的“令文”应当是指《天圣令》中的服制，其中的规定与孙奭的《五服年月敕》是一致的。《天圣令·丧服年月》“斩衰三年章”云“嫡孙为祖后者，为祖”，小注：“为曾、高后者亦同。”[2]又据史料所载佚文，《五服年月敕·斩衰三年加服》“嫡孙为祖”条下注云：

---

〔1〕 杨杰：《故刘之道状元墓志铭》，《无为集》卷一三，第754页。

〔2〕《天圣令》卷二九《丧葬令·丧服年月》，吴丽娱点校，《天一阁藏明钞本〈天圣令〉校证》，第359页。

"谓承重者，为曾、高祖后亦如之。"[1]礼令并没有规定嫡孙承重是在嫡子无同母弟的情况下，相反，无论嫡子有没有同母弟，嫡孙都有承重的权利，使者显然是在刻意曲解令文，但也从侧面反映出嫡孙承重在当时已不常行。

刘辉的例子并不是孤例。游酢曾追述程颢在嘉祐年间任鄠县主簿时，"州从事有既孤而遭祖母丧者，身为嫡孙，未果承重"，程颢"为推典法意，告之甚悉，其人从之，至今遂为定令，而天下缙绅始习为常"。[2]可见嫡孙承重之事，在普通缙绅间已不常行。儒家经典意义上的"嫡孙承重"，只在少数士人身上才得以坚持。刘辉引据的《封爵令》，在官僚封爵不再世袭的宋代，对于一般士大夫而言，已经成为具文。其次，宋代士大夫之家不立宗子，也没有稳定成型的家庙制度，士庶祭祀多祭于寝，"承宗庙之重"已经很难在礼制实践中体现出它的实质意义；而另一方面，则是诸父尊长地位的凸显。熙宁八年，时知太常礼院的李清臣鉴于礼令中孙为祖服的模糊，建议一律按照《封爵令》中规定的顺序承重制服，维持嫡孙在承重上的优先地位。[3]王安石则主张使"嫡孙承重"之法适应当前的社会现实，上札议云：

---

〔1〕《宋会要辑稿·礼三六之四》，第1310页。

〔2〕游酢：《书行状后》，《河南程氏遗书·附录》，《二程集》，第336页。

〔3〕《宋会要辑稿·礼三六之四》，第1310页。熙宁八年"嫡孙承重"的服制修订及其反映的宋代嫡庶关系，可参日本学者佐佐木爱：《宋代における宗法論をめぐって》，收入《宋－明宗族の研究》，井上彻、远藤隆俊编，东京汲古书院，2005年，第133—155页。

自封建之法废，诸侯大夫降绝之礼无所复施，士大夫无宗，其嫡孙传重之属，不可纯用周制。臣愚以谓方今惟诸侯大夫降绝之礼可废，而嫡子死，非传爵者，无众子，乃可于嫡孙承重。自余丧服，当用周制而已。[1]

王安石指出："自封建之法废，诸侯大夫降绝之礼无所复施，士大夫无宗，其嫡孙传重之属，不可纯用周制。"也就是说，在他看来，礼制本身是由社会环境和历史条件决定的，而不是具有普遍意义的伦理原理或精神原则。安石又云"自余丧服，当用周制而已"，但只是因应自身政治口号的权宜之词。不难感受到，在礼制问题上，王安石的态度主于实用且富于权变精神。中书礼房最后裁定依据的就是王安石的建议，于《五服年月敕》"嫡孙为祖"条修订注词云："谓承重者，为曾、高祖后亦如之。嫡子死无众子，然后嫡孙承重，即嫡孙传袭封爵者，虽有众子犹承重。"[2]这是丧服制度史上的一次重要变化。

（2）始祖庙议

熙宁年间最引人注目的礼制事件当属僖祖作为"始祖"在宗庙中的出现。我们知道，在传统的宗庙礼制中，太祖庙

〔1〕《临川先生文集》卷四二《议服札子》，侯体健、赵惠俊整理，《王安石全集》，复旦大学出版社，2016年，第810页。

〔2〕《宋会要辑稿·礼三六之四》，第1310页。

的地位最为重要。作为后世宗庙的范本，儒家经典记载的周代宗庙是以“后稷”为太祖。封建时代，除周天子外，诸侯与大夫也有资格立太祖庙。《礼记·王制》云：“诸侯五庙，二昭二穆，与太祖之庙而五。大夫三庙，一昭一穆，与太祖之庙而三。”郑注释诸侯之太祖为“始封之君”，大夫之太祖为“别子始爵者”[1]。将天子、诸侯、大夫比照起来看，成为“太祖”最重要的条件在于“受命”，天子受天命，诸侯、大夫受君命，而后世的宗庙礼议中被反复讨论的功业、世系，从经学意义上说都不能算是最本质的因素。但是，帝制时代在采用儒家礼制建立宗庙时，通常是以功业计，遵奉开国君主或始封之祖为太祖，论者谓“后世有天下者，皆特起无所因，故遂为一代太祖，所从来久矣”。[2]后世开国君主在立庙时，往往只向上立四亲庙，四亲庙迁尽以后，自己才作为太祖正位东向。以上基本上是汉唐庙制中的通行做法。熙宁五年（1072），王安石等人却主张立僖祖为“始祖”，以“始祖”取代过去宗庙礼制中的“太祖”概念，理由是，僖祖是宋王室在世系上所能追溯到的最早的祖先，意义相当于商周之契稷。熙宁五年四月，中书门下奏云：

> 臣等闻万物本乎天，人本乎祖，故先王庙祀之制，有疏而无绝，有远而无遗。商、周之王，断自契、

〔1〕《礼记正义》卷一二《王制》，第1335页。
〔2〕《长编》卷二四〇，熙宁五年十一月戊辰条，第5841页。

稷；自稷以下者非绝喾以上而遗之，以其自有本统承之故也。若夫尊卑之位，先后之序，则子孙虽齐圣有功，不得以加其祖考，天下万世之通道也。窃以本朝自僖祖以上世次不可得而知，则僖祖有庙，与契、稷疑无以异。今毁其庙而藏其主夹室，替祖考之尊而下附于子孙，殆非所以顺祖宗孝心、事亡如存之义，求之前载虽或有，然考合于经乃无成宪，因情制礼，实在圣时。[1]

"后稷"既是周王朝"受命"之祖，同时也是周王室在世系上所能追尊到的最远的祖先，因此，在经典中，"后稷"有时也被称为"始祖"。王安石等人认为，以僖祖为始祖才符合经典与周制。[2]符合"周制"在熙宁时期即意味着政治正确。僖祖庙议是新法"回向三代"的大政方针在礼制上的延伸。反对改制的天章阁待制孙固即指出：

今为议者必曰：方今天下隆平，人物安乐，不愧治古，而礼乐、文物、祭祀制度谓**宜鄙绝汉唐之所行，而纯取三代之治以为法**，故有僖祖之庙与契稷无异之说。[3]

---

〔1〕《长编》卷二三二，熙宁五年四月壬子条，第5628—5629页。

〔2〕《宋会要辑稿·礼一五之三七》，第669页。又《临川先生文集》卷四二《庙议札子》，《王安石全集》，第809页。

〔3〕《宋会要辑稿·礼一五之三九》，第670页。

> 今议者遂将**斥绝唐汉，上法商周**，此臣所谓慕古而违当世之宜者也。[1]

据孙固所述可知，主张立僖祖庙为始祖庙者，所标举的是三代之法。问题在于，无论经典传统还是实际的制度传统，通行的概念都是“太祖”而不是“始祖”，决定“太祖”身份的关键因素是“受命”而非“世系”上最早的祖先。因此，以僖祖为始祖庙，虽自称复古，实为创新。更为紧要的是，“始祖庙”对“太祖庙”的替代，并不单是名称的改变，更是从根本上改变了宗庙之首的观念含义，不再是祭祀象征“受命”的“太祖”，而是祭祀世系上所能追尊到的最远的祖先。因此，我们还需要理解，王安石等提出的僖祖作为始祖是“上法商周”，是在特定政治背景下，以一定的思想背景为支撑的。正是在这一背景之下，反对派孙固也默认王安石等人所主张的正是“三代之治”。

以僖祖为始祖的观念背景，是宋人对赵匡禘论的普遍接受。前文曾对赵匡禘论有所分析。赵匡以禘祭为天子宗庙始祖之祭，“禘者，帝王立始祖之庙，犹谓未尽其追远尊先之义，故又推寻始祖所出之帝而追祀之”。[2] 在赵匡看来，帝王立始祖庙以及禘祭始祖之所自出，其意义都在于“追远尊先”，天子的身份正是因其代表了最高的孝道。赵匡的禘

---

〔1〕《宋会要辑稿·礼一五之四〇》，第671页。

〔2〕赵匡：《辨禘义》，《春秋集传纂例》卷二，叶一二。

祭理论在宋代被广为接受，深刻影响了宋人对宗庙制度和宗庙祭祀的理解。王安石、陈祥道、张载、程颐、朱熹等都接受了赵匡学说，故程颐、朱熹虽不满王安石新法，仍在始祖庙问题上站在王安石一边，称“介甫所见，终是高于世俗之儒”。[1]甚至可以推测，受这些学者影响的神宗很可能也接受了赵匡学说。《长编》引《礼志》载治平四年九月：“乙酉，祔英宗太庙，上步导神主出至宣德门，群臣奉慰如典礼，罢僖祖讳及文懿皇后忌日。然上疑非礼，乃与安石议。”[2]英宗祔庙，僖祖乃在七世之外，礼应迁毁，神宗却疑“非礼”，或许正是因为神宗受到了赵匡理论的影响。神宗尝论庙祭云：

> 禘者，本以审禘祖之所自出，故礼不王不禘，盖王者竭四海之有以奉神明，大可以及远，故于祖祢之外，又及其远祖，犹以为未足也，推而上之，及其祖之所自出。[3]

神宗之论，几乎就是在阐述赵匡学说。神宗对僖祖祧迁的疑虑是熙宁五年始祖庙议的直接契机。

赵匡理论固然流行，但其接受者毕竟只是一部分，还有一部分人坚持传统说法。因此，始祖议一出，朝中即分为

---

〔1〕《晦庵先生朱文公文集》卷八三《书程子禘说后》，此句为程颐禘说所言。《朱子全书》（修订本）第24册，第3924页。

〔2〕《长编》卷二四〇，熙宁五年十一月戊辰条，第5861页。

〔3〕《宋会要辑稿・礼七之二》，第497页。

两派。我们姑且将支持王安石的一派称为“始祖派”，将持反对意见、主张维持“太祖庙”的称为“太祖派”。反对者的代表人物是翰林学士韩维与天章阁待制孙固。当时参与礼议的人员主要来自三个群体：两制、待制与礼官。中书门下上奏以后，诏书起初令学士院集两制议。[1]而两制中支持王安石的人占了绝对优势，反对者只有韩维一人。因此，韩维要求与待制、台谏、礼官共议。朝廷没有批准韩维台谏集议的请求[2]，最后参与礼议的只有两制、待制与礼官。在两制、待制中，“始祖派”占有压倒性优势，因此王安石一直希望将礼议的范围控制在两制以内。“太祖派”除两制中的韩维以外，另一重要人物是天章阁待制孙固。而在礼官中，两派的势力则较为均衡，其中支持“始祖派”的有同判太常寺兼礼仪事周孟阳、同知太常礼院宋充国、礼院检详文字杨杰、同判太常寺兼礼仪事章衡等[3]；支持“太祖派”的是同判太常寺兼礼仪事张师颜，同知礼院张公裕、梁焘等人。[4]

“始祖派”与“太祖派”论争的核心在于，宗庙是应尊奉世系上最远的“始祖”，还是受命、开国的“太祖”，前者往往强调帝王尊祖敬宗的孝道，后者则强调“太祖”的功业。在经学解释上，双方都能为自己辩护，因为周之后稷恰恰兼备世系之始祖与膺受天命的太祖两重身份，无论是强

[1]《长编》卷二四〇，熙宁五年十一月戊辰条，第5838页。
[2]《长编》卷二四〇，熙宁五年十一月戊辰条，第5847页。
[3]《长编》卷二四〇，熙宁五年十一月戊辰条，第5855页。
[4]《长编》卷二四〇，熙宁五年十一月戊辰条，第5848页。

调“尊祖敬宗”，还是主张“功勋德业”，都能在经典中的后稷形象上找到依据。“太祖派”又指出，在“受命”这一点上，帝制时代的“太祖”与商周的情况又有所不同，“后世有天下者，皆特起无所因，故遂为一代太祖，所从来久矣”。[1]“太祖派”尊奉开国之君为“太祖”，是后世礼制的传统与常态。“始祖派”认为这样的传统不足为据，“汉袭秦故，以高皇帝为太祖之庙，不复如礼经追崇始祖，盖一用诸侯之制尔。魏、晋而下，传继弗永，接以衰乱，礼文残缺。爰及有唐，虽世数绵久，而宗祧制度多不稽古。本朝艺祖平定区夏，追立亲庙，玉牒帝系自僖祖始。僖祖而上世次既不可得而知，则僖祖之为始祖宜矣”。[2]“始祖派”认为，汉代以来宗庙尊奉“太祖”，用的是诸侯礼，据经典、周制，天子应当追尊到“始祖”，而所谓的“经典”，实质意涵是赵匡的经学理论。熙宁始祖庙议在制度上表现为对汉唐礼制传统的超越，在礼学思想上则意味着新的、流行的礼学理论与汉唐经典学说的碰撞。

熙宁始祖庙议在王安石的主导、神宗的支持下，以“始祖派”的胜利告终。这场礼议最富意味的地方却在与“祖宗”关联的郊祀上。传统经学理论中，以“膺受天命”为核心，“太祖”的身份含义在宗庙和郊祀上是一贯的。熙宁时期，以“始祖”改换“太祖”，并通过“始祖”重新定

---

〔1〕《长编》卷二四〇，熙宁五年十一月戊辰条，第5841页。

〔2〕《长编》卷二四〇，熙宁五年十一月戊辰条，第5858页。

义了宗庙祭祀的最高意义。这是否意味着郊祀也要做出相应调整，兹事体大，神宗本意并不想把郊祀牵涉进来，但礼议仍不可避免地延伸到了郊祀。《长编》记载了神宗与王安石的一段对话：

> 上又曰："初不令议配天，诸议者何故及此？"
>
> 安石具以白上，且言："本朝配天之礼，亦皆不合经礼，但此事未害逆顺大伦，欲厘正之，有所未暇耳。"
>
> 上曰："今兹当从谁议？"
>
> 安石曰："宣祖见配感生帝，欲改以僖祖配。"
>
> 上曰："善。"〔1〕

《长编》载："安石本议以僖祖配天，上颇难之，故更以配感生帝。"〔2〕熙宁时期的郊祀配祭当遵循仁宗景祐二年（1035）所定之制，南郊以太祖定配，太宗、真宗迭配，亲祭则太祖、太宗、真宗并侑。岁时常祀，至日圜丘、仲夏皇地祇配以太祖，孟春祈谷、夏雩祀、冬祭神州配以太宗，孟春感生帝配以宣祖，季秋大享配以真宗。〔3〕按照"始祖派"的理论以及郊祀、宗庙之间的相关性，应南郊时以僖祖配天，这不单会冲击太祖及其功业在人们心中的地位，而且会危及祭天配祖所象征的膺受天命的含义。在帝制时代，膺受天命与开

〔1〕《长编》卷二四〇，熙宁五年十一月戊辰条，第5861页。

〔2〕《长编》卷二四〇，熙宁五年十一月戊辰条，第5861页。

〔3〕《长编》卷一一六，景祐二年五月庚子条，第2734页。

国功业紧密相连。神宗也意识到这是改革不能触碰的层面，故一开始便“不令议配天”。王安石的说法令人玩味：“本朝配天之礼，亦皆不合经礼，但此事未害逆顺大伦，欲厘正之，有所未暇耳。”这表明熙宁始祖庙议的产生带有临时性和突发性，它起于神宗的疑虑，在特定的政治环境下，由王安石引导成为熙宁时期的一次大礼议。针对郊祀，王安石的权宜之策，是以僖祖配感生帝。感生帝配祀在宋代的重要性远远不及南郊，这种带有任意性的权变，就使得郊祀和宗庙在礼义上失去了原有的一贯性。更富戏剧性的是，就在始祖庙议看似尘埃落定之时，神宗又对僖祖的始祖身份产生了疑虑，《长编》载：

> 上曰：“然僖祖非始祖，如何？”
>
> 安石曰：“诚如此，与稷、卨（即契）事既不尽同，则郊与不郊无害逆顺之理，裁之圣心，无所不可。”[1]

王安石竟又承神宗之意，承认僖祖的始祖身份确实存在问题，与稷、契的情况不尽相同，轻易推翻了此前的主张。神宗对僖祖始祖身份的质疑，进一步导致元丰四年（1081）禘祭的废除[2]，是为宗庙制度史上的重大变化。

熙宁时期，王安石是礼制变化中的主导力量，但礼制

---

〔1〕《长编》卷二四〇，熙宁五年十一月戊辰条，第5864页。

〔2〕《宋史》卷一百七《礼志》，第2584页。

并不是王安石新法的重点所在，礼制的修订乃因应具体事件而生，并没有整体性的改制设想或细致周全的考虑。在新法的大政方针下，王安石亦曾有意通过礼制彰显“回向三代”的政治理念，但其实用态度又使熙宁时期的礼制订定，务实而富于权变色彩。

2. 元丰礼制复古中的陆佃礼议

熙宁末王安石罢相、神宗独揽朝政后，北宋郊庙礼制开始出现明显的复古转向。史言“神宗在位留意礼乐，欲垂一代之制”。〔1〕史书记载更进一步透露，神宗欲新郊庙，其革新之旨，意在“稽古”：“神宗以降，锐意稽古”〔2〕，神宗“若稽古先，修饰万事，而崇奉郊庙百神之祀，考求典礼，尤为严备”。〔3〕元丰礼制改革发轫于熙宁十年（1077）二月，知谏官黄履请改正现行礼制不合于先王礼制处，奏言：“近因陪侍郊祭，窃观礼乐之用，以今准古，有未合者。盖自秦至于周，文章残缺，有不可考故也。然臣闻礼者，义之实也。协诸义而协，则礼虽先王未之有，犹可以义起，况因其有而正之乎？伏望命有司并群祀考正其大略，而归之情文相称。”〔4〕神宗遂手诏讲求郊庙礼文，令“太常寺置局，仍遣

〔1〕王称：《东都事略》卷九六《黄履传》，孙言诚、崔国光点校，《二十五别史》，齐鲁书社，2000年，第827页。

〔2〕《宋史》卷一四九《舆服一》，第3479页。

〔3〕《长编》卷三〇八，元丰三年九月庚午条，第7481页。

〔4〕《长编》卷二八六，熙宁十年十二月甲午条，第6999页。

定礼官数员，及许辟除官属，讨论历代沿革，以考得失”。[1]元丰元年（1078）正月，详定郊庙礼文所正式成立，成为负担郊庙礼文实际修订的机构。礼文当如何修订？神宗下诏修礼本因现行礼制于古不合，手诏又令“讨论历代沿革，以考得失”，于是礼官很快发现自身面临先王古制与历代沿革之间的权衡取舍之难，遂上奏曰：

> 有事于南郊、荐飨景灵宫、朝飨太庙，大率皆踵唐礼，至于坛壝、神位、大驾、舆辇、仗卫、仪物，亦兼用历代之制。若概以先王之礼，固已不同，必兼用历代之制，则其间情文讹舛甚众。盖有规摹苟略，而因循已久，重于更制者，有事出一时之仪，而不足以为法者。谨先具一二奏陈，恭俟训敕，以为体式。[2]

宋代郊庙礼制大率继踵唐礼，若概法先王，则难于复古；若兼用历代，则其间情文讹舛，积弊难反。出于谨慎，礼官请先进拟一二条目，奏陈取旨，以为修礼体式。事实上，整个《元丰郊庙礼文》的修纂都不同于前代礼书，礼文所并不是将纂定的礼书整体性地修成进上，再由皇帝颁布施行，而是每草拟一条或数条便进奏取旨，最后由检讨官杨全将所下敕

---

〔1〕《长编》卷二八七，元丰元年正月戊午条，第7012页。
〔2〕《长编》卷二八八，元丰元年二月庚戌条，第7042页。

文按类别编纂成书，可以说是一部“编敕”性质的礼书。礼文于元丰五年（1082）书成进上，共三十卷，目录一卷。[1]《元丰郊庙礼文》惜已不存，《长编》《古灵集》等保留了其中部分条文，下面条举分析元丰礼文的内容与改制依据，阐明元丰礼制改革的基本特征。

时间		礼文改制内容	礼文所述改制依据
元丰元年七月	癸酉[2]	请修南郊涤宫，具系养之法。	《礼记·郊特牲》："帝牛必在涤三月。"[3]
	丁丑[4]	请车驾出入宣德门、太庙棂星门、朱雀门、南熏门罢勘契。	《春秋》之义，不敢以所不信而加之尊者。[5]
元丰元年九月	乙酉[6]	请改亲祠圜丘、方泽正配位皆用犊，不设羊豕俎及鼎匕，有司摄事准此。	《礼记·郊特牲》："郊特牲而社稷太牢。"[7]《王制》："祭天地之牛角茧栗。"[8]《尚书》："用牲于郊，牛二。"[9]

〔1〕《长编》卷三二五，元丰五年四月壬戌条，第7819页。

〔2〕《长编》卷二九〇，元丰元年七月癸酉条，第7094—7095页。

〔3〕《礼记正义》卷二六，第1453页。

〔4〕《长编》卷二九〇，元丰元年七月丁丑条，第7097页。

〔5〕《春秋穀梁注疏》卷七，影印世界书局缩印阮刻《十三经注疏》本，上海古籍出版社，1997年，第2393页。

〔6〕《长编》卷二九二，元丰元年九月乙酉条，第7134页。

〔7〕《礼记正义》卷二五，第1444页。

〔8〕《礼记正义》卷一二，第1337页。

〔9〕《尚书正义》卷一五，第211页。

续表

时间		礼文改制内容	礼文所述改制依据
元丰元年九月	戊子[1]	请亲祠圜丘，惟天子升午陛及从升之臣依旧外，其司徒、祝史当升东陛，若有司摄事，则太尉亚、终献，亦由东陛升降。	郊丘之东陛、社坛之西陛，犹庙西阶；郊丘之午陛、社坛之北陛，犹庙阼阶。《仪礼·少牢馈食礼》俎序，升自西阶惟肵俎。[2]
		请太庙、景灵宫亚献、终献，公卿、祝史并由西阶，其赞卫臣僚从君升降者，既从于君，自当由阼。	《仪礼》主人升降自阼阶。
		请郊祀用匏爵。	《礼记·郊特牲》："器用陶匏以象天地之性也。"[3]
		请改正太庙尊彝之数。	《周礼·司尊彝》
		请改太庙同堂异室为八庙异宫。	《礼记·内则》："由命士以上，父子皆异宫。"[4]
		请南北郊先行升烟、瘗血，至荐奠礼毕，即依旧于坛坎燔瘗牲币之属。	《周礼·大宗伯》"以禋祀祀昊天上帝"，"以血祭祭社稷、五祀、五岳"。[5]

〔1〕《长编》卷二九二，元丰元年九月戊子条，第7136—7140页。

〔2〕同上。

〔3〕《礼记正义》卷二六，第1452页。

〔4〕《礼记正义》卷二七，第1462页。

〔5〕《周礼注疏》卷一八，第757页。

续表

时间		礼文改制内容	礼文所述改制依据
元丰元年九月	戊子	请亲祠，惟皇帝饮福、受胙。	《礼记·曾子问》："摄主不厌祭，不旅不嘏，不绥祭，不配。"[1]
元丰元年十一月	壬申[2]	请郊祀坛域设三壝，彻去青绳。	仪注
		请郊祀天地，席以藁鞂，配帝以蒲越，彻去黄褥、绯褥。	《礼记·郊特牲》："莞簟之安而蒲越藁鞂之尚，明之也。"[3]
		请冕服改用朱组为纮，五采藻、五采玉，前后十二旒，表里皆用缯。	《周礼·弁师》："掌王之五冕，皆玄冕、朱里、延、纽。五采藻十有二就，皆五采玉十有二，玉笄朱纮。"[4]
		请修百官五冕及爵弁，各正冕弁之名。	《周礼·司服》
		六冕并用赤舄。	《周礼·屦人》"屦人掌王及后之服屦，为赤舄、黑舄"，郑注云："王吉服有九，舄有三等，赤舄为上冕服之舄。"[5]
元丰二年七月	丁亥[6]	请去太庙荐新不见于经者。	《周礼·渔人》《礼记·月令》《诗·豳风·七月》

〔1〕《礼记正义》卷一九，第1399页。
〔2〕《长编》卷二九四，元丰元年十一月壬申条，第7162—7163页。
〔3〕《礼记正义》卷二四，第1439页。
〔4〕《周礼注疏》卷三二，第854页。
〔5〕《周礼注疏》卷八，第693页。
〔6〕《长编》卷二九九，元丰二年七月丁亥条，第7273—7274页。

续表

时间		礼文改制内容	礼文所述改制依据
元丰二年十月	癸卯[1]	请置籍田、神仓，以供祭祀所用。	《国语》王耕一坺，庶人终于千亩，廪于籍东南，钟而藏之。[2]
元丰三年八月	辛卯[3]	请明堂昊天上帝礼神之玉改用苍璧。其有司摄事五帝，亦乞依《大宗伯》礼神之制，陈玉各仿其方之色。	《周礼·大宗伯》："以苍璧礼天，以黄琮礼地，以青圭礼东方，以赤璋礼南方，以白琥礼西方，以玄璜礼北方。"[4]
	甲午[5]	请亲祠景灵宫、太庙，设御洗于阼阶东南当东溜，皇帝立于洗南，北向盥。	《仪礼》设洗之法，天子四注屋，于阼阶东南当东溜。
	壬寅[6]	请明堂祀英宗，惟配上帝，罢从祀群神，以称严父之意。	《孝经》"孝莫大于严父，严父莫大于配天"，"宗祀文王于明堂以配上帝"。[7]
	甲辰[8]	请昊天上帝、感生帝皆燔牲首以报阳。皇地祇、神州地祇、太社、太稷，凡地祇之祭，皆瘗牲之左髀以报阴。	《周礼·羊人》"祭祀割羊牲登其首"，郑注云："升首报阳也。"[9]

〔1〕《长编》卷三〇〇，元丰二年十月癸卯条，第7309页。

〔2〕《国语》卷一《周语上》，上海古籍出版社，1978年，第18页。

〔3〕《长编》卷三〇七，元丰三年八月辛卯条，第7452页。

〔4〕《周礼注疏》卷一八，第762页。

〔5〕《长编》卷三〇七，元丰三年八月甲午条，第7453—7454页。

〔6〕《长编》卷三〇七，元丰三年八月壬寅条，第7457—7458页。

〔7〕《孝经注疏》卷五，影印世界书局缩印阮刻《十三经注疏》本，上海古籍出版社，1997年，第2553页。

〔8〕《长编》卷三〇七，元丰三年八月甲辰条，第7460—7461页。

〔9〕《周礼注疏》卷三〇，第843页。

续表

时间		礼文改制内容	礼文所述改制依据
元丰三年八月	辛亥[1]	明堂之飨，以莞席代藁秸、蒲越，以玉爵代匏爵，其豆、登、簋、俎、尊、罍并用宗庙之器，惟不祼，可无设彝瓒。不设爟火。	晋挚虞议，明堂之祭，礼同人鬼。[2]
		享太庙及明堂，亚、终献既行礼，然后礼官前导，皇帝饮福受胙。亚、终献则否。	礼受嘏于祭末。
	壬子[3]	请资政殿大学士以上侍祠服鷩冕，观察使以上服毳冕，监察御史以上服絺冕，朝官以上服玄冕，选人服爵弁。从之，仍令供奉官以下至选人皆服玄冕无旒，不用爵弁。	《周礼》六冕之制，“约之《六典》，参以本朝班序”。[4]
元丰三年九月	癸亥[5]	请改衮冕，衣、裳之章各六。	《尚书·益稷》：“日、月、星辰、山、龙、华虫作会；宗彝、藻、火、粉米、黼、黻絺绣。”[6]

〔1〕《长编》卷三〇七，元丰三年八月辛亥条，第7467页。

〔2〕《晋书》卷一九《礼志上》，第587页。

〔3〕《长编》卷三〇七，元丰三年八月壬子条，第7468—7469页。

〔4〕同上。

〔5〕《长编》卷三〇八，元丰三年九月癸亥条，第7477—7478页。

〔6〕《尚书正义》卷五，第141页。

续表

时间		礼文改制内容	礼文所述改制依据
元丰三年九月	丙子[1]	请除去大庆殿宿斋，景灵宫、太庙、南郊，尚衣库供拂翟。	汉乾祐宫中所用，其制不经。
元丰四年四月	戊寅[2]	请凡祈祷郊庙、社稷皆用少牢。	《礼记·祭法》："埋少牢于泰昭，祭时也。"[3]《周礼·太祝》注云："禬禜皆有牲。"[4]祈祷有牲，用少牢。
元丰四年六月	己巳[5]	请凡神之币，皆埋之西阶东，册则藏诸有司之匮。	《礼记·曾子问》："敛币玉，藏诸两阶之间，盖贵命也。"[6]《仪礼·聘礼》："卷币实于笲，埋于西阶东。"[7]《仪礼·特牲馈食礼》司宫扫豆间之祭，埋之两阶间。
		请奏告及祈祷报谢僖祖、翼祖、宣祖、太祖、太宗、真宗、仁宗庙室，并出帝后主，以明天地一体之义。	《礼记·祭统》："铺筵，设同几。"[8]

〔1〕《长编》卷三〇八，元丰三年九月丙子条，第7485—7486页。

〔2〕《长编》卷三一二，元丰四年四月戊寅条，第7570页。

〔3〕《礼记正义》卷四六，第1588页。

〔4〕《周礼注疏》卷二五，第809页。

〔5〕《长编》卷三一三，元丰四年四月己巳条，第7589—7590页。

〔6〕《礼记正义》卷一八，第1393页。

〔7〕《仪礼注疏》卷一九，第1047页。

〔8〕《礼记正义》卷四九，第1605页。

续表

时间		礼文改制内容	礼文所述改制依据
元丰四年九月	壬子[1]	请亲祠大辂入太庙西门，近庙南门即降辂，步入庙，少东，升辇就大次；仍自今群臣奉祠并于西棂星门外下马。	《礼记·曲礼》“国君下斋牛，式宗庙。”[2]
		请更今之坛以为圜丘，奏乐其上，而于丘南设馔于地，以行正祭。	《周礼·大司乐》：“冬日至，于地上之圜丘奏之，若乐六变则天神皆降，可得而礼矣。”[3]《礼记·郊特牲》：“扫地而祭，于其质也。”[4]
元丰四年十月	戊午[5]	请南郊先荐血于神座前，盛以盘，次荐腥，次荐熟，并北郊准此，仍先瘗以致神。	《礼记·郊特牲》：“郊血大飨腥。”[6]
		请改太庙四时荐新之物，春加韭、卵，夏加麦、鱼，秋加黍、豚，冬加稻、雁，以应古礼。	古礼祠礿烝尝，丰约各因其时。

〔1〕《长编》卷三一六，元丰四年九月壬子条，第7654—7655页。
〔2〕《礼记正义》卷三，第1253页。
〔3〕《周礼注疏》卷二二，第789页。
〔4〕《礼记正义》卷二六，第1452页。
〔5〕《长编》卷三一七，元丰四年十月戊午条，第7658—7659页。
〔6〕《礼记正义》卷二四，第1439页。

续表

<table>
<tr><th colspan="2">时间</th><th>礼文改制内容</th><th>礼文所述改制依据</th></tr>
<tr><td rowspan="7">元丰四年十月</td><td>戊午</td><td>请依后汉于坛上设寿星一位，南飨，祀老人星。所有坛下东方七宿位，谓宜不设。</td><td>东汉祀仪、《晋书·天文志》寿星即老人星。</td></tr>
<tr><td rowspan="6">己未[1]</td><td>请祭地祇以五行之神从，以五人神配，用血祭。</td><td>《礼记·礼运》："地秉阴，窍于山川，播五行于四时。"[2]</td></tr>
<tr><td>请社稷以埋血为始。</td><td>《周礼·大宗伯》："以血祭祭社稷。"[3]</td></tr>
<tr><td>请太社壝内设北墉，以备亲祀南向答阴之位，其有司摄事，宜立北墉下少西。</td><td>《礼记·郊特牲》："社祭土而主阴气也。君南乡于北墉下，答阴之义也。"[4]</td></tr>
<tr><td>请宗庙祭祀先祼而后作乐。</td><td>《礼记·郊特牲》"周人尚臭"[5]，先祼而后作乐。</td></tr>
<tr><td>请去宗庙上香之制。</td><td>上香之制，经典所无。</td></tr>
<tr><td>请亲祠太庙，并令户部陈岁之所贡，以充庭实，仍以龟为前列，金次之，玉帛又次之，余为后。从之。</td><td>《礼记·礼器》："（宗庙大飨）三牲鱼腊四海九州之美味也，笾豆之荐，四时之和气也。束帛加璧，尊德也。龟为前列，先知也。金次之，见情也。"[6]</td></tr>
</table>

〔1〕《长编》卷三一七，元丰四年十月己未条，第7662—7664页。
〔2〕《礼记正义》卷二二，第1423页。
〔3〕《周礼注疏》卷一八，第758页。
〔4〕《礼记正义》卷二五，第1449页。
〔5〕《礼记正义》卷二六，第1457页。
〔6〕《礼记正义》卷二四，第1442页。

续表

<table>
<tr><th colspan="2">时间</th><th>礼文改制内容</th><th>礼文所述改制依据</th></tr>
<tr><td rowspan="6">元丰四年十月</td><td rowspan="6">壬戌[1]</td><td>请孟春祈谷、孟夏大雩，惟祀上帝，止以太宗配，亦罢从祀群神，以明事天不二。</td><td>明堂祀英宗惟祀上帝，以类推。</td></tr>
<tr><td>请改筑雩坛于国南，以今寓圜丘非是。</td><td></td></tr>
<tr><td>请仿青城之制，创立斋宫。</td><td>以省重费，且遇雨可行望祭之礼。</td></tr>
<tr><td>请亲祠太庙，既祼之后，太祝以斝酌奠铏南，俟皇帝正祭受嘏讫，命皇子举奠，以明上受祖宗锡羡无疆之休，下示尊崇正统之绪。</td><td>《仪礼·特牲馈食礼》“嗣举奠”。[2]《礼记·文王世子》：“登馂献受爵，则以上嗣。”[3]</td></tr>
<tr><td>请修堕祭仪注，藉以白茅。</td><td>《周礼》《仪礼》堕祭</td></tr>
<tr><td>请社稷五祀先荐爓，次荐熟；四方百物，宫中七祀、司中、司命、风师、雨师，止荐熟。</td><td>《礼记·郊特牲》：“郊血，大飨腥，三献爓，一献熟，至敬不飨味而贵气臭。”[4]</td></tr>
</table>

〔1〕《长编》卷三一七，元丰四年十月壬戌条，第7667—7669页。

〔2〕《仪礼注疏》卷四六，第1189页。

〔3〕《礼记正义》卷二〇，第1408页。

〔4〕《礼记正义》卷二五，第1444页。

续表

时间		礼文改制内容	礼文所述改制依据
元丰四年十月	壬戌	请特诏有司，祠司命、风师、雨师用乐，仍制乐章以为降神之节。	《周礼·大司乐》凡天神、地祇、四望、山川、祖妣，皆分乐而序之。
	甲子[1]	请天神之祀皆燔牲首，所有五帝、日月、司中、司命、风师、雨师、灵星、寿星，并请以柏为柴升烟，以为歆神之始。	《周礼·大宗伯》："以禋祀祀昊天上帝，以实柴祭日月星辰，以槱燎祀司中、司命、风师、雨师。"[2]
		请春秋祈报太社、太稷，谓宜于羊豕之外加以角握牛二。	《礼记·王制》："天子社稷皆大牢，诸侯社稷皆少牢。"[3]
		请兆风师于西郊，祠以立春后丑；兆雨师于北郊，祠以立夏后甲；兆司中、司命、司禄于南郊，祠以立冬后亥。	《周礼·小宗伯》兆帝于四郊，四类亦如之。《熙宁祀仪》："兆日于东郊，兆月于西郊。"[4]
		请罢《熙宁祀仪》孟冬选吉日祭司寒。享司寒于藏冰、启冰之日，出冰之时置弓矢于凌室之户。	《春秋左传》孔颖达正义云："出冰之时置此弓矢于凌室之户，所以禳除凶邪。"[5]

〔1〕《长编》卷三一七，元丰四年甲子条，第7670—7682页。

〔2〕《周礼注疏》卷一八，第757页。

〔3〕《礼记正义》卷一二，第1337页。

〔4〕《长编》卷三一七，元丰四年甲子条，第7670—7682页。

〔5〕《春秋左传正义》卷四二，影印世界书局缩印阮刻《十三经注疏》本，上海古籍出版社，1997年，第2034页。

续表

时间		礼文改制内容	礼文所述改制依据
元丰四年十月	甲子	郊庙实笾豆簠簋者皆贱有司，请以监察祭器官等充。	
		请郊庙、明堂，吏部尚书一员奉爵，以次从皇帝至神座前；左仆射以玉幣进皇帝，奠于地；及酌，尚书左丞以爵授仆射，进爵；皇帝酌献讫，侍郎受幣受爵以赞饮福及焚燎外，宗庙仍尚书设玉几。	
		请亲祠太庙，命礼部尚书一员奉瓒临鬯，礼部侍郎奉盘以次进，皇帝酌鬯裸地讫，侍郎受瓒并盘退。	
		请祭前一日，礼部尚书、礼部侍郎省牲，光禄卿奉牲，告充、告备，礼部尚书省镬；祭之日，礼部侍郎视腥熟之节。	
	丁卯[1]	请享太庙宜自用古制，罢牙盘上食。	

〔1〕《长编》卷三一八，元丰四年十月丁卯条，第7681—7682页。

续表

<table>
<tr><th colspan="2">时间</th><th>礼文改制内容</th><th>礼文所述改制依据</th></tr>
<tr><td rowspan="5">元丰四年十月</td><td rowspan="2">丁卯</td><td>请飨先蚕就北郊为坛，以飨始蚕之人，仍依《开元礼》不设燎坛，但瘗埋以祭，其余自如故事。</td><td>《周礼・内宰》“中春诏后帅内外命妇始蚕于北郊以为祭服。”[1] 又见《开元礼》。</td></tr>
<tr><td>请冕弁改用朱组纮。</td><td>《周礼・弁师》王之五冕皆玉笄朱纮。[2]</td></tr>
<tr><td rowspan="3">辛未[3]</td><td>请翼祖、宣祖时享止于秋尝，僖祖、太祖、太宗、真宗、仁宗、英宗时享外，仍行朔祭庙，仍一献牲，用特牛，若不亲祠则以太常卿摄事，牲用羊。</td><td>《礼记・祭法》“远庙为祧，有二祧，享尝乃止”，“曰考庙、曰王考庙、曰皇考庙，皆月祭之”。[4]</td></tr>
<tr><td>请立七祀。</td><td>《礼记・祭法》：“王为群姓立七祀。”[5]</td></tr>
<tr><td>请亲祠告天地、宗庙、社稷，并依令用牲。</td><td>《礼记・曾子问》“凡告必用牲币”。[6]</td></tr>
</table>

[1]《周礼注疏》卷七，第 685 页。
[2]《周礼注疏》卷三二，第 854 页。
[3]《长编》卷三一八，元丰四年十月辛未条，第 7684—7691 页。
[4]《礼记正义》卷四六，第 1589 页。
[5]《礼记正义》卷四六，第 1590 页。
[6]《礼记正义》卷一八，第 1389 页。

续表

时间		礼文改制内容	礼文所述改制依据
元丰四年十月	辛未	请布陈神坐于室之奥东面，其堂上荐腥，则设神坐于扆前南面。	《仪礼·特牲馈食礼》："祝筵几于室中东面。"[1]《少牢馈食礼》："司宫筵于奥。"[2]
		请令置太庙令。	《周礼·守祧》
		请置祝官典领祀事。	
		请亲祠以御药院内臣一员沃盥，一员授巾。	《周礼·小臣》大祭祀、朝觐沃王盥。[3]
	乙亥[4]	请冬祀昊天上帝与黑帝，服大裘，被以衮，其余非冬祀昊天及夏至祭地，则皆服衮。	《周礼·司服》："祀昊天上帝则服大裘而冕。"[5]陆佃冕服说。
	庚辰[6]	诏南、北郊，差执政官为初献，礼部尚书、侍郎为亚献，太常少卿为终献；诸祭，礼部尚书、侍郎、太常卿初献，太常少卿、礼部、祠不郎中、员外郎为亚献，太常博士为终献；宗庙，亲王、宗室、使相、节	

〔1〕《仪礼注疏》卷四四，第1181页。

〔2〕《仪礼注疏》卷四七，第1198页。

〔3〕《周礼注疏》卷三一，第852页。

〔4〕《长编》卷三一八，元丰四年十月乙亥条，第7691页。

〔5〕《周礼注疏》卷二一，第781页。

〔6〕《长编》卷三一八，元丰四年十月庚辰条，第7695—7696页。

续表

<table>
<tr><th colspan="2">时间</th><th>礼文改制内容</th><th>礼文所述改制依据</th></tr>
<tr><td>元丰四年十月</td><td>庚辰</td><td>度使为初献，正任已上为亚献。已上如阙，即递差以次官充，仍罢监礼。</td><td></td></tr>
<tr><td rowspan="6">元丰四年十一月</td><td>己丑[1]</td><td>增制五辂。</td><td>《周礼·巾车》天子五辂。</td></tr>
<tr><td rowspan="5">癸卯[2]</td><td>请制宗庙九献之礼。</td><td>古制王礼宗庙享礼九献。</td></tr>
<tr><td>请据古改正笾豆尊彝之位。</td><td>《仪礼·特牲馈食礼》《少牢馈食礼》。</td></tr>
<tr><td>请每遇亲祠宗庙，歌者在堂，更不兼设钟磬，宫架在庭，更不兼设琴瑟，堂下匏竹，更不置之于床。其郊坛上下之乐，亦乞依此正之。</td><td>《尚书》“搏拊琴瑟以咏”，“下管鼗鼓，合止柷敔。笙镛以间”。[3]</td></tr>
<tr><td>请郊庙有司摄事，改用宫架十二虡。</td><td>据《周礼·小胥职》《仪礼·大射》，诸侯宫架九虡，天子十二。</td></tr>
<tr><td>请南北郊乐舞纯用羽籥。</td><td>《周礼·大司乐》《云门》《咸池》皆文舞。</td></tr>
<tr><td>元丰五年六月</td><td>己巳[4]</td><td>请所有祀仪不奠副爵。</td><td>《仪礼·特牲馈食礼》《少牢馈食礼》皆一尸，止一爵。</td></tr>
</table>

〔1〕《长编》卷三一九，元丰四年十一月己丑条，第7707页。

〔2〕《长编》卷三二〇，元丰四年十一月癸卯条，第7722—7724页。

〔3〕《尚书正义》卷五，第144页。

〔4〕《长编》卷三二七，元丰五年六月己巳条，第7880—7881页。

续表

时间		礼文改制内容	礼文所述改制依据
元丰五年十一月	己卯[1]	请南郊习仪于青城，明堂习仪于尚书省。	《周礼·小宗伯》："凡王之会同、军旅、甸役之祷祠，肄仪为位。"[2]
元丰六年正月	癸未[3]	请蜡祭四郊各为一坛，以祀四方之神，前期，司农关有不顺成之方，不报。其息民祭仍在蜡祭之后。	《礼记·郊特牲》："八蜡以记四方。"[4]
元丰六年三月	庚子[5]	请太祖孝惠皇后、太宗淑德皇后、真宗章怀皇后升祔太庙。	《仪礼》"夫妻一体"之义。

礼文表明，元丰时期的郊庙礼制是以三《礼》经典所构建起来的"周礼"为标准，并且是带有整体性的制度改革。如冕弁用纮、祭祀用明水明火、祼用郁鬯等细枝末节，均不惮烦地依据经典一一做了调整。既然如此，神宗诏令"讨论历代沿革，以考得失"又当如何解释？由礼文可知，礼文所礼官进奏的礼文除据经典外，往往还有梳理历代制度沿革的内容，而"先王古制"与"历代沿革"之间的统合，就在于历代沿革从事实上提供了现行礼制的历史根源，但经

〔1〕《长编》卷三三一，元丰五年十一月己卯条，第7967页。

〔2〕《周礼注疏》卷一九，第768页。

〔3〕《长编》卷三三二，元丰六年正月癸未条，第7997页。

〔4〕《礼记正义》卷二六，第1454页。

〔5〕《长编》卷三三四，元丰六年三月庚子条，第8039—8040页。

典古制则具有价值上的权威性，是评价历代制度得失、建立今制的准绳。兹以元丰四年十月己未，礼文所请罢宗庙上香为例，礼文云：

> 宗庙之有祼鬯焫萧，则与祭天燔柴，祭地瘗血同意，盖先王以为通德馨于神明。近代有上香之制，颇为不经。按韦彤《五礼精义》曰："祭祀用香，今古之礼并无其文。"《隋志》云："梁天监初，何佟之议郁鬯萧光，所以达神，与其用香，其义一也。上古礼朴，未有此制，今请南郊明堂用沈香，气自然至天，示恭合质阳之气；北郊请用上和香，地道亲近，杂芳可也。"臣等考之，殊无依据。今且崇事郊庙明堂，器服牲币一用古典，至于上香乃袭佟之议。如曰上香亦祼鬯焫萧之比，则今既上香，而又祼焫，求之古义已重复，况《开元、开宝礼》亦不用乎？[1]

礼文所言"宗庙之有祼鬯焫萧，则与祭天燔柴，祭地瘗血同意"，盖据《周礼·大宗伯》"以禋祀祀昊天上帝""以血祭祭社稷、五祀、五岳""以肆献祼享先王"，《礼记》"萧合黍稷，臭阳达于墙屋"。礼文所又据《隋志》指出，宗庙上香起于南朝何佟之议。上香之礼，《开元礼》《开宝礼》俱不用，韦彤《五礼精义》云："祭祀用香，今古之礼并无

〔1〕《长编》卷三一七，元丰四年十月己未条，第7663页。

其文。”可知其制约复用于中唐以后。何佟之建议宗庙上香，是以上香比于经典之祼鬯爇萧，谓“郁鬯萧光，所以达神，与其用香，其义一也”。但礼文所礼官并不接受这一拟制，可见他们所追求的是从制度上对经典礼制的实质性复原。这并不意味着元丰礼文没有任何时代特征，但以《周礼》为代表的礼经作为制礼原则与价值准绳则无疑义。经典的含义并非自明，如何据经复古，取决于礼官如何解释经典。因此，要深入理解依经复古的意义，就需进一步说明礼官在经学解释上的特征。以礼文所请太庙荐毛血以木盘为例，礼官言：

> 荐血之器，礼所不载，惟《周官·玉府》云：“若合诸侯，则共珠盘、玉敦。”**郑氏注**曰：“古以盘盛血，以敦盛食。”**贾公彦**曰：“盘以木为之，以珠为饰。”按《特牲》《少牢》，皆无敦盛血之文。然则取血以告杀，当以盘盛之也。唐**崔沔**议亦曰：“毛血盛于盘。”《宋书志》，南郊以二陶豆盛毛血。《开元礼》、《开宝通礼》及今仪注，皆以豆盛之。礼，豆盛葅醢，登盛羹而已。其荐毛血当以盘，乞于旧文改正。[1]

如礼官所言，宗庙荐血之器，经无明文，郑注以盘盛血，贾疏申说“盘”之形制，盛血以木盘实出郑注、贾疏。又如皇

〔1〕《长编》卷三〇二，元丰三年二月庚戌条，第 7356 页。

帝酢席之面位，礼官言：

> **说者**谓若《特牲》《少牢》，主人受尸酢，户东西面，设主人俎于席前。《司几筵》："祀先王胙席。"**郑氏**曰："胙，读曰酢，谓祭祀及王受酢之席。尸卒食，王酳之，卒爵，祝受之。又酌授尸，尸酢王于户内。"**为疏义者**亦曰："在户内之东西面也。"今仪注，亲飨太庙饮福位，乃诣东序，又俟入室，俱一献讫受胙，并不应古义。伏请诸庙各设莞筵纷纯，加缫席画纯，于户内之东西面，皇帝亲行三献礼成，于此受嘏。[1]

按，所谓"说者谓""为疏义者曰"并出贾公彦《周礼疏》。皇帝受酢设席，礼出《周礼·司几筵》"祀先王胙席"，而其面位则出郑注、贾疏据《特牲》《少牢》所载大夫、士礼所推天子礼。再如礼文所请祭天之簠、簋、尊、豆依礼经用陶器，其云：

> **先儒**言天地外神用瓦簋，《考工记》"旊人为簋"是也。故**孔颖达**云陶器谓酒尊豆簋之属。又《礼器》言樿杓以素为贵，**郑氏**注樿，白理涩木也。而今之祀仪乃用龙杓。伏请圜丘祀昊天上帝，方泽祭皇地祇，正配位所设簠、簋、尊、豆改用陶器，仍以樿为杓，

〔1〕《长编》卷三〇二，元丰三年二月庚戌条，第7356页。

庶合尚质之意。[1]

按："先儒言天地外神用瓦簋"，说出《周礼》贾疏。《礼记·郊特牲》云"器用陶匏，以象天地之性也"，贾、孔疏进一步说明陶器的范围。又经文"樿杓"之意，则用郑玄注。

综观史料所保留的礼文，礼文所礼官在解释经典时所依据的是以注疏为代表的传统经说，而于时人新解则绝少涉及。如所周知，自庆历时始，包括礼学在内的经学迥异于注疏之学；熙宁八年（1075），王安石等奉敕修纂的《三经义》书成颁行，取代注疏成为官方取士标准，但这些经学上的变化并没有反映在元丰郊庙礼制改革的实践中。首先，这与礼文所礼官的知识背景有关。《长编》记载，元丰元年礼文所初成立时，礼官有："判太常寺、枢密直学士陈襄，崇政殿说书、同修起居注、太子中允、集贤校理黄履，太常博士、集贤校理李清臣，秘书丞、集贤校理王存，详定郊庙奉祀礼文；太常寺主簿、秘书丞杨完，御史台主簿、著作佐郎何洵直，国子监直讲、密县令孙谔充检讨官。"[2]元丰三年（1080）正月，张璪又以翰林学士而兼详定官。[3]以上礼官的经学均养成于注疏为官学的时代，并无一与于新的经学学

[1]《古灵先生文集》卷一九《详定礼文》"祭天之器用陶匏"，中华再造善本影印上海图书馆藏宋绍兴三十一年（1161）陈辉刻本，国家图书馆出版社，2005年，叶二五。

[2]《长编》卷二八七，元丰元年正月戊午条，第7012页。

[3]《长编》卷三〇四，元丰三年五月甲子条，第7401页。

术潮流。其次，在解释的全面与系统性上，北宋礼学远不足与汉唐传统礼学相比，在实践层面，礼官无法不借助于传统礼学。不过，礼文所并非铁板一块。在礼文所礼官当中，真正的礼学名家，是元丰二年（1079）进入礼文所的陆佃。史称陆佃“于礼家、名数之说尤精”〔1〕，神宗称陆佃礼学：“自王、郑以来，言礼未有如佃者。”〔2〕朱子云：“荆公门人陆农师自是煞能考礼。”〔3〕朱子门人亦云：“自《通典》后无人理会礼，本朝但有陈祥道、陆佃略理会来。”〔4〕可见宋人对荆公门人的礼学评价甚高，超越了党派门户之见。元丰时期的一些重要礼制论争，主要就发生在陆佃与其他礼官之间。元丰时期两次有名的礼议——“大裘议”与“昭穆议”〔5〕，已有学者分别对论争形成的原因及其制度、学理意涵进行过阐释。〔6〕

---

〔1〕《宋史》卷三四三《陆佃传》，第10920页。

〔2〕《宋史》卷三四三《陆佃传》，第10918页。

〔3〕《朱子语类》卷八七《小戴礼》“乡饮酒”，《朱子全书》（修订本）第17册，第2990页。

〔4〕《朱子语类》卷八五《仪礼》“士昏”，《朱子全书》（修订本）第17册，第2902页。

〔5〕按：除“大裘议”“昭穆议”外，元丰时期更为著名的礼制论争是有关天地分祭的讨论。不过，元丰时期，礼官在分祭天地这一点上大体具有共识，分歧主要体现在礼的具体实现形式，故此处暂置不论。

〔6〕关于“大裘议”，阎步克在《服周之冕——〈周礼〉六冕礼制的兴衰变异》中指出，陆佃、陈祥道提出“以衮袭裘”的新理论，是为了迎合君主“尊君卑臣”的心理，第401—407页。关于“昭穆议”，旧有李衡眉的研究，参见氏著《昭穆制度研究》附录《宋代宗庙中的昭穆制度问题》，齐鲁书社，1996年，第236—253页。华喆从礼学的角度对陆佃昭穆学说做了重新评价，见《父子彝伦：北宋元丰昭穆之议再评价》，《中国哲学史》2017年第3期，第18—29页。

此处将重点分析陆佃在不同礼议中所表现出的一贯特征，说明在“回向三代”的总体背景下，陆佃与其他礼官在如何认知“先王之礼”上存在的方法与观念分歧。

（1）大裘议

中国古代帝王服以祭祀的冕服，本于《周礼》“六冕”礼制，郑玄基于《周礼》建立的冕服理论则奠定了冕服礼制的理论基础。据《周礼》及郑玄礼说，王祀昊天上帝及五帝服大裘。作为最高等级的冕服，大裘无章无旒，质而无文，体现了礼“祭天尚质”的精神。不过，自汉明帝永平冕制以来，历代皇帝多服衮冕祭天，只在复古思潮与《周礼》影响凸显的某些时期，“大裘”才在皇帝祭祀中出现。宋初《开宝通礼》袭《开元礼》之旧，祀天服大裘，但是否付诸实践则存在争议。[1]史料透露，太宗时起，宋帝郊天服衮而非大裘。[2]《长编》元丰四年（1081）十月乙亥条记：“冬祀昊天与黑帝，请皆服大裘，被以衮，其余非冬祀昊天及夏至祭地，则皆服衮。从之。”[3]《长编》所记是礼文所最后依奏的礼文，从陆佃说。礼文所初进大裘议的具体月份，史料无

〔1〕阎步克指出，有学者认为宋初并未实用大裘，如崔圭顺《中国历代帝王冕服研究》（东华大学出版社，2007年）、王雪莉《宋代服饰制度研究》（杭州出版社，2007年），阎步克认为，大裘冕在太祖时期是被造、被用了的，见《服周之冕——〈周礼〉六冕礼制的兴衰变异》，第394页。

〔2〕参阎步克：《服周之冕——〈周礼〉六冕礼制的兴衰变异》，第398—399页。

〔3〕《长编》卷三一八，元丰四年十月乙亥条，第7691页。

明确记载，只能确定是在元丰四年。[1]礼文所初时奏文，见《宋史·舆服志》：

> 《周礼·司裘》“掌为大裘，以供王祀天之服”，《司服》“王祀昊天上帝则服大裘而冕，祀五帝亦如之。享先王则衮冕”。而《礼记》云：“郊祭之日，王被衮以象天，戴冕璪十有二旒，则天数也。”王肃据《家语》，以为临燔柴，脱衮冕，着大裘。则是《礼记》被衮，与《周礼》大裘，郊祀并用二服，事不相戾，但服之有先后耳。是以《开宝通礼》：“皇帝服衮冕出赴行宫，祀日，服衮冕至大次；质明，改服大裘而冕出次。”盖衮冕盛服而文之备者，故于郊之前被之，以至大次。既临燔柴，则脱衮冕服裘，以明天道至质，故被裘以体之。今仪注，车驾赴青城，服通天冠、绛纱袍。祀之日，乃服靴袍至大次，服衮冕临祭，非尚质之义。乞并依《开宝通礼》。[2]

又言：

> 臣等详大裘之制，本以尚质，而后世反以尚文，故冕之饰大为不经。而礼书所载，上有垂旒加饰，又

---

〔1〕《宋史》卷一五一《舆服志》，第3517页。
〔2〕《宋史》卷一五一《舆服志》，第3517—3518页。

异“大裘不裼”之说。今参考诸说，大裘冕无旒，广八寸，长一尺六寸，前圜后方，前低寸二分，玄表朱里，以缯为之。玉笄以朱组为纮，玉瑱以玄紞垂之。为裘以黑羔皮，领袖以黑缯，纁裳朱绂而无章饰。佩白玉，玄组绶。革带，博二寸，玉钩𫜩，以佩绂属之。素带，朱里，绛纯其外，上朱下绿。白纱中单，皂领，青褾、襈、裾。朱袜、赤舄、黑絇、繶、纯。乞下所属制造。其当暑奉祠之服，乞降梁陆玮议以黑缯为裘，及唐《舆服志》以黑羔皮为缘。[1]

礼文所的要旨有二，一是指出现行的祭天之服，乃先服靴袍至大次，祭之日服衮冕临祭，请改为服衮冕至大次，祭之日以大裘临祭；其次是采用无旒之玄冕。按祭天服大裘盖出《周礼·司服》，然而从汉明帝永平年间开始，历代皇帝的祭天之服大部分都用的是衮冕而非大裘。[2]礼文所引用《开宝通礼》云“皇帝服衮冕出赴行宫，祀日，服衮冕至大次；质明，改服大裘而冕出次”，似乎祭天是用大裘，然而这不过是沿袭《开元礼》的具文罢了，开元十一年（723），玄宗已将大裘冕正式废除不用。[3]因此，礼文所所谓用《开宝通礼》，并不是回到宋初或唐制，而是因《开元礼》在内容上与经典相近。礼文所的冕服议基本以郑玄冕服理论为根基，

〔1〕《宋史》卷一五一《舆服志》，第3518页。

〔2〕 参阅步克：《服周之冕——〈周礼〉六冕礼制的兴衰变异》。

〔3〕《旧唐书》卷四五《舆服志》，第1940页。

也就是以《周礼·司服》“王祀昊天上帝则服大裘而冕”为天子祭天之服的核心依据。大裘用无旒之玄冕，则是从《周礼·弁师》郑注“大裘之冕盖无旒”之说。《礼记·郊特牲》又云：“祭之日，王被衮以象天。”此与《周礼》不同，郑玄以《礼记》所记为鲁礼。礼文所又提到王肃理论，云：“王肃据《家语》，以为临燔柴，脱衮冕，着大裘。则是《礼记》被衮，与《周礼》大裘，郊祀并用二服，事不相戾，但服之有先后耳。”按，礼文所对王肃理论的引述是错误的。《孔子家语》谓：“天子大裘以黼之，被裘象天。乘素车，贵其质也。旂十有二旒，龙章而设以日月，所以法天也。既至泰坛，王脱裘矣。服衮以临燔柴，戴冕藻十有二旒，则天数也。”[1]王肃据此认为，天子祭天先服大裘，步至祭坛则脱裘服衮。礼文所将王肃“脱裘服衮”之说误作“脱衮服裘”。“脱衮服裘”，其实是曹魏时张融对王肃之说的变易[2]，可以说是对郑玄说与王肃说的一种调和。《开元礼》抑或《开宝礼》皇帝先服衮冕至大次，等到质明行事时改服大裘与张融皇帝至泰坛“脱衮服裘”之说并不完全一致，这是礼书编纂者的进一步改造。礼文所的礼议，大体沿袭先儒旧说，但他们对先儒旧说的掌握相当粗疏。这种情况或许与当时礼学教

〔1〕《孔子家语》卷七《郊问第二十九》，光绪二十四年（1898）玉海堂影刻宋蜀本，叶五。

〔2〕《礼书》卷一“大裘而冕”条陈祥道语，《北京图书馆古籍珍本丛刊》影印国家图书馆藏元至正七年（1347）福州路儒学刻明修本，书目文献出版社，2000年，第17页。

育整体式微、朝廷掌礼乏人的境况有关。元丰二年（1079），判国子监张璪曾上言："治《礼》举人，比《易》《诗》《书》人数绝少，乞自今在京发解礼部进士，《周礼》《礼记》比他经分数倍取。"[1]可见当时朝廷整备礼制，又缺乏礼学专门人才的窘境。

除礼文所的上述提案外，陆佃提出了另一方案。陆佃之说的要旨有二：一是祭天之服应以大裘被衮，也就是采用大裘外面套衮衣的形式，二是大裘与衮冕当同用十二旒之冕。

> 臣看详冕服有六，而《周官·弁师》云"掌王之五冕"，则大裘与衮同冕矣。故《礼记》曰："郊之日，王被衮以象天，戴冕璪十有二旒，则天数也。"又曰："服之袭也，充美也。礼不盛服不充，是故大裘不裼。"此明王服大裘，以衮衣袭之也。先儒或谓周祀天地皆服大裘，而大裘之冕无旒，非是矣。盖古者裘不徒服，则其上必皆有衣，故曰"缁衣羔裘""黄衣狐裘""素衣麑裘"。如郊祀徒服大裘，则是表裘以见天地，表裘不入公门，而乃欲以见天地，可乎？且先王之服，冬裘夏葛以适寒暑，盖未有能易之者也。郊祀天地有裘无衮，则夏祀赤帝与夏至日郊祭地示，亦将被裘乎？然则王者冬祀昊天上帝，中裘而表衮，明矣。至于夏

[1]《长编》卷二九九，元丰二年八月辛酉条，第7288—7289页。

> 祀天神地示，则去裘服衮以顺时序。《周官》曰："凡四时之祭祀，以宜服之。"明夏必不衣裘也……今欲冬至禋祀昊天上帝服裘被衮，其余祀天及祀地示并请服衮去裘，各以其宜服之。[1]

陆佃认为，天子祭天地以服"衮冕"为正，冬至祭天服大裘被以衮衣，故又称为"大裘"，夏至祭地则"脱裘服衮"。陆佃在《周礼》"祀昊天上帝则服大裘而冕"、《礼记》"王被衮以象天"的基础上引入《玉藻》"服之袭也，充美也""礼不盛服不充，故大裘不裼"，"充"意为覆盖，说明祭天服大裘，上面是有衣服覆盖的，结合《礼记》"王被衮以象天"，可以推断，大裘所被之衣即衮衣，说明天子冬至祭天是"服裘被衮"的。陆佃又引《诗》"缁衣羔裘""黄衣狐裘""素衣麑裘"，《玉藻》"表裘不入公门"，说明"古者裘不徒服，则其上必皆有衣"。其实，裘上有衣，经有明文，郑玄自然也这么认为，只不过郑玄以大裘为玄衣玄冕，陆佃并没有就此回应郑玄，至少在论证上还显得不够完整。从结果来看，陆佃此说得到了神宗的认可和采纳，元丰六年（1083）亲郊之时，神宗即服大裘而加衮冕。[2]陆佃礼说的特别之处究竟体现在哪里？陆佃此说的论证思路在其同门陈祥道的《礼书》中有更详尽的阐述，二人的礼学在方法上有很强的相似

---

〔1〕陆佃：《元丰大裘议》，《陶山集》卷五，影印文渊阁《四库全书》本，台北商务印书馆，1986年，第1117册，第93—94页。

〔2〕《宋史》卷一五一《舆服志》，第3519页。

性。陈祥道的论述更完整精致，也更易见其特色。其说较长，为分析之便，先备录祥道说于下：

《**周官·司裘**》“掌为大裘，以供王祀天之服”，《**司服**》“祀昊天上帝则服大裘而冕，祀五帝亦如之，享先王则衮冕”。《**礼记**》曰：“郊之祭，王被衮以象天，戴冕藻十有二旒，则天数也。”郑司农曰：“大裘，黑羔裘，服以祀天，示质也。”然则合《周官》《礼记》而言之，王之祀天，内服大裘，外被龙衮，龙衮所以袭大裘也。《**记**》曰：“裘之裼也，见美也。服之袭也，充美也。礼不盛，服不充。”故大裘不裼，则袭衮可知也。议者以《司裘》言大裘祀天而不及衮，《司服》言“大裘而冕”，祀昊天上帝在衮冕之上；又《**节服氏**》“衮冕六人，维王之太常”“裘冕二人，执戈送逆尸”，是衮冕与裘冕不同，谓之大裘而冕则不加衮矣。是不知先王祀天以冬至之日为正，而裘又服之本也，故取大裘以名之，犹之朝服缁衣羔裘，而《**诗**》独称“羔裘如濡”“羔裘豹祛”“羔裘逍遥”。燕服玄端，蜡服黄衣，皆狐裘，而《诗》独称“狐裘以朝”“狐裘蒙茸”“狐裘黄黄”，则裘之上未尝无衣也。裘之上未尝无衣而衣之下有不用裘，故《**屦人**》曰：“凡四时之祭祀，以宜服之。”则凡春夏秋之祀不必服裘，所以适时之宜而已。《**月令**》孟冬天子始裘，然则先儒谓服大裘以祭地示亦非。由是观之，“裘冕以维太常”者，不必有裘，“裘冕以送逆尸”者，必有衣也。《**记**》曰尸袭而不裼，送逆尸者象之。郑氏曰裘冕从尸服。则裘冕加衮，又可知也。古者犬羊之裘，不裼必袭之也。“表裘不入公门”，必裼之也。是裘有裼之而不袭，有袭之而不裼，未有表之而不裼袭者，则徒服大裘而无袭，非礼意也。《语》曰“亵裘长”，则凡行礼之裘短矣。果徒服大裘而加长焉，其与亵裘奚异哉？亵衣带下尺，明衣长下膝，则凡祭礼之裘盖与明衣齐。《郑志》谓大裘之上又有玄衣，此尤无据也。《礼记》唯君黼裘以誓省，大裘非古也。则戒誓省眡用黼裘，而后世服大裘焉。故记者讥之。《家语》谓大裘黼文以象天，王至泰坛脱裘服衮，盖王肃托孔子以信其说。张融疑王肃，以变其论。然《记》曰“郊之日，王皮弁以听祭报”，则前祭未尝服大裘也。又大裘无文，与黼不同，二者之说误矣。裘以大名之，犹所谓大羹、大圭，取其质也。夫先王祀天有文以示外，心之内有质以示内心之敬，故因丘、扫地、陶匏、藁秸、疏鼏、樿杓、素杓、素车之类，此因其自然以示内心之敬者也。执镇圭、缫藉五采五就，旂龙章而设日月，四圭有邸，八变之音，黄钟大吕之钧。此致其文饰以示外心之勤者也。然则内服大裘以因其自然，外被龙衮，戴冕藻以致其文饰，不以内心废外心，不以自然废文饰，然后事天之礼尽矣。[1]

陈祥道对经典中有关“大裘”的内容做了详细征引。除一般

〔1〕 陈祥道：《礼书》卷一，第17—18页。

讨论大裘常引据的经文外，还引到了《毛诗》《论语》等。此处，在郑玄学说里，《周礼》的地位显要，与郑玄相比，陈祥道立说并不以某经书或经文为“主轴”。陈祥道礼说的基本特征，一是文献的范围广泛，二是这些文献之间不存在价值秩序。这里“大裘”所涉及的文献都出自经典，但若放眼整部《礼书》，陈祥道立说的依据实际并不拘泥于经典，在他的观念里，经典和其他子书、史书之间并无根本的价值区分。也就是说，陈祥道的礼学是广泛搜罗古代文献，对古代礼制进行综合考证的学问，与注疏之学以经典及其文本解释为核心的礼学形态有着本质区别。

礼学学术上的根本差异，导致了陆佃在立说上和礼文所其他礼官之间的隔阂。神宗之所以最终采用陆佃或陈祥道的大裘说，一方面，正如阎步克的解释，陆、陈的学说，以华丽的衮冕为天子祭天之服，迎合了帝王“尊君卑臣”的心理，让神宗觉得非常受用。〔1〕另一方面，也不应忽视陆、陈礼说本身的精致。后儒如王昭禹、郑锷、戴震、金榜、江永、宋绵初、金鹗、庄有可、黄以周等皆承陆佃、陈祥道说〔2〕，北宋以降，陆、陈学说取代郑玄成为了更主流的冕服理论。

通过研究陆佃、陈祥道冕服学说的系统性，可使进一步呈现其大裘礼议的学理背景。他们不仅针对天子冕服有

---

〔1〕 阎步克：《服周之冕——〈周礼〉六冕礼制的兴衰变异》，第393—407页。

〔2〕 参见孙诒让在《周礼正义》中的梳理，《周礼正义》卷四〇，第1626页。

“服裘被衮”之说，而且对天子之臣、诸侯之臣、天子之臣之妻、诸侯之臣之妻的冕服服等都提出了新的说法。清代学者的冕服理论大体继承陆佃、陈祥道的基本思路，而对郑玄学说多有批评。下面进一步分析陆佃、陈祥道对诸臣与诸臣之妻的服等安排，特别是通过与郑玄学说的对比，彰显两种学术旨趣与学说性质的差异。清代学者之所以认同陆佃、陈祥道，与其说是陆佃、陈祥道的学说更“正确”，不如说是他们的礼学考证在性质上与清代礼学更为契合。

郑玄对诸臣的冕服排列，阎步克已做了详细研究[1]，不过阎步克对郑玄思路的阐释似可进一步讨论。诸侯的冕服，《周礼·司服》有比较清楚的记载，相较之下，诸臣的冕服则较为模糊，解释的空间更大。正如阎步克指出的，诸臣有天子之臣和诸侯之臣，但《司服》未尝区分二者，存在解释上的多重可能。《司服》云：

> 公之服，自衮冕而下，如王之服；侯伯之服，自鷩冕而下，如公之服；子男之服，自毳冕而下，如侯伯之服；孤之服，自希冕而下，如子男之服；卿大夫之服，自玄冕而下，如孤之服。[2]

《司服》所载究竟为天子之臣还是诸侯之臣，阎步克认为郑

---

〔1〕 阎步克：《服周之冕——〈周礼〉六冕礼制的兴衰变异》，第124—133页。
〔2〕《周礼注疏》卷二一，第783页。

玄的理解是诸侯之臣。那么，在郑玄看来，天子之臣的冕服为何，阎步克通过《内司服》注对郑玄的思路进行了复原。在《内司服》注中，郑玄释“外命妇”之服云：

> 外命妇者，其夫孤也，则服鞠衣；其夫卿大夫也，则服展衣；其夫士也，则服缘衣。三夫人及公之妻，其阙狄以下乎？侯伯之夫人揄狄，子男之夫人亦阙狄，唯二王后袆衣。[1]

阎步克指出，郑玄对“外命妇”的定义是天子之卿大夫士之妻。根据郑玄的外命妇服等，就可以推出天子之臣的服等为：三公毳冕，孤希冕，卿大夫玄冕，与《司服》诸侯之臣服同；由诸侯之臣的服等，又可以推出诸侯臣妻的服等。阎步克进一步提出，天子之臣与诸侯之臣，在爵名相同的情况下命数不同，但郑玄以同一爵名的天子之臣与诸侯之臣的冕服相同，也就是说，郑玄对天子之臣、诸侯之臣冕服安排的特点是以爵不以命数。

以上对郑玄思路的阐释，受贾公彦影响，而将郑玄的思路复杂化了，并没有准确反映郑玄的意旨。首先，《司服》所载诸臣服等，是天子之臣还是诸侯之臣，经文未尝明确给定，郑玄也未指明，指出《司服》所载为诸侯之臣服等者乃贾公彦。贾疏云：“陈天子吉凶之服讫，自此以下陈诸侯及

〔1〕《周礼注疏》卷八，第691页。

其臣之服，贵贱不同之事也。”按照贾疏的体例，这是贾公彦在解释经文的含义。虽然贾公彦在解释经义时要以郑意为本，但此处的说法并非本于郑玄，他的立说依据，见《内司服》疏：“《司服》孤卿大夫士文承诸侯之下，皆据诸侯之臣而言。”[1]也就是说，以《司服》所载为诸臣冕服，是贾公彦依据经文书写进行的发明，郑玄是否也这样认为，在郑注中没有明文依据。其次，阎步克认为《内司服》郑注中的“外命妇”服等是天子诸臣之妻之服，似与郑意不符。郑玄定义的“外命妇”不仅指天子诸臣之妻，九嫔、世妇、女御外的命夫之妻皆可称作“外命妇”。《春官·肆师》言：“禁外内命男女之衰不中法者，且授之杖。”郑注云：“外命男，六乡以出也；内命男，朝廷卿大夫士也，其妻为外命女。”[2]“外命男”“内命男”之妻皆为“外命女”。“外命男”是指乡遂及之外的大夫、士等。贾疏云：“云内外男女者，无正文，郑以意言之，以王宫为正，朝廷在王宫内为内命男，故以六乡、六遂及公邑大夫等皆为外命男。其妻总为外命女者，此对三夫人已下既为内命女，则此朝廷及六乡以外卿大夫妻为外命女可知。”[3]孙诒让解释郑义最为清楚：“云其妻为外命女者，此统承上内外命男之妻言之。明此外命女不系夫为内外，乃对内命女九嫔以下为文，其夫虽为内命男，妻仍为外命女也。外内命男女，《屦人》亦谓之外内命夫命

〔1〕《周礼注疏》卷八，第692页。
〔2〕《周礼注疏》卷一九，第769页。
〔3〕同上。

妇。《内宰》亦云外命妇。先郑彼注云‘外命妇，卿大夫之妻’，后郑云‘士妻亦为命妇’。故此外命女亦通卿大夫士妻也。”[1]“外命妇”盖相对“内命妇”而言的命夫之妻，故先郑、后郑统称“卿大夫”“士”之妻，并不区分天子还是诸侯之卿大夫士。其三，郑玄在《内司服》注中推断外命妇服等的依据，是与《司服》相比照，如贾疏言：“云外命妇者，其夫孤也，则服鞠衣，其夫卿大夫也，则服展衣，其夫士也，则服褖衣者，此约《司服》孤絺冕，卿大夫同玄冕，士皮弁三等而言之。”[2]按照阎步克的理解，则是《内司服》天子之臣之妻之服，与《司服》诸侯之臣之服，构成了一一对应关系，而天子之臣之妻与诸侯之臣间，原则上并不构成比例关系。

回到郑玄的思路，《司服》经文既未尝在天子与诸侯之臣间做出明确区分，郑玄也没有区分天子与诸侯之臣，所谓孤、卿、大夫、士，兼包天子之臣与诸侯之臣言；《内司服》注中所言“外命妇服”同样不分天子还是诸侯之臣之妻，而是通谓天子、诸侯之臣之妻。这样，《司服》与《内司服》之间才能形成对应关系。也就是说，郑玄没有刻意考虑天子之臣与诸侯之臣间的区分，在解释《内司服》外命妇的服等时，也只是将《司服》与《内司服》做了一个对应。这从制度考实的角度来说不无缺陷，但若仅从《周礼》经文的解释

〔1〕孙诒让：《周礼正义》卷三七，第1478页。
〔2〕《周礼注疏》卷八，第692页。

来说已经足够自圆其说。郑玄的诸臣服等以爵不以命数，应当不是郑玄从冕服制度角度刻意得出的结论，而是《周礼》经文本身只谈了爵等，未尝涉及命数。贾公彦在解释经文及郑注时，虽然区分了天子之臣与诸侯之臣，却同样不是在考虑诸臣服等的制度问题。如前所论，贾公彦提出，《司服》所述孤、卿、大夫、士是诸侯之臣，没有郑注的直接依据，而是根据经文书写顺序做出的发明。正因贾公彦对《司服》做了如此理解，才不得不在《内司服》中又衍生出一段从诸侯之臣服、天子之臣之妻服到天子之臣服、诸侯之臣之妻服间的迂曲论证。总之，从郑注到贾疏，其核心关切与学说性质都未尝越出《周礼》本身的解释范围。

陆佃、陈祥道与注疏的差异，首先反映为问题意识的不同。陆佃、陈祥道出于对诸臣、诸臣之妻冕服制度的考求，综合了不同文献。正如前述天子"服裘被衮"问题的讨论，陆佃、陈祥道认为诸臣服等以命数，缘于《礼记》《仪礼》《毛诗》等文献的引入。陆佃《礼象》论：

> 上公衮冕，则妻副袆。《记》曰"君衮冕立于阼，夫人副袆立于东房"是也。侯伯鷩冕则妻揄翟，《记》曰"王后袆衣，夫人揄翟"是也，王之三公同。子男毳冕，则妻屈狄，《记》曰"君命屈狄"是也，王之卿同。其夫希冕，则妻自鞠衣而下，天子之大夫是也，公之孤同。其夫冕，则妻自展衣而下，天子之上士是也，公之卿大夫同。其夫爵弁，则妻自褖衣而下，小

国之大夫是也。其夫朝服也，则妻自霄衣而下，小国之士是也。“毳衣如菼”，刺大夫之诗也。大夫希冕，今曰毳衣，则上大夫卿也，卿服毳冕，则三公宜服鷩冕，先儒谓服毳冕，误矣。《王制》曰“三公一命衮”，明服鷩冕也。[1]

又，陆佃《礼记解》云：

此言“大夫若冕而祭于公则弁而祭于己，士弁而祭于公则冠而祭于己。若下大夫一命，弁而祭于公则冠而祭于己可知。下士不命，冠而祭于公则端而祭于己亦可知。《少牢》朝服而祭，下大夫也。《特牲》冠端玄而祭，下士也。王之上士三命服玄冕，则弁而祭于己矣。然则一命大夫不冕，虽士三命有服冕者，据大夫五、士三（作者按：即《礼器》：天子之冕朱绿藻，十有二旒，诸侯九，上大夫七，下大夫五，士三）”。[2]

关于“三公”服等，郑玄据《司服》以爵等推测为“毳冕”，陆佃引《毛诗》《王制》，论证当依命数服“鷩冕”。“三公”服等既定，则天子之臣、诸侯之臣及其妻之服等皆可按命数依次推排。《礼记解》据《礼器》论证士有玄冕，也可反推

〔1〕《山堂考索·前集》卷四三《礼器门》，影印明正德三年（1508）慎独斋刻本，台北新兴书局，1996年，第1098—1099页。

〔2〕《礼记集说》卷一〇二，叶八，抄补叶。

出三公鷩冕，并且诸臣冕服是以命数排布。如上，陆佃对自己的推排，亦皆证以《礼记》,《礼象》又云：

> 王之大夫四命希冕，其妻鞠衣；上士三命玄冕，其妻展衣；中士再命爵弁，其妻展衣；下士一命皮弁，其妻褖衣。盖鞠衣视希冕，展衣视玄冕爵弁，褖衣视皮弁。公之孤四命希冕，其妻鞠衣。《杂记》曰“内子鞠衣”是也。其卿三命，其大夫再命，皆玄冕，其妻展衣。《丧大记》曰“大夫以玄赪，世妇以襢衣”是也。其士一命无爵弁，自皮弁以下其妻褖衣，若子男之大夫一命无玄冕，自爵弁而下其妻襢衣，其士不命，无皮弁，自朝服而下其妻宵衣，《礼记》曰：“大夫冕而祭于公，弁而祭于己。士弁而祭于公，冠而祭于己。”然则大夫弁而祭于己，惟一命之大夫，士冠而祭于已，惟不命之士尔。《少牢礼》主人朝服，主妇被裼衣，侈袂。《特牲礼》主人冠玄端，主妇缅笄宵衣是也。……《玉藻》曰：“君命屈狄，再命袆衣，一命襢衣，士褖衣。”此言士妻褖衣，若加一命则服襢衣，故曰一命襢衣。[1]

外命妇的冕服服等、诸臣之服与妻服的对应关系，陆佃与郑玄有两点不同。其一，郑玄以展衣（襢衣）对卿大夫玄冕，陆佃以展衣（襢衣）对三命玄冕，又以展衣对王之中士再命

〔1〕《山堂考索·前集》卷四三《礼器门》，第1105页。

爵弁，盖据《礼记·玉藻》曰："君命屈狄，再命袆衣，一命襢衣，士褖衣。"陆佃谓"此言士妻褖衣，若加一命则服襢衣，故曰一命襢衣"。其二，陆佃又据《少牢》《特牲》，以宵衣对玄端。自陆佃、陈祥道后，无论是诸臣还是外命妇的服等，清代学者如金鹗、孔广森、孙诒让等从论证思路、理据与基本主张上皆踵陆、陈。金鹗《三公服毳冕辨》论：

> 《王制》云"三公一命卷"，郑注云："卷，俗读也。其通则曰衮。三公八命矣，复加一命则服龙衮，与王者之后同。"夫加一命即得服衮冕，则其本服鷩冕可知也。其证又有三，《礼器》言䊷冕之制，上大夫七，下大夫五，士三，此王朝之大夫士也。五冕以玄冕为下，三旒则玄冕也。士玄冕则下大夫絺冕，上大夫毳冕，三公宜服鷩冕矣，一证也。《玉藻》云"王后袆衣，夫人揄狄"，郑注云"三夫人亦侯伯之夫人也"。王者之后夫人亦袆衣，三夫人尊与三公同，则三公之夫人亦揄狄，同于侯伯夫人而三公宜与侯伯同服鷩冕可知，二证也。《诗·王风》云"大车槛槛，毳衣如菼"，《传》云"大车，大夫之车也"，此大夫当是上大夫，上大夫服毳冕，可知三公宜服鷩冕，三证也。[1]

〔1〕金鹗：《求古录礼说》，影印道光庚戌（1850）木犀香馆刻本，《孔子文化大全》，山东友谊书社，1992年，第1014—1015页。

金鹗的论证与陆佃相同。孔广森论命妇冕服，云“袆衣视衮冕，揄狄视鷩冕，阙狄视毳冕，鞠衣视希冕，襢衣视玄冕，税衣视爵弁，展衣视皮弁，锡衣视冠弁，宵衣视玄端。”[1]亦承陆佃思路发展而来。陆佃、陈祥道的冕服学说何以能取代郑玄，成为后世更为主流的冕服理论？如何看待陆、陈与郑玄学说的差异，阎步克曾对两种学说做过评述，[2]指出两种学说互有优劣，郑玄之说的缺陷在于其与礼书中的其他记载无法呼应，如前人曾提到的《王制》《礼器》《玉藻》等。郑玄解经亦多考虑经书间的关联与照应，此处他对《礼器》《玉藻》等经文的照应，是在以《周礼》为本去解释《礼器》《玉藻》。《礼器》云：“天子之冕朱绿藻，十有二旒，诸侯九，上大夫七，下大夫五，士三。”郑玄注云：“朱绿藻似夏殷礼也，周礼天子五采藻。”郑玄不取此经与《周礼》服等相互解释，判断此经所记为夏殷礼之故。又《玉藻》云“王后袆衣，夫人揄狄”，郑玄注云：“夫人，三夫人，亦侯伯之夫人也。”此注与《司服》注“三夫人及公之妻，其阙狄以下乎”相矛盾，孔疏已经指出。“三夫人”地位虽视三公，但毕竟不是公之妻，其服若何，并不一定准三公而定。当郑玄注《玉藻》“夫人”时，谓“三夫人”“侯伯之夫人”，而不提“三公之妻”，可知郑玄考虑到了《司服》与《玉藻》的对应，但仍坚持本于《司服》以爵等定服等，换言之，郑

〔1〕孔广森：《礼学卮言》卷二，《经学卮言》（外三种），张诒三点校，中华书局，2017 年，第 171 页。

〔2〕阎步克：《服周之冕——〈周礼〉六冕礼制的兴衰变异》，第 140—149 页。

玄其实是将《司服》中的服等规定当成了解释原则，这种原则化的解释方式在郑注当中广泛存在，与广泛综合相关文献记载、衡量实际制度的合理性以考求制度的方法有着质的不同。清代学者之所以会选择陆佃、陈祥道的学说，并不单纯在于学说的孰优孰劣，而是他们的礼学考证方法在性质上更为接近。

（2）昭穆议

昭穆议起于元丰元年（1078），详定礼文所奏请依经建立“八庙异宫”之制。经典中的宗庙制度，每庙异宫，各为独立建筑。宗庙中的昭穆，即以此宗庙建制为基础，太祖居北，左昭右穆。汉明帝以降，历代宗庙采同堂异室之制，以西为上，依次向东排列，因而平时的庙位并不反映昭穆。不过，禘祫合祭时，仍需按昭穆排列神主。北宋时期，除太祖、太宗兄弟继位曾引发昭穆争议外，宋帝的昭穆之序总体而言是明确的。直到熙宁年间僖祖被列为始祖之前，宋帝庙中的昭穆是从僖祖开始，僖祖为昭，按照父昭子穆的顺序依次往下排列，至神宗时，禘祫昭穆位如下所示：

<table>
<tr><th>穆</th><th colspan="2">昭</th></tr>
<tr><td>顺祖</td><td colspan="2">僖祖</td></tr>
<tr><td>宣祖</td><td colspan="2">翼祖</td></tr>
<tr><td>真宗</td><td>太祖</td><td>太宗</td></tr>
<tr><td>英宗</td><td colspan="2">仁宗</td></tr>
</table>

嘉祐年间，孙抃曾提及当时的《禘祫图》：“太祖、太宗同居昭位，南向；真宗居穆位，北向。”[1]可以佐证上表。熙宁年间，由于僖祖被列为始祖，不入昭穆，宋初以来的昭穆次序便发生了调换。于是，昭穆便从顺祖开始，顺祖为昭，翼祖为穆，依次往下。元丰元年，当礼文所奏上“八庙异宫”之制时，就很自然地形成了如下庙位：

> 以始祖居中，分昭穆为左右。自北而南，僖祖为始祖，翼祖、太祖、太宗、仁宗为穆，在右；宣祖、真宗为昭，在左，皆南面北上。[2]

表见如下：

<table>
<tr><td colspan="3">僖祖（始祖）</td></tr>
<tr><td colspan="2">穆</td><td>昭</td></tr>
<tr><td colspan="2">翼祖</td><td>宣祖</td></tr>
<tr><td>太祖</td><td>太宗</td><td>真宗</td></tr>
<tr><td colspan="2">仁宗</td><td>英宗</td></tr>
</table>

陆佃发现，礼文所进上的八庙位序，乃以僖祖居中、父穆子昭，违背了经典当中“父昭子穆”的原则，正如陆佃在上奏

〔1〕《长编》卷一九八，嘉祐八年六月癸酉条，第4809页。

〔2〕马端临：《文献通考》卷九四《宗庙四》，影印万有文库十通本，中华书局，1986年，第851页。

中指出的，“昭穆者，父子之号。昭以明下为义，穆以恭上为义。方其为父则称昭，取其昭以明下也。方其为子则称穆，取其穆以恭上也”。[1]由陆佃更定的八庙位如下表：

<table>
<tr><td colspan="3">僖祖（始祖）</td></tr>
<tr><td>穆</td><td colspan="2">昭</td></tr>
<tr><td>宣祖</td><td colspan="2">翼祖</td></tr>
<tr><td>真宗</td><td>太祖</td><td>太宗</td></tr>
<tr><td>英宗</td><td colspan="2">仁宗</td></tr>
</table>

礼文所的方案之所以看起来是“父穆子昭”，是英宗祔庙，顺祖祧迁，昭列向上递补后的结果。事实上，如果下面神宗祔庙，翼祖祧迁，穆列向上移动，便会重新形成“父昭子穆”的格局。也就是说，礼文所提出的祧迁方式是以昭祔于昭、穆祔于穆，“祔昭则群昭皆动而穆不移，祔穆则群穆皆

〔1〕陆佃：《陶山集》卷六《昭穆议》，第1117册，第107页。按：陆佃“昭穆议”在《礼记集说》与四库馆臣从《永乐大典》所辑《陶山集》中都有收录，但内容存在较大差异。究其原因，陆佃与张璪、何洵直曾就昭穆问题往复争论，其间陆佃应先后写过两篇“昭穆议”，这从两篇“昭穆议”不同的针对性中不难推测，《陶山集》中的“昭穆议”专为反驳张璪而作，而《礼记集说》所引录则是陆佃与何洵直之间的论战。事实上，《礼记集说》先引录了陆佃反驳张璪，也就是收录在《陶山集》中的“昭穆议”，只是掐头去尾，略引了几句结论而已，论辩的实质内容一概省去，“又曰”下详细引录了陆佃与何洵直间的论战。这或许是因卫湜认为陆佃与何洵直之间的论辩更精彩深入、具有更高的理论价值。《礼记集说》所引录的“昭穆议”很可能原本也收录于《陶山集》中，实属《陶山集》之佚文。

移而昭不动”。[1]礼官张璪、何洵直坚持“昭常为昭，穆常为穆”的基本原则，以昭穆为世次，并在宗庙祧迁上保持庙次与世次的统一。张璪、何洵直的说法在经传以及先儒之说中有着坚实的证据。何洵直在回应陆佃时广引经传与先儒旧说，最后言：“古者宫寝、宗庙皆以孙居王父之处而不以子代父，自始祖之后父曰昭，子曰穆，孙为昭，曾孙为穆，玄孙、曻孙复为昭，来孙、仍孙复为穆，谓之昭穆，通于存亡。居昭位者不可迁于穆行，居穆行者不可入于昭位，本之于经，质之于传，验之以先儒之说，根据盘互，枝连叶贯，论议符合，如出一人。”[2]

陆佃提出昭穆为“父子之号”，方其为父则称昭，方其为子则称穆，故庙位的同一行须体现“父昭子穆”。祧迁时以父子相代，昭迁于穆、穆迁于昭。陆佃之说看似有经传旧说为据，如：

《周礼·春官·小宗伯》：辨庙祧之昭穆。

郑注：祧，迁主所藏之庙。自始祖之后，父曰昭，子曰穆。[3]

《礼记·祭统》：夫祭有昭穆。昭穆者，所以别父

〔1〕《晦庵朱先生朱文公文集》卷六九，《朱子全书》（修订本）第23册，第3340页。

〔2〕《礼记集说》卷三〇，叶一七至一八。

〔3〕《周礼注疏》卷一九，第766页。

子、远近、长幼、亲疏之序而无乱也。[1]

《公羊传》何休注：礼，昭穆指父子。[2]

郑注云“父曰昭，子曰穆”，是以“自始祖之后”为前提，依次往下标记世次的方式。而《礼记·祭统》意为父子之间昭穆不同，何休实则强调昭穆的适用范围是父子，而非兄弟。总之，昭穆用于区别世次，而不是分别对应父子的名号。[3]陆佃云“昭穆者，父子之号”，并不符合传统的经学解释。张璪、何洵直等坚持汉唐传统礼说，与前述礼文所礼官的经学特点相符。其说虽有严谨的经典论据，但陆佃的学说更契合宋人自身的实践经验。如前所述，在后世同殿异室的宗庙结构中，庙室的排列并不体现昭穆关系，但由于庙位以西为上，便有了尊卑之序。在迁毁上，当新君祔庙，亲尽之主迁毁时，所有的庙主便整体向西移动，子祔于父之位，而非祖之位，呈现出“父子相代”的样态，陆佃昭迁于穆、穆迁于昭的祧迁方案不过是在八庙异宫制度下的变形而已。相对地，以古人实践经验为基础的观念实不易被宋人所理解，朱子曾论：

[1]《礼记正义》卷四九，第1605页。

[2]《春秋公羊传注疏》卷一三，上海古籍出版社，1999年，第2267页。

[3] 华喆认为，“‘父昭子穆’可以理解为祫祭时，在同一列南北相对的神主中，昭穆体现了父子关系”，“‘父昭子穆’也是郑玄经注之意”。见《父子彝伦：北宋元丰昭穆之议再评价》，第25页。

今不异庙，只共一堂排作一列，以西为上，则将来祧其高祖了，只趱得一位，死者当移在祢处。如此则只当祔祢，今祔于祖，全无义理。但古人本是祔于祖，今又难改他底。[1]

朱子道出了宋人习于同堂异室之制，难以理解以孙祔祖之义的真实感受。相应于父子相代的迁庙制度，以昭穆为体现父尊子卑伦理关系的父子之号，赋予了制度以伦理意涵。进一步观察这一实践经验在陆佃昭穆学说中的体现。则能看到陆佃对世次之昭穆与庙制之昭穆做了区分：

窃以谓世次与庙制不同。世次无迁法，而庙制亲尽则移。盖周自后稷至文武，十有六世，此世次也。世次无迁法，故自不窋为昭，鞠陶为穆，推迁而下，王季当昭次，文王当穆次。故《左传》以世次推之，则昭生穆，穆生昭，而大伯、虞仲、管、蔡、郕、霍，于周为昭；虢仲、虢叔、邘、晋、应、韩，于周为穆。杜预所谓以世次计，故大伯、虞仲于周为昭是也。王者世次虽历无穷，而庙事七世，礼有迭毁。如王季亲尽而迁，则昭穆移易，有如文王今弗与王季对，而对武王，则父道在文王，武王宜居穆庙；成王今弗与武王对，而对昭王，则父道在成王，昭王宜居穆庙。岂

〔1〕《朱子语类》卷八九，《朱子全书》（修订本）第17册，第3010—3011页。

可不即七庙分定昭穆，而欲放先儒远攀世次，令文王庙常为穆，武王庙常为昭乎？[1]

在传统的昭穆学说中，世次与庙制中的昭穆本为一贯。庙之昭穆反映世次，世次之昭穆既一定，则庙之迁祔需以昭迁于昭，穆迁于穆，以孙祔于祖。陆佃亦承认经传中以昭穆表示世次的用法，但由于坚持父子相代的迁祔模式及其相应的伦理意涵，庙之昭穆既无常，不再反映世次，则立说上势必要对庙制与世次进行区分。再者，陆佃又区别祔庙与迁庙，孙祔祖庙，祔食而已，非关迁庙，云："孙从王父之说，本施于祔，故《礼》曰从祖祔食。至于迭迁，则王父去庙而孙袭王父之庙，则祖自于彼，孙自于此，不得谓之从也。""《仪礼》将旦而祔，此祔庙之法也，非关迁庙也。《礼记》祔葬者不筮宅，祔必以其昭穆，此祔葬之法也，非关迁庙也。又曰殇者从祖祔食，此祔祭之法也，非关迁庙也；又曰殷朝而殡于祖，此殡之法也，非关迁庙也。然则孙从王父，皆以祔祖而言，则与迁庙异明矣。"[2]又从经学论证庙次当以子代父，云："说者又谓庙次以子代父，古无此理，亦已惑矣。《玉藻》曰嫡子冠于阼，以著代也。以子代父，理固然矣，孰曰庙次不得以子代父乎？"[3]凡此皆表明陆佃立论的轴心实为父子相代的迁

〔1〕《礼记集说》卷三〇，叶一六。

〔2〕《礼记集说》卷三〇，叶一七。

〔3〕《礼记集说》卷三〇，叶一七。

庙之制，这一立足点进而决定了陆佃对相关经文的解释。华喆曾指出，陆佃的昭穆学说虽在经学理论层面完败于何洵直等，却具有重要的实践意义，在于陆佃的理论以同堂异室为基础，能将传统“七庙异宫”之制与实践中的“同堂异室”之制联系起来。[1]在此要补充的是，陆佃并不是看到了经典古制与现实实践之间的差异与困难所在，从而在古今之间有意识地进行整合，而是他对制度的理解受到了自身视域的限制。朱子曾言“荆公门人陆农师自是煞能考礼”[2]，又指出“陆解多杜撰”。[3]即指陆佃对礼制的考证带有较多的主观因素。而陆佃的同门陈祥道，则代表了北宋时期以名物、制度为中心的考证方法更为客观化，也更为精致的形态。

3. 陈祥道及其《礼书》

（1）陈祥道的生平与仕履

陈祥道（1053—1093），字用之，福州人，与其弟陈旸，一治礼，一治乐。史传对陈祥道生平事迹的记载极为简略。[4]李廌《师友谈记》是了解陈祥道生平的重要史料，文载：

---

〔1〕 华喆:《父子彝伦：北宋元丰昭穆之议再评价》，第18—29页。

〔2〕《朱子语类》卷八七，《朱子全书》（修订本）第17册，第2990页。

〔3〕《朱子语类》卷八五，《朱子全书》（修订本）第17册，第2902页。

〔4〕《宋史》卷四三二，《陈旸传》附，第12849页，载曰：“祥道字用之。元祐中，为太常博士，终秘书省正字。所著《礼书》一百五十卷，与旸《乐书》并行于世。”

> 元祐七年春末，陈祥道学士进《礼图仪注》已，除馆阁校勘。明年，用为太常博士，乃赐绯。……祥道，许少张榜登科。礼学通博，一时少及。仕宦二十七年，而官止于宣义郎。盖初仕时，父殴公人死，而祥道任其罪，久废。中间为太学博士，亦坐累。故屯蹇至老。尝为《礼图》一百五十卷，《仪礼说》六十余卷。内相范公为进之，乞送秘阁及太常寺，故有是命。没齿困穷而不遇赏音也。自赐绯，不余旬而卒。[1]

《师友谈记》云："元祐七年春末，陈祥道学士进《礼图仪注》已，除馆阁校勘。明年，用为太常博士，乃赐绯。"又言其"自赐绯，不余旬而卒"。余嘉锡在《四库提要辨证》一书中指出李廌此记不可信，"祥道之仕履，《长编》载之颇详，李廌著书，得自传闻，年月事迹，无不舛误，《提要》亦未能博考也"。[2] 按，《总目提要》述祥道事迹，直据《师友谈记》，但理解存在偏差。《师友谈记》所录祥道仕履，与《长编》的记载之间其实并无抵牾，今略为考辨。

余嘉锡认为《师友谈记》不可信，主要是依据《长编》中的几条记载。《长编》元祐四年二月癸卯条记云："翰林学士许将言太学博士陈祥道尤深于礼，尝著《增广旧图》，及考先儒异同之说，著《礼书》一百卷，望试以礼官，取所

---

〔1〕 李廌：《师友谈记》，孔凡礼点校，中华书局，2002年，第32—33页。标点略有调整。

〔2〕 余嘉锡：《四库提要辨证》，中华书局，2007年，第55—57页。

为书付之有司。诏以陈祥道为太常博士。”[1]据此，余嘉锡认为陈祥道于元祐四年（1089）由许将荐为太常博士，而非李廌所说的元祐七年（1092）进书，八年除太常博士。《长编》元祐七年十月辛未条又言：“正字陈祥道为馆阁校勘。”[2]余嘉锡认为《长编》此记与李廌之言颇合，但只是寻常迁转，非因进书。又，《长编》元祐八年四月戊午条记：“礼部言秘书省正字陈祥道状：‘蒙差兼权太常博士。’”[3]则似元祐八年（1093），陈祥道为秘书省正字，而非李廌所记的太常博士。受《总目提要》影响，余嘉锡对《师友谈记》等史料的记载有些误会。《师友谈记》云：“元祐七年春末，陈祥道学士进《礼图仪注》已，除馆阁校勘。明年，用为太常博士，乃赐绯。”《师友谈记》意，元祐八年，陈祥道因任职太常博士而赐绯，并非元祐八年除任太常博士，《总目提要》理解有误。自元祐七年十月，陈祥道实际已担任太常博士，馆阁校勘是其贴职。陈祥道第一次任太常博士的时间确如《长编》所记，在元祐四年，同样记载又见《宋会要辑稿》。[4]又据《宋会要辑稿》，元祐六年（1091），陈祥道由太常博士进为秘书省正字。[5]元祐七年，陈祥道之所以又带贴职担任太常博士，是由于范祖禹的建议，其元祐七年四月所进《荐陈祥道礼

---

〔1〕《长编》卷四二二，元祐四年二月癸卯条，第10210页。

〔2〕《长编》卷四七八，元祐七年十月辛未条，第11388页。

〔3〕《长编》卷四八三，元祐八年四月戊午条，第11483页。

〔4〕《宋会要辑稿·选举二八之二三》，第4689页。

〔5〕《宋会要辑稿·职官一八之一〇》，第2795页。

官札子》云："臣伏见秘书省正字陈祥道，深于礼学，用意专精，求之诸儒，未见其比。昨任太常博士，上其所著《礼书》一百五十卷，蒙擢置秘省正之职……伏望圣慈候礼官有阙员，复以祥道充职，与理秘书省校正资任，如及岁限，就除贴职。"[1]《长编》元祐七年十月辛未条记"正字陈祥道为馆阁校勘、太常博士"，即在祥道秘省正字资满之后。《师友谈记》谓"元祐七年春末，陈祥道学士进《礼图仪注》已，除馆阁校勘"，《礼图仪注》即指《礼书》，《总目提要》目为《礼图》《仪礼注》盖误。《礼书》始进于元祐四年，《长编》《宋会要辑稿》记载其时有一百卷，而传世《礼书》共有一百五十卷，陈祥道很有可能在元祐七年春又进过一次书，从而也就是范祖禹举荐陈祥道再次担任礼官的原因。余嘉锡言祥道此次只是寻常迁转，非关进书，并不准确。那么，《长编》卷四八三元祐八年四月戊午条记"礼部言秘书省正字陈祥道状：'蒙差兼权太常博士'"一语，又当如何理解？这正好说明，元祐七年四月到十月之间，陈祥道是以秘书省正字兼太常博士，到十月资满后才除贴职，因此，礼部所言"祥道状"，应当进于元祐七年四月到十月之间。余嘉锡还提到一段史料："《容斋三笔》记王顺伯所藏高子允诸公谒刺中有陈祥道，且云：'皆元祐四年朝士，惟彭器资为中书舍人，余皆馆职。'"余嘉锡认为，"许将进《礼书》之时，

---

〔1〕《范太史集》卷二三，影印文渊阁《四库全书》本，台北商务印书馆，1986 年，第 1100 册，第 276—277 页。

称其为太学博士，书进于二月癸卯，为月之二日，则其自馆职迁太学博士，当在其年正月间”。殆无自馆职迁太学博士之理，洪迈所言当指诸公仕任之所至，非元祐四年即带馆职。总之，《总目提要》在介绍陈祥道仕履时，转述《师友谈记》存在严重失误，但《师友谈记》本身对陈祥道事迹的记载与《长编》等史料是吻合的。

综合相关史料，大致可以勾勒出陈祥道的生平仕履。陈祥道于治平四年（1067）进士登第。元祐四年，翰林学士许将向朝廷荐其《礼书》，陈祥道始为太常博士。治平四年至元祐四年中间，陈祥道曾为太学博士。据《宋会要辑稿》，元祐六年，陈祥道由太常博士进为秘书省正字。元祐七年春末，《礼书》进献完毕之后，范祖禹又以陈祥道精于礼学，建议仍以陈祥道兼权太常博士，待其秘书省正字资满后就除贴职。元祐七年十月，陈祥道正字资满，为馆阁校勘、太常博士。八年，陈祥道因任太常博士，得赐绯衣，旋即病卒。综观祥道一生，以父罪牵累，偃蹇至于老，二十余年著书不辍。陈祥道的著述有《礼书》、《仪礼解》、《礼记讲义》、《礼例详解》及《论语全解》，其中流传至今的只有《礼书》和《论语全解》。陈祥道虽为王安石门人，且礼学精博，但因个人遭际，整个熙丰时期几乎没有参与到实际的制礼过程中，潜心著述，才完成了《礼书》这样一部影响深远的著作。

（2）《礼书》的撰写与构成

《礼书》初成于元祐初年，元祐四年二月，在翰林学士许将的推荐下，由朝廷给笔札令其缮写进上，元祐七年春缮写完毕。又据祥道自述，《礼书》的撰写历时近二十年，可以大致推断，《礼书》的撰写早自熙宁初年便已开始，写作时间跨越熙宁、元丰时期。在写作形式上，《礼书》与聂崇义《三礼图》有着类似之处，均以制度名物为条目，图文相配。据许将对陈祥道及其《礼书》的描述，"太学博士陈祥道尤深于礼，尝著《增广旧图》，及考先儒异同之说，著《礼书》一百卷"，陈祥道一开始所从事的应当是对聂崇义《三礼图》的增广工作，后来的《礼书》在此基础上博考先儒异同而成。范祖禹在举荐陈祥道时，也将《礼书》视作对《三礼图》的超越，言："《三礼图》画于国子监讲堂，臣伏见太常博士陈祥道，专意礼学二十余年，近世儒者未见其比，著《礼书》一百五十卷，详究先儒义说，比之聂崇义图尤为精审该洽……乞付太常寺，与聂崇义思相参行用，必有补朝廷制作。"〔1〕李廌在《师友谈记》中也称"陈祥道学士进《礼图仪注》"，同样将《礼书》视作礼图一类的著作。《礼书》自序亦云："其于历代诸儒之论、近世聂崇义之图，或正其所失，或补其所阙，庶几古人之仿佛可以类推而见之。"〔2〕现将《礼书》的撰作结构，与《三礼图》对比如下：

〔1〕《范太史集》卷十九《乞看详陈祥道礼书札子》，第1100册，第250页。
〔2〕《礼书·序》，第1页下。

《礼书》		《三礼图》
大纲	细目	目录
衣服	卷一～五　冕服 卷六～七　弁服 卷八～十　冠 卷十一～十三　衣 卷十四～十五　带 卷十六　履 卷十七～十八　后服 卷十九～二十三　佩饰	冕服　第一 后服　第二 冠冕　第三
土地宫室	卷二十四～三十七　土地 卷三十八～四十八　宫室	宫室　第四
学制	卷四十八～四十九　学制	
瑞玉	卷五十一～五十三　瑞玉	玉瑞　第十
祭玉	卷五十四～五十六　祭玉	祭玉　第十一
玉玺、玉节	卷五十七　玉节、玉玺	
币、贽	卷五十八～五十九　币帛 卷六十～六十一　贽	
宗法	卷六十二～六十三　宗法	大小宗见宫室　第四
冠礼	卷六十四　冠礼	见冠冕　第三
婚礼	卷六十五～六十六　婚礼	
庙制	卷六十七～七十　庙制	
庙祭	卷七十一～七十二　祭时 卷七十三　卜筮 卷七十四　斋戒 卷七十五～八十　用牲、祭物 卷八十一～八十三　祭仪 卷八十四～八十五　用酒、祼献 卷八十六　馂礼 卷八十七　祊礼、拜仪	尊彝　第十四

续表

《礼书》		《三礼图》
大纲	细目	目录
外祭	卷八十八～八十九　郊祀天地、明堂 卷九十～九十三　日月、四方、社稷等 卷九十四　释奠	
祭器	卷九十五～一〇四　祭器	匏爵　第十二 鼎俎　第十三 尊彝　第十四
射礼	卷一〇五～一一三　射礼	射侯上第六、射侯下第七 弓矢　第八
	卷一一四　投壶	投壶　第五
军礼	卷一一五～一一六　兵器	
乐制	卷一一七～一三〇　乐舞	
车旗	卷一三一～一三四　旗制 卷一三五～一四七　车制	旌旗　第九
丧服	卷一四八～一五〇　丧服	丧服上　第十五 丧服下　第十六
丧礼		袭敛　第十七 丧器上　第十八 丧器下　第十九

《礼书》采用《三礼图》以名物制度为纲的做法，卷首与卷末数十卷与《三礼图》内容构成的重合，尤其可见《三礼图》对《礼书》的影响，也印证了传世《礼书》可能是在最初《增广旧图》的基础上发展而来。因此，聂崇义的《三

礼图》是理解《礼书》时的必要参照。《三礼图》既是为朝廷制礼作乐而制作的礼制之图，同时也是一部反映注疏学说的礼学图。《礼书》同样是一部以朝廷礼乐制作为核心关切的礼制之书，正如陈祥道在《礼书·序》中云：

> 繇汉以来，千有余载，其间欲起礼法于上者非一君，欲成礼法于下者非一臣。有是君而下之人不足以副之，则礼之道终不明；有是臣而上之人不能任之，则礼之事终不行。**此厖政薄俗所以继作，而唐虞三代之治不复见也。今上有愿治隆礼之君，下有博古明礼之臣**，都俞赓歌于庙堂奥突之间。四方万里，涵泳德化制作之盛，在此时矣。[1]

陈祥道指出，汉以降，“三代之治”之所以无法实现，关键是缺乏君臣勠力礼治的历史时机，或“有是君而下之人不足以副之”，或“有是臣而上之人不能任之”，只有当代是“上有愿治隆礼之君，下有博古明礼之臣”。《礼书》虽进呈于元祐初年，但它从熙宁初年开始撰写之时，便深植于神宗时期“回向三代”的政治土壤中，祥道自述：

> 臣位卑学浅，何敢望裨万一。然尝**考六艺百家之文，以究先王礼乐之迹**。凡寓于形名度数者，必辨其

〔1〕《礼书·序》，第1页。

> 制，凡藏于道德仁义者，必发其蕴。仅二十年，著成《礼书》，总一百五十卷。其于历代诸儒之论，近世聂崇义之图，或正其所失，或补其所缺，庶几古人之仿佛可以类推而见之。藏诸巾衍，非敢以施当代。[1]

由祥道自述可知，《礼书》的核心要旨在于探究先王的礼乐制度，而最能传达其方法之精髓的地方就在“考六艺百家之文”。在注疏传统里，对名物制度的认知以三《礼》经典为核心，以经文解释为基本方法，义疏学受郑注制约，三《礼》中又以《周礼》最为核心，由《周礼》而及《仪礼》《礼记》，再旁摄其他经典，因此在立说时，不仅文献范围有限，且文献内部还存在一个基本的价值秩序。由文献的权威性所决定的范围和价值秩序，是制约经典解释和礼学学说的重要因素。聂崇义的《三礼图》，就是典型的以注疏经学为根底的名物制度之学，前文曾引述聂崇义对璧琮之制的讨论：

> 今此琮璧等皆宗经解义，顾注为图……其崔灵恩著《三礼义宗》，及取义不宗三《礼》，既非前范，颇误后人。又《江都集》《白虎通》说璧琮之状，并违周制，皆无依据，难以适从。
>
> 今定此器玉并依礼图、《尔雅》、三《礼》经注、

[1] 《礼书·序》，第1页。

孔贾疏义、毛传郑笺，不敢杂取他文，曲从外义，苟违正典，斯谬良多。……况《三礼义宗》，崔氏一时之学，《江都集》隋季亡国之文，《周礼》是周公摄政致太平之书，将二文而混圣典，非末学之所敢详也。[1]

同样是以探求“先王之制”为目标，首先，聂崇义认为“先王之制”是由“正典”以及经学传统来规定的，并不能从历史上诸儒的礼制探讨（如《白虎通》《三礼义宗》）或历朝礼书（如《江都集礼》）中（所谓“外义”）获得。其次，对聂崇义来说，如何理解、诠释经典，又以“三《礼》经注、孔贾疏义、毛传郑笺”等作为官学的注疏之学为基准。因此，我们说《三礼图》的名物之学其实就是以注疏作为标准的经学研究。

陈祥道“考六艺百家之文”，是综合运用古代文献来考求先王制度而非汉唐传统的经学研究。首先，“六艺百家之文”说明陈祥道的立说依据并不限于经典，不是依据特定文本有所专据，而是广征文献，博考论证。据不完全统计，《礼书》征引的文献大致包括：《周礼》《礼记》《仪礼》《尚书》《诗》《周易》《左传》《公羊》《穀梁》《孝经》《论语》《尔雅》《孟子》《大戴礼》《尚书大传》《荀子》《庄子》《淮南子》《管子》《司马法》《世本》《韩诗外传》《国语》《吕氏春秋》《山海经》《史记》《说文》《汉书》《后汉书》《三

---

〔1〕《三礼图》，卷二〇，叶六。

国志》《晋书》《白虎通》《风俗通》《汉旧仪》《独断》《明堂章句》《法言》《释名》《广雅》《文选》《三礼义宗》《江都集礼》《隋书》《开元礼》《唐月令》《春秋集传纂例》《五礼精义》《通典》《唐会要》《开元礼义鉴》《唐书》《唐郊祀录》《三礼图》《开宝礼》《开宝本草》《嘉祐本草图经》等等，故宋人每称叹祥道礼学之"该博"。其次，这些文献对于陈祥道来说并不存在价值上的等级秩序。诚然，三《礼》及另外九经仍是陈祥道最常引据的文献，但陈祥道在立说时，基本是就具体制度综合分析，并没有一个或若干权威文献作为立说的核心依据。陈祥道立说的原则大致有两个基本点：一是尽可能全面地适用所有或大部分文献。在陈祥道看来，礼说的建立应该具备文献上的直接依据，因此，郑玄等先儒依据自身的解释理论对经文做出的改动或推论，陈祥道均指其为"臆说"或"无据"。二是，陈祥道立说的另一个重要标准是语词的自然用法、制度自身的合理性，而不是语境化的文本解释。因此《礼书》以制度名物为纲，摘取经史文献中的有关记载，使经文完全脱离了原本所处的具体语境。总之，陈祥道所从事的，已经不再是以经典、经学为主轴的名物研究，而转向了综合性的文献与制度考证。

名物制度研究的路径由经学向文献与制度考证的转向，并不是在陈祥道这里突然完成的，这一趋势在之前便已萌芽。陈祥道的意义在于，他对三《礼》名物的全面研究，从整体上完成了这一转向，并将其推向了更为精深的程度。

下面通过《礼书》来具体分析陈祥道礼学对于考证方法的运用。

(3)《礼书》的名物考证方法

《礼书》以名物制度为纲，每一名物下的礼说区分为两个层次。首先是对记载该名物的经史等相关文献进行罗列和梳理。随后是论述部分，征引郑注毛笺、孔贾义疏等历代诸儒之说，并提出陈祥道自己的论断。《礼书》在引述经文时，常在经文下以双行小注的形式录出注文，主要目的是为了帮助理解经文，并没有“宗郑”的意思。在内容构成上，《三礼图》同样以名物制度为纲，但以抄撮注疏为主，聂崇义的按断也以注疏学说为标准。不妨以“冒圭”为例说明二者在构成上的差异。《三礼图》“冒圭”图下注云：

> ① 天子执冒圭四寸，以朝诸侯。注云：“名玉曰冒者，言德能覆盖天下也。四寸者，方以尊接卑，以小为贵也。”案《尚书大传》云：“古者必有冒，言下之不敢专达之义。天子执冒以朝诸侯，是冒覆之。”注云：“君恩覆之，臣乃敢进。”是其冒覆之事。
>
> ② 然则，诸侯所受天子之圭璧者，与诸侯为瑞也。瑞也者，属也。诸侯朝于天子，有过行者留其圭璧，三年圭璧不复者，少黜以爵，六年圭璧不复者，少黜以地，九年圭璧不复者，而尽黜其地，此所谓诸侯之天子也，义则见属，不义则不见属也。

③ 又孔注《顾命》曰："言冒，所以冒诸侯圭，邪刻之，以冒诸侯之圭，以为瑞信。"子男执璧，盖亦刻而覆验之。《大传》以古者圭有冒，亦是冒圭之法也。此冒据朝觐诸侯时执之。《诗·殷颂》云："受小球大球，为下国缀旒。"注："小球，尺二寸；大球，长三尺，与下国结定，结定其心，如旌旗之旒。"彼据天子与诸侯盟会，故云结定其心，故执镇圭不执冒也。[1]

①③部分皆为聂崇义直引《周礼·玉人》经文及注疏，聂所说"注""注云"即郑玄《周礼》注的内容。②聂崇义则暗引了《尚书大传》，如"瑞也者，属也"一句。由此不难发现，除了"冒圭"的长度和它的礼义外，孔、贾疏的真正重点在讨论从郑注引申出的理论问题。《玉人》云"天子执冒四寸，以朝诸侯"，《诗·商颂》"受小球大球，为下国缀旒"，郑笺云："汤既为天所命，则受小玉，谓尺二寸圭也，受大玉，谓珽也，长三尺。执圭搢珽以与诸侯会同。"[2]据此，贾、孔疏区分了天子执圭的两种情境，一是执四寸冒圭朝觐诸侯，二是执大圭、镇圭以与诸侯会盟。以上，聂崇义皆依用不违。

《礼书》"冒圭"条云：

---

〔1〕《三礼图》，卷一〇。

〔2〕《毛诗正义》卷二〇《商颂·长发》，第626页。

《玉人》曰："天子执冒圭四寸，以朝诸侯。"**《书》**曰："太保承介圭，上宗奉同瑁。"**《书大传》**曰："古者圭必有冒，言下之必有冒，不敢专达也。天子执冒以朝诸侯，见则覆之，故冒圭者，天子所与诸侯为瑞也。瑞也者，属也。无过行者，得复其圭以归其国，有过行者，留其圭，能改过者复其圭，三年圭不复，少黜以爵。六年圭不复，少黜以地。九年圭不复而地毕。此所谓诸侯之于天子也，义则见属，不义则不见属。"**郑康成**曰："冒言德能覆天下也。四寸者，以尊接卑，以小为贵也。"**孔安国**曰："冒以齐瑞信，方四寸，邪刻之。"**孔颖达**曰："诸侯即位，天子赐之命圭，首邪锐，则冒当邪刻，其广狭如圭首。然冒之以知诸侯之信伪，犹今之合符也。瑁方四寸，则圭首之广无四寸耳。天子以一瑁冒诸侯之圭，则公侯伯之圭首广狭等也。瑁冒圭而已，璧亦称瑞，其所以齐信，未之闻也。"

上覆下谓之冒，下冒上亦谓之冒。《易》曰"冒天下之道"，《诗》曰"下土是冒"，上覆下也。《说文》曰"冒地而生"，《农书》曰"土长冒橛"，下冒上也。瑁圭谓之瑁，则覆下而已。四寸所以冒四方，邪刻之，所以验群瑞。天子执之以朝诸侯，则子男之璧亦在所验，其详不可考也。诸侯之朝天子，执瑞圭搢象笏，及辑瑞圭而以瑁验焉，盖各执其所搢者。《礼》曰"见于天子无说笏"是也。孔颖达曰冒圭王与诸侯朝觐所执者；小球

> 尺二寸，大球长三尺，王与诸侯盟会所执者。然《诗》言“受小球大球”，则小球者蒲璧、谷璧之类；大球者，桓圭、躬圭之类，而天子授之，则非二尺与三尺之圭矣。颖达之言，非惑于《诗传》之说欤？[1]

引文部分，陈祥道使用了和《三礼图》大致相同的文献，与《三礼图》不同的是，陈祥道将经、注剥离开来，区分为两个层次，将记述“冒圭”的相关文献引述完毕后，再引郑注孔传、贾孔义疏。第二段为陈祥道的按断。关于“冒圭”的名义，郑玄云：“名玉曰冒者，言德能覆盖天下。”与郑玄望文为说不同，陈祥道首先据《周易》《说文》《农书》的用例，说明“冒”字的一般用法，“上覆下谓之冒，下冒上亦谓之冒”，具体到冒圭，“瑁圭谓之冒，则覆下而已”。其次，陈祥道提出了一个关于天子执冒圭以朝的制度性问题。“天子执之以朝诸侯，则子男之璧亦在所验”，然而，子男所执者为圆形之璧，与公侯伯所执之圭形制不同，冒则只能冒圭，不能冒璧，如何验璧，又无文献记载，因此陈祥道只得云“其详不可考也”。郑玄只需要将经文解释清楚就可以了，并没有把这样一个实际的制度问题纳入自己的解释范围。最后，陈祥道回应了注疏关于天子执圭两种情况的说法。陈祥道并不以《商颂》“受小球大球”为天子执圭搢珽与诸侯会盟，而以之与《玉人》同为天子朝觐诸侯，“《诗》言‘受

---

〔1〕《礼书》卷五二，第210—211页。

小球大球'，则小球者蒲璧、谷璧之类；大球者，桓圭、躬圭之类，而天子授之，则非二尺与三尺之圭矣"。陈祥道将"受小球大球"理解为天子授、诸侯受，小球、大球就只能是诸侯所执之瑞，即桓圭、躬圭、蒲璧、谷璧等，而不可能是天子之瑞，大圭或镇圭。其实，单独一句《诗》的确容易如此理解，但郑玄之所以会将"受小球大球"的主语理解为天子，并不难解释。"汤既为天所命，则受小玉"，《诗》的上文是在讲述汤受天命之事，"汤降不迟，圣敬日跻。昭假迟迟，上帝是祗。帝命式于九围"紧接着就是"受小球大球，为下国缀旒"，因此郑玄认为"受小球大球"的主语是商汤，小球大球是天子之圭。概言之，《礼书》每一条礼说大体可以区分为三个层次：文献记载、先儒论说、陈祥道说。对陈祥道而言，经、史等典籍的意义主要体现为"文献"，在广征文献的基础上，对文献所记载的制度进行综合考证。相较而言，郑玄的经学解释则是语境化和特殊化的。

又譬如郑玄和陈祥道在"充耳"解释上的分歧。按照一般理解，"充耳"是冕之饰，是悬挂于冕、缀于耳旁的玉瑱。而在郑注中，对"充耳"有两种不同解释。一是通常理解的玉瑱，见《士丧礼》郑注，经文云"瑱用白纩"，郑注云："瑱，充耳。"[1]另一种解释较特别，"充耳"指悬挂玉瑱的绳子，也就是一般理解中的"紞"。见《著》诗郑笺，《著》诗云"俟我于著乎而，充耳以素乎而"，郑笺："我视

〔1〕《仪礼注疏》卷三五，第1130页。

君子，则以素为充耳，谓所以悬瑱者，或名为紞。织之，人君五色，臣则三色而已。此言素者，目所先见而云。”下“尚之以琼华乎而”，笺云：“尚犹饰也。饰之以琼华者，谓悬紞之末，所谓瑱也。人君以玉为琼华，石色似琼也。”[1]

有别于郑笺，毛传以“素”为象瑱，以瑱为充耳，毛云：“素，象瑱。”下《诗》“充耳以青”“尚之以琼莹”，“充耳以黄”“尚之以琼英”，毛传皆以“青”“黄”为玉瑱，郑笺皆以“青”“黄”指悬瑱之紞，以紞为充耳。显然，以“充耳”为悬玉之绳，是有违常识的解释，故孙毓是毛而非郑：“礼之名充耳是塞耳，即所谓瑱，悬当耳，故谓之塞耳。悬之者，别谓之紞，不得谓之充耳，犹瑱不得名之为紞也，故曰玉之瑱兮。夫设缨以为冠，不得谓冠是缨之饰。结组以悬佩，不可谓佩所以饰组。今独以瑱为紞之饰，谬于名而失于实，非作者之意，以毛、王为长。”[2]

从《士丧礼》郑注可知，郑玄非不知充耳为玉瑱，他不从毛传，而以充耳为悬瑱之绳，必定另有考虑。《诗》言“充耳以素”，郑玄大概是因无有用素形容玉色者，故以充耳为紞。况“充耳以素”下接“尚之以琼华”，若如毛说，以充耳为象瑱，以琼华装饰象瑱，也显得很怪异，故陈祥道评毛传：“以素为象瑱，青为青玉，黄为黄玉，而用琼华以饰象，则是士瑱用二物，与余瑱不类，非礼意也。”[3]故郑玄

---

〔1〕《毛诗正义》卷五，第349—350页。

〔2〕《毛诗正义》卷五，第350页。

〔3〕《礼书》卷五，第32页。

以“充耳”为紞，以“琼华”为瑱，虽与通行理解不合，但对于经文的解释来说更自然顺畅。不难推断，郑玄以《士丧礼》之“充耳”为瑱，又释《著》诗“充耳”为紞，是为了契合经文语境而做的调整。在郑玄看来，“充耳”不是一个日常词语，而是经文使用的概念，必须放置在具体的经文中进行解释。

陈祥道的思路近于毛传、孙毓。在陈祥道看来，“充耳”是一个实物，他广泛搜集经子百家文献，从而探明“充耳”作为实物的具体形制为何。为了解决毛传解释《著》诗的困难，陈祥道提出，《士丧礼》“瑱用白纩”即《著》诗“充耳以素”，人君用黈纩即《诗》“充耳以黄”，也就是将丧礼所用之白、青、黄纩，与《诗》之“充耳以素”“充耳以青”“充耳以黄”对应，瑱制即以玉承纩。陈祥道举出以下文献为证：

> **《左传》**曰：“衡紞纮綖，昭其度也”，又曰：“縳之如一瑱。”**《家语》《大戴》**皆曰紞絖塞耳。《东方朔传》曰：“黈纩塞耳。”**《礼纬》**曰：“旒垂目，纩塞耳。示不听谗，不视非也。**《后汉舆服志》**曰：“旁垂黈。”[1]

祥道进一步论证云：

[1]《礼书》卷五，第32页。

《春秋传》曰："縛之如一瑱。"则縛纩以为瑱，自古然也。其制盖皆玄**紞**以垂之，琼玉以承之。承之，《诗》所谓尚之也。**梁制**垂以珠瑱，**班固赋**曰"雕玉瑱以居楹"，础石亦谓之瑱，则瑱居纩下可知也。[1]

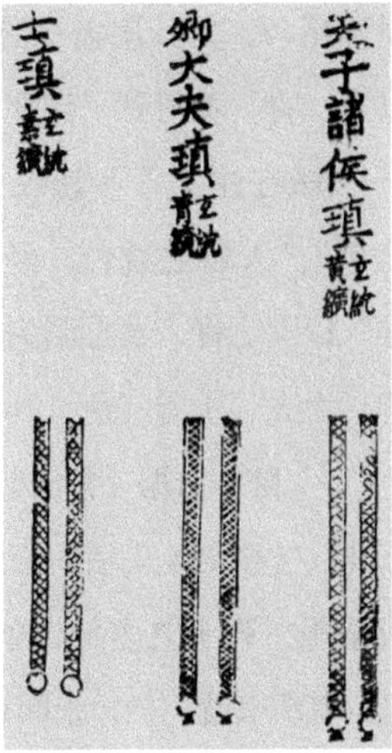

《礼书》瑱图（图像来自中华再造善本）

祥道又申说纩非专为死者之物：

贾公彦曰，生[2]者瑱，不用纩，士死则用白纩。然士之袭礼，皮弁、褖衣、缁带、韎韐、竹笏之类，皆用生时之物，孰谓瑱用白纩，特死者之饰哉？[3]

陈祥道首先征引《大戴礼》《家语》《礼纬》《汉书》《后汉书》，指出文献中有以纩为充耳之制，又以梁制、班固《西都赋》论证"瑱"有承物之功用，得出文献中"充耳"的一般意义。暂且不考虑这些文献在性质上的差异与时代上的错位，综合礼经与以上这些文献，陈祥道以充耳为"玉瑱承纩"的解释

〔1〕《礼书》卷五，第32页。

〔2〕按"生"字原作"古"，当为补版之误，今据贾疏改。

〔3〕《礼书》卷五，第32页。

堪称精巧，尤其用丧礼白、青、黄纩，使《著》诗之“充耳”以素、青、黄得到了比郑玄、毛传都更为自然的解释。

郑玄注《著》诗又云，“‘紞’之色，人君五色，臣则三色”，人君之紞色，经本无正文，郑玄盖据《著》诗“充耳”以素、青、黄推测为说，故孔疏云：“天子、诸侯皆五色，卿、大夫、士皆三色，其色无文，正以人君位尊，备物当具五色。”[1]陈祥道据《鲁语》指正郑玄之误，谓天子至于士，均用玄紞：“《鲁语》王后织玄紞，夫人加纮綖，内子为大带，今妇成祭服，列士之妻加以朝服，则夫人以至士妻，特有所加而已，其织玄紞一矣，未闻有五色三色之别也。”[2]郑玄之说是基于经典的理论推测，但在陈祥道看来，文献中的直接依据才是首要的。并且，陈祥道并不对文献的价值进行区分，《鲁语》对于陈祥道来说是非常重要的文献，但在郑玄看来，《鲁语》不足以解释经典，通常来说不在他解经时的考虑范围之内。

又比如爵弁、韦弁的例子。“韦弁”见于《周礼·司服》：“凡兵事，韦弁服。”郑注云：“韦弁，以韎韦为弁。”任大椿认为，韦弁为天子诸侯大夫兵事之服。[3]“爵弁”为大夫、士之祭服，《礼记》云：“大夫冕而祭于公，弁而祭于己。士弁而祭于公，冠而祭于己。”郑注云：“弁，爵弁也。”爵弁为士之上服，天子服爵弁则为特殊情况下的变服，如《礼记》云“天子之哭诸侯也，爵弁绖紂衣”，郑注云：“服

〔1〕《毛诗正义》卷五，第350页。

〔2〕《礼书》卷五，第32页。

〔3〕见孙诒让《周礼正义》引，《周礼正义》卷四〇，第1635页。

士之祭服以哭之，明为变也。”郑玄又以爵弁为承天变之服，见郑注《尚书》“王与大夫尽弁，开金縢之书”云：“弁，爵弁……冠必爵弁者，承天变降服。”

以上大致是经注中的韦弁与爵弁，陈祥道则据《荀子》提出韦弁与爵弁为一物：

> 或曰：“《周礼》有韦弁，无爵弁；《书》与《冠礼》《礼记》有爵弁，无韦弁，士之服止于爵弁，而荀卿曰‘士韦弁’。孔安国曰：‘雀韦弁也。’刘熙《释名》亦曰以爵韦为之，谓之韦弁。则爵弁即韦弁耳。”
>
> 观《弁师》《司服》韦弁先于皮弁，《书》雀弁先于綦弁孔安国曰：綦弁，皮弁也。《士冠礼》次加皮弁，三加爵弁，而以爵弁为尊。《聘礼》主卿赞礼服皮弁，及归饔饩服韦弁，而以韦为敬，则皮弁之上非韦弁则爵弁耳，此所以疑其为一物也。爵弁，士之祭服而王服之者，王哭诸侯服爵弁而即戎服之弁，《士冠礼》爵弁服，纁裳纯衣缁带。《昏礼》主人爵弁，纁裳缁袘。《檀弓》天子哭诸侯，爵弁絻衣。《书》二人雀弁执惠，立于毕门之内。《杂记》复诸侯以褒衣、冕服、爵弁服。子羔之袭皮弁一，爵弁一，玄冕一。衅庙，祝、宗人、宰夫、雍人，皆爵弁纯衣，则爵弁虽士之祭服，而天子、诸侯、大夫皆服之。……韦其质也，爵其色也。[1]

---

〔1〕《礼书》卷六，第37页。

经注中的韦弁、爵弁分别以《周礼》《礼记》经文为基础，旁摄《尚书》等其他经书。陈祥道对韦弁、爵弁的解释，主要的文献仍然是三《礼》经文，但他提出韦弁、爵弁为一物，基本的出发点是《荀子》、孔传、《释名》。此说本于陆佃，“或曰”即出陆佃《礼记解》[1]，陈祥道在陆佃基础上做了更详细的文献论证。对《荀子》等非经典的引入，以及经典与非经典之间区隔的消失，都是促使陈祥道构造新说的重要因素。陈祥道虽有“经”的概念，但在他看来，经典只是认知先王古制的部分文献，是“六艺百家之文”的一部分。如果说以郑注为核心的注疏传统学说是以经书文本的权威性和特殊性为前提，那么，陈祥道所代表的考证之学则是以无差别地广征文献为基础，在事实层面综合考证。

再有鞶带的例子。郑玄对“鞶”的解释有二，一为盛帨巾等小物的囊袋，一为大带。“鞶”为大带，是古注中较通行的解释。郑玄必以“鞶”为“盛帨之囊”者，是对《礼记》《仪礼》的特殊解释。见《礼记》经文：“妇事舅姑，如事父母。……右佩箴、管、线、纩，施鞶帙。大觿、木燧。”郑注云：“鞶，小囊也。鞶帙言‘施’，明为箴、管、线、纩有之。”[2]郑玄以“鞶”为盛装“箴线”等物之小囊，尤其受经文“施”字影响。《士昏礼》云：“庶母及门，内施鞶，申之以父

〔1〕《礼记集说》卷一九引云：“《玉藻》曰：‘君子狐青裘，玄绡衣以裼之。’《礼记》无韦弁，《周官》无爵弁，韦弁即爵弁也。”叶一六。

〔2〕《礼记正义》卷二七，第1461页。

母之命。命之曰：敬恭听，宗尔父母之言。夙夜无愆，视诸衿鞶。”郑注云：“鞶，鞶囊也。男鞶革，女鞶丝，所以盛帨巾之属，为谨敬申重也。”[1]可知，郑玄以《士昏礼》之“鞶”即《内则》之“鞶”，且男女佩戴之“鞶”均为“鞶囊”。《内则》言“男鞶革，女鞶丝”，郑注云：“鞶，小囊，盛帨巾者。男用韦，女用缯，有饰缘之，则是‘鞶裂’与?《诗》云‘垂带如厉’，纪子帛名‘裂繻’，字虽今异，意实同也。”[2]郑玄又以裂帛垂带为鞶囊之装饰，是照应《诗·都人士》之文，《诗·都人士》云：“彼都人士，垂带而厉；彼君子女，卷发如虿。”郑笺云：“‘而’亦‘如’也，‘而厉’如‘鞶厉’也，鞶必垂厉以为饰，‘厉’字当作‘裂’。”[3]是郑玄以礼笺诗之一例。郑玄又以此解《易》,《易·讼卦》上九云“或锡之鞶带”，郑注云：“鞶带，佩鞶之带。”[4]

以上郑玄释“鞶”为小囊之说的思路，有两个要点。首先，郑玄将“鞶”释作小囊是基于《内则》经文用字、行文的细腻解释。其次，郑玄以三《礼》为核心，对《毛诗》《周易》的解释均以礼说为依据。陈祥道云：

> **古者革带、大带皆谓之鞶**。《内则》所谓“男鞶革”，带也。《春秋传》所谓“鞶厉”，大带也。《易》

〔1〕《仪礼注疏》卷六，第972—973页。

〔2〕《礼记正义》卷二八，第1471页。

〔3〕《毛诗正义》卷一五，第494页。

〔4〕《周礼注疏》卷二七引，第823页。

言鞶带。《杨子》言鞶帨。以至许慎、服虔、杜预之徒，皆以鞶为带，特郑氏以男鞶革为盛帨之囊，误也。《诗》言“垂带而厉”，毛苌、杜预之徒皆以厉为带之垂者，特郑氏以“而厉”为“如裂”，亦误也。[1]

陈祥道广引经子文献及诸儒之说，以文献中的普遍用法为基础建立对“鞶”的事实性理解。在事实唯一的前提下，郑玄语境化的经解和对经文特殊性的关注就被陈祥道视为谬误。郑玄对同一词语、同一名物，往往视具体语境而有不同解释，陈祥道立足对客观性事实的寻求，每每将郑说斥为“自戾”“臆说”。陈祥道对郑玄的批判，本质上是两种学说性质的冲突。

陈祥道的礼学在当时来说并不是孤立存在的，陆佃的礼学在理路上就和陈祥道一致。陆佃所作《礼象》，是一部性质接近《礼书》的著作，可惜没有流传下来。《礼象》成书于元祐六年（1091），今仅在《玉海》《群书考索》中存有佚文二十余条；此外，在《永乐大典》中保留了《礼象》七条，图十五幅[2]；在北京大学图书馆、国家图书馆所藏两种南宋刻纂图本《周礼》中，去除两个版本重复的图文，共得《礼象》六条，图两幅。

由《永乐大典》等所载《礼象》佚图佚文，约略可知

〔1〕《礼书》卷一四，第61页。

〔2〕承谢继帅学兄教示，谨致谢忱。

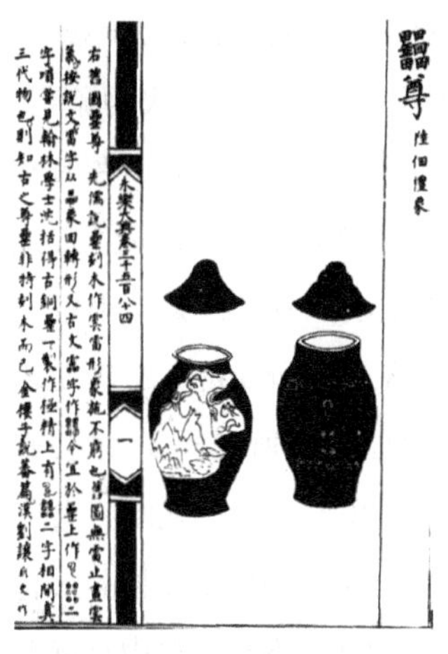

《永乐大典》所见《礼象》之“罍尊”（中华书局影印，1986 年）

纂图本《周礼》所见《礼象》“弁服之图”（中华再造善本影印国家图书馆藏宋刻本）

《礼象》的基本形制的确类似《三礼图》，采用图文配合的形式。《直斋书录解题》云：“《礼象》十五卷，陆佃撰。以改旧图之失，其尊、爵、彝、舟，皆取公卿家及秘府所藏古遗器，与聂图大异。”[1]《永乐大典》所录《礼象》“罍尊”图，陆佃注：“先儒说罍，刻木作云雷形，象施不穷也。旧图无雷，止画云气。按《说文》雷字从畾，象回转形。又古文靁字作畾，今宜于罍上作云畾二字。顷尝见翰林学士沈括得古铜罍一，制作极精，上有云畾二字相间，真三代物也。则知古之尊罍非特刻木而已。”[2]又引《礼象》“象尊”图下陆佃

〔1〕 陈振孙：《直斋书录解题》卷三，第 50 页。
〔2〕《永乐大典》卷三五八四，中华书局影印本，2012 年，第 2126 页。

注："旧传象尊画象，或为象载尊，或以其齿饰之，亦或空其腹以为尊。盖古者创尊，样制不一，要之皆不失为象尊。顷见参知政事章惇得古铜象尊一，制极精致，三足，象其鼻形，望而视之，真象也，其受比今象尊才三之一，疑正三代之器。《周官·酒正》曰：'大祭三贰，中祭再贰，小祭一贰。'凡有贰者，备乏少也。若今象尊，所受甚大，理无乏少。"[1]可知《礼象》在内容上正如陈振孙所说，多"取公卿家及秘府所藏古遗器"，这也是《礼象》与《三礼图》大异的重要原因，背后则是礼学观念与方法上的根本差异。只有将三代之礼理解为一套实存的历史制度而不是经典中具有理论性质的制度，将出土的古器物作为三代礼制的历史遗物，才会具备考三代之礼的重要意义。《山堂考索》引《礼象序》云："《礼记》《诗》《书》《春秋》元为残缺，缙绅先生罕能言之，而学者抱残守缺不全之经以求先王制作之方，可谓难也。余尝本之性情，稽之度数，求读经之大旨，自《孟子》始，以余之所能言与上之所可尽者为十五卷，名曰《礼象》，以救旧图之失，其庶几乎非耶？"[2]陆佃以礼学为先王制度的探索，即此宗旨而言，经典作为文献并不充足。陆佃批评先儒"抱残守缺不全之经以求先王制作之方"，故以考证而代经学。陈振孙特别提到，《礼象》之"尊、爵、彝、舟，皆取公卿家及秘府所藏古遗器，与聂图大异"，这从《礼象》

〔1〕《永乐大典》卷三五八三，第2116页。

〔2〕章如愚：《群书考索前集》卷二三《礼门》，影印明正德三年（1508）慎独斋刻本，台北新兴书局，1996年，第619页。

的佚文中能够得到验证。《山堂考索》载《礼象》“石铜爵”云：“有首、有尾、有柱、有足、有柄。《祭统》曰‘尸酢夫人，夫人执柄’是也，‘夫人授尸执足’是也。先儒谓柄为尾，盖不见此制，今文彦博、李公麟家有之，中有篆文，殆商器也。”[1]上《永乐大典》引《礼象》“罍尊”“象尊”，陆佃尝得见古器于沈括、章惇家。陆佃的考证之学，比之陈祥道，更增添了古器物学的佐证。屯蹇卑微的陈祥道没有机会像陆佃那样接触到“公卿家及秘府所藏古遗器”，而只能通过较常见易得的文献进行考证。古器物在名物研究中的运用，更进一步体现了名物研究由经书本位走向文献、制度考证的转型。人们对“先王之制”的理解不再是通过对特定经典文本的解释，而是奠基于古文献、古器物的综合考证之上。

南宋章如愚曾论：“自空虚浮诞之说胜，而儒生无考古之实学，礼器之不明于后世也久矣。惟我太祖皇帝，肇造区夏之初，未遑他务，首命儒臣，计论尊爵笾豆之用，簠簋鼎俎之制，而聂崇义实膺是选，于是采唐六家之传以定三《礼》之制作，为画图以成一代之缛典，猗欤盛哉！皇祐中，王洙又尝作《周礼礼器图》而上之，凡品物纤悉，皆有考订，意义明达，皆有据援，可谓详而备矣。其后陆佃又为《礼象》，陈祥道又为《礼书》，皆能考古以求意，非但记名数之末而已，是以议礼之学至我宋而大盛，此岂非儒者务

[1] 章如愚：《群书考索前集》卷四五《礼器门》，第1160页。

实之功乎？”[1]在章如愚看来，北宋是礼器名物的考证实学发展之时，也是议礼之学大盛之时，这与后人对宋代礼学的认知颇有出入。《礼书》发展出的广征文献古物、对礼制进行综合考证的方法，对后世礼学影响深远。直到晚清的三《礼》学殿军之作《礼书通故》，依旧能够看到陈祥道的影响。清代学者在诸多具体问题上的考证或较陈祥道细密精致，却鲜有学者能如陈祥道一般，就三《礼》中的名物制度做出如此全面、综合的考证。清代学者标榜汉学，于三《礼》尤宗郑玄，以其为实事求是、长于名物考证的“实学”。但是汉唐时期，基于经典权威的经学解释并不会生发出考据形态的礼学，只有将经典内容对象化地看成对古代制度的记载，才可能由文本解释演化为带有实证性质的制度考证之学。

〔1〕《山堂考索·前集》卷三九《礼门》，第998页。

第四章 自然之礼与成圣之学

北宋时期，汉唐礼学作为思想资源的失效，不仅发生在经典解释与礼法制作层面，更深刻地体现在汉唐礼学传统无法继承维持儒家式礼仪生活的根基。汉唐人知礼行礼，以经典及其衍生出的制度仪文为保障，“礼”所规范的范围主要限于传习经典的士族阶层。唐代以来，随着经书作为礼之基础的崩解与士族阶层的逐步衰亡，汉唐礼学的观念基础与社会根基渐渐丧失。此外，因应佛教、道教的挑战，北宋儒家大多认为，儒家式礼仪生活就其教化的功能与效用而言，应是使人“成圣”的唯一途径，这与汉唐礼学追求中人层面的礼法之善判然有别。效法制礼作乐的三代“圣人”，已鲜明揭櫫了成圣之道的儒学性，而如何将儒家礼乐教化发展为成圣之学，又构成了北宋前期儒学所面临的重要问题。李觏、王安石、刘敞等北宋前期重要礼论与人性论均与这一问题有关。他们的学说证明，基于汉唐思想资源的调整式发展，已无法成功应对这一时代课题。理学的兴起，在追法三代圣人的旗帜下，通过更深刻地重塑礼的本体与人性论基础，真正实现了礼乐教化与成圣之学的圆融，也因此极大改变了礼之为学与实践之道。

第一节　礼法与成圣：李觏《礼论》及其困境

前章曾论李觏的礼经学，李觏的经学与汉唐注疏存在很强的继承关系，从更深的层面看，这与他有意识地从内在观念上继承汉唐礼学传统有关。当然，李觏并非照搬汉唐传统，而是从思想基础到经学方法上，都对汉唐以来的礼法教化学说给予了整体性的重构。李觏的礼论是在对韩愈人性论的有限性接受之上建立的，他在圣人论层面以“仁、义、智、信”之性为圣人天命之性，以之为礼的人性论前提，这从根本上扭转了汉唐礼学基于自然情性的人性论意涵。与此同时，李觏继承了汉儒而非韩愈的性三品论，并在中人层面捍卫了汉唐以经典为基础的礼法教化传统，这是李觏思想的实践指向。

李觏的思想处境，大致可以从两方面理解。首先，作为北宋前期力主排佛的儒家学者，李觏对礼法教化的提倡，与其排佛立场有关。其次，李觏明确提到的对话对象有以下二者，一是李觏《礼论后语》反驳的宗孟学者章望之，章望之主张“仁义礼智信为内”，为善当由内，批评李觏“为好怪，率天下之人为礼不求诸内而竞诸外”。[1]二是李觏曾作书反驳胡瑗。胡瑗在其《原礼篇》中以人情为恶，提出礼唯治恶的思想，云：“民之于礼也，如兽之于囿也，禽之于绁也，鱼之于沼也。岂其所乐哉？勉强而制尔。民之于侈纵奔

〔1〕《礼论后语》,《李觏集》，第24—25页。

放也，如兽之于山薮也，禽之于飞翔也，鱼之于江湖也。岂有所使哉？情之自然尔。”[1]陈弱水指出，以人情为恶并非儒家传统思想。中唐李翱提出性善情恶、灭情反性，实受唐代道教心性思想的深刻影响。[2]基于情恶论，李翱还进一步提出礼乐的功能就在于“教人忘嗜欲而归性命之道也”。[3]李觏的礼论，正是为反驳礼唯治欲说、论证遵循礼法是唯一的成圣之道而提出的。

《礼论》作于明道元年（1032），是李觏早年礼学思想的系统阐述。《礼论》有《后语》一篇，系十五年后，李觏见到章望之对《礼论》的批评时做出的回应。由《礼论后语》可知，李觏早年在《礼论》中的核心主张并未在其思想的成熟时期发生根本改变，因此可将《礼论》作为李觏始终一贯的思想进行讨论。《礼论》共由七篇组成，每篇皆以问答形式展开，其核心意旨是以乐、政、刑、仁、义、智、信七者皆为“礼”，盖“圣人之所以治天下国家，修身正心，无他，一于礼而已矣”。[4]李觏“礼”本位的思想，容易让人联想到荀子，学者亦多就二者间的继承关系立论。但是，李觏以“仁、义、智、信”为“礼”之说，实与荀

---

〔1〕《与胡先生书》，《李觏集》，第 333 页。

〔2〕陈弱水：《〈复性书〉思想渊源再探——汉唐心性观念史之一章》，《唐代文士与中国思想的转型》，第 290—356 页。

〔3〕《李文公集》卷二，《四部丛刊初编》影印明刊本，上海商务印书馆，1929 年，叶四。

〔4〕《礼论》第一，《李觏集》，第 7 页。

子大异。[1]由汉以来，“仁”“义”“礼”“智”“信”便以“五常”之性并称，儒者有以“仁”统此五性者，而罕有以“礼”一之者，李觏此说也从根本上有别于汉唐间通行的礼思想。下面先阐明李觏以“仁、义、智、信”为“礼”之说，再结合荀子以降的礼论揭示其思想史意义。李觏论“礼”对“仁、义、智、信”的统合，始于他提出的圣人“率性为礼”这一礼的生成原理，李觏云：

> 圣人率其仁、义、智、信之性，会而为礼，礼成而后仁、义、智、信可见矣。仁、义、智、信者，圣人之性也。礼者，圣人之法制也。性畜于内，法行于外，虽有其性，不以为法，则暧昧而不章。今夫木大者，可以为栋梁；小者，可以为榱桷。不以为屋室，则朽于深山之中，与朴樕同，安得为栋梁榱桷也？温厚可以为仁，断决可以为义，疏达可以为智，固守可以为信。不以为礼，则滞于心之内，与无识同，安得谓之仁、义、智、信也？[2]

---

〔1〕萧公权论李觏与荀子礼学异同云：“李氏论礼，大较合于荀卿。其主要相异之点在弃性恶而主性善，且以礼为仁、义、智、信及乐、刑、政之总和。”其言能得李荀异同之大较而辨未及精。见《中国政治思想史》第十四章《两宋之功利思想》第二节《李觏》，新星出版社，2010年，第301页。论李觏礼学近于荀子者，有如姜国柱《李觏思想研究》第二章《李觏的礼论》，中国社会科学出版社，1984年，第26页；张春贵《李觏政治思想研究——儒家功利学派在宋代的发展》第四章第四节《李觏对荀子的继承与发展》，光明日报出版社，2012年，第96—98页。

〔2〕《礼论》第四，《李觏集》，第11页。

在李觏看来，圣人“率性为礼”，既是“礼”的生成原理，也是圣人之性实现的过程，圣人之性是在为礼的过程中获得其规定性，从而显现为“仁、义、智、信”的。圣人之性受之天命，但并不以纯粹内在的形式存在，而是通过圣人的制作，实现为有形制的“礼”，“仁、义、智、信”是这套制度所具有的道德功能。李觏云：“仁、义、智、信者，实用也。礼者，虚称也，法制之总名也。”[1]又言“仁、义、智、信”皆“礼之别名”。[2]“仁、义、智、信”作为“礼”的“用”与“名”，“礼”因此构成了对“仁、义、智、信”的本质规定。《礼论》言：“在礼之中，有温厚而广爱者，有断决而从宜者，有疏达而能谋者，有固守而不变者。是四者，礼之大旨也，同出于礼而不可缺者也。于是乎又别而异之。温厚而广爱者，命之曰仁；断决而从宜者，命之曰义；疏达而能谋者，命之曰智；固守而不变者，命之曰信。此礼之四名也。”[3]在李觏看来，“仁、义、智、信”存乎圣人礼法之中，并非个体内在的道德性。李觏以善根源于天命，但圣人的制作之功是天命之善得以最终实现的必要条件，不存在脱离了圣人制度的内在道德性。李觏将不本于礼法的“仁、义、智、信”称之为“失其本者”“非礼之仁”“非礼之义”。[4]李觏能够建立“礼”对于“仁、义、智、信”的统合，核心

〔1〕《礼论》第四，《李觏集》，第 14 页。
〔2〕《礼论》第一，《李觏集》，第 5 页。
〔3〕《礼论》第一，《李觏集》，第 7 页。
〔4〕《礼论》第四，《李觏集》，第 12 页。

就在于他认为圣人制作对于善的实现具有决定作用，也就是说，李觏礼论的基础是他的圣人论。也正是在圣人论层面，李觏显示了他与荀子降至汉唐礼观的异同。其同者，都强调圣人制作为礼之本质；其异者，李觏以礼之善根本于天命，礼法制作的人性基础是圣人的天命之性，而荀子则以圣人制作为善的来源，礼的人性论前提是人的自然情性。李觏既继承了汉唐基于经典的礼法教化传统，又从根本上改变了它的人性论意涵。下面从思想史的角度解释上述变化形成的思想脉络。

如所周知，荀子以“礼”出自圣人“化性起伪”的制作。“伪”即“人为”，与自然相对。就生之自然言，人性本无论善恶，故荀子以“朴”“资朴”论性，谓“性者，本始材朴也”。〔1〕荀子又有“性恶”之说，性恶说之成立，一是以自然情性为人的本质之性，谓“性者，天之就也；情者，性之质也”。〔2〕其次，荀子之“性恶”，实与荀子以礼义为善相表里。在荀子看来，放纵人欲之为恶自不待言，而顺遂人情之善质亦不足以为善。如丧亲之哀，君子遂之而无穷，圣人亦有所不取。〔3〕荀子以“礼”为善之本源，认为“学至乎礼而止矣，夫是之谓道德之极”。〔4〕善在乎“礼”，人并不能通过自然天性的实现而达到善，在这一点上圣人与众人之间

〔1〕《荀子·礼论篇》，《荀子集解》卷一三《礼论篇》第一九，第366页。
〔2〕《荀子·正名篇》，第428页。
〔3〕《荀子·礼论篇》，第372页。
〔4〕《荀子·劝学篇》，第12页。

并不存在本质区别，“圣人之所以同于众，其不异于众者，性也”。[1]圣人异于众人之处在于能够“化性起伪”，制作出一套节制、存养自身情性的礼法来。也就是说，无论是对圣人还是众人而言，礼的人性论前提都是人的自然情性，荀子云：“性者，本始材朴也；伪者，文理隆盛也。无性则伪之无所加。”[2]礼法的目的并不在于“变化”人的情性，而是“存养”，通过节制、修饰人的情性，达到情文俱尽的理想状态。

汉人的礼治教化思想大体因袭荀子，所不同者，汉儒除以圣人礼法为善外，同时继承了先秦思想中的性善传统，亦承认人性所固有之善。汉代通行的人性论以董仲舒的学说最具代表性。董仲舒以阴、阳两气言情、性，性、情对言，则以性善而情恶。又以性泛指人性，兼包性、情。人禀阴阳两气而生，其性则兼具善质与恶质。善质是善的自然基础而不可谓之善，善需教化始成，故云：“性虽出善，而性未可谓善。”[3]“性待渐于教训而后能为善。善，教训之所然也。”[4]“性者，天质之朴也。善者，王教之化也。”[5]董仲舒此论颇类荀子，但他对荀子的继承实仅限于中人层面，而在圣人论上则有别于荀子。在董仲舒等汉人看来，圣人因其天

---

〔1〕《荀子·性恶篇》，第438页。

〔2〕《荀子·礼论篇》，第366页。

〔3〕《春秋繁露·实性》，《春秋繁露义证》卷一〇，钟哲点校，中华书局，1992年，第311页。

〔4〕同上书，第312页。

〔5〕同上书，第313页。

性自然而能纯善无恶，超然于王教礼法之上。董仲舒云“善过性，圣人过善”[1]，此“善”即礼法之善。汉儒论圣人多至于“神明”，《白虎通》云：“圣人所以能独见前睹，与神通精者，盖皆天所生也。”[2]又如扬雄论人之性善恶混，以“礼义”归之中人，而以“独智”论圣人，其云：“由于情欲，入自禽门；由于礼义，入自人门；由于独智，入自圣门。”[3]“独智”即不学而能、迥出众人之智。圣人天赋异禀，故自汉以来逐渐形成了圣人不可学、不可至的传统。在伦理实践层面，汉人所特重者，是中人在其自身性情前提下，通过遵循礼法而达到的礼法之善，正是在这一层面，汉人继承了荀子的礼法思想。礼法虽出于圣人制作，但圣人制礼并非出于自身的“独智”或纯善无恶之性，而是以中人的自然情性为基础，予以节制、修饰与存养，即通常所说的缘情制礼、称情立文。汉人论礼与人性的关系，所指称的都是人的自然情性。汉代的礼法教化在实际当中表现为对于经典规范的学习和遵行，它所追求的是：出于人为制作的礼法之善，与圣人所代表的天道有着大致清晰的界分。魏晋时期，玄学的发展尽管是对汉代礼法教化体系的革命，但纵观其历史，玄学并没有真正取消汉代以来礼法的教化功能，而是通过自然本体的建立，将礼法之善的根源由圣人制作进一步推本到

---

〔1〕《春秋繁露·深察名号》，第 305 页。

〔2〕《元本白虎通德论》卷六《圣人》，叶七。

〔3〕《法言·修身》，《法言义疏》，陈仲夫点校，中华书局，1987 年，第 104 页。

了自然本体，人的自然情性开始具备比经典规范更为本然的地位。[1]不过，人情的本然地位并没有完全取消本于经典规范的礼法教化，玄学的理论探讨集中于圣人论层面，在中人的伦理实践上，魏晋时人仍在很大程度上继承了汉人基于经典的礼法教化学说。

综上所述，汉唐时期，礼法的人性论前提始终是人的自然情性；而礼在人伦实践中的核心问题，则始终围绕礼法规范与人情之间的关系展开。礼法是圣人制作的一套经典规范，就其"人为"的一面言，本质上有别于天道自然，它所实现的是中人之善，而非本源意义上的至善。宋代理学将"礼"推本至道德本体，以人的道德本性为礼的人性论前提，从根本上改变了礼法的伦理和人性意涵。李觏在其圣人论层面大致完成了以上转变，但仅限于圣人论层面。李觏并不具备普遍的性善思想，他的人性论糅合了韩愈说与汉人的性三品论：

> 孟子既言人皆有仁义之性，而吾子之论独谓圣人有之，何如？
>
> 曰：孟子以为人之性皆善，故有是言耳。古之言性者四：孟子谓之皆善，荀卿谓之皆恶，扬雄谓之善恶混，韩退之谓性之品三：上焉者善也，中焉者善恶

---

〔1〕 曾亦：《本体与工夫——湖湘学派研究》，上海人民出版社，2007年，第18—19页。

混也，下焉者恶而已矣。今观退之之辩，诚为得也。孟子岂能专之？[1]

> 贤人之性，中也。扬雄所谓"善恶混"者也。安有仁、义、智、信哉？性之品有三：上智，不学而自能者也，圣人也。下愚，虽学而不能者也，具人之体而已矣。中人者，又可以为三焉：学而得其本者，为贤人，与上智同。学而失其本者，为迷惑，守于中人而已矣。兀然而不学者，为固陋，与下愚同。是则性之品三，而人之类五也。[2]

李觏援引扬雄与韩愈为说，但扬雄、韩愈之论本自有别，李觏各取一偏以为已用。李觏以"仁、义、智、信"为圣人之性，应本自韩愈以"仁、义、礼、智、信"论性。但韩愈以"仁、义、智、信"为"所以为性者"，是人的本质之性，人性的差别在于五性的完善程度，"上焉者之于五也，主于一而行于四；中焉者之于五也，一不少有焉，则少反焉，其于四也混；下焉者之于五也，反于一而悖于四。"[3]韩愈的人性论并非真正意义上的性三品论。李觏专以"仁、义、智、信"为圣人之性，而以扬雄"善恶混"

〔1〕《礼论》第六，《李觏集》，第18—19页。
〔2〕《礼论》第四，《李觏集》，第12页。
〔3〕韩愈：《原性》，《韩昌黎文集校注》卷一，马其昶校注、马茂元整理，上海古籍出版社，2014年，第22页。

之说论中人之性。也就是说，李觏在以自然性论人的本质之性以及性三品论上承袭了汉人。中人之性“善恶混”，其道德性的实现只能通过学习与遵行圣人礼法，李觏谓“礼得而后仁、义、智、信亦可见矣”。[1]李觏在中人层面容纳了汉唐以来的礼法教化传统，所不同者在于，汉唐礼观强调的是对人之自然情性的节制和缘饰，而在李觏看来，学礼是道德性的养成。

从学说的实践指向来看，中人层面的礼法教化学说才是李觏礼论真正的落脚点。李觏在圣人论上的理论建构，是为了在儒家道德价值的基础上重新奠立汉唐以来的礼法教化传统，在思想主张和问题意识上则深受韩愈以来儒家思想发展的影响。《礼论》回应了中晚唐以来儒家开始探讨的“成圣”问题，以学礼为唯一的成圣之道，学礼则“圣与贤，其终一也”。[2]李觏在人性论上并不接受性善说的思路，亦警惕中晚唐以来儒家心性学说的发展所带来的礼的内在化倾向。《礼论后语》记录了李觏与当时的宗孟学者章望之之间的论难。章望之以“仁、义、礼、智、信为内”，“发于吾心而已矣”，并批评李觏“为礼不求诸内而竞诸外，人之内不充而惟外之饰”。[3]李觏回应，贤人由礼法以求仁义，须以自身内在的善质为基础，故“亦内也”，就如“布帛之青赤则染矣，然染之而受者，亦布帛之质也，以染铁

〔1〕《礼论》第四，《李觏集》，第11页。
〔2〕《礼论》第四，《李觏集》，第11—12页。
〔3〕《礼论后语》，《李觏集》，第5页。

石则不入矣”。[1]正是在礼与心性的关系上，李觏的理论存在难以克服的困难。如果礼法是圣人心性的存在形式，那么贤人按其本性是否有遵行礼法的内在能力？其次，若不讨论贤人心性的变化，仅遵行外在的礼法规范是否能在真正意义上具备圣人之性，从而可以认为“圣与贤，其终一也”。[2]李觏以民之情性有善有恶，圣人之礼“因人之情而把持之，使有所成就者也”。[3]《礼论》云：“夫礼之初，顺人之性欲而为之节文者也。”[4]又表达了一种近乎汉唐人的礼观，而有别于他在《礼论》中的核心思想。换言之，李觏的思想中其实并存了两种在性质上非常不同的礼论，而未能对二者的分歧予以弥合，这同样是李觏礼学思想的困难所在。

综合以上讨论，李觏礼论的宗旨是为了反驳宋初存在的礼唯治恶与内修成圣说，并通过对传统礼观的重构，建立起由礼法以成圣的学说。李觏在其论说中展现的思想环境显示，对儒家传统礼法教化的挑战，不仅来自佛、道，而且来自佛、道影响下儒家内部对修养成圣之道的探索。儒家式的礼乐教化与礼仪生活何以是唯一的成圣之道，这不仅是李觏，也是王安石、刘敞、张载等北宋思想家在建立人性论说与礼论时的核心关切。

---

〔1〕《礼论后语》,《李觏集》, 第 25 页。

〔2〕《礼论》第四,《李觏集》, 第 11—12 页。

〔3〕《与胡先生书》,《李觏集》, 第 334 页。

〔4〕《礼论》第一,《李觏集》, 第 6 页。

第二节　王安石的性情论：基于礼乐论视角的重构

钱穆先生曾言："荆公思想，对当时有大贡献者，举要言之，凡两项。一为王霸论，二为性情论。"[1]王安石生平写作了多篇探讨性情问题的文章，如《性论》《性情》《性说》《扬孟》《原性》等。这些文章创作于不同时期，且前后持论颇不一贯，从中大致可以归纳出性善说，性为情本、性有善有恶，性无善恶、善恶由情，三种主张。既有研究普遍认为，王安石的性情论经历了不同阶段的发展演变，至于学说演变的具体过程，目前还没有达成一致意见。[2]而且，王安石调整其学说的意图及其思想变化的内在逻辑，也有待进一步阐释。以上问题都可以通过对王安石礼乐论的分析得到解

〔1〕钱穆：《初期宋学》，《中国学术思想史论丛》（五），生活·读书·新知三联书店，2009年，第6页。

〔2〕贺麟是较早揭示王安石人性论发展及其阶段性特征的学者，他指出，王安石"以性情合一论为出发点，以性善恶混之说为过渡思想，而归结到性善论"。见氏作《王安石的哲学思想》，收入《文化与人生》，商务印书馆，1988年，第293—302页。此后，多数学者认为，性善论应是王安石早期的人性论主张，如陈植锷：《北宋文化史述论》，中国社会科学出版社，1992年，第230—231页。肖永明、胡金旺都认为王安石的人性论经历了性善论、性有善有恶、性无善无恶三个阶段，见肖永明：《北宋新学与理学人性论建构的不同路径及特点》，《求索》2004年第2期，第97页。胡金旺：《王安石人性论的发展阶段及其意义》，《孔子研究》2012年第2期。张建民认为，王安石人性论的变化，可以熙宁年为界分成两个阶段。在熙宁前，王安石人性论可分为三种情况：一为性善说，二为性善恶混说，三为性不可善恶言说。在熙宁元丰间，王安石人性论表现为性善恶混说，此为其人性论的最后归向。见《王安石人性论的发展演变及其意义》，《孔子研究》2013年第2期。

答。换言之，从礼乐论的角度出发，可以对王安石的性情论展开更深入的重构。[1]

1.《礼论》与王安石人性论的转向

早自庆历年间，王安石对性论问题就有所关注，这一时期的《淮南杂说》被视为对北宋道德性命之学兴起具有开创意义的作品。《淮南杂说》今已亡佚不存，宋人语云"世谓其言与孟轲相上下，于是天下之士，始原道德之意，窥性命之端云"[2]，"当时《淮南杂说》行乎时，天下推尊之以比孟子"。[3]可以推测，《淮南杂说》中的性命学说当与孟子相近。《淮南杂说》外，王安石论性一主孟子者，又有《性论》一文，与《淮南杂说》当为同一时期的作品，代表了王安石早期的性善主张。《性论》云：

> 古之善言性者，莫如仲尼，仲尼，圣之粹者也。仲尼而下，莫如子思，子思，学仲尼者也。其次莫如孟轲，孟轲，学子思者也。仲尼之言，载于《论语》。

---

〔1〕与此论题接近的研究是刘丰《王安石的礼乐论与心性论》一文，《中国哲学史》2010年第2期。这篇文章在哲学层面对王安石礼乐论与心性论的关系做了深入阐发。本书的视角偏重于对王安石性情论形成与变化过程的重构。

〔2〕晁公武：《郡斋读书志》卷一二，《王氏杂说》十卷条引蔡卞语，第525—526页。

〔3〕马永卿：《元城语录》卷上，影印文渊阁《四库全书》本，第863册，第361页。

> 子思、孟轲之说，著于《中庸》而明于七篇。然而世之学者，见一圣二贤性善之说，终不能一而信之者何也？岂非惑于《语》所谓“上智下愚”之说与？噫，以一圣二贤之心而求之，则性归于善而已矣。[1]

《性论》典型地体现了王安石性善说中的尊孟与道统思想。如所熟知，王安石好《孟子》，《孟子》在宋代升列经部，正是通过熙宁四年（1071）王安石主持下的科举改制实现的。[2]《性论》对孟子性论的阐发包含了两方面的工作，一是对孔子、子思、孟子的相关表述进行整合，其次是对汉唐性论做出回应。王安石的思路是区分“才”“性”，以“五常”论性，作为人的本质之性，而将现实经验中的人性差异归于“才”之不同。在王安石看来，荀子、扬雄、韩愈等人的谬误，就在于混淆了才性之别。《性论》云：“性者，五常之谓也；才者，愚智昏明之品也。欲其才品，则孔子所谓‘上智与下愚不移’之说是也。欲明其性，则孔子所谓‘唯性相近习相远’、《中庸》所谓‘率性之谓道’、孟轲所谓‘人无有不善’之说是也。”“仲尼、子思、孟轲之言，有才性之异，而荀卿乱之。扬雄、韩愈惑乎上智下愚之说，混才

〔1〕《性论》，收录于《宋文选》，《王安石全集》第7册，第1827—1828页。

〔2〕参董洪利：《孟子研究》，江苏古籍出版社，1997年，第209—210页。程苏东：《〈孟子〉升经考——并论两宋正经与兼经制度》，《中华文史论丛》2010年第3期，第137—167页。

与性而言之。”[1]总之，王安石早期的性善说，是其尊孟思想的一部分。

王安石性论的第一次变化约始于嘉祐、治平年间，[2]他先后在多篇文章中表达了自己的性论主张，尤以《性情》《扬孟》《性说》《礼论》四篇最为集中。[3]这四篇文字阐发的性论思想相当一致，王安石不再以“五常”为人的本质之性，而是以生之自然论性，认为性有善有恶。如何解释这一变化？胡金旺认为，性有善有恶说是王安石学术思想发展到

---

〔1〕《性论》,《王安石全集》，第1828页。

〔2〕王安石在嘉祐、治平年间所作《再答龚深父论〈论语〉〈孟子〉书》中云：“道有君子有小人，德有吉有凶，则命有顺有逆、性有善有恶，固其理，又何足以疑？”《临川先生文集》卷七二,《王安石全集》，第1295页。胡金旺、张建民皆据此认为王安石性有善有恶说的提出在嘉祐、治平年间。见胡金旺:《王安石人性论的发展阶段及其意义》，第24—25页；张建民:《王安石人性论的发展演变及其意义》，第60—61页。

〔3〕这四篇文章的写作时间并不能精确系年，此处的判断依据是这四篇在人性论上都主张性有善有恶，并且论述的主题具有很强的关联性，当为同一时期的作品。李之亮认为《性情》为治平年间作品，而《扬孟》《礼论》《礼乐论》为元丰中王安石退居金陵时作，但他没有给出推断的根据，见《王荆公文集笺注》，李之亮笺注，巴蜀书社，2005年。刘成国将《性说》系于庆历四年（1044），以《性说》主张性善说，与《性论》相近，当为早年所作。这一判断值得商榷，说详下。又,《性情》一篇，刘成国系于皇祐元年（1049），根据的是王安石与王开祖在庆历、皇祐年间多有学术上的交流，王开祖亦曾驳斥“性善情恶”说，主题与《性情》相近，故将《性情》系于皇祐元年。《扬孟》，刘成国系于嘉祐六年（1061），其据不明，参刘成国《王安石年谱长编》，中华书局，2018年，第134、214、610页。以上四篇的写作年月并不能精确推断，本书的分析显示，这四篇在内容和主题上存在很强的相关性，当为同一时期的作品，代表了王安石同一阶段的性论思想。

成熟阶段的表现，是对前期性善论的继承与发展。[1]张建民则指出，熙宁元丰时期，王安石仍坚持性善恶混，性有善有恶说的提出当与他在熙宁变法中的经历有关。[2]以上观点都缺乏有说服力的论证，下面尝试再做解释。由于这四篇文章写作的具体时间及其先后次序无法精确推定，以下对王安石写作意图和问题意识的阐释，将主要基于文本分析和理论重构，其次再结合历史语境分析。

首先讨论《礼论》《性情》两篇。《礼论》并不专论性，它主要是一篇论礼的文字，开篇便旗帜鲜明地提出对荀子礼论的反对。

> 呜呼，荀卿之不知礼也！其言曰："圣人化性而起伪。"吾是以知其不知礼也。知礼者贵乎知礼之意，而荀卿盛称其法度节奏之美，至于言化，则以为伪也，亦乌知礼之意哉？故礼始于天而成于人，知天而不知人则野，知人而不知天则伪。圣人恶其野而疾其伪，以是礼兴焉。今荀卿以谓圣人之化性为起伪，则是不知天之过也。[3]

王安石认为，圣人制礼，因应人性之善恶，既有节制欲望的一面，也有成就其善性的一面，非如荀子所说，仅为制欲治

[1] 胡金旺：《王安石人性论的发展阶段及其意义》，第26页。
[2] 张建民：《王安石人性论的发展演变及其意义》，第60—63页。
[3] 《临川先生文集》卷六六，《王安石全集》，第1198页。

恶而已。严格说来，王安石对荀子礼论的理解并不准确。事实上，荀子的礼论既有制欲的一面，也有养人之善情的一面。《荀子·礼论》曰："孰知夫恭敬辞让之所以养安也，孰知夫礼义文理之所以养情也。"[1]荀子以人的自然情性为礼的基础，并不否定人情中的善端，如论三年之丧"称情而立文"，荀子指出，父母之爱、丧亲之痛，是世间最自然的情感："凡生乎天地之间者，有血气之属必有知，有知之属莫不爱其类……故有血气之属莫知于人，故人之于其亲也，至死无穷。"[2]三年之丧以丧亲之痛为基础。亲死而遂忘，固为圣人所禁，而君子遂之至于无穷，亦不合乎中道，"故先王圣人安为之立中制节，一使足以成文理，则舍之矣"。[3]可见，荀子肯定人情中的善端，但并不视之为"善"。在荀子看来，真正能称为善的，是与自然情性相对的圣人制作。[4]而荀子"伪"的含义，主要就是指圣人制作的"礼"，而非

〔1〕《荀子·礼论第一九》,《荀子集解》卷一三，第412页。

〔2〕《荀子·礼论第一九》,《荀子集解》卷一三，第440—441页。

〔3〕《荀子·礼论第一九》,《荀子集解》卷一三，第441页。

〔4〕学界在荀子的人性论上存在争议，笔者认同唐君毅的观点，他曾指出："荀子所以言性之恶，乃实唯由与人之伪相对较，或与人之虑积能习，勉于礼义之事相对较，而后反照出。故离此性伪二者所结成之对较反照关系，而单言性，亦即无性恶之可说。""此中性伪所结成之对较反照关系，实即在人之虑积能习所依之礼义文理之理想，与此理想所欲转化之现实间之一对较反照关系。唯人愈有理想，乃愈欲转化现实，愈见现实之惰性之强，而若愈与理想成对较相对反；人遂愈本其理想，以判断此未转化之现实，为不合理想中之善，为不善而恶者。故荀子之性恶论，不能离其道德文化上之理想主义而了解。"《中国哲学原论·原性篇》，中国社会科学出版社，2005年，第32页。

如王安石所说，是与“真”相对意义上的“伪”。汉唐间流行的人性论，虽不同于荀子，但礼乐教化的基本理念则大体本之。礼乐与自然情性的关系，不仅有治恶的一面，还包括基于人性善端的善之养成。王安石所理解的荀子与上述分析之间存在的争议，姑且另当别论，有一点可以肯定的是，王安石反对的，是一种“礼唯制欲”的思想。有迹象表明，礼唯制欲论是北宋前期颇有影响的一种学说，如宋初三先生之一——胡瑗，便是持这一主张的代表学者。胡瑗曾著《原礼》一篇，全文今已不存，其中的观点在李觏的文集中有所引述，李觏《与胡先生书》载：

> 窃观《原礼篇》曰：“民之于礼也，如兽之于囿，禽之于绁也，鱼之于沼也，岂其所乐哉？勉强而制尔。民之于侈纵奔放也，如兽之于山薮也，禽之于飞翔也，鱼之于江湖也。岂有所使哉？情之自然尔。云云。”[1]

由李觏的转述可知，胡瑗在《原礼篇》中认为，礼是约束百姓自然情感、欲望的治恶之制。李觏还指出并批判了胡瑗礼论的情恶论背景：

> 然则有礼者得遂其情，以孝以悌，以忠以义，身尊名荣，罔有后患。是谓兽之于山薮，鸟之于飞翔，

〔1〕 李觏：《与胡先生书》，《李觏集》卷二八，第333页。

> 鱼之于江湖也。无礼者不得遂其情，为罪辜，为离散，穷苦怨悔，弗可振起，是谓兽之于圈，鸟之于绁，鱼之于沼也。而先生倒之，何谓也？若以人之情皆不善，须礼以变化之，则先生之视天下不啻如蛇豕，如虫蛆，何不恭之甚也？[1]

胡瑗礼论以“情恶”为人性论前提，认为礼是对情欲的对治与约束。胡瑗的情恶论看似是对汉代以来性善情恶论的延续，实则不然。汉代主流礼论的精髓并不是对恶情的约束，而是通过礼乐教化实现欲的约束与善的养成。汉儒中，董仲舒的性情论及其教化学说最具代表性。《春秋繁露·深察名号》云：“天两有阴阳之施，身亦两有贪仁之性。”“身之有性情也，若天之有阴阳也。言人之质而无其情，犹言天之阳而无其阴也。”“天地之所生，谓之性情，性情相与为一瞑。情亦性也。谓性已善，奈其情何？”[2]董仲舒将性、情二分，又以性来统称性、情，以阴阳来描述情、性的缺一不可、相互依存。类似的，如《白虎通》：“性情者，何谓也？性者阳之施，情者阴之化也。人禀阴阳气而生，故内怀五性六情。”“喜、怒、哀、乐、爱、恶谓六情，所以扶成五性。”[3]

〔1〕 李觏：《与胡先生书》，《李觏集》卷二八，第334页。

〔2〕《春秋繁露·深察名号第三五》，《春秋繁露义证》卷一〇，第284—310页。

〔3〕《白虎通疏证》卷八《性情》，吴则虞点校，中华书局，1994年，第381—382页。

董仲舒等汉儒论性善情恶，强调的是善、恶皆为人性的本质性构成。除去圣人与下愚之人，中人之性有善有恶，构成了礼乐教化的人性论基础。《实性》言："善如米，性如禾。禾虽出米，而禾未可谓善也。性虽出善，而性未可谓善也。米与善，人之继天而成于外也，非在天所为之内也。天所为，有所至而止。止之内谓之天，止之外谓之王教。王教在性外，而性不得不遂。""性者，天质之朴也；善者，王教之化也。无其质，则王教不能化；无其王教，则质朴不能善。"〔1〕在董仲舒看来，天性之善严格说来只是善质、善端而已，善的真正实现必须通过礼乐教化加以养成，礼乐教化的意义既有节制情欲的一面，也有对善的培养。胡瑗的情恶论之所以会导向单纯对治情恶的礼论，是缘于中唐以来儒家在性情学说上的重要变化。李翱《复性书》云："人之所以为圣人者，性也。人之所以惑其性者，情也。喜、怒、哀、惧、爱、恶、欲七者，皆情之所为也。"〔2〕"情有善有不善，而性无不善焉。"〔3〕李翱以性善为人的本质之性，"情者，性之邪也"〔4〕，恶由情所生，灭情以复性。由此，李翱认为，礼乐的功能就在于制欲，"教人忘嗜欲而归性命之道也"。〔5〕王安石又有《性情》一篇，专为反对性善情恶说而作，他批判的正

〔1〕《春秋繁露·实性第三六》，《春秋繁露义证》卷一〇，第310—313页。

〔2〕《李文公集》卷二，《四部丛刊初编》影印明刊本，上海商务印书馆，1929年，叶三。

〔3〕《李文公集》卷二，叶一〇。

〔4〕《李文公集》卷二，叶八。

〔5〕《李文公集》卷二，叶四。

是中唐以来的性善情恶论[1]，而非汉人所讲的性善情恶。《性情》云：

> 性、情一也。世有论者曰“性善情恶”，是徒识性情之名而不知性情之实也。喜、怒、哀、乐、好、恶、欲，未发于外而存于心，性也；喜、怒、哀、乐、好、恶、欲，发于外而见于行，情也。性者情之本，情者性之用，故吾曰性、情一也。[2]

王安石论性、情关系的方式不是汉人式的以阴阳论性情，而是类似李翱以性为情之本原，情为性之发动。与李翱不同的是，王安石又以“喜、怒、哀、乐、好、恶、欲”情之自然论性。以生之自然言性，正是《礼论》篇的人性论背景，《礼论》言：“凡为礼者，必诎其放傲之心，逆其嗜欲之性。莫不欲逸，而为尊者劳；莫不欲得，而为长者让，擎跽曲拳以见其恭。”[3]又言：“今人生而有严父母之心，圣人因其性之欲而为之制焉，故其制虽有以强人，而乃以顺其性之欲也。”[4]王安石以生之自然言性、以欲言性，性兼包性情二义，有善有恶。他所理解的“性”，在内涵上更接近董仲舒

〔1〕 钱穆已指出王安石的《性情》意在驳斥李翱的性善情恶论，见《初期宋学》，《中国学术思想史论丛》(五)，第12页。
〔2〕《临川先生文集》卷六七，《王安石全集》，第1218页。
〔3〕《临川先生文集》卷六六，《王安石全集》，第1198页。
〔4〕《临川先生文集》卷六六，《王安石全集》，第1199页。

等汉人。换言之,《性情》实质上是站在汉人以生之自然言性的立场上反对中唐以来的性善情恶论，但在理解性情关系的方式上，却又深受李翱等中唐思想家影响。《性情》又论：

> 彼曰性善，无它，是尝读孟子之书，而未尝求孟子之意耳。彼曰情恶，无它，是有见于天下之以此七者而入于恶，而不知七者之出于性耳。……盖君子养性之善，故情亦善；小人养性之恶，故情亦恶。[1]

> 然则性有恶乎？曰：孟子曰“养其大体为大人，养其小体为小人”，扬子曰“人之性，善恶混”，是知性可以为恶也。[2]

王安石以“喜、怒、哀、乐、好、恶、欲”七者皆人生而有之之性，有善有恶，善恶在所养而已。《法言·修身》云：“人之性也，善恶混。修其善则为善人，修其恶则为恶人。”[3]王安石接受了扬雄的性论，观点已不同于早年的一尊孟子。为了兼顾尊孟立场，王安石调和孟、扬，将性之善恶解释为后天养成的结果，这便形成了《扬孟》一篇的主题,《扬孟》云：

---

〔1〕《临川先生文集》卷六七,《王安石全集》，第1218页。
〔2〕《临川先生文集》卷六七,《王安石全集》，第1219页。
〔3〕《法言·修身卷第三》,《法言义疏》，第85页。

夫人之生，莫不有羞恶之性，且以羞恶之一端以明之。有人于此，羞善行之不修，恶善名之不立，尽力乎善，以充其羞恶之性，则其为贤也孰御哉？此得乎性之正者，而孟子之所谓性也。有人于此，羞利之不厚，恶利之不多，尽力乎利，以充羞恶之性，则其为不肖者也孰御哉？此得乎性之不正，而扬子之兼所谓性也。[1]

王安石指出，孟子之所谓“性”为“正性”，扬雄所言“兼性之不正者”，要之皆以“习”论孟子、扬雄所言之“性”。王安石对孟子、扬雄的曲解，事实上是其自身主张的反映，他又有《性说》一篇，谓“是果性善而不善者，习也”[2]，专以习论性之善恶：

然则孔子所谓“中人以上可以语上，中人以下不可以语上，惟上智与下愚不移”，何说也？曰：习于善而已矣，所谓上智者；习于恶而已矣，所谓下愚者；一习于善，一习于恶，所谓中人者。上智也、下愚也、

〔1〕《临川先生文集》卷六四，《王安石全集》，第1167页。

〔2〕《临川先生文集》卷六八，《王安石全集》，第1236页。关于“是果性善而不善者习也”的句读，《王安石全集》以及刘成国均读为“是果性善，而不善者习也”，刘成国、张建民都认为《性说》表达的是性善论。但这一句读方式并不符合《性说》的主旨，《性说》认为“习”可以成就人性之善，也可以成就人性之恶，换言之，《性说》并未断言人的生之之性或本质之性的善恶，而是以人性为后天培养发展的结果。

中人也，其卒也命之而已矣。[1]

在王安石看来，人性善恶的实现取决于后天的熏习培养，孔子所谓“上智”“中人”“下愚”，言说的皆是后天“习”的结果，而非人的生之之性。生之之性有善有恶，是为“性相近也”，但人的自然之性“非生而不可移”[2]，人性善恶的成就取决于后天的熏习培养，是为“习相远也”。

综上，《礼论》《性情》《扬孟》《性说》事实上是针对同一论题不同侧面的讨论，表明这一时期王安石的人性学说已较早年的性善论有了根本改变。如前所论，王安石早年的性善论带有强烈的尊孟背景。嘉祐、治平年间，王安石的尊孟立场并没有改变，他的人性论之所以会发生变化，与他对宋初性善情恶论的批判有关。王安石之所以反对性善情恶，基本的出发点则是为了反对情恶论下的礼唯制欲论。他对性善情恶及其影响下的礼乐论的反驳，在当时并非孤例。如前引李觏对胡瑗的批判，在李觏看来，礼以治恶的礼治教化论说，极大地削弱了儒家礼乐教化在善性培养上的正面价值，言：“此说之行，则先王之道不得复用，天下之人将以圣君贤师为仇敌，宁肯俯首而从之哉？”[3]刘敞的性情论同样需要放在这一语境下解读。刘敞《论性》云：“不知性之善者，不知仁义之所出也；不知情之善者，不知礼乐之所

〔1〕《临川先生文集》卷六八，《王安石全集》，第1235—1236页。

〔2〕《临川先生文集》卷六八，《王安石全集》，第1236页。

〔3〕 李觏：《与胡先生书》，《李觏集》卷二八，第333页。

出。”[1]“肃然恭者，礼之本也；欢然乐者，乐之原也。故情者，礼乐也。故圣人以仁义治人性，以礼乐治人情。未有言礼乐而非善者也。”[2]刘敞认为，人的道德情感构成了礼乐的内在基础，他的性情论说，同样是针对性善情恶、礼唯治恶的思想而发。钱穆先生言：“荆公主张性情一，情亦可以为善，如此则一般性善情恶的意见已推翻，使人再有勇气热情来面对真实人生，此乃荆公在当时思想界一大贡献。”[3]以上分析表明，更贴近王安石等宋儒自身表述的说法是，他们关注作为性情论后果的礼乐教化的问题。

2.《原性》“性无善恶”说的提出及其意义

《原性》提出的性无善恶、善恶由情说，通常被视为王安石性情论的又一大转变。关于《原性》的写作时间，说法不一。胡金旺认为，《原性》是王安石晚年退隐金陵时的作品，依据是《原性》中的性无善恶说，与王安石退居金陵时所作《答蒋颖叔书》中的佛教性空思想相似，当为同一时期的作品。张建民指出，刘敞曾在《公是先生弟子记》中引用《原性》中的观点，而《公是先生弟子记》为嘉祐、治平年间作品，因此《原性》应为嘉祐、治平年间所作。[4]从内容看，《原性》以“性”为“五常之太极”，言“吾所安者，孔子之言而已”，此

〔1〕《公是集》卷四六，第550页。

〔2〕《公是集》卷四六，第549—550页。

〔3〕钱穆：《初期宋学》，《中国学术思想史论丛》（五），第13页。

〔4〕张建民：《王安石人性论的发展演变及其意义》，第61—62页。

性无善恶说与佛教性空思想实不相同，不宜用《答蒋颖叔书》论证《原性》的写作时间。刘敞卒于熙宁元年（1068），《原性》之作必不晚于此，张建民之说可从。仍待进一步解释的是，王安石因何写作《原性》，并提出性无善恶说？

《原性》的写作约于嘉祐、治平年间，与《礼论》《性情》《扬孟》《性说》的写作时间非常接近，可以算作同一时期的作品。细绎《原性》文本可以发现，相较之前的性有善有恶说，王安石事实上并未从根本上放弃他的性论主张，性无善无恶说的提出，不过是出于理论考虑，对性情的意涵做了概念上的调整。《原性》云“性生乎情，有情然后善恶形焉”，性情的本末关系与《性情》是一致的。但在《性情》中，“性”兼包性、情、欲，言“喜、怒、哀、乐、好、恶、欲，未发于外而存于心，性也”，因此只能谓“喜、怒、哀、乐、好、恶、欲，发于外而见于行，情也”。以外在行为论情，这与通常将情作为心理状态的理解有所不符。对此，《原性》篇对情的概念做了调整，将“喜、怒、哀、乐、好、恶、欲”皆归于情：

> 古者有不谓喜、怒、爱、恶、欲情者乎？喜、怒、爱、恶、欲而善，然后从而命之曰仁也、义也；喜、怒、爱、恶、欲而不善，然后从而命之曰不仁也、不义也。故曰：有情，然后善恶形焉。[1]

---

〔1〕《临川先生文集》卷六八，《王安石全集》，第1234—1235页。

《原性》将《性情》中属于“性”的内容归入“情”的范畴，进而又提出了一个作为“情”之本原的“性”的概念：“性者，五常之太极也，而五常不可以谓之性。”[1]又言：“夫太极生五行，然后利害生焉，而太极不可以利害言也。性生乎情，有情然后善恶形焉，而性不可以善恶言也。”[2]此情之本体不可以善恶言，从而形成了性无善恶、善恶由情的性情论说。《原性》避免了《性情》论“情”的缺陷，相比《性情》《扬孟》等篇以情说性、以习说性，在概念层次上更为清晰。王安石对性情实质意涵的理解本与汉儒相近，却必为此论者，乃是受到中唐李翱以来，以性作为情之本原这一理解性情关系的方式的影响。《原性》篇结尾道：

> 或曰：“四子之云尔，其皆有意于教乎？”曰：“是说也，吾不知也。圣人之教，正名而已。”[3]

“或曰”问孟、荀、扬、韩人性学说的提出，是否都有特定的教化指向，实即问王安石“性无善恶”说有何教化意义？王安石回答，其学说的意义在于“正名”。之所以会有这样一段问答，是王安石意识到了自身性情论背后本有的教化关切，而《原性》其实是一篇辨析概念、从理论层面对学说加以严整、系统化的文字。正因如此，王安石才特于篇末辩白

---

〔1〕《临川先生文集》卷六八，《王安石全集》，第1234页。
〔2〕《临川先生文集》卷六八，《王安石全集》，第1234页。
〔3〕《临川先生文集》卷六八，《王安石全集》，第1235页。

"圣人之教，正名而已"。

3. 礼乐与成圣：对《礼乐论》的分析

《礼乐论》是王安石探讨礼乐与心性关系的一篇文献，前人对其学说性质的理解存在分歧。张建民将《礼乐论》归为王安石早期的性善说；刘丰的分析指出，《礼乐论》体现了王安石的礼乐论与其道德性命学说之间的密切关联，其中阐述的修养学说是对儒家传统修性养生思想的继承与发展；〔1〕还有一类观点强调《礼乐论》在思想上的道教特征，如南宋黄震谓："《礼乐论》以道家修养法，释先王立礼乐之意。"〔2〕胡金旺亦认为，《礼乐论》"养生、保气有利于修身养性的思想主要来自道教"。〔3〕对《礼乐论》学说性质的判断容或见仁见智，下面不妨先讨论它的写作背景与意图。

刘成国将《礼乐论》的创作时间系于治平二年（1065），理由是《礼乐论》中有言"是以《书》言天人之道，莫大于《洪范》，《洪范》之言天人之道，莫大于貌、言、视、听、思"，故以《礼乐论》当作于《洪范传》稍后。〔4〕这一推断虽不无道理，但单凭此点还不足以确论《礼乐论》的创作时

〔1〕刘丰：《王安石的礼乐论与心性论》，《中国哲学史》2010年第2期，第96—98页。

〔2〕《黄氏日抄》卷六四《读文集六·王荆公》，张伟、何忠礼主编《黄震全集》，浙江大学出版社，2013年，第1950页。

〔3〕胡金旺：《苏轼、王安石的哲学建构与佛道思想》，中央编译出版社，2015年，第192页。

〔4〕刘成国：《王安石年谱长编》，第706页。

间。以下的讨论仍首先从内容分析入手。

将《礼乐论》与《礼论》比较，不难看出二者关心的问题存在根本不同。《礼乐论》写作的核心要旨，是论述如何通过礼乐实现养生修性，以至成圣：

> 养生以为仁，保气以为义，去情却欲以尽天下之性，修神致明以趋圣人之域。〔1〕

> 呜呼，礼乐之意不传久矣！天下之言养生修性者，归于浮屠、老子而已。浮屠、老子之说行，而天下为礼乐者独以顺流俗而已。〔2〕

如前所论，养生修性本非汉唐传统礼乐教化的固有职能，成圣也非礼乐教化的目标所在。王安石论证由儒家礼乐可以修养成圣，固然符合荀子学礼成圣的旧义，但直接应对的乃是佛教、道教的挑战，“浮屠、老子之说行，而天下为礼乐者独以顺流俗而已。”基于儒家礼乐生活的修养成圣理论，也因此极大改变了汉唐传统礼乐教化的意义与功能。礼乐与修养成圣的关系，并不是王安石独有的关切。庆历年间，李觏著《礼论》，所要解决的同样是礼乐与成圣问题。〔3〕张载的

---

〔1〕《临川先生文集》卷六六，《王安石全集》，第1200页。

〔2〕《临川先生文集》卷六六，《王安石全集》，第1202—1203页。

〔3〕如《礼论》云：“贤人者，知乎仁、义、智、信之美而学礼以求之者也。礼得而后仁、义、智、信亦可见矣。圣与贤，其终一也。”（转下页）

知礼成性学说，就更为人们所熟知了。也就是说，汉唐的礼乐教化传统与宋代包括理学在内的成圣之学间，并非断裂的关系，而如何由礼乐教化转换至成圣之学，构成了当时儒家思想界面临的重要问题。宋儒意识到，要解决由礼乐成圣的问题，就需要从成圣的内在根据出发，重新奠基礼乐的人性论基础。如前所论，李觏就认为，礼乐的人性论基础并非汉儒所指的自然情性，而是圣人的天命之性。张载进一步提出，礼乐据为根本的天命之性，是人普遍具有的。同理，王安石在《礼乐论》中也提出了自己的心性学说。

> 气之所禀命者，心也。视之能必见，听之能必闻，行之能必至，思之能必得，是诚之所至也。不听而聪，不视而明，不思而得，不行而至，是性之所固有，而神之所自生也，尽心尽诚者之所至也。故诚之所以不能测者，性也。贤者，尽诚以立性者也；圣人，尽性以至诚者也。神生于性，性生于诚，诚生于心，心生于气，气生于形。[1]

王安石以“心”为知觉思虑能力的总称，“诚”是知觉能力充分实现的状态。“不听而聪，不视而明，不思而得，不行而至”这类超越感官限制的能力，被王安石认作是“性

（接上页）《礼论》第四，《李觏集》卷二，第11—12页。

〔1〕《临川先生文集》卷六六，《王安石全集》，第1199页。

之所固有”，并可以通过感官知觉能力的充分开掘而实现，“神生于性”，由此又可进一步通向神明之境。[1]达至神明的境地，也就是《礼乐论》所认为的成圣。神明之性为常人所固有，是常人成圣的内在根据和基础。关于如何成圣，接下来，王安石提出了养生保形与心性修养相因循的修养方法：

> 形者，有生之本。故养生在于保形，充形在于育气，养气在于宁心，宁心在于致诚，养诚在于尽性，不尽性不足以养生。能尽性者，至诚者也；能至诚者，宁心者也；能宁心者，养气者也；能养气者，保形者也；能保形者，养生者也；不养生不足以尽性也。[2]

在这一过程中，礼乐的作用不在于“养生保形”，而是“尽性养神”：

> 先王知其然，是故体天下之性而为之礼，和天下之性而为之乐。礼者，天下之中经；乐者，天下之中和。礼乐者，先王所以养人之神，正人气而归正性也。

---

〔1〕侯外庐主编的《中国思想通史》根据《礼乐论》这段讨论心性的文字提出，王安石认为“人性是人的心理能力，出之于自然”，“听觉的能力聪，视觉的能力明，是耳目之所能为，而所以聪明，则属于另一种心理能力。”见《中国思想通史》卷四上册，人民出版社，1957年，第462页。

〔2〕《临川先生文集》卷六六，《王安石全集》，第1199—1200页。

衣食所以养人之形气，礼乐所以养人之性也。[1]

圣人之遗言曰："大礼与天地同节，大乐与天地同和。"盖言性也。大礼性之中，大乐性之和，中和之情通乎神明。[2]

王安石指出，圣人制礼作乐的原理是"体天下之性"，作为礼乐存养对象的"性"，同时也是通达神明之境的基础。礼乐具体如何作用于人性？王安石认为，礼乐的至高境界在于"简易"，"大礼之极，简而无文；大乐之极，易而希声。简易者，先王建礼乐之本意也"。[3]礼乐存养人性的具体方式就是通过"简易"，使人"去情却欲"以修神养性，最终达至神明的境地。《礼乐论》云：

养生以为仁，保气以为义，去情却欲以尽天下之性，修神致明以趋圣人之域。[4]

去情却欲而神明生矣，修神致明而物自成矣，是故君子之道鲜矣。齐明其心，清明其德，则天地之间

〔1〕《临川先生文集》卷六六，《王安石全集》，第1200页。
〔2〕《临川先生文集》卷六六，《王安石全集》，第1202页。
〔3〕《临川先生文集》卷六六，《王安石全集》，第1200页。
〔4〕《临川先生文集》卷六六，《王安石全集》，第1200页。

所有之物皆自至矣。[1]

在此，王安石面对情与欲的态度可谓迥异于他在《礼论》《性情》时期的观点。情不再是人性本质性的构成，而是节制、存养的对象，是性的障蔽，是摒除的对象。事实上，以上王安石对礼乐与修性关系的论说与李翱非常接近，李翱尝于《复性书》言："视听言行循礼而动，所以教人忘嗜欲而归性命之道也。道者，至诚也。诚而不息则虚，虚而不息则明，明而不息则照天地而无遗。"[2]如前所论，情恶论及其影响下的礼唯制欲说，恰恰是《礼论》《性情》等篇极力反对的主张。因此，《礼乐论》很可能在创作时间上要早于《礼论》《性情》等篇。在《礼乐论》中，王安石希望建立儒家礼乐本位的修养成圣学说，但在理论上并未脱离李翱等中唐思想家的轨辙。正如《复性书》深厚的道教背景[3]，《礼乐论》当中的心性概念，以及宁心养气、养生保形、修神致明相互因循的思想都带有道教痕迹。情恶论下的礼唯制欲说，其思想后果是削弱了儒家礼乐在善性培养上的积极意义，这有悖于王安石以《礼乐论》伸张儒家礼乐价值的初衷。于是，嘉祐、治平年间，王安石转变了他的思想，开始批判情恶论及其流行下的礼唯制欲说，他将矛头指向荀子，不惜曲

---

〔1〕《临川先生文集》卷六六，《王安石全集》，第 1201—1202 页。

〔2〕《李文公集》卷二，叶四。

〔3〕参陈弱水：《〈复性书〉思想渊源再探——汉唐心性观念史之一章》，《唐代文士与中国思想的转型》，第 290—356 页。

解荀子礼论，或许正是出于对自己早年思想的避讳。然而，如此一来，王安石的礼论也不再能回答礼乐与成圣的关系问题了。王安石，甚或北宋前期儒家思想面临的问题与困境，直到张载知礼成性学说的出现才得以化解。

综上所述，王安石的礼乐论大致可以区分为前后两个阶段的两种思想，经历了从“礼唯制欲”到“制欲养善”的转变。王安石性情学说的调整与其礼乐论的转向密不可分，循其实质，同样应区分为前后两期，即从性善情恶向性情有善有恶的变化。王安石前期礼乐论与性情论的思想背景和问题意识，一是尊孟，其次是回答如何通过礼乐修养成圣的问题。这一阶段，王安石较多地延续了中唐以来情恶论背景下的礼唯制欲思想，其后果是消解了儒家礼乐教化在善性培养上的积极意义。嘉祐、治平年间，王安石在礼乐论与性情论上的转向，意在重新捍卫传统礼乐教化的固有价值，却又无法兼顾礼乐与成圣的关系问题。相似的论题、思考与困境，在胡瑗、李觏、刘敞等人的礼乐论与性情论中有着类似表现，反映了北宋前期儒家思想所面临的时代问题。王安石在礼乐论与性情论上的不懈探索，根源于古代儒家性情论与教化学说之间的密切关联，也始终体现了王安石对现实问题的关切。他的学说，为理解北宋前期儒家思想进程，提供了重要参照。

附论　刘敞《论性》

刘敞曾在批评王安石性无善恶说时提出：“王子曰‘人

之性无善恶之称，彼善不善者，情之成名也’。然则圣人无所言性可矣。”[1]这一评语透露出，刘敞对人性问题的探讨，本于他对教化问题的关注。欧阳修云：“以人性为善，道不可废；以人性为恶，道不可废；以人性为善恶混，道不可废；以人性为上者善、下者恶、中者善恶混，道不可废。然则学者虽毋言性，可也。”[2]在欧阳修看来，教化之道为本，人性论是派生性的，不需强求一统。欧阳修此说的合理性在于，包括宋儒在内的儒家传统有关人性问题的诸多讨论，其基本关切都是来自对教化的辩护。在刘敞看来，欧阳修倒置了人性论与教化学说的本末关系，在对欧阳修的批判中，刘敞指出：“今本在性而勿言，是欲导其流而塞其源，食其实而伐其根也。”[3]对人性与教化关系的重建，是《论性》一篇的宗旨所在。欧阳修又尝著《本论》一篇，提出礼义为胜佛之本，主张通过修明礼义教化来抵制佛教，“使王政明而礼义充，则虽有佛无所施于民矣”。[4]欧阳修在《本论》中论及他对人性与礼义关系的理解，云：

> 昔荀卿子之说，以为人性本恶，著书一篇，以持其论。予始爱之，及见世人之归佛者，然后知荀卿之

〔1〕《公是先生弟子记》卷四，黄曙辉点校，华东师范大学出版社，2010年，第60页。

〔2〕《公是先生弟子记》卷四，第65页。

〔3〕《公是先生弟子记》卷四，第65页。

〔4〕欧阳修：《本论上》，《居士集》卷一七，《欧阳修诗文集校笺》，第512页。

说谬焉。甚矣，人之性善也！彼为佛者，弃其父子，绝其夫妇，于人之性甚戾，又有蚕食虫蠹之弊，然而民皆相率而归焉者，以佛有为善之说故也。呜呼！诚使吾民晓然知礼义之为善，则安知不相率而从哉！〔1〕

与前述欧阳修对人性论问题的悬搁不同，在《本论》中欧阳修明确主张性善论。他还谈到，之所以由荀子的性恶说转向性善说，主要是受佛教影响。在欧阳修看来，人之所以皆相率而归于佛，“以佛有为善之说故也”，故需使人“晓然知礼义之为善”，阐明礼义与实现人的道德之善的内在关联。这也是李觏等北宋学者重释礼的人性论基础的基本方向。刘敞《论性》的特点，在于提出礼乐的基础是人的道德情感，下面对其中的要点予以重述。

（1）人性皆善，善有等级，人不可成圣。

《论性》云：“人之性必善乎？曰：然。人之性可为尧舜乎？曰：否。性同也而善不同。善同也而性不同，故善有上、有中、有下。上之中又有上焉，中之中又有中焉，下之中又有下焉。上之上者，圣人；其次，仁也。中之上者，君子也；其次，善人也。下之上者，有常也；其次，齐民也。仁不能圣，善不能为君子，齐民不能有常，而谓人皆可以为尧舜，谬也。”〔2〕

---

〔1〕 欧阳修：《本论下》，《居士集》卷一七，《欧阳修诗文集校笺》，第516页。
〔2〕 刘敞《论性》，《公是集》卷四六，第549页。

（2）学以成性。

人性之善存在天性的等级之别，人仍需学习才能实现自身限度内的善性。《论性》云：“曰：苟如是，人有性矣，性有善矣，善有等矣，则学无益乎？曰：否。玉之为物也，人知其宝也，有相倍差者，有相十百者，有相千万者，则岂一玉哉？人之性何以异于是，虽有万镒之玉，不剖不见宝，不琢不见用。人之学，何以异于是。”[1]

（3）情为性之动，性善则情善。

《论性》云：“然则人之情恶乎？曰：否。情者，性之动也。性既善矣，情安云恶？子见夫影乎？形曲而曲，形直而直，夫情亦犹是矣。”[2]

（4）性者，仁义；情者，礼乐，情善故礼乐亦善。

有别于汉唐间以自然人情为礼乐的基础，刘敞提出，人的道德情感是礼乐的基础。《论性》云：“性者，仁义也；情者，礼乐也。今夫人未有不亲其亲者，今夫人未有不尊其尊者。亲亲之谓仁，尊尊之谓义，故性者，仁义也。亲其亲，欢然乐矣，尊其尊，肃然恭矣。肃然恭者，礼之本也；欢然乐者，乐之原也。故情者，礼乐也。故圣人以仁义治人性，以礼乐治人情。未有言礼乐而非善者也。”[3]可知刘敞亦反对性善情恶说，或以礼乐为限制情恶的外在规范，与性善相比，《论性》强调更多的是情善。在刘敞看来，恶出于背

〔1〕 刘敞《论性》，《公是集》卷四六。
〔2〕 同上。
〔3〕 同上书，第549—550页。

性丧情。《论性》云："背其性，或毁仁义，此非性之过也，背其性也；丧其情，或弃礼乐，此非情之过也，丧其情也，物有夺之矣。……今夫水火，人所恃以生也，火失则焚，水决则溺，非水火之罪也。焚者相继，溺者相及，无怨乎水火而弃之者，水火，利用也。独至于情而以谓不善乎？无已。则忘其情者而善乎，禽兽木石之为乎？是可知也。"〔1〕以礼乐的基础为人的道德情感，刘敞强调了礼法教化之善的内在性根据，并回答了礼法教化如何与个人内在道德的改善相关。相比李觏以礼本于圣人天命之性，刘敞以道德情感为礼的基础，更能够兼容"缘情制礼"的礼乐传统。然而，刘敞将人的天性之善划分为九等，"仁不能圣，善不能为君子，齐民不能有常"，不要说不能成圣，普通百姓甚至不能逾于下等。刘敞虽然捍卫了教化的基础与必要性，却也让礼乐教化的意义与价值被极大削弱，在北宋前期思潮中，这并不是一个令人满意的学说。

第三节　理学与礼的重塑

将儒家礼仪生活与修养成圣学说成功圆融，是理学区别于佛道二教乃至北宋前期其他儒学思想的一个重要特征。礼学如何被纳入成圣之学的框架，也构成了理解理学兴起的重要一环。这里先总体重述理学思想家使礼学转向成圣

〔1〕 刘敞《论性》,《公是集》卷四六，第550页。

之学的一般思路，再对不同理学家的礼学思想特征分别予以阐释。

理学家从本体论、人性论层面对礼进行了重塑。在本体论层面，理学最重要的范畴是“理”，“礼者，理也”“礼者，天理之节文”是理学家表达礼、理关系时最常用的两种表述。[1]理解二者的确切含义、联系与区别，首先需要解释理学家在“礼”之“理”与“文”之间做出的区分。“礼”之“文”“理”二分的典型表述见于程颢：

> 礼者，理也，文也。理者，实也，本也。文者，华也，末也。理是一物，文是一物。文过则奢，实过则俭。奢自文所生，俭自实所出。故林放问礼之本，子曰：“礼，与其奢也，宁俭。”言俭近本也。此与形影类矣。推此理，则甚有事也。[2]

“礼”在本体、实然意义上即是“理”，此所谓“礼者，理也”，“礼”之“文”即“天理之节文”。对“礼”的本质与礼文的区分，又见吕大临《礼记解》：

---

〔1〕 如张载云：“礼者，理也。”《张子语录》，中华再造善本影印国家图书馆藏宋福建漕治刻本，国家图书馆出版社，2002年，卷下叶一。程颐云：“礼即是理也。”《河南程氏遗书》卷一五，《二程集》，第144页。程颢云：“礼者，理也。”《河南程氏遗书》卷一一，《二程集》，第125页。

〔2〕《河南程氏遗书》卷一一，《二程集》，第125页。

礼者，敬而已矣。“君子恭敬”，所以明礼之实也。礼，节文乎仁义者也。君子“撙节”，所以明礼之文也。[1]

“礼之实”又被吕大临称为“无体之礼”。“无体之礼”见《礼记·孔子间居》记孔子曰：“无声之乐，无体之礼，无服之丧，此之谓‘三无’。”吕大临注云：

先儒谓此三者皆行之在心，外无形状，故称“无”也。盖乐必有声，其无声者，非乐之器，乃乐之道也；礼必有体，其无体者，非礼之文，乃礼之本也；丧必有服，其无服者，非丧之事，乃丧之理也。此三者行之在心，外无形状可知也。[2]

在吕大临看来，“无体之礼”“无服之丧”，不仅因其“行之在心，外无形状”，更根本的原因还在于，“无体之礼”所指称的是礼的本然之理，也就是程颢所说：“礼者，非体之礼，是自然底道理。”[3]吕大临言“无体之礼”行之在心，也并非是对先儒解释的简单重复，而是基于理学家对“心”的诠释。对于“无体之礼”，张载也有同样的表述：“礼非止见

〔1〕吕大临：《礼记解》，《蓝田吕氏集》，曹树明点校，西北大学出版社，2015年，第8页。

〔2〕《礼记解》，《蓝田吕氏集》，第80页。

〔3〕《河南程氏遗书》卷二，《二程集》第34页。

于外，亦有无体之礼，盖礼之原在心。”[1]理学家们将“礼之实”“礼之本”推本到了天理的层面，“礼”在本体意义上是天理之自然，而非人为的制作，人为的制作被称为“礼文”，故朱子言“所因之礼，是天做底，万世不可易；所损益之礼，是人做底，故随时更变。”[2]“礼出自然”的主张频繁见于理学家们的礼论，如程颐云：

> “然推本而言，礼只是一个序，乐只是一个和。只此两字，含蓄多少义理。”又问：“礼莫是天地之序？乐莫是天地之和？”曰：“固是。天下无一物无礼乐。且置两只椅子，才不正便是无序，无序便乖，乖便不和。”[3]

> 又问：“祭起于圣人制作以教人否？”曰：“非也。祭先本天性，如豺有祭，獭有祭，鹰有祭，皆是天性，岂有人而不如物乎？圣人因而裁成礼法以教人耳。”[4]

程颐更指出，“礼”之本是天地秩序，“天秩、天叙”是天理的一种表现形式，它存在于所有事物中，“天下无一物无礼乐”。这样一个天地秩序是自然的，本身并不需要人为的制

---

〔1〕《经学理窟·礼乐》，《张子全书》，林乐昌编校，西北大学出版社，2015年，第73页。

〔2〕《朱子语类》卷二四，《朱子全书》(修订本)第14册，第865页。

〔3〕《河南程氏遗书》卷一八，《二程集》，第225页。

〔4〕《河南程氏遗书》卷二二，《二程集》，第285—286页。

度安排去建立。圣人制礼本质上是天理的外现，而非圣人无中生有的创作。张载言：

礼不必皆出于人，天地之理，自然而有，天之生物便有尊卑小大之象，人顺之而已，此所以为礼也。天秩者，父子兄弟夫妇之类，次第而有者也。天秩者，杂然而生，其间便有小大上下之别。或专以礼出于人而不知礼本天之自然，犹告子专以义为外，而不知所以行义由内也，当合内外之道。能知礼之本于自然，人顺而行之，是之谓礼。[1]

生有先后，所以为天序；小大、高下相并而形焉，是谓天秩。天之生物也有序，物之既形也有秩。知序然后经正，知秩然后礼行。[2]

礼天生自有分别，人须推原其自然，故曰："反其所自生。"[3]

大虚即礼之大一也。大者，大之一也，极之谓也。礼非出于人，虽无人，礼固自然而有，何假于人？今天之生万物，其尊卑小大自有礼之象，人顺之而已，

〔1〕《礼记集说》卷九四引，叶七。
〔2〕《正蒙·动物篇第五》，《张子全书》，第12页。
〔3〕《经学理窟·礼乐》，《张子全书》，第71页。

此所以为礼。或者专以礼出于人而不知礼本天之自然，如告子专以义为外而不知所以行义由内也，当合内外之道，知礼之本于自然，人顺而行之，则是知礼也。[1]

学者指出，“太虚”是张载哲学体系中的最高本体，在张载看来，大虚即礼之本体。[2]“或专以礼出于人而不知礼本天之自然”，针对的是汉唐时期，受荀子影响，以礼本质上是圣人制作的思想。张载称“礼”所反映的尊卑小大、父子兄弟夫妇等伦理秩序为“天秩”，“天秩”意义上的“礼”即天理之自然。同样见解见吕大临：

先王制礼之意，象法天地，以达天下之情而已。《书》曰“天叙有典”，体也，人伦之谓也；“天秩有礼”，用也，冠、昏、丧、祭、射、乡、朝、聘之类也。二者皆本于天，此礼之所由生也。[3]

吕大临将“礼”内在的人伦关系与具体的制度礼文表述为“体用关系”。在人伦秩序的意义上，“礼”等同于天理，礼的具体制度仪文则依本天理而作，故吕大临云：“二者皆本于天，此礼之所由生也。”

---

〔1〕《礼记集说》卷五八引，叶一。

〔2〕殷慧：《宋儒以理释礼的思想历程及其困境》，《中国哲学史》2013年第2期，第77页。

〔3〕《礼记解》，《蓝田吕氏集》，第216页。

深入理解理学家对“礼”的上述诠释之礼学思想史意义，就需要对更早的礼观进行回溯。理学家“礼者，理也”“天秩”“天序”的说法，借用了经典中古已有之的表达。《礼记·乐记》云：“礼也者，理之不可易者也。”[1]《仲尼燕居》云：“子曰：‘礼也者，理也。’”[2]在经典中也存在对“礼”之“本”与“文”的区别。《礼器》云：“先王之立礼也，有本有文。忠信，礼之本也。义理，礼之文也。无本不立，无文不行。”[3]郑玄注云：“言必外内具。”人的内在道德情感为“本”，“礼”之义理为“文”，这里的义理实际是指事物之条理、秩序，故郑玄以“外”释之。“义理”指事物之分理，又见郑玄对《乐记》的注释。《乐记》：“礼也者，理之不可易者也。”郑注云：“理，犹事也。”[4]古者“礼”“理”互训，因二者都有条理、分别之义。《管子·心术上》言：“故礼者，谓有理也。理也者，明分以谕义之意也。故礼出乎义，义出乎理，理因乎宜者也。”[5]《管子》之言，郭晓东分析指出：“‘明分以谕义’，这正点明了‘理’最重要的特征之一，它固然有条理、秩序之义，但这条理却是人与人之间分内的条理，一种最为合适（宜）的秩序，它

〔1〕《礼记正义》卷三八《乐记》，第1537页。
〔2〕《礼记正义》卷五〇《仲尼燕居》，第1614页。
〔3〕《礼记正义》卷二三《礼器》，第1430页。
〔4〕《礼记正义》卷三八《乐记》，第1537页。
〔5〕《管子·心术上》，黎翔凤《管子校注》，梁运华整理，中华书局，2004年，第770页。

内在地包含着‘分’和‘义’两层含义在内。”[1]“义理”具有秩序和规范的意义，故《礼器》称之为“礼之文”，礼之文即礼之理。与“礼之文”，即外在规范相对的“礼之本”，通常指人内在的道德情感，而不是规范背后的普遍、当然之理。人们自古也将礼乐的内在根据指向天地自然秩序，[2]然而，能够真正理解、效法天地秩序，缘人情之宜制礼作乐的只有古圣先王，因此“礼”在本质上离不开圣人的制作。《郊特牲》云：“礼之所尊，尊其义也，失其义，陈其数，祝史之事也。”无论圣人所制是经典还是现实的制度，后人对礼“义”的理解皆须本于礼“文”。“理”在先秦典籍中的古义与宋人所言“天理”“性理”有别，故清儒如戴震等即以重训“理”之古义的方式以反理学，而主以事之条理、分别、分理言“理”。唐君毅指出，先秦经籍中所谓“理”，有不同种类之理：有《韩非子·解老篇》指称的“物理”；有庄子所谓物之所依以变化又超物之天地之理、万物之理；有墨辩中所谓名实、推理是否正当之理；有孟子所称由仁义行，即道德上发自内心之当然之理；有荀子、《礼记》所特重之文理。五种之中，荀子、《礼记》所重之文理，应为先秦所谓理之主要含义所在。文理即礼文之理，社会人文之理，乃指人与人相交，发生关系，互相表现其活动态度，而

〔1〕郭晓东：《识仁与定性——工夫论视域下的程明道哲学研究》，复旦大学出版社，2006年，第51—52页。

〔2〕如《乐记》对礼乐与天地关系的反复论述，见《礼记正义》卷三七，第1527—1546页。

成之礼乐社会政治制度之仪文之理而言。此礼乐之仪文，为周代文化之所特重，抑为后世所不及。[1]

前文曾论，汉唐礼法教化的人性论基础是人的自然情性，具体表现为汉唐间流行的性三品说。在“成圣之学”的问题意识下，李觏将礼的基础转换为圣人的天命之性，刘敞认为礼的基础是人的道德情感。理学家进一步提出，天命之性是人所具有的本质之性，天性之善而非情性之自然，构成了礼的人性论基础。张载云：

> 礼所以持性，盖本出于性。持性，反本也。凡未成性，须礼以持之，能守礼已不畔道矣。[2]
>
> 圣人亦必知礼成性，然后道义从此出，譬之天地设位则造化行乎其中。[3]

> 不闻性与天道而能制礼作乐者，末矣！[4]

又吕大临云：

> 节文乎仁义之谓礼。[5]

---

〔1〕唐君毅：《原理上：“理”之六义与名理》，《中国哲学原论 · 导论篇》，中国社会科学出版社，2005 年，第 15—16 页。

〔2〕《经学理窟 · 礼乐》，《张子全书》，第 73 页。

〔3〕《易说 · 系辞上》，《张子全书》，第 213 页。

〔4〕《正蒙 · 神化》，《张子全书》，第 11 页。

〔5〕《礼记解》，《蓝田吕氏集》，第 7 页。

在汉唐人看来，圣人缘情制礼，礼是对人情感的节制与存养。以“礼文”为礼的本质，以“人情”为礼的人性论前提，礼在实践中面临的核心问题是如何实现“情文相称”。理学家认为，“礼”的功能和目标是实现人的天命之性，也就是“成圣”。张载云“礼所以持性”，“凡未成性，须以礼持之”，又程颐言：

> 视听言动，非理不为，即是礼，礼即是理也。不是天理，便是私欲。人虽有意于为善，亦是非礼。[1]

《语录》载程颐与弟子问答：

> 棣又问：“克己复礼，如何是仁？”曰：“非礼处便是私意。既是私意，如何得仁？凡人须是克尽己私后，只有礼，始是仁处。”[2]

程颐将非礼勿视听言动之“礼”改替成“理”，“视听言动”泛指人的行为，在程颐看来，人的行为只要合乎天理便为合礼。天理的对立面即人的私欲，“合礼”并不仅是遵行特定的礼法规范，而是能否克除一己之私，使自身达到合乎天理的状态。程颢言：

---

〔1〕《河南程氏遗书》卷一五，《二程集》，第144页。
〔2〕《河南程氏遗书》卷二二，《二程集》，第286页。

克己则私心去，自然能复礼，虽不学文，而礼意已得。[1]

正如二程论说所揭示的，将“礼”推本至天理之自然，以天命之性为礼的人性论基础，就使礼在实践中面临的核心问题从“情文相称”转向了“理欲之争”。

以上讨论了理学家重释礼的思路。“圣人制作”，无论是经典还是制度，都不再构成对礼的本质规定。奠基于天理自然的儒家礼仪生活，它的终极目标也从汉唐礼乐教化下的礼法之善转向了成圣之道。在“礼文”层面，圣人制作的经书或古礼，作为体现天理的典范，在礼仪实践中的意义，不同理学家基于哲学上的差异，又可能存在相当不同的理解，其礼学也因此呈现出了不同风貌。

1. 张载的礼学与经学

在北宋理学诸子中，张载最以礼学知名，其教学者，亦以学礼为先。史称张载：“与诸生讲学，每告以知礼成性、变化气质之道，学必如圣人而后已。”[2]横渠以礼教人，知礼成性、变化气质的工夫论，人所熟知。在张载看来，人的性命之理虽然与天道本体相互贯通，但人在普遍的、善的天命之性外，与生俱来的，还有个体的气质之性。个体气质的偏

---

〔1〕《河南程氏遗书》卷二，《二程集》，第18页。

〔2〕《宋史》卷四二七《张载传》，第12724页。

滞会对天命之性的实现造成阻碍，从而使现实中的人性呈现为“性未成则善恶混”[1]的状态。人从自身现实人性出发并不能直接上达天道，而必须先经过一个变化气质、反本成性的过程。张载认为，变化气质最好的方法，就是“学礼”，其言：

> 某所以使学者先学礼者，只为学礼则便除去了世俗一副当[世]习熟缠绕。譬之延蔓之物，解缠绕即上去，上去即是理明矣，又何求？苟能除去了一副当世习，便自然脱洒也。又学礼则可以守得定。[2]

> 更要约时，但拂去旧日所为，使动作皆中礼，则气质自然全好。[3]

> 礼所以持性，盖本出于性。持性，反本也。凡未成性，须礼以持之，能守礼已不畔道矣。[4]

> 学者且须观礼，盖礼者滋养人德性，又使人有常业，守得定，又可学便可行，又可集得义。养浩然之气须是集义，集义然后可以得。浩然之气，严正刚大，

[1]《正蒙·诚明篇第六》,《张子全书》，第23页。
[2]《张子语录》，卷下叶七。“世”字为作者补。
[3]《经学理窟·气质》,《张子全书》，第74页。
[4]《经学理窟·礼乐》,《张子全书》，第73页。

必须得礼上下达。[1]

张载言学者宜先观礼，是从“知礼成性”作为入手工夫来说的，[2]这是张载礼工夫论最重要的部分。不过在张载看来，“知礼成性”不仅是普通人变化气质的入手工夫，同时也是成圣的效验与圣人之性的实现方式，张载言：

> 圣人亦必知礼成性，然后道义从此出，譬之天地设位则造化行于其中。[3]

圣人之性既成，何以亦必知礼成性，这是因为在张载看来，圣人之性亦须以礼为其外在表现，就如天地设位则造化行乎其中，圣人性之以礼，然后道义可见，此即“成性”的含义。与之相类：

> 知及之而不以礼性之，非已有也。故知礼成性而道义出，如天地位而易行。[4]

若“知”为明，那么在张载看来，“诚”的状态须表现为

---

〔1〕《经学理窟·学大原上》，《张子全书》，第86页。

〔2〕郭晓东：《从“性”“气”关系看张载、二程工夫论之异同》，《经学、道学与经典诠释》，台湾大学出版中心，2011年，第11—13页。

〔3〕《易说·系辞上》，《张子全书》，第213页。

〔4〕《正蒙·至当篇第九》，《张子全书》，第29页。

“礼”，盖“诚意而不以礼则无征”：

> 诚意而不以礼则无征，盖诚非礼无以见也。诚意与行礼无有先后，须兼修之。诚谓诚有是心，有尊敬之者则当有所尊敬之心，有养爱之者则当有所抚字之意。此心苟息则礼不备，文不当。故成就其身者须在礼，而成就之礼则须至诚也。[1]

在此，张载将内外兼备、本于“诚”而行的礼称为“成就之礼”。诚非礼无以见，礼非诚无以成，故礼既是成性工夫，也是成圣的最终效验。张载言“从容中礼者，盛德之至也”[2]，又云：

> 学礼，学者之尽也，未有不须礼以成者也，学之大于此终身焉，虽德性亦待此而长。惟礼乃是实事，舍此皆悠悠，圣庸皆由此途，成圣不越乎礼，进庸人莫切乎礼，是透上透下之事也。[3]

张载指出，成圣不越乎礼，圣人之性须实现为礼，而变化庸人气质最切近的方法莫过于礼，圣、庸成性皆须由礼，是透上透下之事。按照张载的理解，圣、庸在行礼的境界、意

---

〔1〕《经学理窟·气质》,《张子全书》，第75页。

〔2〕《经学理窟·礼乐》,《张子全书》，第74页。

〔3〕《礼记说》,《张子全书》，第310页。

义上存在重要差别。圣人所行者乃“成就之礼”，内有其“诚”，行之以“礼”，是内外兼备、天人合一、自然的状态；而庸人所行之礼，则行为规范的意味较强，张载更强调礼规范对人心性的改善作用，“解缠绕即上去，上去即是理明矣”，这也就是因诚致明的工夫。但礼规范要真正作用于人心性的改善，所需要的不仅仅是外在行为的机械遵守，明理的过程还需要运用人内在的心性能力，去领悟礼的本质——天理之自然。因此，以礼成性的工夫，还需伴随穷理的工夫，故张载言：

> 盖礼者，理也。须是学穷理，礼则所以行其义，知理则能制礼。然则礼出于理之后，今在上者未能穷，则在后者乌能尽？今礼文残缺，须是先求得礼之意，然后观礼。合此理者即是圣人之制，不合者即是诸儒添入，可以去取。今学者所以宜先观礼者，类聚一处，他日得理，以意参校。[1]

这段文字开头，张载先告诉学者“欲知礼必先学穷理”，最后又说“宜先观礼”，“穷理”与“观礼”，二者究竟何所先后？如郭晓东言，张载指出的事实上是“两条相辅相成的工夫路向：一条是由知礼成性而变化气质，一条是由大心穷理而尽性。前者横渠称为‘自诚明’，后者横渠称为‘自明

〔1〕《张子语录》，卷下叶一至二。

诚'”。[1]“穷理”的具体工夫即“大心”“尽心”，郭晓东亦做了清晰阐释。[2]关于两种工夫的配合，张载也有明确表述：

> 修持之道，既须虚心，又须得礼，内外发明，此合内外之道也。当是畏圣人之言，考前言往行以畜其德，度义择善而行之。[3]

> 学者理会到此虚心处，则教者不须言，求之书，合者即是圣言，不合者则后儒添入也。[4]

> 为学大益，在自能变化气质，不尔卒无所发明，不得见圣人之奥。故学者先须变化气质，变化气质与虚心相表里。[5]

由第二条可知，“虚心”即指学者对“理”的领悟，虚心穷理需与知礼成性相表里，内外发明才是完整的成圣工夫。最后一条，张载强调“学者先须变化气质”，前又云“欲知礼必先学穷理”，之所以“知礼必先学穷理”，这其中还涉及张载工夫论及其礼学中非常重要的一个问题——张载所说的“学礼”“观

〔1〕郭晓东：《从“性”“气”关系看张载、二程工夫论之异同》，《经学、道学与经典解释》，第16—20页。

〔2〕同上。

〔3〕《经学理窟·气质》，《张子全书》，第78页。

〔4〕《经学理窟·义理》，《张子全书》，第80页。

〔5〕《经学理窟·义理》，《张子全书》，第82页。

礼”之“礼”，最基本的含义是指“礼文”，也就是礼经所代表的成文规范和度数仪节；但是，由于张载等理学家们区分了“礼文”与本体意义上的礼，而“经典”是否都合乎天理，又已不再不言自明，要判断哪些经文合理，哪些不合理，事实上要求学者先在地对理有所认知。一方面，张载的礼学学说并不以经典文本本身的权威为前提，而是以独立于经典文本的、更根本的“义理”为旨归；另一方面，张载又认为，作为入门的学习来说，学者首先要对经典文本保持非常谦逊的态度，不应轻易怀疑经典。因此张载对弟子的教导，意思总是分为两截：

> 《礼记》大抵出于圣门二三子之传，讲解各异，故辞命不能无害。至如礼文，不可不信。己之言礼未必胜如诸儒。如有前后所出不同，且缺之。《记》有疑议，亦且阙之，就有道而正焉。[1]

> 某旧多疑《儒行》，今观之亦多善处。书一也，己见与不见耳。故《礼记》之有可疑者，姑置之。[2]

在张载看来，“礼义”无疑要比“礼文”更加根本，为学礼之鹄的。但在学礼的现实过程中，却不能单向地用“礼义”来取消“礼文”，因为学习者并不是一开始就把握了“礼

〔1〕《礼记集说·统说》，叶二。
〔2〕《礼记集说·统说》，叶二。

义”，要学习“礼文”，就有必要对经书文本保持谦逊审慎的态度。张载的礼经学，既注重对礼义的发明，又有不太为今人所注意的一面，即他在经文文本解释上的细腻凿实，且对汉唐以来的经典解释传统有所继承。这一点，留待下文结合吕大临的礼经学进一步深论。

张载既以礼所规范的生活方式为变化气质的入手工夫，又以礼的生活方式为圣人之性的实现形式。对“性”“气”关系的理解和“诚明交进”的修养工夫，[1]使张载的“内圣之学”依然在相当程度上保留了外在礼法的规范性内容。张载认为“礼义”从根本上要先于“礼文”，但作为现实的学习过程来说，却有必要从谦逊地尊重“礼文”开始。张载的礼学深刻影响了关中学者，尤其是吕氏兄弟的礼学风格。史载吕大防、大忠、大临兄弟同居，“相切磋论道考礼，冠昏丧祭一本于古，关中言礼学者推吕氏”。[2]“一本于古”，即对经书及其所载古制的研究和遵守。吕大临“通六经，尤邃于礼”，[3]尝著《礼记解》及《编礼》[4]。程颐尝讥关中学礼者“有役文之弊”[5]，体现了他与关中学者在看待“礼文”上的

〔1〕参郭晓东：《从“性”“气”关系看张载、二程工夫论之异同》，《经学、道学与经典诠释》，第2—20页。

〔2〕《宋史》卷三四〇《吕大防传》，第10844页。

〔3〕《宋史》卷三四〇《吕大临传》，第10848页。

〔4〕《编礼》三卷，《郡斋读书志》衢本卷二著录，《郡斋读书志校证》，第81页。

〔5〕朱熹《答陆子寿》“先王制礼”引，《晦庵先生朱文公文集》卷三六，《朱子全书》（修订本）第21册，第1559页。

深刻差异。

2. 程颐礼学中的“穷理义起”

程颐、谢良佐都曾指出关中学者有溺于礼文、刑名度数的弊病，不过程颐和谢良佐的立言基调和出发点有所不同。对张载以礼教人的做法，谢良佐的态度总体偏于消极，甚至将关学之不传归咎于此[1]；而程颐的批评则首先基于对关中礼学的肯定，曾言：“子厚以礼教学者，最善，使学者先有所据守。”[2]面对关中学者用礼渐成俗，乃称赞“关中人刚劲敢为”。[3]程颐和张载一样，也很注重“礼”对人外在行为的规范和内在心性的养成作用，这要归结到程颐与张载在心性论和工夫论上的近似处。

程颐在心性论上的重要发明是“性即理”的提出，人的本性即天命之在人者。程颐同样区分了“天命之性”和“气质之性”，“天命之性”无不善，“气”则有美恶。性“主于身为心”，此寂然不动之心即本心，亦无不善。“气”对性的影响发生在心的发用过程中，所发即为“情”，“气”有

---

〔1〕朱子曾在《答胡广仲》中指出谢良佐与二程之不同，其云：“上蔡又论横渠以礼教人之失，故其学至于无传。据二先生所论却不如此。盖曰：‘子厚以礼教学者，最善，使人先有所据守。’”《晦庵朱文公文集》卷四二，《朱子全书》（修订本）第22册，第1897页。

〔2〕《河南程氏遗书》卷二上《元丰己未吕与叔东见二先生语》，《二程集》，第23页。从《宋元学案》归之程颐，见《宋元学案》卷十八《横渠学案下·附录》，中华书局，1986年，第771页。

〔3〕《河南程氏遗书》卷十，《二程集》，第114页。

清浊，故情亦有善有不善。[1]“气”对性有着潜在的遮蔽作用，程颐的工夫论和张载一样，很重要的一部分是用来对治“气”的，主要表现为身心的涵养。程颐认为，无论是外在的礼文规范，还是礼的内在义理都对人的身心涵养起着积极作用。程颐尝论：

> 古人为学易，自八岁入小学，十五入大学，舞勺舞象，有弦歌以养其耳，舞干羽以养其气血，有礼义以养其心，又且急则佩韦，缓则佩弦，出入闾巷，耳目视听及政事之施，如是，则非僻之心无自而入。今之学者，只有义理以养其心。[2]

> 学莫大于致知，养心莫大于礼义。古人所养处多，若声音以养其耳，舞蹈以养其血脉。今人都无，只有

〔1〕《语录》记，问：“心有善恶否？”曰：“在天为命，在义为理，在人为性，主于身为心，其实一也。心本善，发于思虑，则有善有不善。若既发，则可谓之情，不可谓之心。譬如水，只谓之水，至于流而为派，或行于东，或行于西，却谓之流也。”又，问：“喜怒出于性否？”曰：“固是。才有生识，便有性，有性便有情。无性安得情？”又问：“喜怒出于外，如何？”曰：“非出于外，感于外而发于中也。”问：“性之有喜怒，犹水之有波否？”曰：“然。湛然平静如镜者，水之性也。及遇沙石，或地势不平，便有湍激；或风行其上，便为波涛汹涌。此岂水之性也哉？人性中只有四端，又岂有许多不善底事？然无水安得波浪，无性安得情也？”《河南程氏遗书》卷十八《伊川先生语》，《二程集》，第204页。

〔2〕《河南程氏遗书》卷十五，《二程集》，第162—163页。

个义理之养，人又不知求。[1]

程颐称赞张载以礼教人，使学者有所据守，也是就外在的礼文规范对普通人的存养、托举作用而言的，程颐又言：

> 自大贤以上，则看他如何，不可以礼法拘也。且守社稷者，国君之职也，太王则委而去之。守宗庙者，天子之职也，尧、舜则以天下与人。如三圣贤则无害，他人便不可。然圣人所以教人之道，大抵使之循礼法而已。[2]

对程颐来说，修身齐家乃至治国化民的一个重要实践就是亲制礼书并躬自践礼。《语录》记：

> 问："先生曾定六礼，今已成未？"曰："旧日作此，已及七分，后来被召入朝，既在朝廷，则当行之朝廷，不当为私书，既而遭忧，又疾病数年，今始无事，更一二年可成也。"[3]

又：

---

〔1〕《河南程氏遗书》卷十八，《二程集》，第177页。
〔2〕《河南程氏遗书》卷十八，《二程集》，第211页。
〔3〕《河南程氏遗书》卷十八，《二程集》，第239页。

冠昏丧祭，礼之大者，今人都不以为事。某旧曾修六礼，冠、昏、丧、祭、乡、相见。将就，后被召遂罢，今更一二年可成。家间多恋河北旧俗，未能遽更易，然大率渐使知义理，一二年书成，可皆如法。礼从宜，事从俗，有大故害义理者，须当去。[1]

程颐所修六礼，见于史志记载的有《伊川程氏祭仪》一卷[2]、《三家冠昏丧祭礼》五卷（司马光、程颐、张载定）[3]，今皆不传。我们只能通过文集、语录及他书之转引来窥见“六礼”的某些内容。程颐所定之礼是朱子早年编纂《家礼》时的重要参考。今天能够看到的比较系统完整的宋代士大夫家礼，只有司马光《书仪》和朱子《家礼》，但在宋代，张载和程颐所定之礼，应该也是通行于士大夫间的重要礼书。那么，程颐在对待礼文规范上，与张载有何区别？程颐批评关中学礼者有役文之弊，他强调的是“礼义”在认识礼上的优先性。程颐常用的是“礼义”或“义理”，在他看来，“礼义”是普遍且恒常不变的当然之礼，而“礼文”（包括经典文本及其衍生出的制度规范）则具有时代性。“礼义”和“礼文”在张载礼学思想中较为对等的交互关系，在程颐这里变为“礼义”所主导的“礼文”及其沿革，因此程颐在其礼学主张中强调最多的两个方面，是“穷理”与“义起”。

〔1〕《河南程氏遗书》卷十八，《二程集》，第240页。
〔2〕《宋史》卷二〇四《艺文志》，第5133页。
〔3〕《宋史》卷二〇二《艺文志》，第5051页。

程颐尝云：

> 古之学者，先由经以识义理。盖始学时，尽是传授。后之学者，却先须识义理，方始看得经。[1]

> 古之学者，皆有传授。如圣人作经，本欲明道。今人若不先明义理，不可治经，盖不得传授之意云耳。[2]

在程颐看来，圣人作经之意，在早期以口传心授的方式传承，传经与传道为一，后世学者不得传授之意，经典复又残缺不全，驳杂不纯，只有道的完整性是不会改变的，学者必须首先接续圣人之道，从义理上讲明，才能真正读懂经典。在此，程颐虽然谈论的是“义理”与“经”关系的普遍问题，但在礼义与礼经的关系上，道理是一样的，《语录》记：

> 问：“《周礼》之书有讹缺否？”曰：“甚多。周公致治之大法，亦在其中，须知道者观之，可决是非也。”[3]
>
> 《礼记》之文，亦删定未了，盖其中有圣人格言，亦有俗儒乖谬之说。乖谬之说，本不能混格言，只为

[1]《河南程氏遗书》卷十五，《二程集》，第164页。

[2]《河南程氏遗书》卷二上，《二程集》，第13页。

[3]《河南程氏遗书》卷十八，《二程集》，第230页。

学者不能辨别，如珠玉之在泥沙。泥沙岂能混珠玉？只为无人识，则不知孰为泥沙，孰为珠玉也。[1]

棣问："如《仪礼》中礼制，可考而信否？"曰："信其可信。如言昏礼云，问名、纳吉、纳币、皆须卜，岂有问名了而又卜？苟卜不吉，事可已邪？若此等处难信也。"[2]

程颐秉持的，是中晚唐以来比较流行的、考虑文献传承历史性的经典观念。这种观点虽然以一定的历史、文献事实为依据，但其重点并不在客观的文献考证，而在"道"或"义理"自身独立性的凸显，构成了对经典文本权威的批判和消解。在解经上，张载对于个人运用义理解经的能力态度谨慎，而程颐则更加侧重人对于义理的把握，并发挥"穷理"工夫的积极意义，更强调"义理"相对于"礼文"的优先地位。

尽管张载和程颐都很重视礼在人内外修养上的积极作用，但他们的侧重点是有着微妙差异的。张载云："某所以使学者先学礼者，只为学礼便除去了世俗一副当世习熟缠绕。"[3]"拂去旧日所为，使动作皆中礼，则气质自然全

〔1〕《河南程氏遗书》卷十八，《二程集》，第240页。
〔2〕《河南程氏遗书》卷二二，《二程集》，第286页。
〔3〕《张子语录》，卷下叶七。

好。”[1]对于张载来说，学礼意味着一个由外而内自然的改换过程。相较之下，程颐更加注重人在行礼过程中对义理的识见，由识得义理而涵养心性。程颐真正看重的，是礼文规范背后的当然之理，至于礼文仪节则不必拘泥，只要大节不悖义理就可以了。因此，程颐的礼书制作和礼制践行，同样以“义理”为导向。如祭礼，程颐云：

> 今祭祀，其敬斋礼文之类，尚皆可缓，且是要大者先正始得。今程氏之家祭，只是男女异位，及大有害义者，稍变得一二，他所未遑也。吾曹所急正在此。[2]

又论修“六礼”云：

> 家间多恋河北旧俗，未能遽更易，然大率渐使知义理，一二年书成，可皆如法。礼从宜，事从俗，有大故害义理者，须当去。……人家能存得此等事数件，虽幼者渐可使知礼义。[3]

又论拜扫之礼云：

> 或问：“今拜扫之礼何据？”曰：“此礼古无，但

---

〔1〕《经学理窟·气质》,《张子全书》, 第 74 页。
〔2〕《河南程氏遗书》卷二下,《二程集》, 第 51 页。
〔3〕《河南程氏遗书》卷十八,《二程集》, 第 240—241 页。

缘俗，然不害义理。”[1]

又：

学礼者考文，必求先王之意，得意乃可以沿革。[2]

在程颐看来，当今之人在“家殊俗”的处境下，从本质上讲“只有义理以养其心”。[3]“家殊俗”即有俗而无礼的现实境况。张载在与程颐讨论昏礼结发之俗时曾云：“古人凡礼，讲修已定，家家行之，皆得如此。今无定制，每家各定，此所谓家殊俗也。至如朝廷之礼，皆不中节。”[4]在此前提下，需要面对和解决的，首先是“制礼”，也就是“礼”的恢复和重建问题，张载在关中倡行礼教，程颐制礼、行礼，莫不志在于此。在制礼问题上，关中学者，尤其是发展到后来的吕氏兄弟，其基本取径是强调圣人所制古礼的典范意义，力行古道，“守经信古”，“冠昏丧祭，一

---

〔1〕《河南程氏遗书》卷十八，《二程集》，第241页。

〔2〕《河南程氏遗书》卷二上《元丰己未吕与叔东见二先生语》，《二程集》，第23页。此条未区分程颐与程颢之语，《宋元学案》卷十五《伊川学案》定为程颐语（第633页），庞万里《二程哲学体系》从之（北京航空航天大学出版社，1992年，第355页）。本书也认为是程颐语，基于二程在礼学思想上的不同特点，程颐十分关心礼之沿革，类似问题程颢几乎不曾讨论。

〔3〕《河南程氏遗书》卷十五，《二程集》，第162—163页。

〔4〕《河南程氏遗书》卷十，《二程集》，第113页。

本于古"[1]。而程颐将圣人制礼更多看成是与创制相区别的"因"，既是对天理、人性之因应，也包括对现实民情风俗的因应，通过"因应"使礼义在历史处境中显现。《语录》记程颐与弟子问答云：

> 又问："祭起于圣人制作以教人否？"曰："非也。祭先本天性，如豺有祭，獭有祭，鹰有祭，皆是天性，岂有人而不如物乎？**圣人因而裁成礼法以教人耳**。"[2]

又程颐云：

> 礼之本，出于民之情，圣人因而道之耳。礼之器，出于民之俗，圣人因而节文之耳。圣人复出，必因今之衣服器用而为之节文。其所谓贵本而亲用者，亦在时王斟酌损益之耳。[3]

圣人制礼的精神是处境化，并且因民之宜的。程颐非常注重在当下的礼制中体现出这样一种精神，将礼文的时代性和随

---

〔1〕关中学者并非只是一味泥古而没有随时变通的考虑，如张载就曾强调随时的重要性。《经学理窟・礼乐》云："时措之宜便是礼，礼即时措中见之事业者。非礼之礼，非义之义，但非时中者皆是也。……时中之义甚大，须是精义入神以致用，观其会通以行典礼，此则真义理也。行其典礼而不达会通，则有非时中者矣。"《张子全书》，第 73 页。

〔2〕《河南程氏遗书》卷二二，《二程集》，第 285—286 页。

〔3〕《河南程氏遗书》卷二五，《二程集》，第 327 页。

时损益作为制礼的题中应有之义，尝云：

> “礼，孰为大？时为大”，亦须随时。当随则随，当治则治。当其时作其事，便是能随时。“随时之义大矣哉！”寻常人言随时，为且和同，只是流徇耳，不可谓和，和则已是和于义。故学者患在不能识时……时上尽穷得理。[1]

又：

> 或曰：“正叔所定婚仪，复有婿往谢之礼，何谓也？”
>
> 曰：“如此乃是与时称。今将一古鼎古敦用之，自是人情不称，兼亦与天地风气不宜。礼，时为大，须当损益。夏、商、周所因损益可知，则能继周者亦必有所损益。……徇流俗非随时，知事可正，严毅独立，乃是随时也。”[2]

相比关中学者对经典礼文典范性的注重与遵循，程颐更强调礼文本身的时代性与历史处境。或者说，圣人制礼的典范意义正体现于“圣之时”。程颐也指出，“随时”非“循流俗”，而是“和于义”，“当其时作其事”，“知事可正，

---

〔1〕《河南程氏遗书》卷十六，《二程集》，第171—172页。

〔2〕《河南程氏遗书》卷十五，《二程集》，第146页。

严毅独立”。以天理为准绳，程颐所主张的“时”与“义起”，又先在地带有独立于流俗的批判性。总之，“穷理”与“随时义起”是程颐对待礼文与礼仪实践始终并重的两个方面。

3. 本体工夫与程颢论礼

与张载、程颐相比，程颢很少专门讨论“礼”的问题，在他有限的论礼文字中，更少触及具体、规范性的礼学与礼制问题。前文曾引用程颢在礼之“本”与“文”之间所做的区分，云：

> 礼者，理也，文也。理者，实也，本也。文者，华也，末也。理是一物，文是一物。文过则奢，实过则俭。奢自文所生，俭自实所出。故林放问礼之本，子曰：“礼，与其奢也，宁俭。”[1]

礼之“本”即“理”，是制度仪文据以成立的当然之理。张载和程颐也会接受这种区分和理解方式，而程颢与他们的最大区别，就体现在他对“礼文”的态度上。张载与二程也认为礼根本于天道秩序，所谓“无体之礼”，但他们二人，尤其是张载，对于制度仪文的“有体之礼”同时抱有比较积极的态度，并将礼文规范的学习和遵行，作为进德修身的重要

---

〔1〕《河南程氏遗书》卷一一，《二程集》，第125页。

工夫。但程颢的进路是，一个人只要能体认到礼所根本的天理，自然就能实现行为的周旋中礼。因此，程颢言礼，基本都是从本体意义上来谈的，在程颢对“礼”的用法里，“礼”多用来指称对天道的体认及道体的自然呈现，如：

> 今学者敬而不见得，又不安者，只是心生，亦是太以敬来做事得重，此“恭而无礼则劳”也。恭者私为恭之恭也，礼者非体之礼，是自然底道理也。只恭而不为自然底道理，故不自在也。须是恭而安。今容貌必端，言语必正者，非是道独善其身，要人道如何，只是天理合如此，本无私意，只是个循理而已。[1]

这是程颢对其诚敬工夫的一段论述。“礼者非体之礼”，“非体之礼”本自《礼记》“无体之礼”，“体”是礼的制度仪文，“非体之礼”是形上之礼，即“自然底道理”。通过这一界定，程颢赋予“恭而无礼则劳”这句古语以全新的含义。“有礼”不再是对特定礼文规范的遵行，而是顺从天理之自然。外在的“容貌端”“言语正”，不过是天理合当如此，并非“独善其身”，或人为的强制。“礼”的境界，就是一个人克除一己之私，体认到天理合当如此并顺从为之的诚敬状态。用程颢的另一个表达，就是“克己复礼”。

〔1〕《河南程氏遗书》卷二，《二程集》，第34页。

> 克己则私心去，自然能复礼，虽不学文，而礼意已得。[1]

“克己复礼”就是体道：

> 先生常论克己复礼。韩持国曰：“道上更有甚克，莫错否？”曰：“如公之言，只是说道也。克己复礼，乃所以为道也，更无别处。克己复礼之为道，亦何伤乎公之所谓道也！如公之言，即是一人自指其前一物，曰此道也，他本无可克者。若知道与己未尝相离，则若不克己复礼，何以体道？道在己，不是与己各为一物，可跳身而入者也。克己复礼，非道而何？至如公言，克不是道，亦是道也。实未尝离得，故曰‘可离非道也’，理甚分明。”[2]

程颢提出“克己复礼”之为道，韩持国认为，“道”本身并不存在克与不克的问题。程颢指出，韩持国所说的“道”，是独立于人、让人离开己身去达致的“道”。而在程颢看来，道与人原不相外，“道在己，不是与己各为一物，可跳身而入者”。“克己”就是体道，道在己，从而也是道的体现。克己复礼乃所以为道，“道”言其本体，“克己复礼”言其工

〔1〕《河南程氏遗书》卷二，《二程集》，第18页。
〔2〕《河南程氏遗书》卷一，《二程集》，第3页。

夫，本体即工夫，工夫即本体。“克己”作为工夫，并不是对一己身心的苦心强制，它其实就是“恭而有礼”的诚敬状态，是对天理之当然毫无私心的顺从。在张载和程颐那里，“学礼”作为工夫，主要是后天的修养工夫，而“礼”在程颢的哲学思想里则主要是一个本体意义上的概念，“克己复礼”是先天的本体工夫。张载、程颐与程颢在本体论意义上对“礼”的理解大体是一致的，而他们之间的差别主要体现在工夫论层面。张载、程颐与程颢在工夫论上的差异，如郭晓东所论，又是由其在“性”“气”关系上的分歧所决定的。张载和程颐都强调“天地之性”与“气质之性”的对分，其中“气质之性”是人性中的负面因素，也是成德路上的一大制约因素，因此，学者的工夫在很大层面上就是为了对治人身上的这一“气质之性”，也因此他们的工夫都有着消极治身与治心的一面。[1]他们对礼作为外在规范的重视正是在这一意义上形成的。程颢也承认“性”与“气”的差别，但他同时认为，“性”与“气”不可分离，我们只能就此气禀来谈论本然之性。“性”“气”的圆融使人不能单独地去对治“气”，而是要直接从本体上去体认，在本然之性的自然呈现中成就德性。[2]程颢又将这个体道的过程称之为“克己复礼”。虽然张载、程颐与程颢都有“礼即理”“礼者，理也”的说法，但比较而言，程颢更看重本体意义上的“礼”。谢

---

〔1〕郭晓东:《从“性”“气”关系看张载、二程工夫论之异同》,《经学、道学与经典诠释》, 第48—54页。

〔2〕同上。

良佐曾论张载与程颢的区别：

> 横渠教人，以礼为先。大要欲得正容谨节。其意谓世人汗漫无守，便当以礼为地，教他就上面做工夫。然其门人，下梢头溺于刑名度数之间，行得来困无所见处，如吃木札相似，更没滋味，遂生厌倦，故其学无传之者。明道先生则不然，先使学者有知识，却从敬入。

又言：

> 既有知识，穷得物理，却从敬上涵养出来，自然是别。正容谨节，外面威仪，非礼之本。[1]

谢良佐基于礼之本与文的区别，进一步强调了理的优先性与对于礼文的消极态度。朱子评谢良佐云："上蔡又论横渠以礼教人之失，故其学至于无传。据二先生所论，却不如此。盖曰'子厚以礼教学者最善，使人先有所据守'，但讥其说'清虚一大'，使人向别处走，不如且道敬耳。此等处，上蔡说皆有病，如云'正容谨节，外面威仪，非礼之本'，尤未稳当。"[2]朱子

---

〔1〕《上蔡语录》卷一，影印文渊阁《四库全书》本，台北商务印书馆，1986年，第698册，第569页。

〔2〕《答胡广仲》"《太极图》旧本极荷垂示"，《晦庵先生朱文公文集》卷四二，《朱子全书》（修订本）第22册，第1897页。

所说"据二先生所论，却不如此"，实应来自程颐。朱子继承了张载、程颐的工夫路径，也承接了张载、程颐理解"礼"的基本方式。相较于张载、程颐，对礼文规范的研究与遵循已不再是程颢成圣工夫当中不可或缺的组成部分。

4. 吕大临与关洛礼学

熙宁三年（1070），五十一岁的张载由京师移疾故里，在横渠开始了他的著书讲学生涯，流衍形成理学史上的关学一脉。吕大临与其兄大均、大忠从学于张载门下。兄弟三人皆力行张载所倡礼教，"同居相切磋，论道考礼，冠昏丧祭一本于古，关中言礼学者推吕氏"。[1]张载亦谓"关中学者用礼渐成俗"。[2]吕氏兄弟中，大临尤深造于学，"通六经，尤邃于《礼》"。[3]张载去世后，吕大临又问学于二程兄弟，与谢良佐、游酢、杨时并为程门"四先生"。吕大临的礼学造诣以《礼记解》最堪代表。[4]《礼记解》的创作时间，

---

〔1〕《宋史》卷三四〇《吕大防传》，第10844页。

〔2〕《河南程氏遗书》卷十，《二程集》，第114页。

〔3〕《宋史》卷三四〇《吕大临传》，第10848页。

〔4〕其书今已不存，《郡斋读书志》著录："《芸阁礼记解》四卷"（卷二，第80页），《直斋书录解题》著录"《芸阁礼记解》十六卷"，陈振孙按云："《馆阁书目》作一卷，止有《表记》，《冠》《昏》《乡》《射》《燕》《聘》义，《丧服四制》，凡八篇，今又有《曲礼》上下、《中庸》、《缁衣》、《大学》、《儒行》、《深衣》、《投壶》八篇。此晦庵朱氏所传本，刻之临漳射垛书坊，称《芸阁吕氏解》者，即其书也。"（卷二，第47页）《文献通考》《宋志》均因袭陈《录》作十六卷。此外，卫湜《集说》又云："蓝田吕氏大临字与叔，《解》十卷。按《中兴馆阁书目》止一卷，有《表记》《冠义》《昏义》《乡饮酒义》《射义》《燕义》《聘义》（转下页）

陈俊民认为，“很可能是吕大临三十一岁以前，亲炙张载时

（接上页）《丧服四制》八篇而已。今书坊所刊十卷，又有《曲礼》上下、《孔子间居》、《中庸》、《缁衣》、《深衣》、《儒行》、《大学》八篇。”（《集说名氏》，叶四至五）。《玉海》著录亦云十卷。《集说》与陈录卷数有异，在篇目上，《集说》有《孔子间居》而无《投壶》，陈录有《投壶》而无《孔子间居》，但《集说》实际引录的内容中仍有《投壶》。二者的差异虽不得确解，但都本出朱子刻本，当无大谬。朱子所刻之本于今并无传本，只能据卫湜《集说》所引了解《礼记说》的内容。清末牛兆濂曾通过《通志堂经解》本《集说》辑佚《礼记解》，题《蓝田吕氏礼记传》，汇入《清麓丛书续编》出版。上世纪九十年代，又有陈俊民校理之《蓝田吕氏遗著辑校》。陈俊民的辑校，以《四库全书》本《集说》为据，分系于各篇相关经文之下，凡三百八十一则。辑本《礼记解》虽非完璧，而大旨已可概见。最近，曹树明以中华再造善本影印宋本《礼记集说》为底本，对《礼记解》重新做了校订，收入《关学文库》本《蓝田吕氏集》。值得注意的是，《集说》引录的内容，按照《集说》所系的经文篇目，有的已经溢出陈《录》以及卫湜在《集说名氏》中所记录的篇目，溢出的篇目计有《檀弓上》《檀弓下》《王制》《曾子问》《郊特牲》《内则》《丧服小记》《大传》《乐记》《杂记》《丧大记》《祭法》《服问》《间传》十四篇。这十四篇的内容在规模上远远小于朱子刻本中的篇目，因此刘丰推测朱子所刻《芸阁礼记解》应是吕大临《礼记解》一书的主体内容，后来的十卷本当是基于朱子本的一个节选本（《北宋礼学研究》，第 483 页）。刘丰指出的这一现象，说明卫湜所据《礼记解》应是本于朱子所刻之本。至于溢出朱子本的内容，桂枭推测《集说》所引吕大临说，除了来自《礼记说》外，还有来自《编礼》的内容。关于《编礼》一书，《郡斋读书志》著录有《编礼》三卷，“以《士丧礼》为本，取三《礼》附之，自始死至祥练，各以类分，其施于后学甚悉。尚恨所编者，五礼中特凶礼而已”。《集说》超出陈《录》、卫湜所列篇目的内容，大多属于凶礼，极有可能出自《编礼》。陈俊民在辑校《礼记解》时，将它们都归入《礼记解》中，并不妥当。参详桂枭：《卫湜〈礼记集说〉引人引书考》，北京大学硕士学位论文，2013 年。溢出的篇目，如《大传》篇中的几段吕说，卫湜注明出处，分别出自《宗子议》《杂议》《策问》。虽然这些溢出的篇目很可能不属《礼记解》，但考虑到它们同是了解吕大临礼学的重要文献，在此一并加以讨论，凡文字出处，明确为《礼记解》篇目者，则注《礼记解》与《集说》卷数，溢出之篇则只注篇名与《集说》卷数。

所作”，[1]此说并未结合《礼记解》的内容具体论证。文碧方据朱子《中庸或问》，推断《礼记解》应是吕大临问学二程后所作。具体史料是朱子在《中庸或问》中谈到吕大临《中庸解》的前后之本时，云：“旧本者，吕氏太学讲堂之初本也；改本者，其后所修之别本也。”吕大临《中庸解》旧本即《礼记解》解释《中庸》的部分。吕大临毕生无意仕宦，登科二十年，元祐中始为太学博士、秘书省正字，元祐七年（1092）卒于任上。朱子言《中庸解》旧本为“太学讲堂之初本”，则《礼记解》当作于元祐年间吕大临太学任上，此时吕大临已从学二程有年。[2]此较陈说更征实可信。张载、二程门下俱为高弟的从学经历，使吕大临的思想同时受到关学与洛学的影响。[3]大临礼学，初虽源自张载，后亦颇受二程影响，兼具了关学与洛学的思想特征。[4]

（1）吕大临与横渠礼学

吕大临与礼学的最初因缘，始于熙宁初从张载问学时。张载教学者，“每告以知礼成性、变化气质之道”。从张载

---

〔1〕陈俊民：《蓝田吕氏遗著辑校》，中华书局，1993年，第25页。

〔2〕文碧方：《关洛之间——以吕大临思想为中心》，中华书局，2011年，第9—10页。

〔3〕吕大临的整体思想与关洛之学的关系，文碧方曾有深入论述，见《关洛之间——以吕大临思想为中心》。

〔4〕吕大临的礼学思想与张载、二程的关联，刘丰曾有论述，见《北宋礼学研究》第五章第五节《吕大临的〈礼记解〉与宋代理学的发展》，第480—508页。

学礼的经历，打下了吕大临的学问基础，文碧方已有深入阐释[1]，故在此从简论述。现存吕大临的礼说中，不乏类似张载式的知礼成性论说，《礼记解·中庸》云：

> 敦厚崇礼，将以实吾行也。知崇礼卑，至于成性，则道义皆从此出矣。[2]

《礼记解·燕义》云：

> 先王之制礼，以善养人于无事之际，多为升降之文、酬酢之节，宾主有司有不可胜行之忧，先王未之有改者，盖以养其德意，使之安于是而不惮也。

> 礼之节文之多，唯聘、射之礼为然。节文之多，养人之至者也。[3]

又《礼记解·乡射礼》云：

> 夫先王制礼，岂苟为繁文末节，使人难行哉？亦曰"以善养人"而已。盖君子之于天下，必无所不中

---

〔1〕 文碧方：《关洛之间——以吕大临思想为中心》，第91—122页。

〔2〕《礼记解》，《蓝田吕氏集》，第115页。

〔3〕 同上书，第212页。

节然后成德，必力行而后有功。[1]

张载曾论："礼所以持性，盖本出于性。持性，反本也。凡未成性，须礼以持之，能守礼已不畔道矣"[2]认为知礼行礼作为下学工夫，即使最后未能"上达"，至少能使人"守得定""不畔道"。吕大临亦有言：

以圣人之所性而议道，则道无不尽；以众人之可为而制法，则法无不行。虽然，法非贬乎道者也。君臣父子，伦类形名之间，性命之理具焉；虽有未能上达，犹庶几乎弗畔，此众人之所能及也。[3]

前论张载并不仅以礼为成性之下学工夫，还认为动容周旋莫不中礼是圣人之德的外显，是成圣的效验，以"礼"为"诚"的外在显现，吕大临也曾有类似表述，《礼记解·乡饮酒义》云：

诚者，义理之所出，人心之所同然者也，是皆天之道。圣人先得之，动容周旋莫不中乎理义，制之以为礼，所以为天下法也。虽节文之多，皆出乎诚，其理义皆可得而道也。然而礼之节文虽见乎外，莫非德

〔1〕《礼记解》，《蓝田吕氏集》，第227页。
〔2〕《经学理窟·礼乐》，《张子全书》，第73页。
〔3〕《礼记解·表记》，《蓝田吕氏集》，第125页。

之发也。故学者必以自得为先，学文为后，盖有有其文而实不称，未有有其德而文不足者也。[1]

天下理义无所不通，圣之谓也。无所不通，无所不敬，礼之所由制也。礼之行也不在乎他，在乎长幼之分而已。性之德也礼，得于身之谓德，由学然后得于身，则与先得人心之所同然者同之。故诚之而至于诚，乃天道，是亦圣人也。[2]

张载在论学者进学阶次时，有时教学者先“学礼”，有时又以学者当先“穷理”，又言“修持之道，既须虚心，又须得礼，内外发明，此合内外之道也”。吕大临在此先以“学者必以自得为先，学文为后”，后又谓“学然后得于身，则与先得人心之所同然者同之”。实即张载“合内外之道”“诚明交进”的修养学说。由于张载将“知礼”与“穷理”作为交互为用的两种工夫，从“知礼”的工夫路径来看，当以“知礼”为先时，“知礼”就需要借助“虚心”这一内在心性能力之外的途径，在张载看来，亦即对经典礼文的学习，因此张载尤其注重对经典的研习。在宋代普遍的疑经思潮下，张

〔1〕此段文字得自朱子《仪礼经传通解》所引吕大临《礼记解》，卫湜在同段经文下亦有引吕大临解，但做了大幅删节，此段文字即为卫湜所删。此承乔秀岩先生教示。见《仪礼经传通解》卷七《乡饮酒义》，影印宋刊元明递修本，北京大学出版社，2012 年，第 219 页。

〔2〕《仪礼经传通解》，第 220 页。

载仍对经文保持了相当的尊重与审慎，这既是张载面对经典的谦逊态度，也是其工夫学说的内在要求。吕大临既继承了张载工夫学说之大旨，也继承了张载经学的立场与方法。

在礼经学上，张载对吕大临的影响，最直观地体现在吕大临解经时对张载具体经说的承袭，对此，刘丰已经指出，并举《礼记解》因袭张载“盟诅”说为例。[1]为说明张载、吕大临在礼学上的师承关系，深入呈现他们的礼经学特征，以下不避繁冗，再加详论。

前文提出，张载在经典解释上有其精审细腻处，但未展开论述，下面再以实例论之。张载在礼经学上的细致审慎，特别体现在他基于注疏等传统解释的深入商讨而建立新说。如《礼记·间传》中有上服而遭下服之丧时的丧服变除，《间传》经、注云：

> 斩衰之丧，既虞卒哭，遭齐衰之丧，轻者包，重者特。说所以易轻者之义也。既虞卒哭，谓齐衰可易斩服之节也。轻者可施于卑，服齐衰之麻，以包斩衰之葛，谓男子带，妇人绖也。重者宜主于尊，谓男子之绖，妇人之带，特其葛不变之也。此言“包”“特”者，明于卑可以两施，而尊者不可贰。既练，遭大功之丧，麻葛重。此言大功可易斩服之节也。斩衰已练，男子除绖而带独存，妇人除带而绖独存，谓之单。单，独也。遭大功之丧，男子有麻绖，妇人有麻带，又皆易其轻者以麻，谓之重麻。既虞卒

---

〔1〕 刘丰:《北宋礼学研究》, 第489页。

哭，男子带其故葛带，绖期之葛绖，妇人绖其故葛绖，带期之葛带，谓之重葛。齐衰之丧，既虞卒哭，遭大功之丧，麻葛兼服之。此言大功可易齐衰期服之节也。兼，犹两也。不言“包”“特”而两言者，包、特著其义，兼者明有绖有带耳。不言“重”者，三年之丧既练，或无绖，或无带。言“重”者，以明今皆有，期以下固皆有矣。两者，有麻、有葛耳。葛者亦特其重，麻者亦包其轻。斩衰之葛，与齐衰之麻同。齐衰之葛，与大功之麻同。大功之葛，与小功之麻同。小功之葛，与缌之麻同。麻同则兼服之。此竟言有上服，既虞卒哭，遭下服之差也。唯大功有变三年既练之服，小功以下，则于上皆无易焉。此言“大功之葛，与小功之麻同。小功之葛，与缌之麻同”，上为大功之殇长、中言之。兼服之服重者，则易轻者也。服重者，谓特之也。则者，则男子与妇人也。凡下服，虞卒哭，男子反其故葛带，妇人反其故葛绖。其上服除，则固自受以下服之受矣。[1]

张载解云：

“兼服之服重者，则易轻者”，旧注不可用。此为三年之丧以上而言，故作记者以斩衰及大功明之。若斩衰既练，齐衰既卒哭，则首带皆葛，又有大功新丧之麻，则与齐衰之首绖麻葛两施之，兼服之名得诸此。盖既不敢易斩衰之轻，以斩葛大于大功之麻也。又不

〔1〕《礼记正义》卷五七，第1661—1662页。

> 敢易齐首之重，轻者方敢易去则重者固当存，故麻葛之绖两施于首。若大功既葬则服齐首之葛，不服大功之葛，所谓兼服之服重者则变轻者，正谓此尔。若齐麻未葛，则大功之麻亦止于当免则绖之而已。如此则丧变虽多，一用此制而前后礼文不相乖戾。[1]

张载以郑玄旧注“不可用”，故另立新说，称“一用此制而前后礼文不相乖戾”。细读郑注，可知郑玄解释《间传》已十分精密，唯独末尾“兼服之服重者，则易轻者”一句的解释，郑玄解释“则”字云“则者，则男子与妇人也”，扭曲了语词的自然用法，有失妥当。因此张载指出这句经文的旧注不可用。郑玄为何要对“则”字做如此奇怪的解释？孔疏并没有正确解释郑注的用意。孔疏云：“云‘则者，则男子与妇人也’者，以前文麻葛兼服之，但施于男子，不包妇人，今此易轻者，男子则易于要，妇人则易于首，男子、妇人俱得易轻，故云‘则者，则男子与妇人也’。”[2]上文“麻葛兼服之”同样是包含男子、妇人而言，并没有单独针对男子的意思。郑注又云：“凡下服虞卒哭，男子反其故葛带，妇人反其故葛绖，其上服除，则固自受以下服之受矣。”孔疏同样没有正确解释郑注的意思，孔疏云：“云‘凡下服虞卒哭，男子反其故葛带，妇人反其故葛绖’者，此明遭后服

〔1〕《礼记说》，《张子全书》，第400—401页。
〔2〕《礼记正义》卷五七，第1662页。

初丧，男子妇人虽易前服之轻，至后服既葬之后，还须反服其前丧，故云‘男子反服其故葛带，妇人反服其故葛绖’，但经文据其后丧初死，得易前丧之轻，注意明也。后既易以满，还反服前丧轻服，故文注稍异也。”[1]孔疏认为郑玄的释义和经文的意思存在差异，但事实上，郑玄并不是像孔疏那样理解经文的，他并不认为这句经文是在说后丧初死，而认为这里是在说后丧既葬以后的情况。据郑注，斩衰、齐衰遭大功丧而变易服，大致存在两种情况，一种是“兼服”（斩衰之丧，既虞卒哭，遭齐衰丧；齐衰之丧，既虞卒哭，遭大功之丧），一种是“麻葛重”（斩衰既练，遭大功之丧）。郑注解“麻葛重”为“重麻”“重葛”，“重葛”指的是后丧“既虞卒哭，男子带其故葛带，绖期之葛绖，妇人绖其故葛绖，带期之葛带，谓之重葛”，也就是说包含了后丧卒哭的情况。但经文在一开始叙述斩衰之丧既虞卒哭，遭齐衰丧时，只说“轻者包，重者特”，并没有包含后丧卒哭，因此郑注会认为最后一句经文“兼服之服重者，则易轻者也”，正是在讲下丧既虞卒哭的情形，所谓“易轻者”，就是“男子反其故葛带，妇人反其故葛绖”，也因此郑玄要将“则”字解释为“男子与妇人”。按照孔疏的理解，经文“服重者”即上文“重者特”，“易轻者”即前文“轻者包”，这种理解比较简单，等于悬置了经文“则”字的含义，但这正是郑玄想要解释的地方。郑玄的解释周密委曲，将“则”字解释为

---

〔1〕《礼记正义》卷五七，第1662页。

“男子与妇人”，亦有悖于语言事实。

张载虽不同意郑玄的解释，却比孔疏更能理解郑玄及其说之缺陷，并尝试提出比郑玄更合理的解释。张载并没有把斩衰既虞卒哭遭齐衰之丧和齐衰既虞卒哭遭大功之丧的情况联系起来，作为“兼服”的情况来看，而是将斩衰既练、齐衰既虞卒哭遭大功丧放在一起，因此他在解释“兼服”时，并不考虑“轻者包，重者特”这句经文的影响，而是用“齐衰之葛与大功之麻同”“麻同则兼服之”的原理，重者则麻葛同服，所谓“麻葛之绖两施于首”，轻者则易齐葛为大功之麻。而所谓“兼服之服重者则变轻者”，是指在大功既葬之后，大功之麻易为大功之葛，大功之葛比起同服的齐衰之葛来说要轻，故易去。张载的解释也有问题，他没有很好地解释斩衰既练遭大功丧的情况，按他的说法，斩衰之葛大于大功之麻，因此不易，而与大功之麻同服，这并不符合“麻同则兼服”的原理。

吕大临对《间传》的解说，正是对上述张载说的深入阐释，吕大临云：

> 此篇所记变节，窃求其意，以为前后丧，轻重之变适同，故立此文以表之。斩既虞与齐初丧几同矣，斩从练、齐既虞与大功初丧亦几同矣，故“轻包重特”止为斩既虞遭齐衰之丧而立。“麻葛重”止为斩既练遭大功之丧而立。麻葛兼服则为齐既虞遭大功之丧，大功既虞遭小功之丧，小功既虞遭缌之丧而立。“麻葛

重”者，其始也以麻变葛。《杂记》“有三年之练冠，则以大功之麻易之，惟杖屦不易”。“麻葛兼服”者，其轻者变而兼服之。《间传》麻同则兼服之。《服问》缌之麻不变小功之麻，小功之麻不变大功之葛。[1]

吕大临清晰地重述了张载的解释思路，也只有在充分了解张载说的前提下，才能理解吕大临此段礼说。不过，吕大临对张载的解释有所调整，特别弥补了张载解释中的缺陷。前述张载将斩衰既练、齐衰既卒哭视为同类情况，一并适用“兼服”，张载的“斩葛大于大功之麻也”，应是依据“斩衰之葛与齐衰之麻同，齐衰之葛与大功之麻同”推导出来的，但这段经文自齐衰以下都是在讲既虞卒哭的情形，是否适用于斩衰既练之葛，张载似欠深考。吕大临的观点与郑玄比较接近，他援引《杂记》经文“有三年之练冠，则以大功之麻易之，惟杖屦不易”，要比张载更为精审。《杂记》经文郑注云：“谓既练而遭大功之丧者也。练除首绖、要绖，葛又不如大功之麻重也。”[2]张载说并没有解释经文“麻葛重”，如果这意味着张载认为“麻葛重”意同“兼服”，那么又将与“麻同则兼服”的原理相矛盾。其次，张载只解释了齐衰卒哭而遭大功丧的情况，而没有斩衰既练的具体说明，这些都是张载说的缺陷。吕大临对此进行了精审的修订。

---

〔1〕《礼记集说》卷一四四，叶二一。
〔2〕《礼记正义》卷四一，第1553页。

又有对《服问》练衣、功衰的解释，《服问》经云：

三年之丧既练矣，有期之丧既葬矣，则带其故葛带，绖期之绖，服其功衰。有大功之丧，亦如之。小功无变也。[1]

张载《礼记说》云：

三年既练，期既葬，服其功衰，有大功之丧亦如之，谓若三年既练，期、大功既葬，止当服其既练功衰，不可便受以小功布也。以此三年无受小功之节，练衰除则自当服以小功。练衣必是锻练大功之布以为衣，故有言功衰，功衰上之衣也，以其着衰于上，故通谓之衰。必着受服之上，称受者，以此得名。受盖受始丧斩疏之衰而着之变服，其意以丧久变，轻不欲摧割之心亟忘于内也。练衣当既葬之后受以大功之衰，及既练也，锻练其衰而已。或既练则以大功之布而为衰，或衰而加锻练，此则系其有亡也。小祥乃练其功衰而衣之，则练与功衰非二物。若正大功之服则有小功之受，盖大功乃亚三年期之重丧，其卒哭之税亦其称尔，若殇则不练矣。练亦谓之功衰，盖练其功衰而衣之尔。据《曾子问》，三年之丧不吊，又《杂记》三年之丧虽功衰不以

〔1〕《礼记正义》卷五七，第1658页。

吊，又《服问》三年之丧既练矣，有期之丧既葬矣，则服其功衰。经意盖谓当练而服后丧之衰，即用七八升衰〔“七八升”疑当作“八九升”〕，则前丧易忘，故反七八升之衰矣。又《杂记》有父母之丧尚功衰，此云尚功衰，盖未祥之前尚衣经练之功衰尔。知既练犹谓之功衰者，以下文云则练冠，又三年之丧礼不当吊，而《杂记》又云“虽功衰不以吊”。[1]

郑玄对“功衰”的解释，根据经文的不同而有两种：一是“大功之衰”，见《杂记》经文注。《杂记》云：“有父母之丧尚功衰而附兄弟之殇，则练冠附于殇，称‘阳童某甫’，不名，神也。”注云：“斩衰、齐衰之丧，练皆受以大功之衰，此谓之功衰。”[2]一是“粗衰”，见《服问》经文注。《服问》云：“三年之丧既练矣，有期之丧既葬矣，则带其故葛带，绖期之绖，服其功衰。”郑注云：“为父既练，衰七升。母既葬，衰八升。凡齐衰既葬，衰八升或九升。服其功衰，服粗衰。”[3]显然，《杂记》中的功衰为“大功”，并不适用于《服问》，两处经文的不同郑注并不是相互补充的关系。对于同一名词，根据不同语境而有不同解释，是郑注中的常见现象。而张载的新说，则力图对不同经文中的“功衰”建立一贯的解释。张载认为，“功衰”是一种单独的衣服，锻炼

〔1〕《礼记说》,《张子全书》，第 399—400 页。
〔2〕《礼记正义》卷四一，第 1553 页。
〔3〕《礼记正义》卷五七，第 1658 页。

大功布而成，着于衰上，故谓之衣，由于经文出现“功衰”均在“既练”之后，因此张载认为，“功衰”实际就是“练衣”。张载意图对经文中的“练衣”“功衰”做出一贯的解释，一定程度上也能自圆其说。这一说法等于又增加了一种新的服制，对“练衣”“功衰”的解释，在当时很少有学者能够认同，张载亦尝言：“此说昔尝与学者言之，今三年，始获二人同矣。”[1]此“二人”中就有吕大临。《杂记》经文：“有父母之丧尚功衰而附兄弟之殇，则练冠附于殇。称‘阳童某甫’，不名，神也。”《集说》引吕大临云：

> 上言“有三年之练冠，则以大功之麻易之，唯杖屦不易”，此谓三年既练，遭大功之丧，当易练冠练衣而服大功之衰，又加首绖，以麻易葛带，所不易者，杖屦而已。然此三年者，统言父母君长子，及为人后、及嫡孙为祖之类。若父母之丧既练，而祔于兄弟之殇，则杖屦与练冠俱不易。此一节于三年练冠中，特为父母立例，盖大功之衰，有重于三年之练冠，故所不易者，唯有杖屦。兄弟之殇，虽亦大功，然既殇且祔，宜轻于父母之练，故比之三年所不易者，又有练冠也。功衰者，卒哭所受六升之服也，至练则以功衰之布练而为衣，故犹曰“功衰”。此不曰“练”而曰“功衰”者，为下“练冠”立文也。言“尚”者，明受功衰之

〔1〕《经学理窟·丧纪》，《张载集》，第302页。

日已远，故知为练服也。若哭兄弟之殇，则必易练冠，盖殇之丧，虽无卒哭之税，至于袝，宜有杀矣。[1]

吕大临以“练衣”为“以功衰之布练而为衣”，与张载同。《杂记》经文“有父母之丧尚功衰”，吕大临亦释“功衰”为“练衣”，言“尚”者，明受功衰之日已远，故知为练服也。但是，与张载不同的是，吕大临又对“功衰”与“练衣”做了明确的区分。吕大临认为“功衰”为卒哭之受服。这与郑玄的解释有所不同，郑玄认为“斩衰、齐衰之丧，练皆受以大功之衰，此谓之功衰”，这主要是解释《杂记》“有父母之丧尚功衰”是处于既练的环节。张载说的重点在于，他注意到经文都在“既练”的环节谈及“功衰”，因此以“功衰”与“练衣”为一。张载又云：“练衣必是锻炼大功之布以为衣，故有言功衰，功衰上之衣也，以其着衰于上，故通谓之衰。”据此，“练衣”与“功衰”似乎又是有所区别的。也就是说，张载自身的概念具有一定的模糊性。吕大临首先对“丧正服”“丧变服”做了区分，见《檀弓》经文：“练，练衣黄裳、縓缘，葛要绖，绳屦无絇，角瑱，鹿裘衡、长、袪。袪，裼之可也。”吕大临注云：

斩、疏、穗、大功、小功、缌、锡，皆曰“衰”，丧正服也。练、麻，皆曰“衣”，丧变服也。至亲以期

〔1〕《礼记集说》卷一〇一，叶一七至一八，抄补叶。

断，加隆而三年，故加隆之服者，正服当除，有所不忍，故为之变服，以至于再期也。首绖除矣，七升之冠、六升之衰皆易而练矣，屦易而绳矣，所不变者，要绖与杖而已。盖天地已易，四时已变，衰亦不可无节，故从而多变也。如宰予、齐宣王皆欲短丧，盖疑于此。斩衰之冠，锻而勿灰，锡则缌而加灰，锡则事布而不事缕，服虽轻而哀在内。窃意，练衣之升，当如功衰。加灰事布，当如锡。有缘与里，当如衣。衰则无缘与里，故比功衰则轻。功衰，卒哭所受，比麻衣则重。大祥麻衣，麻衣，吉服也。情文之杀，义当然也。诸侯之丧慈母，公子为其母皆无服，使不可纯凶而占筮，除丧不当受吊，昔之人皆变用练冠以从事，则练冠者非正服明矣。唯郑氏功衰为既练之服，功衰自是卒哭所受，六升之服。正服大功七升，则六升成布，所可为功，不可指为练服。[1]

此说在一定程度上也是以张载说为基础的，《间传》经文"斩衰三升，既虞卒哭，受以成布六升，冠七升"至"中月而禫，禫而纤，无所不佩"下，张载《礼记说》云：

古者纺绩，其布当有吉凶二种，若三四升之粗及缌穗之细。或去缕之半，或不事其布，或不事其缕。

〔1〕《礼记解》，《蓝田吕氏集》，第68页。

> 不容吉凶二用者，皆是特为有丧者设，所谓成布。盖事缕事布，供世俗常用，成功之布但未加灰练尔，其功尤粗略者为大功，差细者为小功，以蜃灰经练然后谓之练。如此解之，则练与成布义自两安。衰当单与练冠縓缘，此特经文不足，不当致疑于衰之有缘也。[1]

吕大临以“功衰”为卒哭所受之服，其实就是经文的“成布”。他对“丧正服”与“丧变服”的区别，基本同于张载对吉凶两种布的区分，而较张载说更为清晰严密。不过，吕大临以“功衰”为卒哭受服之说，也存在明显缺陷。《杂记》经文云：“功衰，食菜果，饮水浆，无盐酪。不能食，食盐酪可也。”吕大临云：

> 功衰亦卒哭之受服，《间传》：“父母之丧，既虞卒哭，疏食水饮，不食菜果。”与此文正合。疏食水饮，其饮不加盐酪，故曰“饮水浆，无盐酪”也。“不能食，食盐可也”者，《丧大记》：“不能食粥，羹之以菜可也。”盖人有所不能，亦不可勉也。[2]

《杂记》经文云“功衰，食菜果”，与《间传》明显矛盾，而吕大临竟有意忽略这一点而强云“正合”。居丧饮食之节，

---

〔1〕《礼记说》，《张子全书》，第400页。

〔2〕《礼记集说》卷一〇三，叶一七至一八，抄补叶。

《间传》云："期而小祥，食菜果。又期而大祥，有酰酱。"据此，"食菜果"属于"期而小祥"之节，故郑玄在解释《杂记》"功衰，食菜果"时即云"功衰，齐、斩之末也"，而非吕大临所说的"既虞卒哭"。

吕大临因袭张载经说之例，再如对《曲礼》"五祀"的解释，《曲礼》经文云："天子祭天地，祭四方，祭山川，祭五祀，岁遍。诸侯方祀，祭山川，祭五祀，岁遍。大夫祭五祀，岁遍。士祭其先。"吕大临《礼记解·曲礼》云：

> 《祭法》天子立七祀，加以司命、泰厉；诸侯五祀，有司命、公厉，而无户、灶；大夫三祀，有族厉而无中溜、户、灶；士二祀，则门、行而已。是法也，考之于经则不合，《曾子问》"天子未殡，五祀之祭不行"，《士丧礼》"祷于五祀"，则自天子至于士，皆祭五祀。盖一宫之中，虽有大小之差，而五者无不具，《祭法》加以司命、厉，与户、灶、门行、中溜，谓之七祀，而言涉怪妄不经，至于庙制所称，亦不与诸经合。窃意三代之末，尝议是法，著之书而未行也。士不祭五祀，而《丧礼》言"祷于五祀"者，盖有不得祭而得祷者欤？[1]

吕大临此说亦本张载《礼记说》：

---

〔1〕《礼记解》，《蓝田吕氏集》，第61页。

五祀，户、灶、门、行、中溜而已。一亩之宫，五者皆具，故曰天子至于士皆立五祀之祭。天子之立五祀，见于经者不一，《周礼·大宗伯》《司服》《小子》《曲礼》《月令》《曾子问》《礼运》，士之立五祀，见于《士丧礼》。《祭法》有七祀、五祀、三祀、二祀、一祀之法，加以司命及厉，而诸侯不祭户、灶，大夫以下皆不祭中溜，殆非推报之义，又未尝参见诸书，及庙祧坛墠之法亦与经多不合，恐别是一法，非世之达礼。[1]

按："五祀"之制，经传记载多有抵牾，先儒解说人各异词。对经传的歧义性记载解释最为系统的当属郑玄。郑玄以《周礼·大宗伯》《司服》经文中"五祀"仅次于"社稷"，故以此《周礼》"五祀"为四郊祭祀五官之神；《曲礼》《月令》中的"五祀"为殷礼五祀，性质为群小祀，故《曲礼》载之次于"山川"。此殷礼五祀至周代增以司命、泰厉，为《祭法》"七祀"，性质亦为群小祀。[2]影响郑玄"五祀"说的形成的因素，首先是郑玄坚持以《周礼》为周制，与《周礼》抵牾者多目为异代之制；其次，"五祀"书写的位置，是在"社稷"还是"山川"下，决定了郑玄对"五祀"性质的判断；最后，郑玄十分注意诸经传间的圆融一贯。参照郑注来

〔1〕《礼记说》，《张子全书》，第377页。

〔2〕对郑玄"五祀"学说的分析，参见华喆《礼是郑学——汉唐间经典诠释变迁史论稿》，第二章第一节《据〈周官〉以明周礼："五祀"郑、马异义辨析》，第91—118页。

看张载、吕大临的解释，张载首先抛开了郑玄的说法，并以大多数经文的记载为标准，《祭法》的“七祀”与诸经传的“五祀”差别最大，故云“与经多不合，恐别是一法，非世之达礼”。在郑玄的解释中，《周礼》与《礼记》、《仪礼》的记载并不是对等的，郑玄仔细地辨别其中的差异，将其中的层次小心翼翼地区分开来，各就其位，在这一过程中，郑玄也十分注重经文的具体语境。如果说郑玄的解释是立体并且语境化的，那么张载的解释其实是在一个平面上同等地看待这些文献，以多数文献表现出的一致性倾向为标准，这种一致性同时又抽离于经文的具体语境。在具体观点与解释方法上，吕大临继承了张载。

又如张载释《曲礼》经文“有忧者侧席而坐，有丧者专席而坐”，云：

> 《礼》云“齐衰不以边坐，大功不以服勤”，皆言主在哀也，非是为敬丧服。不边坐，专席而坐，《礼》云：“有忧者侧席而坐，有丧者专席而坐。”有忧则意不安，故侧席而坐，侧席者，坐不安也。有丧者则专在于哀，不为容也，故专席而坐，得席则坐，更无所逊于前后，是以无容也。[1]

吕大临《礼记解·曲礼》云：

---

〔1〕《经学理窟·丧纪》，《张子全书》，第108—109页。

侧席，坐不安也。专席，不与人共坐也。有忧者行不能正履，则坐不能安席可知矣。有丧者致于哀慕，心不二事，则不与人共处可知矣。居倚庐，非丧事不言，既练居垩室，不与人居，皆"专席"之义也。先儒以"侧"为"特"，以"专"为"单"，既无所据，而以"侧"为"特"，如《礼》所谓"侧降""侧受"之类，所训虽可，然与"专席"无别，则不可以"特"训"侧"也。[1]

按：郑玄注"侧席"云"侧犹特也，忧不在接人，不布他面席"。注"专席"云"降居处也，专犹单也"。[2]郑玄注"侧席"盖据"侧降""侧受"，故以"侧"为"特"。注"专席"为"单席"，盖对吉时贵贱重席。张载、吕大临释"侧""专"，盖本"侧""专"两字之常训。而依郑玄的注解，尤其是以"专"为"单"，则成为《礼记》中特有的概念。由吕大临的解释，可知他特重解经的文献依据，故指出郑玄以"专"为"单"，无所依据。吕大临承认郑玄对"侧"字的解释盖有所据，但以"侧"为"特"，则与"专"字义重，故皆不从。

比照张载与吕大临的解释，不难发现吕大临对张载经说的继承并不仅仅反映在具体观点上，而是在解释风格与思

〔1〕《礼记解》，《蓝田吕氏集》，第28页。
〔2〕《礼记正义》卷二，第1244页。

路上整体性地接近张载，师徒二人的解释特征又在注疏的对照之下进一步显现：一、在对经文字词的解释上，张载、吕大临追求基于语言事实，或语词自然用法的诠释，如上对“则”字、“专”字的解说；二、张载、吕大临对名词性的语词解释不是“随文求义”式的，而是综合相关经文做出一贯性的解释，如二人对练衣、功衰、五祀的解说。也就是说，张载和吕大临没有将这些语词作为经文文本中的特定概念来看待，而是追求经文所指向的语言或制度性事实。就此而论，张载、吕大临对礼经性质的认识与李觏、刘敞、陆佃等人在根本上是一致的，即将礼经看成是对圣人制度的一种记录。经文使用的语言并不是理论性的概念，而是语言与制度事实的反映。在解释方法与经说性质上，张载、吕大临的解释同样是带有客观性指向的事实性考证，而不是解释性的文本理论。将圣人制礼理解为实存的古代制度而非理想性的经典文本，可以说是宋人的普遍认识，在张载、吕大临身上，义理与考据并非顾此失彼的关系，理学家同样是推动礼学考证方法兴起的先驱。下面再结合吕大临的经解，对以上观点进行详细论证。

（2）吕大临礼经学中的考证

吕大临解经并不刻意反对注疏，他虽有大量发明义理的内容，但在文意解释层面，因袭、化用注疏之处，不胜枚举。吕大临若反先儒经说，另立新说，多会给予说明。于是，通过分析他陈述的反对理由及其新说中表现出的一致倾向，便不难理解吕大临的解释思路及特征。下面通过分析吕大临反驳注疏的实例来阐明他的解释进路。

1. 如前所论，在字词解释上，吕大临强调符合语法自然、语言事实的解释。吕大临对经文名词、文句乃至经义的解释又是从字词出发，以字词的客观含义为基础，而非立足文本、语境的"随文求义"或基于特定的经学理论或学说做出解释。由此也就不难理解郑注中凡依据文义对字的改读，若缺乏文献证据，吕大临皆主张读从本字，词的自然语义构成了吕大临解释经文的原点。例如：

《曲礼》："若夫坐如尸，立如齐；礼从宜，使从俗。"

"若夫"，郑注："言若欲为丈夫也。《春秋传》曰'是谓我非夫'。"

"坐如尸"，郑注："视貌正。"[1]

《礼记解》云：

> "若夫"者，发语之端，盖举礼之大旨而言之也。庄氏云："尸居而龙见。""居"即坐也。推是意也，则坐容庄可知矣。[2]

按：吕大临解释"若夫"为发语词，合乎语法，郑玄的解

---

[1] 《礼记正义》卷一，第1230页。

[2] 《礼记解》，《蓝田吕氏集》，第6页。

释虽从意思上亦可自圆其说，又引《春秋传》为证，但毕竟有悖语言事实。“坐如尸”者，吕大临又引《庄子》“尸居”以释。

《曲礼》：“主人与客让登，主人先登，客从之，拾级聚足，连步以上。上于东阶则先右足，上于西阶则先左足。”

“拾级聚足”，郑注：“‘拾’当为‘涉’，声之误也。级，等也。涉等聚足，谓前足蹑一等，后足从之并。”[1]《礼记解》云：

> 拾，更也。射者拾发，投壶者拾投，哭踊者拾踊，皆更为之也。“拾级”者，左右足更上也。上阶以相向为敬。[2]

按：郑玄读“拾级聚足”为“涉等聚足”，前足蹑一等，后足从之并，连步以上。其不连步者，为“栗阶”。《燕礼》“凡公所辞皆栗阶”，注云：“栗，蹙也。谓越等急趋君命也。”[3]《聘礼》“栗阶升听命”，注云：“栗阶，趋君命，尚疾不连步。”[4]又《公食大夫礼》“宾栗阶升不拜”，注云：“栗，

[1]《礼记正义》卷二，第1238页。
[2]《礼记解》，《蓝田吕氏集》，第17页。
[3]《仪礼注疏》卷一五，第1025页。
[4]《仪礼注疏》卷二一，第1057页。

是栗也，不拾级连步，趋主国君之命。不拾级而下曰辵。”[1]经郑玄解释，《曲礼》“拾级聚足”为《仪礼》升阶正法，也就是说，郑玄解释“拾级聚足”的基本背景是对升阶之法的构造，但读“拾”为“涉”，则未详所据，或继承前代经师读法。吕大临读如本字，以“射者拾发”“投壶者拾投”“哭踊者拾踊”的用例，来解释“拾”的词义，再据“拾”有“更”的含义，进一步解释“拾级聚足”。吕大临的解释取径是从字义出发，括大至词义、句义，而不是郑玄那样首先去考虑经书之间的内在关联。

《曲礼》：“临诸侯，畛于鬼神，曰‘有天王某甫’”。

注云：“畛，致也，祝告致于鬼神辞也。”[2]

《礼记解》云：

> 畛，犹畦畛之相接然，与“交际”之“际”同义也。[3]

按：郑玄释“畛”为“致也”，据上下文义为释。吕大临则释“畛”为“畦畛”之“畛”，此“畛”之常训，再据此常训进行引申。

---

〔1〕《仪礼注疏》卷二五，第1080页。

〔2〕《礼记正义》卷四，第1260页。

〔3〕《礼记解》，《蓝田吕氏集》，第50页。

《表记》："子曰：'夏道尊命，事鬼敬神而远之，近人而忠焉，先禄而后威，先赏而后罚，亲而不尊；其民之敝，蠢而愚，乔而野，朴而不文。'"

"乔而野"，郑玄无注，《释文》云："乔，音骄。"疏云："'乔而野'者，亦因昔时宽裕忠恕，至末世，民犹骄野如淳朴之时也。"[1]

《礼记解》云：

> 乔，高大也，如"厥木为乔"之乔，妄自高大而无文，乃蠢愚之风也，不必音为"骄"也。[2]

按：六朝经师读"乔"为"骄"，盖随文为义。吕大临读为"乔"本字，立足"乔"之常训进行引申，如前例。

《缁衣》："子曰：'上好仁，则下之为仁争先入。故长民者章志、贞教、尊仁，以子爱百姓；民致行己，以说其上矣。《诗》云："有梏德行，四国顺之。"'"

郑注："梏，大也，直也。"[3]

《礼记解》云：

> "梏"字如桎梏，其音为"觉"，《诗·大雅》之

---

〔1〕《礼记正义》卷五四，第1641—1642页。

〔2〕《礼记解》，《蓝田吕氏集》，第133页。

〔3〕《礼记正义》卷五五，第1648页。

> 文则正为“觉”，盖假借之文也。觉，明也。明吾德以示之教之，此四国所以顺也。觉之为义，有所悟之谓，如“先觉后觉”。悟则明矣，故可训为“明”，先儒训“大”也、“直”也，未详其义。[1]

按：此引《诗》，《毛诗》作“有觉德行，四国顺之”。毛传云：“觉，直也。”郑笺云：“有大德行，则天下顺从其政。”[2]郑玄注“梏”即用传笺“觉”字之训。但吕大临认为，“觉”字训“大”训“直”，义有未详，主张本于“觉”字之常训为释。

《缁衣》：“子曰：‘唯君子能好其正，小人毒其正。’”

郑注：“正，当为‘匹’，字之误也。匹，谓知识朋友。”[3]

《礼记解》云：

> 盖君子所好者皆正，小人所恶者亦皆正，故曰“君子能好其正，小人毒其正”。好恶既明，亦归于一，此远迩所以不疑惑也。《诗》云：“君子好仇。”仇，匹也。其匹者皆好也。先儒以“好其正”“毒其正”皆当

〔1〕《礼记解》，《蓝田吕氏集》，第149页。

〔2〕《毛诗正义》卷一八，第554页。

〔3〕《礼记正义》卷五五，第1650页。

为匹，恐只作“正”字亦可。[1]

按：郑玄以“正”为“匹”，谓“知识朋友”，乃据下文云：“故君子之朋友有乡，其恶有方。是故迩者不惑，而远者不疑也。《诗》云‘君子好仇’。”郑云“仇，匹也”，盖据上下文义语境而易“正”字为“匹”字。吕大临则基于“正”本身的词义来理解经文文义。

《曲礼》：“殽之序，遍祭之。三饭，主人延客食胾，然后辩殽；主人未辩，客不虚口。”

“殽之序，遍祭之”，郑注：“谓胾炙脍也，以其本出于牲体也。《公食大夫礼》‘鱼腊湇酱不祭也’。”[2]

《礼记解》云：

> “殽”谓骨体，如《特牲》《少牢》尸饭、举干、举骼、举肩，皆振祭，是谓“遍祭”。既食胾，则遍食之，所谓“辩殽”也。遍食，如尸哜之是也。先儒以此殽为脍炙。脍炙，《礼》谓之庶羞，非殽也。所谓“遍祭”者，谓遍举骨体而祭也。[3]

按：前文“凡进食之礼，左殽右胾”，郑注云：“殽，骨体

〔1〕《礼记解》,《蓝田吕氏集》，第156页。

〔2〕《礼记正义》卷二，第1242页。

〔3〕《礼记解》,《蓝田吕氏集》，第25页。

也。”此又注“殽之序”之“殽”为“炙脍”，而非“骨体”者，盖以此祭殽在“三饭”前，故释为“炙脍”。吕大临则以“骨体”为“殽”的一定之义，再以此为基础解释经文。

《丧服四制》：“杖者何也？爵也。三日授子杖，五日授大夫杖，七日授士杖。或曰担主，或曰辅病。”

《礼记解》云：

> 亲丧则亲者杖，君丧则有爵者杖，童子当室则杖，皆以其主丧而有杖，故曰“担主”也。《丧服传》曰：“杖者何？爵也。无爵而杖者何？担主也。”郑氏以“担”音“假”，曰：“担，假也。尊其为主，假之以杖。”字训未之见，恐止音“担”。担，负荷也，负荷所主之丧，故授之以杖也。[1]

按：郑玄注《丧服传》云“担犹假”也，吕大临不同意郑玄，他的基本考虑首先不是文义的理解，而是“字训未之见”，主张基于“担”字字义的解释，可见吕大临的解释取径是从字词的客观语义出发来解释经文文义，而非随文求义或语境化的解释方法。

2. 与以上特征相关，吕大临在字词、名物的训释上有

〔1〕《礼记解》，《蓝田吕氏集》，第219页。

本于文献、用例的“无征不信”，解释的首要标准是文献依据而非上下文义、语境。因此他是否采纳先儒解释，主要是看其解释是否有文献依据。他对先儒以义为说的解释，则通常抱怀疑态度，或考求文献、另立新说，如：

《曲礼》：“馂余不祭，父不祭子，夫不祭妻。”

郑注：“食人之余曰馂。馂而不祭，唯此类也。食尊者之余则祭盛之。”

疏云：“父得有子余者，熊氏云：‘谓年老致仕，传家事于子孙，子孙有宾客之事，故父得馂其子余。夫馂其妻余者，谓宗妇与族人妇燕饮有余，夫得食之。’”[1]

《礼记解》云：

馂者，食之余，祭之则不敬，故不祭也。虽然，所以不祭者，唯父之于子，夫之于妻而已。若尊者，则馂余亦祭也。如《特牲馈食》“馂者，祭举祭铏”是也。子与妻有馂致于父与夫者，盖祭祀之余也。祭祀有子与妻尸之，而已不与者，故有馂以致之也。齐陈乞曰：“常之母，有鱼菽之祭，愿诸大夫之馂我也。”此妻之祭而夫食其馂也。晋骊姬谓太子申生曰：“君梦齐姜，必速祭之。”太子祭于曲沃，归胙于公。此子之

[1]《礼记正义》卷二，第1243页。

祭而父食其馂也。[1]

按：父有子馂，夫有妻馂，孔疏引熊安生说，盖以义推之；吕大临则考《公羊传》《左传》所载史事，论子与妻有馂致于父与夫者，盖祭祀之余。

《曲礼》："凡以弓剑、苞苴、箪笥问人者，操以受命，如使之容。"

郑注："问，犹遗也。苞苴裹鱼肉，或以苇，或以茅。箪笥，盛饭食者，圆曰箪，方曰笥。"

疏云："问人者，问谓因问有物遗之也。问者，或自有事问人，或谓闻彼有事而问之。问之悉有物表其意，故自弓剑以下皆是也。"[2]

《礼记解》云：

《聘礼》曰："小聘曰问。"问者，久不相见，使人问安否以讲好也，义如诸侯之相聘，礼则杀之也。《诗》云："知子之顺之，杂佩以问之。"如弓剑、苞苴、箪笥，皆可以问人者也。弓剑，玩好也。苞苴，鱼肉果实也，《书》曰"厥包橘柚"、《易》曰"包有鱼"、《诗》曰"野有死麕，白茅包之"是也。箪，《论

〔1〕《礼记解》,《蓝田吕氏集》，第27页。
〔2〕《礼记正义》卷二，第1244—1245页。

语》“一箪食”是也。笥以盛衣裳，《书》云“惟衣裳在笥”是也。[1]

按：“问”，郑注“犹遗也”。孔疏又以意实之。吕大临不用注疏，合《聘礼》《诗》为说。郑注“苞苴”裹鱼肉，吕大临将郑说调整为“鱼肉果实”，盖因《书》有“厥包橘柚”。吕大临又据《书》所记，论“笥以盛衣裳”。

《曲礼》：“其在凶服，曰‘嫡子孤’。临祭祀，内事曰‘孝子某侯某’，外事曰‘曾孙某侯某’。”

疏云：“天子外事言‘嗣王某’，诸侯不得称‘嗣侯’，但称‘曾孙’，所以然者，天子尊，谓能继天德而立也；诸侯无德不继嗣为侯，故不云‘嗣’。但是父祖重孙，故言‘曾孙’也。”[2]

《礼记解》云：

“曾孙”犹言嗣也。天子继天而王，故于郊祀百神称“嗣”；诸侯不敢言继，推而祖之，故称“曾孙”。晋平公伐齐，祷河曰“曾臣彪将帅诸侯以讨焉”，盖曾臣犹陪臣也。天子臣于天地百神，诸侯复臣于天子，故称“曾臣”，与称“曾孙”之义一也。[3]

---

〔1〕《礼记解》，《蓝田吕氏集》，第30页。
〔2〕《礼记正义》卷五，第1266—1267页。
〔3〕《礼记解》，《蓝田吕氏集》，第56页。

按："曾孙某侯某"，孔疏以"曾孙"是父祖重孙。吕大临据《左传》史事，诸侯于外事（天子）称"曾臣"，解此诸侯于外事"曾孙"，既较疏说言之有据，文义亦更为连贯。

《曾子问》："曾子问曰：'下殇土周葬于园，遂舆机而往，途迩故也。今墓远，则其葬也如之何？'"

郑注："土周，塈周也。周人以夏后氏之塈周葬下殇于园中，以其去成人远，不就墓也。"〔1〕

《礼记解》云：

> 园，盖在郭内艺植桑麻疏果之地。《周官》所谓"园廛二十而一"，庄子引颜子之言：回有郭内之田，足以供祭麻，此乃园地。古者葬殇之礼极略，故无棺在园，以其地近，故舆机而葬。〔2〕

按："下殇土周葬于园"之"园"，郑玄未有详解，吕大临据《周礼》《庄子》释为"郭内艺植桑麻疏果之地"。

《表记》："子言之：'君子之所谓仁者，其难乎！《诗》曰："凯弟君子，民之父母。"凯以强教之，弟以说安之。乐而毋荒，有礼而亲，威庄而安，孝慈而敬，使民有父之

〔1〕《礼记正义》卷一九，第1401页。
〔2〕《礼记解》，《蓝田吕氏集》，第70页。

尊，有母之亲。如此而后可以为民父母矣，非至德其孰能如此乎？'”

疏云：“凯，乐也。弟，易也。言使民乐易之君子，则得为民之父母，言不易也。”[1]

《礼记解》云：

> 先儒训“凯”为“乐”、“弟”为“易”，此云“凯以强教之，弟以说安之”，宜若有异。然求他经之言“凯”者，《诗》有“凯风”，《周官·司乐》“王师大献，则令奏凯乐”，《左氏春秋传》言“高阳氏有才子八人，谓之八恺”，参求义训，可以为“和乐”，和乐之中又有强盛之状。凯风，南风鼓动长养之风也；凯乐，战胜之乐也；八恺谓之才子，则性和而有才者也。皆有盛强之意，故“恺”亦可训“强”矣。“弟”有“兄弟”之弟，有“孝悌”之弟，皆顺也。顺则易，有说下之道，故训为“悦”也。[2]

按：孔疏释“凯”为“乐”、“弟”为“易”，未详所据。吕大临以先儒所释，与经文“凯以强教之，弟以说安之”似有不合，故又引《毛诗》《周礼》《左传》中的用例，“参求义训”，在孔疏基础上做了补充，谓“凯”于和乐中有强盛

---

〔1〕《礼记正义》卷五四，第1641页。

〔2〕《礼记解》，《蓝田吕氏集》，第131—132页。

之意，“弟”有顺之意、有说下之道。吕大临解经虽以字义为先，但并非不考虑文义、语境，但对文义的解释必首重文献、用例。

《聘义》：“孔子曰：‘瑕不掩瑜，瑜不掩瑕，忠也。孚尹旁达，信也。’”

郑注：“孚，读为‘浮’。尹，读如竹箭之‘筠’。浮筠，谓玉采色也。采色旁达，不有隐翳，似信也。”〔1〕

《礼记解》云：

> “孚尹”未详，或曰信发于忠谓之孚也，信也。尹或训为诚，亦信也。玉之明彻，蕴于内而达于外，犹君子之信由中出也。先儒以“孚”为“浮”，以“尹”为“筠”，如竹箭之“筠”，谓玉采色也，其文其音，既悉有改，义亦无据，恐未然也。〔2〕

按：“孚尹”，吕大临以文献义例无征，先儒训释，亦未详所据，故阙疑。阙疑之例又有：

《曲礼》：“死曰‘薨’，复曰‘某甫复矣’。既葬见天子，曰‘类见’，言谥曰‘类’。”

〔1〕《礼记正义》卷六三，第1694页。

〔2〕《礼记解》，《蓝田吕氏集》，第215页。

郑注："代父受国。类犹象也。执皮帛，象诸侯之礼见也，其礼亡。"[1]

《礼记解》云：

> 类之名，未之闻。先儒谓"类，犹象也"。使大夫行，象聘问之礼，以类为象，其义未安。而君薨，世子听于冢宰，安有遽见天子之礼？请谥于君，亦何象之有？求之未得，阙疑可也。[2]

按：吕大临对于文献无征，先儒以文义解释者并非一概不从。在文献无征的情况下，也会以经文整体的文义加以权衡，做出合理解释。在此例中，吕大临以"类"之义，其例未闻，又以先儒所释，于义亦不可，故不从，阙疑处之。吕大临亦有以文献无征，但先儒所训，于义可从的情况，如下例。

《曲礼》："君大夫之子不敢自称曰'余小子'，大夫、士之子不敢自称曰'嗣子某'，不敢与世子同名。"

郑注："辟天子之子未除丧之名。君大夫，天子大夫有土地者。"[3]

《礼记解》云：

---

〔1〕《礼记正义》卷五，第1266页。
〔2〕《礼记解》，《蓝田吕氏集》，第56页。
〔3〕《礼记正义》卷四，第1257页。

“君大夫”之称，未之闻也。先儒云“天子大夫有土地者”，其说虽不经见，然考之此章立文之意，义当然也。盖言“君大夫之子不敢自称曰‘余小子’”，辟嗣天子之称也。辟嗣天子者，必天子之大夫也。又言“大夫士之子不敢自称曰‘嗣子某’”，辟嗣诸侯之称也。辟嗣诸侯者，必诸侯之士大夫也。谓之“君大夫”者，食采于畿内，爵则诸侯，位则大夫也。谓之“君大夫之子”者，嗣为天子之大夫也；“大夫士之子”者，嗣为诸侯之大夫士也。[1]

按：由吕大临说可知其解释思路是先以文献中的用例考求语词的普遍含义，再以此为基础引申出对文义的解释，而非随文释义、语境化的解释方法，在文献无征的情况下或阙疑，或据文义加以推测。

3. 吕大临并不将对经文语词的解释作为需要在上下文义或特定语境中把握的特定概念，吕大临所关心的，是语词所指向的普遍而客观的语言或制度性事实，这在经文注疏与吕大临对文献事实的考证或认定相冲突时，表现得尤为典型。

《曲礼》：“天子之妃曰后，诸侯曰夫人，大夫曰孺人，士曰妇人，庶人曰妻。”

---

〔1〕《礼记解》，《蓝田吕氏集》，第42—43页。

郑注："孺之言属。妇之言服。"[1]

《礼记解》云：

> 大夫妻曰"世妇"，士则止曰"士之妻"而已，未闻有"孺人""妇人"之称。况"妇人"者，已嫁之达称，非特士妻之名，或古有之，考之于经传，未之有也。[2]

按："孺人""妇人"之称，郑玄仅以声训其义。吕大临则疑经传未有此二称，又疑"妇人"乃"已嫁之达称，非特士妻之名"，故特以"大夫妻曰'世妇'，士则止曰'士之妻'而已"这一通识为说。

《曲礼》："夫人自称于天子曰'老妇'，自称于诸侯曰'寡小君'，自称于其君曰'小童'。自世妇以下自称曰'婢子'。"

郑注："小童，若云未成人也。婢之言卑也。于其君称此，以接见礼敌，嫌其当。"[3]

《礼记解》云：

> "小童"之称，不见于经传。秦夫人告秦伯曰："晋君朝以入，则婢子夕以死。"虽夫人亦称"婢子"，

〔1〕《礼记正义》卷五，第1267页。

〔2〕《礼记解》，《蓝田吕氏集》，第57页。

〔3〕《礼记正义》卷五，第1267页。

自贬而就下也。[1]

按："小童""婢子"，郑玄皆望文为说。吕大临考"小童"之称，不见于经传，以阙疑处之。又据《左传》证诸侯夫人有自称"婢子"之例，以补经文"自世妇以下"之说。

《乡饮酒义》疏云："此篇前后凡有四事，一则三年宾贤能，二则卿大夫饮国中贤者，三则州长习射饮酒也，四则党正蜡祭饮酒，总而言之，皆谓之乡饮酒。"[2]

《礼记解》云：

先儒谓乡饮酒凡有四事，唯"饮国中贤者"，于经无文。但此篇云"乡人士君子"，乡人则乡大夫，士则州长党正，君子谓卿、大夫、士，则"饮国中贤者"，义或然也。然乡人凡有会聚，当行此礼，恐不必四而已。《论语》："乡人饮酒，杖者出，斯出矣。"亦偕乡人而言之也。[3]

按：孔疏所云乡饮酒凡有四事，三年宾贤能、州长习射饮酒、党正蜡祭饮酒皆有《仪礼·乡饮》《乡射》《礼记·乡饮酒义》明文可据，疏所云"饮国中贤者"，盖出"乡人士君

〔1〕《礼记解》，《蓝田吕氏集》，第58页。
〔2〕《礼记正义》卷六一，第1682页。
〔3〕《礼记解》，《蓝田吕氏集》，第193页。

子”，郑注云：“乡人，乡大夫也；士，州长党正也；君子谓卿大夫、士也。卿大夫、士饮国中贤者亦用此礼也。”盖以乡大夫宾乡人之贤者推卿大夫宾国中贤者之礼。吕大临认为，注疏虽于经无据，于义或然。又引《论语》补注疏乃至礼经所记，云“乡人凡有会聚，当行此礼，恐不必四事而已”。事实上，孔疏所论为“此篇”前后凡有之事，仅就《乡饮酒义》的解释而论；而吕大临所关心者则并非特定文本，而是广据文献以考“乡饮酒”之事。

《曲礼》：“大飨不问卜，不饶富。”

郑注：“祭五帝于明堂，莫适卜也。《郊特牲》曰‘郊血大飨腥’。”[1]

《礼记解》云：

> “大飨”，冬日至祀天，夏日至祭地也。因天时阴阳之至，日月素定，故“不问卜”。至敬不坛，扫地而祭，牲用犊，酌用陶匏，席用藁秸，视天下之物无以称其德，以少为贵焉，故曰“不饶富”。《记》云：“飨帝于郊。”又曰：“圣人为能飨帝。”则祀天亦可称飨。均祀天地，冬夏之日至为大，故曰“大飨”；若他飨，则问卜，如“启蛰而郊”、郊用辛之类，及《大宰》“祀五帝”，“帅执事而卜日”是也。郑氏谓：“大

〔1〕《礼记正义》卷五，第1270页。

飨者，祀五帝于明堂。”以总飨五帝，不知主何而卜，故曰“莫适卜也”。然季秋大飨，既无素定之日，如冬夏至之比，又不问卜，必以人谋而用之，是以私亵事上帝，不敬莫大焉，其说固不可取矣。“郊血大飨腥”，或为季秋大飨可也，然不可一例求之。盖《礼记》之文，本非一书，杂收而得之，言各有所当也。[1]

按：郑注“大飨”为“祭五帝于明堂”，以总祭五帝，不知主何而卜，故云“莫适卜也”以释经文“不问卜”。但是，正如吕大临指出，《周礼·大宰》“祀五帝”有“帅执事而卜日”，郑玄《大宰》注云：“祀五帝谓四郊及明堂。”郑注《曲礼》《大宰》明显抵牾。《大宰疏》回护郑注云：“郑云祭五帝于明堂，莫适卜也，彼明堂不卜，此下经云帅执事而卜日，则此祀五帝不合有明堂，郑云及明堂者，广解祀五帝之处，其实此处无明堂。”[2]吕大临由冬至、夏至祀天地有定时故“不问卜”这一制度性事实出发，解释“大飨大问卜”之义；又论郑玄引《郊特牲》之文不足为训，云“‘郊血大飨腥’，或为季秋大飨可也，然不可一例求之。盖《礼记》之文，本非一书，杂收而得之，言各有所当也”，盖以《礼记》杂出诸书，不可以一例推求文义，当就事实为论。

〔1〕《礼记解》,《蓝田吕氏集》, 第66页。

〔2〕《周礼注疏》卷二，第649页。

* * *

以上从不同层面对吕大临礼经学的考据特征做了剖析论证。如前所论，汉唐注疏的思想基础是以“圣人制作”为礼的本质规定，又以经书文本的创作为圣人所制之礼的实质意涵，其礼学是基于“礼文”（经典）以统合对礼义、礼制的解释的。因此注疏对礼义、礼制的发明，在性质上首先是文本的解释理论。北宋学者如李觏、刘敞、陆佃、陈祥道等，同样以“圣人制作”为礼的本质，但在他们看来，圣人制礼的实质意涵是在历史中实存的一套制度，故其礼学是通过文献、古器物等历史遗存以考求圣人礼制。理学家在人为的“礼文”之上区分出自然天理的本体层面，而在人为的“礼文”层面，他们的理解和李觏、刘敞等宋人是一致的，即认为圣人所制礼文实际是一套实存过的制度法象。因而在礼学方法上，张载、吕大临都是推动礼学考证方法兴起的重要学者。将“礼文”视作圣人制作的制度，礼学的核心内容是对礼制的考证，可以说是宋人礼学普遍具有的观念。如此也就不难理解，吕大临和刘敞、陆佃一样，在研究礼经的同时，会表现出对金石器物的浓厚兴趣，推动了北宋金石、古器物学的兴起。吕大临在《考古图》的自序中写道：

> 所谓古者，虽先王之陈迹，稽之好之者，必求其所以迹也。制度法象之所寓，圣人之精义存焉，有古今之

所同然、百代所不得变者，岂刍狗、轮扁之谓哉？汉承秦火之余，上视三代如更昼夜梦觉之变，虽遗编断简，仅存二三。然世移俗革，人亡书残，不复想见先王之绪余，至人罄欬。不意数千百年后，尊彝鼎敦之器，犹出于山岩屋壁、田亩墟墓间……观其器，诵其言，形容仿佛，以追三代之遗风，如见其人矣。以意逆志，或探其制作之原，以补经传之阙亡，正诸儒之谬误，天下后世之君子，有意于古者，亦将有考焉。〔1〕

在吕大临看来，圣人制作之精义寓于“制度法象”，经书作为先王制度的文献记载，中经秦火已残缺不全，同为先王遗迹的古器物的出土，是经典文献之外的、补充了考求先王制作的重要资源。吕大临自述其学是“观其器，诵其言，形容仿佛，以追三代之遗风”，“以意逆志，或探其制作之原，以补经传之阙亡，正诸儒之谬误”。为学之旨正在于对先王制度的考求。在经典解释上，吕大临强调从字词出发理解经文，将经义还原为字词的客观语义，并旁及子史等古代文献，推考经文指向的语言、制度事实。即此而言，吕大临等宋代学者所做的礼学考证的重要意义，无关乎结论与方法的精密，而是只有在他们所开掘的思想土壤上才可能生长出后来人们熟悉的礼学考证来。

〔1〕《考古图》，第2页。

（3）吕大临礼学与洛学

张载去世后，吕大临又尝从学于二程，故其思想深受洛学影响，此前辈学者已发之论。洛学的影响，体现在吕大临对程颢心性学说及其本体工夫的渐染上。与此同时，吕大临终其一生未曾放弃持守学礼工夫，“曲礼三千目，躬行四十年”〔1〕。程颐谓：“与叔守横渠说甚固，每横渠无说处皆相从，才有说了，更不肯回。”〔2〕吕大临对学礼工夫的坚守，得自早年关学奠定的学问基础，至于他是否将承自关学的学礼工夫与后来的心性学说做了深层次的融合关联，仍不妨进一步探讨。

吕大临能很快接受程颢的心性学说，与他早年求学张载时就有“反求吾心”的思想不无关联。〔3〕张载有“心统性情”说，并以“虚心”为工夫修养的一部分，但确认本心为性体，则是吕大临经由程颢启发才正式形成的思想，正如他与程颐论“赤子之心”为未发之中时云：“此义，大临昔者既闻先生君子之教，反求诸己，若有所自得，参之前言往行，将无所不合。由是而之焉，似得其所安，以是自信不疑，拳拳服膺，不敢失坠。”〔4〕吕大临进一步以此“本心”为礼的心性基础，《礼记解·孔子间居》云：

> 礼乐之原，在于一心，“致五至”，“行三无”，“以

---

〔1〕《朱子语类》卷一〇一，《朱子全书》（修订本）第17册，第3364页。

〔2〕《河南程氏遗书》卷一九，《二程集》，第265页。

〔3〕 文碧方：《关洛之间——以吕大临思想为中心》，第123—142页。

〔4〕《河南程氏文集》卷九《与吕大临论中书》，《二程集》，第607页。

横于天下”，乃一心之用也。人心其神矣乎？[1]

又注下文“无声之乐，无体之礼，无服之丧”云：

先儒谓此三者皆行之在心，外无形状，故称“无”也。盖乐必有声，其无声者，非乐之器，乃乐之道也；礼必有体，其无体者，非礼之文，乃礼之本也；丧必有服，其无服者，非丧之事，乃丧之理也。则此三者行之在心，外无形状可知也。[2]

按：孔疏以“此三者皆谓行之在心，外无形状，故称无也”，吕大临化用此说，以行之在心者为乐之道、礼之本。又论礼出于“人心之所同然”：

诚者，义理之所出，人心之所同然者也，是皆天之道。圣人先得之，动容周旋莫不中乎理义，制之以为礼，所以为天下法也。[3]

又《中庸解》云：

妙道精义，常存乎君臣、父子、夫妇、朋友之间，

---

〔1〕《礼记解》,《蓝田吕氏集》, 第 79 页。
〔2〕《礼记解》,《蓝田吕氏集》, 第 80 页。
〔3〕《仪礼经传通解》, 第 219 页。

不离乎交际、酬酢、应对之末，皆人心之所同然，未有不出于天者也。[1]

良心所发，莫非道也。在我者，恻隐、羞恶、辞让、是非皆道也；在彼者，君臣、父子、夫妇、昆弟、朋友之交亦道也。在物之分，则有彼我之殊；在性之分，则合乎内外，一体而已。是皆人心所同然，乃吾性之所固有。随喜怒哀乐之所发，则爱必有等差，敬必有节文。所感重者，其应也亦重；所感轻者，其应也亦轻。自斩至缌，丧服异等，而九族之情无所憾。自王公至皂吏，仪章异制，而上下之分莫敢争，非出于性之所有，安能致是乎？[2]

吕大临以“本心”为“中”，故先王本于“中”而制礼，制礼教民以之“中”：

循性而行，无物挠之，虽无不中节，然人禀于天者，不能无厚薄昏明，则应于物者，亦不能无小过小不及……故心诚求之，虽不中不远矣。然将达之天下，传之后世，虑其所终，稽其所敝，则其小过小不及者，不可以不修。此先王所以制礼，故曰“修道之谓教”。[3]

〔1〕《礼记解》,《蓝田吕氏集》，第94页。
〔2〕《礼记解》,《蓝田吕氏集》，第84—85页。
〔3〕同上。

仁义道德，皆其性之所固有，本于是而行之，虽不中不远矣。然无节无文，则过与不及害之，以至于道之不明且不行，此所以“非礼不成”也。先王制礼，教民之中而已。教不本于礼，则设之不当；设之不当，则所以教者不备矣。[1]

以上皆本于本心为性体、为大本、为中所发之礼论，是吕大临延续关学阶段对礼的强调，又吸收大程心性学说而成。吕大临虽对大程本心说“拳拳服膺，不敢失坠”，但在修养工夫上并没有全盘接受大程的工夫理论。其原因在于，吕大临对性气关系的理解仍与张载、程颐接近，而不同于程颢。郭晓东指出，程颢在性气关系上，主张“性即气，气即性”，是即气禀而说本然之性，性、气并非截然二分，恶只是此性气之偏颇，故以修养工夫即本然之性的体认与如如呈现。[2]在性气关系上，吕大临与张载、程颐同样强调气禀之偏杂对于本然之性的障蔽作用与消极意义，故在工夫论上注重对治气禀之偏杂，主张“变化气质”，吕大临论人之气禀云：

人受天地之中，其生也具有天地之德，柔强昏明之质虽异，其心之所然者皆同。特蔽有浅深，故别而

〔1〕《礼记解》，《蓝田吕氏集》，第7页。

〔2〕郭晓东：《从“性”“气”关系看张载、二程工夫论之异同》，《经学、道学与经典诠释》，第37—48页。

为昏明；禀有多寡，故分而为强柔。至于理之所同然，虽圣愚有所不异。尽己之性，则天下之性皆然，故能尽人之性。蔽有浅深，故为昏明；蔽有开塞，故为人物。禀有多寡，故为强柔；禀有偏正，故为人物。[1]

张载曾言："凡物莫不有是性，由通蔽开塞，所以有人物之别；由蔽有厚薄，故有智愚之别。"[2]吕大临此论人物之性乃气禀之异，即因袭师说。吕大临又论气禀为"才"，与横渠一脉相承，吕大临云：

盖均善而无恶者，性也，人所同也；昏明强弱之禀不齐者，才也，人所异也。[3]

此见横渠言："气质犹人言性气，气有刚柔、缓速、清浊之气也。质，才也。"[4]可知吕大临几乎继承了张载对性气关系的理解，而特别强调气禀对于本性的遮蔽作用，进而主张学以去蔽、以变化气质。吕大临云：

性一也，流行之分有刚柔昏明者，非性也。有三

〔1〕《礼记解》,《蓝田吕氏集》，第109—110页。

〔2〕《近思录》卷一,《泳斋近思录衍注》，中华再造善本影印北京大学藏宋刻本，国家图书馆出版社，2006年，卷一叶二一。

〔3〕《礼记解》,《蓝田吕氏集》，第108页。

〔4〕《经学理窟·学大原》,《张子全书》，第88页。

人焉，皆有目以别乎众色，一居乎密室，一居乎帷箔之下，一居乎广庭之中，三人所见，昏明各异，岂目不同乎？随其所居，蔽有厚薄尔。凡学者所以解蔽去惑，故生知、学知、困知，及其知之一也，安得不贵于学乎？[1]

又云：

“人一能之，己百之；人十能之，己千之”者，君子所贵乎学者，为能变化气质而已。德胜气质，则柔者可进于强，愚者可进于明；不能胜气质，则虽有志于善，而柔不能立，愚不能明……诚之者，反其同而变其异也。思诚而求复，所以反其同也；人一己百、人十己千，所以变其异也。[2]

正是在性气关系的理解上继承了张载，吕大临才未全盘接受大程的修养工夫，始终保持了横渠“知礼成性，变化气质”的下学工夫。相比程颐，在未发工夫上，吕大临因承自程颢的体认本心而与程颐的“主敬涵养”有所不同，但在已发工夫上主张礼以持敬，于容貌威仪上收束身心，吕大临则与程颐若合符契。《礼记解》再三言“礼者，敬而已矣”，言“凡

〔1〕《礼记解》，《蓝田吕氏集》，第103页。
〔2〕《礼记解》，《蓝田吕氏集》，第108页。

可以外铄者，无不用也：制礼以节其行而使之齐，立信以结其志而使之固，其容貌必称其志，其衣服必称其容。衣服如是之备，则容貌必移而称其衣；容貌如是之文，中心必有其实”。[1]《宋元学案》记吕大临：“初学于横渠。横渠卒，乃东见二程先生，故深淳近道，而以防检穷索为学。明道语之以识仁，且以‘不须防检，不须穷索’开之，先生默识心契，豁如也。作《克己铭》以见意。”[2]吕大临又解《论语》“克己复礼为仁”云：

> 仁者以天下为一体，天秩、天叙，莫不具存。人之所以不仁，己自己，物自物，不以为同体。胜一己之私，以反乎天秩、天叙，则物我兼体，虽天下之大，皆归于吾仁术之中。一日有是心，则一日有是德。[3]

此“克己”即程颢“廓然大公”、与万物同体的“识仁”工夫，亦与程颢“克己则私心去，虽不学文而礼意已得”之说契合。也就是说，在吕大临的工夫论并存了上达的“克己”与下学的“复礼”两种工夫。但吕大临并未从哲学层面将二者真正绾合，朱子曾评吕大临解《论语》“克己复礼”说云：

> 吕氏专以同体为言，而谓天下归仁，为归吾仁术

---

〔1〕《礼记解》,《蓝田吕氏集》, 第128—129页。

〔2〕《宋元学案》卷三一《吕范诸儒学案》, 第1105页。

〔3〕《论语解》,《蓝田吕氏集》, 第427页。

之中。又为之赞以极言之，则不免过高而失圣人之旨。抑果如此，则夫所谓克己复礼而天下归仁者，乃特在于想象恍惚之中，而非有修为效验之实矣。[1]

在朱子看来，吕大临所主张的“克己”，未能有效结合“复礼”工夫，“非有修为效验之实”。朱子的礼学真正将“克己”与“复礼”作为同一工夫的一体两面统合起来，事实上，朱子礼学对于北宋，乃至汉唐礼学传统有着广泛深入的继承、反思与重整。下面的最终一章会将北宋礼学放置在朱子礼学的视角下进行审视，同时也透过北宋礼学阐释朱子礼学的思想渊源，是为全书的尾声。

〔1〕《论语或问》卷一二，《朱子全书》（修订本）第6册，第801页。

终 章 北宋礼学遗产与朱子礼学

汉唐礼学以经典的文本解释为核心，在三《礼》经典的解释史上具有奠基意义。今人研习礼经，虽以郑注唐疏为阶梯，却大多疏离了“经典”作为礼学乃至教化之核心所依赖的基本信念。汉唐人认为“礼”的成立是基于圣人的制作，圣人制礼的成果以“经书”的形式呈现，经书也因此具有圣人成文规范的权威地位。汉唐时期普遍流行“性三品”说，中人的自然情性有善有恶，礼乐教化使人情中的善质得以培育，人情中的恶欲受到约束。圣人“缘情制礼”，使中人能够在自然情性的基础上实现礼法之善。中晚唐至北宋中叶，国家与社会经历了从失范到秩序重建，“礼学”作为儒家反思人间秩序的思想形式，也发生了根本转变。这一转变集中体现为“经书”意义的变化以及理解“圣人制礼”的两种模式。一是依然认为礼从根本上是由圣人所制，但圣人制礼的实质内容不是法典意义上的经典，而是历史上实存的制度，通过经书等文献得以记载；二是，理学家认为，圣人制礼并非无中生有的创制，而是天理自然的反映，圣人制礼顺应天理自然，但礼从根本上并不依赖人为（包括圣人）的创作。在这两种思想看来，“礼”都不再特指经书所说的那个样子了。

前面几章讨论了中唐至北宋以来的学者如何从不同层面探索并发展礼学的可能形态，接下来再通过朱子礼学的视域做一番回顾。通过朱子礼学，既可观察北宋礼学如何得以重整、收束，反之，以北宋礼学为历史背景，又可获得对朱子礼学的若干新理解。[1]朱子在不同层面继承、整合了北宋礼学遗留的思想资源，又在反思的基础上对礼学予以推进。

首先，在“礼文”层面，朱子接受了北宋学者以圣人制礼为制度创建的观念，朱子提出：

> 古礼非必有经，盖先王之世，上自朝廷，下达闾巷，其仪品有章，动作有节，所谓礼文之实者，皆践而履之矣。古曰“礼仪三百，威仪三千，待其人而后

---

〔1〕如同朱子学术的一贯特点，朱子的礼学，体大思精，故对朱子礼学的“诠释与重建”理应呈现其中的丰富意蕴，目前关于朱子礼学的研究，大多也以全面、综合性的方式展开，例如三篇以“朱子礼学思想研究”为题的博士学位论文，李方泽：《朱子礼学思想研究》，中国人民大学，2007年；殷慧：《朱熹礼学思想研究》，湖南大学，2009年；张凯作：《朱子礼学思想研究》，北京大学，2012年。区别于以上哲学史取径的礼学思想研究，最近，李旭的博士学位论文《朱子晚岁修礼考》（清华大学，2016年）以史学方法还原朱子晚年修礼的历史情境，对朱子的礼经学体系及其在朱子学全体中的意义都有深刻诠释。这些研究均从不同角度为认知朱子礼学提供了有益借鉴。本书在此仅针对朱子礼学中的若干基本要点，进行简要但仍求系统的论述。此外，朱子的礼学从早年到晚年，一直处在变动之中，直至朱子去世时，仍未完成礼学思想体系的构建，本书在此并不过度追求对朱子礼学体系阐释的融贯性，至于对朱子礼学思想演变的历史性呈现，则非另辟专书不能完成。

行"，则岂必简策而后传哉！其后礼废，儒者惜之，乃始论著为书以传于世。今《礼记》四十九篇，则其遗说，已学而求所以约之者，不可以莫之习也。[1]

《仪礼》，不是古人预作一书如此。初间只以义起，渐渐相袭，行得好，只管巧，至于情文极细密，极周经处，圣人见此意思好，故录成书。[2]

大抵说制度之书，惟《周礼》《仪礼》可信，《礼记》便不可深信。[3]

《六经》之道同归，而礼乐之用为急。遭秦灭学，礼乐先坏。汉晋以来，诸儒补缉，竟无全书。其颇存者，三《礼》而已。《周官》一书，固为礼之纲领，至其仪法度数，则《仪礼》乃其本经，而《礼记·郊特牲》《冠义》等篇乃其义说耳。[4]

在朱子看来，传世礼经是在已有礼仪实践的前提下，为了礼的传承逐渐写就的，秦以后更散佚不全。《仪礼》之为本经，就

〔1〕《讲礼记序说》，《晦庵先生朱文公文集》卷七四，《朱子全书》（修订本）第24册，第3585—3586页。

〔2〕《朱子语类》卷八五，《朱子全书》（修订本）第17册，第2898页。

〔3〕《朱子语类》卷八六，《朱子全书》（修订本）第17册，第2912页。

〔4〕《乞修三礼札子》，《晦庵先生朱文公文集》卷一四，《朱子全书》（修订本）第20册，第687页。

在于它记载了圣人制作的“仪法度数”，《礼记》诸篇是对仪法度数意义的阐释。也就是说，朱子之所以以《仪礼》为本经，除了以“人伦”为本，还有以制度为本的意思。《仪礼》在内容上记载的是礼的仪文度数，而朱子认为圣人制礼所制的，本就是制度。朱子又批评王安石于科举废罢《仪礼》：

> 熙宁以来，王安石变乱旧制，废罢《仪礼》，而独存《礼记》之科，弃经任传，遗本宗末，其失已甚。而博士诸生又不过诵其虚文以供应举，至于其间亦有因仪法度数之实而立文者，则咸幽冥而莫知其源。一有大议，率用耳学臆断而已。[1]

朱子批评王安石废罢《仪礼》，独存《礼记》之科，博士诸生在学习《礼记》的过程中，又不能就《礼记》中“因仪法度数之实而立文者”究其根源。朱子曾称赞陆佃“煞能考礼”，又在对陆佃的批评中指出：

> 本朝陆农师之徒，大抵说礼都要先求其义。岂知古人所以讲明其义者，盖缘其仪皆在，其具并存，耳闻目见，无非是礼，所谓“三千三百”者，较然可知，故于此论说其义，皆有据依。若是如今古礼散失，百无一二

〔1〕《乞修三礼札子》，《晦庵先生朱文公文集》卷一四，《朱子全书》（修订本）第20册，第687页。

存者，如何悬空于上面说义！是说得甚么义？须是且将散失诸礼错综参考，令节文度数一一着实，方可推明其义。若错综得实，其义亦不待说而自明矣。[1]

朱子以名物器数为求义之本，又有云：

古者礼乐之书具在，人皆识其器数，却怕他不晓其义，故教之曰："凡音之起，由人心生也。"又曰："失其义，陈其数者，祝、史之徒也。"今则礼乐之书皆亡，学者却但言其义，至于器数，则不复晓，盖失其本矣。[2]

朱子指出，礼制是推求礼义之本，在古礼散佚的情况下，需先将散失诸礼错综参考，令节文度数一一着实，方可推明其义。因此，朱子晚年编纂《仪礼经传通解》时，便说"今所集《礼书》，也只是略存古之制度"。[3]朱子又尝论礼书编纂体例："若疏中有说制度处，亦当采取以益之。"[4]绍熙五年（1194），朱子入朝居经筵时，曾参与庙制以及宁宗丧服两次重要礼议，朱子编纂礼书的设想由来已久，而在朝议礼的种种经历，愈发坚定了朱子修成礼书的决心，成为他晚年的一

〔1〕《朱子语类》卷八四，《朱子全书》（修订本）第17册，第2877页。
〔2〕《朱子语类》卷八七，《朱子全书》（修订本）第17册，第2972页。
〔3〕《朱子语类》卷八四，《朱子全书》（修订本）第17册，第2886页。
〔4〕《朱子语类》卷八四，《朱子全书》（修订本）第17册，第2888页。

大抱负。皮锡瑞更认为朱子晚年修《仪礼经传通解》，盖因乎丧服之议。[1]朱子在议礼时的困惑由贾疏所引《郑志》而得到解决，遂叹："礼经之文诚有阙略，不无待于后人。向使无郑康成，则此事终未有决断。不可直谓古经定制，一字不可增损也。"[2]在朱子看来，郑玄的功劳是对圣人之制的发明，从制度考证的角度看，甚至"不可直谓古经定制，一字不可增损也"。朱子称道"郑康成是个好人，考礼名数大有功"，[3]可知他是立足于制度考证来理解注疏的，礼书编纂带有同样的"制度"取向。礼书的编排，以《家礼》《乡礼》《学礼》《邦国礼》《王朝礼》《丧礼》《祭礼》《大传》《外传》为纲，将包括《仪礼》在内的经文全部按照礼制门类进行编排，形成一套自下而上的家国典礼。《仪礼》等经书的原有篇次被调整，按制度门类与其他经书传记更为有机地整合在了一起。正因对制度的关注，朱子对陆佃、陈祥道在礼制考证上的成就评价颇高，再三言"荆公门人陆农师自是煞能考礼"，[4]"礼书，如陆农师《礼象》、陈用之《礼书》，亦该博，陈底似胜陆底。后世礼乐全不足录"，[5]"陆解多杜撰，亦煞有好处，但简略难看。陈祥道《礼书》考得亦稳"。[6]朱子

---

〔1〕 皮锡瑞:《经学历史》，第299页。

〔2〕《书奏稿后》，《晦庵先生朱文公文集》卷一四，《朱子全书》（修订本）第20册，第687页。

〔3〕《朱子语类》卷八七，《朱子全书》（修订本）第17册，第2942页。

〔4〕《朱子语类》卷八七，《朱子全书》（修订本）第17册，第2990页。

〔5〕《朱子语类》卷八七，《朱子全书》（修订本）第17册，第2942页。

〔6〕《朱子语类》卷八五，《朱子全书》（修订本）第17册，第2902页。

认为圣人制礼的实质是一套制度的创设，但是这套制度绝非与当代无关的古代历史或风俗，由于圣人所制之礼体现了天理，因而对于后世具有典范意义，朱子称之为“典礼”。

> 这个典礼，自是天理之当然，欠他一毫不得，添他一毫不得。惟是圣人之心与天合一，故行出这礼，无一不与天合。其间曲折厚薄浅深，莫不恰好。这都不是圣人白撰出，都是天理决定合着如此。后之人此心未得似圣人之心，只得将圣人已行底，圣人所传于后世底，依这样子做。做得合时，便是合天理之自然。[1]

在礼的本体意涵与人性论层面，朱子继承了北宋理学对礼的基本理解，以礼之本体为天理之自然，礼的人性论基础是人的天命之性。朱子云：“礼即理也，但谓之理，则疑若未有形迹之可言；制而为礼，则有品节文章之可见矣。”[2]在礼的本体论层面，朱子的说法较于北宋诸子又有推进。朱子认为，“礼”之本体既是天理之自然，并且理在本体意义上就具有规范性意涵，是有所节文的，“节文”并不只是“用”而已，朱子云：

> 礼乐者，皆天理之自然。节文也是天理自然有底，

〔1〕《朱子语类》卷八四，《朱子全书》（修订本）第17册，第2885页。

〔2〕《答曾择之》，《晦庵先生朱文公文集》卷六〇，《朱子全书》（修订本）第23册，第2893页。

和乐也是天理自然有底。然这天理本是㑦侗一直下来，圣人就其中立个界限，分成段子，其本如此，其末亦如此；其外如此，其里亦如此，但不可差其界限耳。才差其界限，则便是不合天理。所谓礼乐，只要合得天理之自然，则无不可行也。[1]

也就是说，在朱子看来，“礼”之为天理，不仅是指“礼”所体现的爱与敬这类精神原理，礼当中的分别、仪文这些规范性内容也有天理自然的基础。朱子言“礼者，天理之节文，人事之仪则”[2]，“天理之节文”仍指本体意义的礼是自然而有节文的天理，对此，门人曾致疑问于朱子：

问：“先生昔曰：‘礼是体。’今乃曰：‘礼者，天理之节文，人事之仪则。’似非体而是用。”

曰：“公江西有般乡谈，才见分段子，便说道是用，不是体。如说尺时，无寸底是体，有寸底不是体便是用；如秤，无星底是体，有星底不是体便是用。且如扇子，有柄有骨子，用纸糊，此便是体，人摇之便是用。”[3]

---

〔1〕《朱子语类》卷八七，《朱子全书》（修订本）第17册，第2973页。

〔2〕《答曾择之》，《晦庵先生朱文公文集》卷六〇，《朱子全书》（修订本）第23册，第2894页。

〔3〕《朱子语类》卷六，《朱子全书》（修订本）第14册，第239—240页。

朱子指出以理体无节文，就如说尺无寸、秤无星是体，皆是离用而言体。朱子批评陆学“才见分段子，便说道是用”，又谓：“江西人说个虚空底体，涉事物便唤做用。”[1]朱子释“理”云：“理是有条理，有文路子。文路子当从那里去，自家也从那里去；文路子不从那里去，自家也不从那里去。须寻文路子在何处，只挨着理了行。”[2]“理如一把线相似，有条理，如这竹篮子相似。”指其上行篾曰：“一条子恁地去。”又别指一条曰：“一条恁地去。又如竹木之文理相似，直是一般理，横是一般理。”[3]“理”的体用兼备，就体现在“理”既是浑全的道理，也是可以使人遵循的规范、仪则。“礼”之为天理之节文，与“理是有条理，有文路子”正是对同一道理的不同表述。殷慧指出，朱子所言之“礼”兼备体用，应是合乎朱子本意的论断。[4]朱子用“体用无间”“理一分殊”来诠释礼之理与礼之文，云：

> 礼是那天地自然之理。理会得时，繁文末节皆在其中。“礼仪三百，威仪三千”，却只是这个道理。千条万绪，贯通来只是一个道理。夫子所以说“吾道一以贯之”，曾子曰“忠恕而已矣”是也。盖为道理出来

---

〔1〕《朱子语类》卷六，《朱子全书》（修订本）第14册，第239页。

〔2〕《朱子语类》卷六，《朱子全书》（修订本）第14册，第237页。

〔3〕《朱子语类》卷六，《朱子全书》（修订本）第14册，第237—238页。

〔4〕殷慧：《天理与人文的统一——朱熹论礼、理关系》，《中国哲学史》2011年第4期，第48页。

> 处，只是一源。散见事物，都是一个物事做出底。一草一木，与他夏葛冬裘，渴饮饥食，君臣父子，礼乐器数，都是天理流行。[1]

"礼"既同于"理"，但在语义上，"礼"更指向分殊、规范的意味，用朱子的话来说，是"说得较细密"，朱子云：

> 只是这个道理，有说得开朗底，有说得细密底。"复礼"之"礼"，说得较细密。"博文、约礼""知崇、礼卑"，"礼"字都说得细密。知崇是见得开朗，礼卑是要确守得底。[2]

较之张载、二程，朱子对礼之"理""文"关系的阐释重在谈论"理"与"文"的区别，意蕴更为丰富。从汉唐时期以文为本的"文""理"的不分，中经张载、二程主于"理"的"文""理"之别，再到朱子以"体用无间"来统一"文""理"，呈现出思想的辩证演进。

同于张载、程颐，朱子以"礼"既是成性工夫，又是成性之效验。前引朱子云，圣人制礼，将理之节文明白指示了出来，"就其中立个界限，分成段子"，"后之人此心未得似圣人之心，只得将圣人已行底，圣人所传于后世底，依这样子

---

〔1〕《朱子语类》卷四一，《朱子全书》（修订本）第15册，第1456页。
〔2〕同上。

做。做得合时，便是合天理之自然”。又论“克己复礼”：

“克己复礼”，不可将“理”字来训“礼”字。克去己私，固即能复天理。不成克己后，便都没事。惟是克去己私了，到这里恰好着精细底工夫，故必又复礼，方是仁。圣人却不只说“克己为仁”，须说“克己复礼为仁”。见得礼，便事事有个自然底规矩准则。[1]

朱子早年在解释“克己复礼”时，将“礼”字训为“理”，也就是将“复礼”单纯地理解为克己功夫之效验，这里朱子特别强调“不可将‘理’字来训‘礼’字”，就是针对他早年的讲法。在《答林择之》中，朱子云：

程子言敬，必以整齐严肃、正衣冠、尊瞻视为先，又言未有箕踞而心不慢者，如此乃是至论。而先圣说克己复礼，寻常讲说，于“礼”字每不快意，必训作“理”字然后已，今乃知其精微缜密，非常情所及耳。[2]

信中朱子提及自己讲说孔子“克己复礼”时，曾必训“礼”为“理”而后快，事实上是将礼之“文”与“理”分别对待，突出了“文”“理”之别而强调“理一”，从而将“复

[1] 《朱子语类》卷四一，《朱子全书》（修订本）第15册，第1451页。
[2] 《答林择之》，《晦庵先生朱文公文集》卷四三，《朱子全书》（修订本）第22册，第1969页。

礼”单纯作为“克己”的效验。与明道“克己则私心去，虽不学文而礼意已得”的说法类似，朱子云：“克己，则礼自复；闲邪，则诚自存。非克己外别有复礼，闲邪外别有存诚。”[1]贺孙标注此条语录为“非定说”，朱子后来更强调“复礼”的工夫论意义[2]，《语录》记：

> 贺孙问：非天理，便是人欲。克尽人欲，便是天理。如何却说克己了，又须着复于礼？
>
> 曰：固是克了己便是理。然亦有但知克己而不能复于礼，故圣人对说在这里。却不只道“克己为仁”，须着个“复礼”，庶几不失其则。下文云：“非礼勿听，非礼勿视，非礼勿言，非礼勿动。”缘本来只有此礼，所以克己是要得复此礼。若是佛家，尽有能克己者，虽谓之无己私可也，然却不曾复得礼也。圣人之教，所以以复礼为主。若但知克己，则下梢必堕于空寂，如释氏之为矣。[3]

---

〔1〕《朱子语类》卷四一，《朱子全书》（修订本）第15册，第1448页。

〔2〕朱子“克己复礼”的工夫论意义，已有专文讨论，见许家星《仁的工夫论诠释——以朱子“克己复礼”章解为中心》，《孔子研究》2012年第3期，第20—32页。相关讨论，又见牟坚《朱子对“克己复礼”的诠释与辨析——论朱子对“以理易礼”说的批评》，《中国哲学史》2009年第1期，第20—33页；孔凡青《朱熹“克己复礼”之解辨证——兼论“理”与“礼”的关系》，《牡丹江大学学报》，2012年第4期，第20—23页。

〔3〕《朱子语类》卷四一，《朱子全书》（修订本）第15册，第1451页。

又，《语录》此条颇能反映朱子前后的思想变化。

> 时举曰：先生向所作《克斋记》云“克己者，所以复礼；非克己之外，别有所谓复礼之功”，是如何？
>
> 曰：便是当时也说得忒快了。明道谓“克己则私心去，自能复礼；虽不学文，而礼意已得”，如此等语，也说忒高了。孔子说“克己复礼”，便都是实。[1]

“克己”表达了人对私欲等负面因素的克除，而“复礼”则表达了人的行为合乎天理、规范的积极内容，释氏有前一个层面，于后者则堕于空寂，故圣人将“克己”工夫与“复礼”工夫对说，既表达了“复理”的效验，又同时表达了“克己”工夫和“复理”效验的规范含义。朱子不是认为自己过去和明道的讲法从根本上错了，而是“快了”“高了”，不如圣人得其实处。朱子又云：“只说理，却空去了。这个礼，是那天理节文，教人有准则处。佛、老只为元无这礼，克来克去，空了。”[2]“佛氏之学，超出世故，无足以累其心，不可谓之有私意。然只见他空底，不见实理，所以都无规矩准绳。”[3]朱子对“复礼”工夫含义的强调容易让人误认为“克己”与“复礼”是“两节工夫”。对此，朱子表示：“也不用做两节看。但不会做工夫底，克己了，犹未能复礼；会

〔1〕《朱子语类》卷四一，《朱子全书》（修订本）第15册，第1453页。
〔2〕《朱子语类》卷四一，《朱子全书》（修订本）第15册，第1454页。
〔3〕《朱子语类》卷四一，《朱子全书》（修订本）第15册，第1453页。

做工夫底，才克己，便复礼也。”[1]“是克己便是复礼，不是克己了，方待复礼；不是做两截工夫。就这里克将去，这上面便复得来。明道说那‘克己则私心去，自能复礼；虽不学礼文，而礼意已得’，这个说得不相似。”“‘克己复礼’，是合掌说底。”[2]在朱子看来，“克己”与“复礼”既有各自的工夫内涵，又是统合在一起的。指出克己工夫具有行为的规范面向，还有针对二程弟子、陆氏心学的意思在，这一点殷慧已经指出。[3]朱子《答林择之》云：

> 比因朋友讲论，深究近世学者之病，只是合下欠却持敬工夫，所以事事灭裂。其言敬者，又只说能存此心，自然中理。至于容貌词气，往往全不加工。设使真能如此存得，亦与释老何异？上蔡说便有此病了。[4]

朱子批评的“上蔡说”前文尝有引。“上蔡又论横渠以礼教人之失，故其学至于无传。据二先生所论却不如此。盖曰‘子厚以礼教学者最善，使人先有所据守’。但讥其说‘清虚一大’，使人向别处走，不如且道敬耳。此等处，上蔡说皆有病。如云‘正容谨节，外面威仪，非礼之本’，尤未稳

〔1〕《朱子语类》卷四一，《朱子全书》（修订本）第15册，第1453—1454页。

〔2〕《朱子语类》卷四一，《朱子全书》（修订本）第15册，第1456页。

〔3〕殷慧：《天理与人文的统一——朱熹论礼、理关系》，第46页。

〔4〕《答林择之》，《晦庵先生朱文公文集》卷四三，《朱子全书》（修订本）第22册，第1968—1969页。

当。”[1]朱子指出，程子的持敬工夫与横渠以礼教人相近。礼规范下的持敬工夫、复礼的成圣效验，才使儒家从根本上区别于释、老。朱子批评上蔡以“正容谨节，外面威仪，非礼之本”，并不是说礼的本质就是外面威仪，而是说不可离威仪而言礼，与理之体用无间是一个道理。

朱子继承并发展了张载、二程的礼思想，在实践层面，他和张载、二程一样，需要面对礼文规范如何制定的问题。朱子早年编定《祭礼》时，主要依据二程礼书而参以诸家。[2]乾道初年，朱子与张栻讨论其编定的《祭礼》初稿，张栻对朱子祭礼中的墓祭及节祠提出质疑，指出墓祭不经，而节祠如中元等则出自释氏，[3]朱子覆书云：“《祭说》辨订精审，尤荷警发。然此二事，初亦致疑，但见二先生皆有随俗墓祭不害义理之说，故不敢轻废。”[4]朱子知墓祭不经而于二程说不敢轻废，对二程之拳拳遵奉可见一斑。朱子后来编定《家礼》[5]，亦多参考宋人礼书为之，杨复注《家礼》云：

---

〔1〕《答胡广仲》，《晦庵先生朱文公文集》卷四二，《朱子全书》（修订本）第22册，第1897页。

〔2〕《答张钦夫》，《晦庵先生朱文公文集》卷三〇，《朱子全书》（修订本）第21册，第1326页。

〔3〕张栻：《答朱元晦秘书》，《南轩先生文集》卷二十，杨世文点校《张栻集》，中华书局，2015年，第1064—1065页。

〔4〕《答张钦夫》，《晦庵先生朱文公文集》卷三〇，《朱子全书》（修订本）第21册，第1325页。

〔5〕《家礼》是否朱子所作，早自元代开始，便有学者提出质疑。清人王懋竑力证《家礼》非朱子自作，说见《家礼考》《家礼后考》《家礼考误》（《白田杂著》卷二，影印文渊阁《四库全书》本，台北商务印书馆，第859册，第662—678页）。近代以来，中日学者纷纷推翻王说，（转下页）

> 先生所定《家》《乡》《邦国》《王朝礼》，专以《仪礼》为经。及自述《家礼》，则又通之以古今之宜。故冠礼则多取司马氏，昏礼则参诸司马氏、程氏，丧礼本之司马氏，后又以高氏为最善。及论祔迁，则取横渠遗命。治丧则以《书仪》疏略而用《仪礼》。《祭礼》兼用司马氏、程氏，而先后所见又有不同。节祠则以韩魏公所行者为法。若夫明大宗、小宗之法以寓爱礼存羊之意，此又《家礼》之大义所系，盖诸书所未暇及，而先生于此尤拳拳也。惜其书既亡，至先生没而后出，不及再修以幸万世。[1]

杨复指出了《通礼》与《家礼》在性质上的区别。作为实践层面的礼制需要因时制宜，表明朱子对圣人所制“典礼”的理解包含了时间向度。圣人制礼的典范意义就在于能够顺应其时的风俗民情而合乎天理，朱子云：“夫三王制礼，因

（接上页）普遍以《家礼》为朱子所作，朱子作《家礼》几成定谳。彭林近又伸张王说，重提《家礼》伪作说，见《朱子作〈家礼〉说考辨》，《文史》2012 年第 3 辑。本书仍主张《家礼》为朱子早年所作，是基于如下理由：首先，关于朱子为《家礼》的作者，朱子的弟子并无异词；其次，彭林曾提出用内容来判断《家礼》真伪的四条原则，“其一，不悖逆《仪礼》主旨”，“其二，优于《书仪》”，“其三，无礼学常识错误”，“其四，不悖逆时势”。王懋竑同样也是从《家礼》内容判定《家礼》非朱子作，其实都是对朱子礼学及《家礼》内容的解释问题，并不构成客观性的史学论证。在《家礼》伪作未有强证的前提下，遵从朱子弟子的判断，当是更稳妥的做法。

〔1〕杨复：《家礼注》，《性理大全》本《家礼》，《孔子文化大全》影印明经厂本《性理大全书》卷一九，山东友谊书社，1989 年，第 1301 页。

革不同，皆合乎风气之宜而不违乎义理之正。正使圣人复起，其于今日之议，亦必有所处矣。”[1]显然，朱子并不主张制度上盲目、激进的复古。那么，朱子晚年全力编纂《仪礼经传通解》，又是出于何种考虑？圣人制礼的典范性，使经典古制构成了朱子思考今制的重要维度，而圣人制礼的时间向度，决定了圣人制礼之义，须回到经典、古制自身的视域下来理解。因此，朱子注重对经典古制的考证，《仪礼经传通解》所担负的工作就是力求以经典自身的方式理解古礼，由此形成古今之分的视野，以思考今制，通古今之变。杨复指出，《家礼》是朱子通古今之宜的书，但传世《家礼》乃朱子早年所作，其中多未定之论，晚年不及再修，为未成之阙典。在通古今之变的问题上，相比程颐强调“时”与“义起”，朱子晚年的态度更近关中礼学。在《答陆子寿》一信中，朱子言：

> 伊川先生尝讥关中学礼者有役文之弊，而吕与叔以守经信古，学者庶几无过而已，义起之事，正在盛德者行之。然则此等苟无大害于义理，不若且依旧说，亦夫子存羊爱礼之意也。[2]

---

〔1〕《答张钦夫》，《晦庵先生朱文公文集》卷三〇，《朱子全书》（修订本）第21册，第1325—1326页。

〔2〕《答陆子寿》，《晦庵先生朱文公文集》卷三六，《朱子全书》（修订本）第21册，第1559—1560页。

朱子表明自己更愿意效仿吕大临“守经信古，庶几无过”，保持对经典古制的谦逊态度，言“义起之事，正在盛德者行之”。在北宋几部礼书中，朱子对温公《书仪》评价最高，便因《书仪》最近古礼，朱子云：

横渠所制礼，多不本诸《仪礼》，有自杜撰处。如温公，却是本诸《仪礼》，最为适古今之宜。[1]

二程与横渠多是古礼，温公则大概本《仪礼》，而参以今之可行者。要之，温公较稳，其中与古不甚远，是七八分好。[2]

朱子遵行古礼的倾向，在与门人论礼的文字中亦数有表露，《语类》记：

问：“所编礼，今可一一遵行否？”曰：“人不可不知此源流，岂能一一尽行？后世有圣人出，亦须着变。夏商周之礼已自不同，今只得且把周之礼文行。”[3]

问子升：“向见考祔礼，煞子细。不知其他礼数，都考得如此否？”曰：“未能及其他。”曰：“今古不

〔1〕《朱子语类》卷八四,《朱子全书》(修订本)第17册，第2883页。

〔2〕同上。

〔3〕《朱子语类》卷八四,《朱子全书》(修订本)第17册，第2886页。

同。如殡礼，今已自不可行。”子升因问：“丧礼，如温公仪，今人平时既不用古服，却独于丧礼服之，恐亦非宜，兼非礼不足哀有余之意。故向来斟酌，只以今服加衰绖。”曰：“论来固是如此。只因今丧服尚存古制，后世有愿治君臣，或可因此举而行之。若一向废了，恐后来者愈不复识矣。”〔1〕

今不异庙，只共一堂排作一列，以西为上，则将来祧其高祖了，只趱得一位，死者当移在祢处。如此则只当祔祢，今祔于祖，全无义理。但古人本是祔于祖，今又难改他底。若卒改它底，将来后世或有重立庙制，则又着改也。〔2〕

又《答郭子从》云：

宗子虽未能立，然服制自当从古，是亦爱礼存羊之意，不可妄有改易也。如汉时宗子法已废，然其诏令犹云赐民当为父后者爵一级，是此礼意犹在也，岂可谓宗法废而诸子皆得为父后乎？〔3〕

---

〔1〕《朱子语类》卷八九，《朱子全书》（修订本）第17册，第3003页。

〔2〕《朱子语类》卷八九，《朱子全书》（修订本）第17册，第3010—3011页。

〔3〕《答郭子从》，《晦庵先生朱文公文集》卷六三，《朱子全书》（修订本）第23册，第3053页。

朱子清楚地意识到，推行古礼的现实基础已不存在，古礼徒具形式，然却要尽力保存，真正诠释了孔子“爱礼存羊”的精神。朱子对古礼的爱护、保存主要体现在两个层面。一是作为生活方式的践行，如《家礼》对古礼的继承改造；二是作为文化的保存与传承，如言“人不可不知此源流”“恐后来者愈不复识”。从文献、知识的传承上使人知晓古礼的源流，被朱子视作学者的本分，谓“修缉礼书亦是学者之一事。学者须要穷其源本，放得大水下来，则如海潮之至，大船小船莫不浮泛”。前论朱子是基于“制度”来理解圣人所制之礼的，因此礼书编纂在体例上带有“考礼”的性质。与此同时，由于朱子始终强调经书的典范意义，他对古礼的考证又以经书为核心。虽然朱子编纂《仪礼经传通解》的文献范围不限于三《礼》而旁及“其他经传类书说礼文者”[1]，但朱子认为经书和其他文献之间具有价值上的差异，应反映在编排上的主从之别上。朱子曾批评余正甫所编礼书过于芜杂，而于经书的尊崇、注疏的编采颇有不足：

> 恐所取太杂，其间杂有伪书，如《孔丛子》之类。又如《国语》《家语》虽非伪书，然其词繁冗，恐反为正书之累。又如不附《周礼》，如授田、地政等目，若不取《周礼》而杂取何休等说，恐无纲领，是乃名尊

〔1〕《答潘恭叔》，《晦庵先生朱文公文集》卷五〇，《朱子全书》（修订本）第22册，第2313页。

> 《周礼》而实贬之。设使便仿《朝事篇》，亦恐在后而非其序，此为大矛盾处，更告详之。又如不附注疏异义，如嫡孙为祖之类，云欲以俟学者以三隅反，如此则何用更编此书，任其纵观而自得可也。此亦一大节目，当试思之。[1]

朱子称经书为“正书”“纲领”，《仪礼经传通解》的编纂体现了朱子对圣人之礼的述而不作。虽然研究圣人之礼的方式变了，但经书却再一次成为礼学的核心，汉唐礼学为解释经书奠定的基础，也被更完整地继承下来。《通解》以家国礼制为纲，悉心编排经传注疏，以致陈澧谓“朱子《通解》之书纯是汉唐注疏之学”。[2]朱子在对北宋礼学予以整合、发展的同时，又融汇、重铸了汉唐时期的经典解释之学。经过朱子的重整，礼学在完成由汉唐向两宋转型的同时，又保持了自身的连续性。

---

〔1〕《答余正甫》，《晦庵先生朱文公文集》卷六三，《朱子全书》（修订本）第23册，第3079页。

〔2〕陈澧：《东塾读书记》卷八，《清经解续编》卷九五二，第385页。

参考文献

一　古籍

《十三经注疏》，影印世界书局缩印阮刻本，上海古籍出版社，1997 年。

（清）孙诒让《周礼正义》，王文锦、陈玉霞点校，中华书局，1987 年。

（清）黄以周《礼书通故》，王文锦点校，中华书局，2007 年。

（宋）卫湜《礼记集说》，康熙十九年（1680）《通志堂经解》本。

（唐）陆德明《经典释文》，影印国家图书馆藏宋刻本，上海古籍出版社，2013 年。

（汉）司马迁《史记》，中华书局，1959 年。

（汉）班固《汉书》，中华书局，1962 年。

（宋）范晔《后汉书》，中华书局，1965 年。

（唐）魏征等《隋书》，中华书局，1973 年。

（唐）房玄龄等《晋书》，中华书局，1974 年。

（后晋）刘昫等《旧唐书》，中华书局，1975 年。

（宋）欧阳修、宋祁《新唐书》，中华书局，1975 年。

（宋）薛居正等《旧五代史》，中华书局，2015 年。

（宋）司马光《资治通鉴》，中华书局，2011 年。

（宋）李焘《续资治通鉴长编》，中华书局，2004 年。

（元）脱脱等《宋史》，中华书局，1985 年。

（唐）萧嵩等《大唐开元礼》，影印洪氏公善堂刊本，民族出版社，2000 年。

（唐）杜佑《通典》，王文锦、王永兴等点校，中华书局，1988 年。

（宋）王溥《唐会要》，上海古籍出版社，2006 年。

（宋）王溥《五代会要》，上海古籍出版社，1978 年。
（宋）马端临《文献通考》，影印万有文库十通本，中华书局，1986 年。
《宋会要辑稿》，徐松辑，中华书局，1957 年。
（宋）王应麟《玉海》，中日合璧本，京都中文出版社，1986 年。
（宋）王应麟《困学纪闻》，栾保群、田松青、吕宗力校点，上海古籍出版社，2008 年。
（清）王先谦《荀子集解》，沈啸寰、王星贤点校，中华书局，1988 年。
（唐）陆淳《春秋集传纂例》，影印文渊阁《四库全书》本，台北商务印书馆，1986 年。
（宋）聂崇义《新定三礼图》，中华再造善本影印淳熙二年（1175）镇江府学刻本，国家图书馆出版社，2006 年。
（宋）王钦若等《册府元龟》，周勋初等校订，凤凰出版社，2006 年。
（宋）欧阳修等《太常因革礼》，《续修四库全书》影印抄本，上海古籍出版社，1995 年。《丛书集成初编》本，上海商务印书馆，1936 年。
（宋）刘敞《七经小传》，缩印《续古逸丛书》影宋刊本，江苏古籍出版社，2001 年。
（宋）刘敞《公是集》，《丛书集成初编》排印聚珍本，上海商务印书馆，1933 年。
（宋）李觏《李觏集》，王国轩点校，中华书局，2011 年。
（宋）张载《张载集》，章锡琛点校，中华书局，1978 年。
（宋）张载《张子语录》，中华再造善本影印宋福建漕治刻本，国家图书馆出版社，2002 年。
（宋）张载《张子全书》，林乐昌编校，西北大学出版社，2015 年。
（宋）程颢、程颐《二程集》，王孝鱼点校，中华书局，2004 年。
（宋）王安石《王安石全集》，复旦大学出版社，2016 年。
（宋）陈襄《古灵先生文集》，中华再造善本影印上海图书馆藏宋绍兴三十一年（1161）陈辉刻本，国家图书馆出版社，2005 年。
（宋）范祖禹《范太史集》，影印文渊阁《四库全书》本，台北商务印书馆，1986 年。

（宋）李廌《师友谈记》，孔凡礼点校，中华书局，2002 年。
（宋）陆佃《陶山集》，影印文渊阁《四库全书》本，台北商务印书馆，1986 年。
（宋）陈祥道《礼书》，《北京图书馆古籍珍本丛刊》影印元至正七年（1347）福州路儒学刻明修本，书目文献出版社，2000 年；中华再造善本影印，国家图书馆出版社，2006 年。
（宋）杨杰《无为集》，影印文渊阁《四库全书》本，台北商务印书馆，1986 年。
（宋）杨时《龟山先生语录》，中华再造善本影印福建漕治刻本，国家图书馆出版社，2003 年。
（宋）赵明诚《金石录》，中华再造善本影印宋淳熙龙舒郡斋刻本，国家图书馆出版社，2002 年。
（宋）朱熹《朱子全书》（修订本），朱杰人、严佐之、刘永翔主编，上海古籍出版社、安徽教育出版社，2010 年。
（宋）朱熹《家礼》，《孔子文化大全》影印明经厂本《性理大全书》本，山东友谊书社，1989 年。
（宋）张栻《张栻集》，杨世文点校，中华书局，2015 年。
（宋）晁公武《郡斋读书志》，孙猛校证，上海古籍出版社，1990 年。
（宋）陈振孙《直斋书录解题》，徐小蛮、顾美华点校，上海古籍出版社，1987 年。
（宋）章如愚《群书考索》，影印明正德三年（1508）慎独斋刻本，台北新兴书局，1996 年。
（清）王懋竑《白田杂著》，影印文渊阁本《四库全书》本，台北商务印书馆。
（清）皮锡瑞《经学历史》，中华书局，2008 年。
（清）皮锡瑞《经学通论》，中华书局，1954 年。
（清）皮锡瑞《六艺论疏证》，《续修四库全书》影印光绪二十五年（1899）刻本，上海古籍出版社。
（清）陈澧《东塾读书记》，《清经解续编》本，上海书店，1988 年。

二　论著、论文

王国维《王国维遗书》，上海古籍书店，1983 年。

陈寅恪《金明馆丛稿初编、二编》，生活・读书・新知三联书店，2015 年。

洪业《洪业论学集》，中华书局，1981 年。

钱穆《两汉经学今古文平议》，商务印书馆，2001 年。

（日）仓石武四郎《仪礼疏考正》，东京汲古书院，1979 年。

（日）林秀一《孝经述议复原研究》，乔秀岩、叶纯芳、顾迁编译，崇文书局，2016 年。

邓广铭《北宋政治改革家王安石》，河北教育出版社，2000 年。

邓小南《祖宗之法——北宋前期政治述略》，生活・读书・新知三联书店，2006 年。

陈苏镇《〈春秋〉与“汉道”——两汉政治与政治文化研究》，中华书局，2011 年。

李泽厚《中国古代思想史论》，天津社会科学院出版社，2003 年。

余英时《朱熹的历史世界——宋代士大夫政治文化研究》，生活・读书・新知三联书店，2011 年。

乔秀岩《义疏学衰亡史论》，生活・读书・新知三联书店，2017 年。

乔秀岩《北京读经说记》，台北万卷楼图书公司，2013 年。

华喆《礼是郑学——汉唐间经典诠释变迁史论稿》，生活・读书・新知三联书店，2018 年。

（美）包弼德《斯文——唐宋思想的转型》，刘宁译，江苏人民出版社，2001 年。

程元敏《三经新义辑考汇评》，台湾编译馆，1976 年。

张寿安《十八世纪礼学考证的思想活力——礼教论争与礼秩重省》，北京大学出版社，2005 年。

漆侠《宋学的发展和演变》，人民出版社，2011 年。

（日）金子修一《中国古代皇帝祭祀の研究》，东京岩波书店，2006 年。

（日）山根三芳《宋代礼説研究》，广岛溪水社，1996 年。

吴万居《宋代三礼学研究》，台湾编译馆，1999 年。
惠吉兴《宋代礼学研究》，河北大学出版社，2011 年。
刘丰《北宋礼学研究》，中国社会科学出版社，2016 年。
吴丽娱主编《礼与中国古代社会》，中国社会科学出版社，2016 年。
牟宗三《心体与性体》，台北正中书局，1968 年。
冯友兰《中国哲学史》，华东师范大学出版社，2000 年。
劳思光《新编中国哲学史》，生活·读书·新知三联书店，2015 年。
唐君毅《中国哲学原论》，中国社会科学出版社，2005 年。
侯外庐主编《中国思想通史》，人民出版社，1957 年。
陈来《宋明理学》，华东师范大学出版社，2004 年。
陈来《有无之境——王阳明哲学的精神》，北京大学出版社，2006 年。
杨立华《气本与神化——张载哲学述论》，北京大学出版社，2008 年。
杨立华《宋明理学十五讲》，北京大学出版社，2015 年。
郭晓东《识仁与定性——工夫论视域下的程明道哲学研究》，复旦大学出版社，2006 年。
郭晓东《经学、道学与经典诠释》，台湾大学出版中心，2011 年。
曾亦、郭晓东《宋明理学》，南京大学出版社，2009 年。
庞万里《二程哲学体系》，北京航空航天大学出版社，1992 年。
阎步克《服周之冕——〈周礼〉六冕礼制的兴衰变异》，中华书局，2009 年。
吴国武《经术与性理——北宋儒学转型考论》，学苑出版社，2009 年。
陈弱水《唐代文士与中国思想的转型》，广西师范大学出版社，2009 年。
陈弱水《柳宗元与唐代思想变迁》，江苏教育出版社，2010 年。
姜伯勤《敦煌艺术宗教与礼乐文明》，中国社会科学出版社，1996 年
姜国柱《李觏思想研究》，中国社会科学出版社，1984 年。
谢善元《李觏之生平及思想》，中华书局，1988 年。
张春贵《李觏政治思想研究——儒家功利学派在宋代的发展》，光明日报出版社，2012 年。
朱溢《事邦国之神祇——唐至北宋吉礼变迁研究》，上海古籍出版社，2014 年。

冯晓庭《宋初经学发展述论》，台北万卷楼图书公司，2001年。
沈文倬《宗周礼乐文明考论》（增补本），浙江大学出版社，2006年。
沈文倬《菿暗文存》，商务印书馆，2006年。
刘静贞《皇帝和他们的权利：北宋前期》，台北稻乡出版社，1996年。
张文昌《制礼以教天下——唐宋礼书与国家社会》，台湾大学出版中心，2012年。
林存阳《清初三礼学》，社会科学文献出版社，2002年。
林庆彰、蒋秋华主编《啖助新〈春秋〉学派研究论集》，台湾“中央研究院”文哲研究所，2002年。
杨新勋《宋代疑经研究》，中华书局，2007年。
杨世文《走出汉学——宋代经典辨疑思潮研究》，四川大学出版社，2008年。
汤勤福、王志跃《宋史礼志辨证》，上海三联书店，2011年。
於梅舫《学海堂与汉宋学之浙粤递嬗》，社会科学文献出版社，2016年。
陈秀玲《“礼是郑学”说》，《经学研究论丛》第6辑，台湾学生书局，1999年。
华喆《孔颖达〈礼记正义〉取舍皇侃疏研究》，《文史》2014年第3辑。
刁小龙《郑玄礼学及其时代》，清华大学博士学位论文，2008年。
李旭《朱子晚岁修礼考》，清华大学博士学位论文，2016年。
桂枭《卫湜〈礼记集说〉引人引书考》，北京大学硕士学位论文，2013年。
（日）池田秀三《鄭學の特質》，《兩漢における易と三禮》，东京汲古书院，2006年。
葛兆光《盛世的平庸——八世纪上半叶中国的知识与思想状况》，《唐研究》第5卷，北京大学出版社，1999年。
吴丽娱《营造盛世——〈大唐开元礼〉的撰作缘起》，《中国史研究》2005年第3期。
吴丽娱《皇帝“私”礼与国家公制：“开元后礼”的分期及流变》，《中国社会科学》2014年第4期。
刘浦江《“五德终始”说之终结——兼论宋代以降传统政治文化的嬗变》，

《中国社会科学》2006年第2期。
吴承仕《郑氏禘祫义》,《国学论衡》1934年第4期。
(美)包弼德《王安石与〈周礼〉》,《历史文献研究》总第33辑，华东师范大学出版社，2014年。
张涛《论汉代礼学两种趋势的分别与融合》,《江西社会科学》2015年第3期。
张涛《王安石〈周礼新义〉佚文补辑》,《宋史研究论丛》2012年第1期。
陈芳妹《宋古器物学的兴起与仿宋古铜器》,《台湾大学美术史研究集刊》2001年第10期。
楼劲《关于〈开宝通礼〉若干问题的考察》,《中国社会科学院历史研究所学刊》第四集，商务印书馆，2007年。
楼劲《宋初礼制沿革及其与唐制的关系——兼论“宋承唐制”说之兴》,《中国史研究》2008年第2期。
张维玲《宋太宗、真宗朝的致太平以封禅》,《台湾清华大学学报》新43卷第3期，2013年9月。
刘丰《宋代礼学的新发展——以二程的礼学思想为中心》,《中国哲学史》2013年第4期。
郭晓东《从“性”“气”关系看张载、二程工夫论之异同》,《台湾东亚文明研究学刊》第6卷第1期，2009年6月。
(日)佐佐木爱《宋代における宗法論をめぐって》,《宋－明宗族の研究》，井上徹、远藤隆俊编，东京汲古书院，2005年。
乔秀岩、叶纯芳《聂崇义〈三礼图〉版本印象——纪念多一种蒙古时期山西刻本的发现》,《版本目录学研究》第5辑，北京大学出版社，2014年。
胡适《记李觏的学说》,《胡适文存二集》卷一,《民国丛书》第一编，上海书店，1989年。
夏微《李觏〈周礼〉学述论》,《史学月刊》2008年第5期。
林鹄《〈经学理窟·宗法〉与程颐语录——兼论卫湜〈礼记集说〉中的张载说》,《中国哲学史》2015年第2期。

林乐昌《张载礼学论纲》,《哲学研究》2007年第12期。

林乐昌《张载礼学三论》,《唐都学刊》第25卷第3期。

戴君仁《朱子〈仪礼经传通解〉与修门人及修书年岁考》,《台湾大学文史哲学报》1967年第16期，亦收入《梅园论学集》，台湾开明书店，1970年。

白寿彝《〈仪礼经传通解〉考证》,《白寿彝文集》，河南大学出版社，2008年。

（日）上山春平《朱子〈家礼〉与〈仪礼经传通解〉》,《思想与文献：日本学者宋明儒学研究》，吴震、吾妻重二主编，华东师范大学出版社，2010年。

马清源《构拟与再造——“鲁礼”相关问题研究》，北京大学博士学位论文，2016年。

李方泽《朱子礼学思想研究》，中国人民大学博士学位论文，2007年。

殷慧《朱熹礼学思想研究》，湖南大学博士学位论文，2009年。

殷慧《宋儒以理释礼的思想历程及其困境》,《中国哲学史》2013年第2期。

殷慧《天理与人文的统一——朱熹论礼、理关系》,《中国哲学史》2011年第4期。

张凯作《朱子礼学思想研究》，北京大学博士学位论文，2012年。

杨根东《朱子“礼”论》，复旦大学硕士学位论文，2009年。

叶纯芳《朱熹、黄榦及杨复祭礼学的形成》,《文史》2013年第4辑。

马清源《构造禘祫——论郑玄之推论依据及特点》,《原道》2016年第1期。

刁小龙《杨复〈仪礼〉学初探——以〈特牲馈食礼〉〈少牢馈食礼〉章句论为中心》,《中国典籍与文化》2014年第1期。

袁晶靖《〈文献通考〉引杨复〈祭礼〉考》,《中华文史论丛》2014年第3期。

许家星《仁的工夫论诠释——以朱子“克己复礼”章解为中心》,《孔子研究》2012年第3期。

牟坚《朱子对“克己复礼”的诠释与辨析——论朱子对“以理易礼”说的批评》,《中国哲学史》2009年第1期。

孔凡青《朱熹“克己复礼”之解辨证——兼论“理”与“礼”的关系》,《牡丹江大学学报》,2012年第4期。

彭林《朱子作〈家礼〉说考辨》,《文史》2012年第3辑。

后　记

小书基于我的博士论文修改而成。我素来不是文思敏捷之人，当初为了对抗博士论文写作的焦虑，过了一段规律而有纪律的生活：每天写作1500字，达到毕业要求的字数理论上只需要3个月。然而并非每天都有想法和灵感，但凭借多年养成的“尬写”技能，到2016年1月，眼看着攒够了毕业的字数，可我殊无喜悦，内心只有三个字：“什么鬼！”我始终不知道该如何将这些小碎布一样的文字拼接成有意义的画面，带着沮丧的心情向乔老师和叶老师求助。用一整个下午的时间与两位老师长谈，他们的同情和理解，将我从自我怀疑的泥潭中解救了出来。叶老师拿着纸和笔，努力帮我在混沌中清理思路。日影西斜，数小时的讨论让人又累又饿，老师提议去清华园附近的全聚德吃烤鸭。老师们亲切真诚的交谈和金黄色烤鸭，给人以极大的安慰。回到宿舍已是夜里，我在残留的烤鸭香中打开电脑，写下了论文的结构，博士论文的写作仿佛从那一刻才真正开始。那个下午如同在两位老师身边六年读书生涯的一个缩影，那是不愤不启、不悱不发，快乐读书、大口吃瓜的闪亮日子。毕业后，与老师们天各一方，见面机会难得，唯愿老师们能像每次一起过生日时大声歌唱的那样，“福寿与天齐”。

在此谨向师祖王文锦、师祖母陈玉霞先生致敬。六年前初次接触礼学，是以先生点校的《周礼正义》为津梁，从此受益无尽。后来又陆续开始读《通典》，参加《晋书·礼志》的修订，所到之处，时时得到先生学问的滋养。余生也晚，未及亲见师祖，两次随老师去师祖母家，均蒙师祖母惠赠王先生手泽，如今都成了永远的怀念。

我在硕士时转入历史系，多年来受陈苏镇老师照拂尤多，陈老师宽厚温和，我辈从学，如沐春风。刚到历史系时，对专业学习颇感不适，华喆师兄、李鸣飞师姐悉心指教读书作文，带我吃香喝辣，我虽未以老师相称，可他们在任何意义上都是我的老师。感谢小书在博士论文阶段得从受教的各位师长：吴师飞、何师晋、陈师侃理、张师焕君、汪师桂海，在开题和答辩之际为拙文提出宝贵意见。感谢同门师兄弟妹们的手足之谊，李霖、陈冠华、马清源、赵永磊、王鸷嘉、袁晶靖、白石将人、刘伟发、谢继帅、王景创。李霖、陈冠华师兄如兄长般关照有加，日常更多赖同门担待。

甘阳老师曾说，人文学者当以著书立身。小书诚不足立，但它的存在让我免于草率地了结自己的过去，对来时的道路有了更清楚的“看见”，因之也更加理解了脚下的方向。衷心感谢丛书主编以及冯金红、钟韵诸位老师，感谢他们的信任和帮助，使这一切得以可能。

感谢爸爸、妈妈多年来的养育之恩。感谢海川，他那周星驰式的无厘头堪解百忧，在我常怀思虑的日子里，示范了如何以一颗赤子之心，坚持重要之事。

冯　茜

2019 年 1 月

“古典与文明”丛书

第一辑

义疏学衰亡史论　乔秀岩　著

文献学读书记　乔秀岩　叶纯芳　著

千古同文：四库总目与东亚古典学　吴国武　著

礼是郑学：汉唐间经典诠释变迁史论稿　华喆　著

唐宋之际礼学思想的转型　冯茜　著

中古的佛教与孝道　陈志远　著

《奥德赛》中的歌手、英雄与诸神　〔美〕查尔斯·西格尔　著

奥瑞斯提亚　〔英〕西蒙·戈德希尔　著

希罗多德的历史方法　〔美〕唐纳德·拉泰纳　著

萨卢斯特　〔新西兰〕罗纳德·塞姆　著

古典学的历史　〔德〕维拉莫威兹　著

母权论：对古代世界母权制宗教性和法权性的探究

〔瑞士〕巴霍芬　著